近 世 欧 洲 史

近世欧洲史

何炳松 著

世纪出版集团　上海古籍出版社

出版说明

自中西文明发生碰撞以来，百余年的中国现代文化建设即无可避免地担负起双重使命。梳理和探究西方文明的根源及脉络，已成为我们理解并提升自身要义的借镜，整理和传承中国文明的传统，更是我们实现并弘扬自身价值的根本。此二者的交汇，乃是塑造现代中国之精神品格的必由进路。世纪出版集团倾力编辑世纪人文系列丛书之宗旨亦在于此。

世纪人文系列丛书包含“世纪文库”、“世纪前沿”、“袖珍经典”、“大学经典”及“开放人文”五个界面，各成系列，相得益彰。

“厘清西方思想脉络，更新中国学术传统”，为“世纪文库”之编辑指针。文库分为中西两大书系。中学书系由清末民初开始，全面整理中国近现代以来的学术著作，以期为今人反思现代中国的社会和精神处境铺建思考的进阶；西学书系旨在从西方文明的整体进程出发，系统译介自古希腊罗马以降的经典文献，借此展现西方思想传统的生发流变过程，从而为我们返回现代中国之核心问题奠定坚实的文本基础。与之呼应，“世纪前沿”着重关注二战以来全球范围内学术思想的重要论题与最新进展，展示各学科领域的新近成果和当代文化思潮演化的各种向度。“袖珍经典”则以相对简约的形式，收录名家大师们在体裁和风格上独具特色的经典作品，阐幽发微，意趣兼得。

遵循现代人文教育和公民教育的理念，秉承“通达民情，化育人心”的中国传统教育精神，“大学经典”依据中西文明传统的知识谱系及其价值内涵，将人类历史上具有人文内涵的经典作品编辑成为大学教育的基础读本，应时代所需，顺时势所趋，为塑造现代中国人的人文素养、公民意识和国家精神倾力尽心。“开放人文”旨在提供全景式的人文阅读平台，从文学、历史、艺术、科学等多个面向调动读者的阅读愉悦，寓学于乐，寓乐于心，为广大读者陶冶心性，培植情操。

“大学之道，在明明德，在新民，在止于至善”（《大学》）。温古知今，止于至善，是人类得以理解生命价值的人文情怀，亦是文明得以传承和发展的精神契机。欲实现中华民族的伟大复兴，必先培育中华民族的文化精神；由此，我们深知现代中国出版人的职责所在，以我之不懈努力，做一代又一代中国人的文化脊梁。

上海世纪出版集团

世纪人文系列丛书编辑委员会

2007年1月

近世欧洲史

弁　　言

此系著者于民国九年至十一年在北京大学史学系所用之《近世欧洲史》讲义，大体以美国名史家鲁滨孙(James Harvey Robinson)与俾耳德(Charles A. Beard)二人所著之《欧洲史大纲》(*Outline of European History*)第二卷为蓝本，并取材于二人所著《现代欧洲史》(*History of Europe, Our Own Times*)一书。至于篇章之排次，则纯取法于《现代欧洲史》，因其极为明白有条理也。

至于本书之主旨为何，则《大纲序文》中有数语极其简要。兹故引其成文为本书之弁言，其言曰："欧洲通史，为学校中最难应付之一种科目。男女学生，似均有明白人类全部过去之必要，若无此种知识，即不能真正明了若辈所处之世界，盖唯有过去可以说明现在也。旧日之历史教科书，大部分均系过去'事实'之简单纪载。殊不知值得吾人之研究者实系过去之'状况'，过去之'制度'与过去之'观念'也。而且旧日之史书多注意于远古而略于现代，以致学生无明白过去与现在之关系之机会。"

"此书之目的在于免除旧籍之通病。第一，不重过去事实，而重古人生活状况，所抱观念，及状况与观念变迁方法之说明。第二，本书以篇幅之半专述二百五十年来之现代史，盖现代史与吾人最有直接之关系者也。"

何炳松，民国十三年一月一日，杭州。

[illegible]于[illegible]在北京大学[illegible]《近世欧洲史》[illegible]鲁滨孙(James Harvey Robinson)[illegible](Charles A. Beard)二人所著之《[illegible]》([illegible]Europe)第二卷[illegible]

[illegible]

[illegible]一般读者[illegible]

[illegible]

增订六版小序

此书出世离今不过六年而已达六版。出版后国内学者时加指正，尤以刘英士及丁同力两君之匡正为最多。兹特据以订正，并新增插图重排出版以期稍副刘、丁两君及国内一般读者之厚意云。

著者一九，九，二二

目录

第四卷　自维也纳会议至普法战争

绪　论

研究历史之目的　历史为研究人类过去事实之学，故研究历史者往往为历史而研究历史。殊不知博古所以通今，现代之种种习俗及制度无一不可以历史解释之。今日之研究各种科学者——如自然科学、经济学、哲学、政治学、宗教等——莫不有研究历史之趋向。此非为历史而研究历史，实因研究过去方可以了然于现在耳。

是故欲明现代之政体及社会，非有历史之研究不为功。凡事之有后果者必有前因。个人如此，民族亦然。世界各国——如英国、德国、法国、意大利、俄罗斯等——各有特点，故其现状各不相同。倘不知其过去，如何能明其现在？德国、美国同属联邦，而精神互异；英国、西班牙同是君主，而内容不同。凡此异点唯有历史可以说明之。博古所以通今，研究历史之目的如是而已。

欧洲史之分期　欧洲史类分为三期：曰上古，始自纪元前五千年至纪元后四七六年；曰中古，始自纪元后四七六年至一四五三年，一四九二年，一五一八年，或一六四八年；曰近世，始自中古之末以迄现在。此种分期之法本非自然，不过学者为便于研究起见而已。而且各时代之交替如四季之运行，渐而无迹。起讫之年代特假之以为标帜而已，非真谓此年以前与此年以后之事迹可以截分为二也。

人类之历史甚古　抑有进者，人类之历史甚古。欧洲史之有纪载虽仅七千年；然未有纪载以前之种种古迹在历史上其价值或且远出于纪载之上，断不能因其无纪载之故遂断其无史。近世学者断定世界上之有人类距今至少已有五十万年，是则吾人所研究之全部欧洲史不过占人类史百分之一。于百分之一之中而强分之为上古、中古与近世，宁非管窥之见？故吾人所谓《近世欧洲史》者不过三四百年间事，仅占人类史千分之一而已。此不可不知者也。

近世二字之意义 何谓近世？定义殊难。罗马名人西塞禄(Cicero)曾有“吾人的近世”(these modern times of ours)之言，希腊人亦云然。凡各时代人之有时间观念者当莫不云然。至于吾人所谓近世者指近来三四百年而言，即表明自纪元后十六世纪以来之人类思想与生活与中古异，与现在同。

近世史何自始 近世史之始无定期。中古近世之交替各方面之迟早不同，亦无定界。例如《罗马法》之复兴，关系今日之商业及政治者甚巨，实发端于中古之十二世纪。代议制度之发达及民族国家之兴起则肇基于中古之十三世纪。不过自十七世纪以后，所有各国之国会方脱去中古时代之臭味。英国一六八八年之革命，法国一七八九年之革命，皆其例也。中流社会之得势及自治政体之发达实始于十七世纪之英国。同时兴起者尚有科学。故吾人研究近世史，当自英国代议制度完全成立时代始。

十六世纪为中古近世之过渡时代 代议制度及科学虽始于十七世纪，然文化、宗教、商业等，则始于十六世纪。故历史家多以十六世纪为过渡时代，并为近世史之开始。兹略述其梗概如下：

美术及文学之复兴

美术 文艺复兴发源于意大利，其方面有二：曰美术，曰文学。美术之兴盛以十五十六两世纪为最。美术家之负盛名者有芬奇(Leonardo da Vinci)以科学家而兼绘画家；安极乐(Michael Angelo)于绘画、雕刻、建筑诸美术，无不精到，而且能诗；拉斐尔

(Raphael)为第一绘画家，以善于描情著于世。此辈出世以后，美术史上遂为之别开生面，一变中古时代矫揉造作之恶习。自然之美乃大著于世。

美术复兴之影响　十五十六两世纪之美术品虽属名贵无伦，然其影响于社会者并不甚巨。得见真迹者已少，具赏鉴能力者尤少。故美术之复兴不过历史变迁之一部，而不能为历史独开新纪元，此不可不知者也。

人文主义　文艺复兴之第二方面曰文学。中古时代文运极衰。及其末造，人生观念为之大变。起而研究人生者颇不乏人，而苦无典籍。希腊、罗马之文学名著遂应运而复兴，而“人文主义”(humanism)于以大盛。中古时代之能读书者非教士即律师；若辈所研究者非《圣经》即法律。纯粹文学非所问也。虽有一二文人，然其影响不著。至十五世纪初年，考古之徒蔚然兴起，群以研究希腊、罗马之异端文学为能事。对于中古时代之习俗多所抨击。旧籍之谬误者加以校正，史学观念为之一变。此辈学者虽无别识心裁之思想以贡献于世，然其校正旧籍之谬误，提倡考订之态度，实为他日文明进步之先声。

印字机之发明　文学复兴之影响正如美术并不甚巨。唯自活版印字机发明以后，书籍出版较昔为易，故读者亦较昔为多。用印字机印刷之书当以一四五六年在德国马因斯(Mayence)地方所印之《圣经》为最古。至十六世纪初年，西部欧洲之有印字机者已有四十余处之多。印书约八百万卷。

国语之兴起　当日书籍虽仍沿用拉丁文，然文学著作渐多适用各国之国语。近世西部欧洲诸国之语言文字实肇基于此。

地理上之发见及其影响

地理上之发见与商业　近世初年事业中之最有影响于人民思想者莫过于地理上之探险及发见。一四九二年哥伦布(Columbus)之发见美洲即其一端。一四九八年葡萄牙人伽马(Vasco da Gama)环航非洲而达印度，携南洋群岛之香料以归。自一五〇二年第三次航行以后，威尼斯(Venice)之商业遂为里斯本(Lisbon)所夺。其他地中海中诸城之专恃陆地商业为事者无不因之一蹶而不振。商业中心遂自地中海而移入大西洋。

威尼斯　当十六世纪初年，威尼斯商业之在地中海，有如今日英国商业之在西部欧洲，实为诸国之冠。海军之强，财力之富，殆无伦匹。派领事驻于西部欧洲诸大城中，时时以各地习惯，市场起伏，及政情变化，报告于政府。一四五三年，土耳其人入侵欧洲，而威尼斯之商业初不为之减色。盖其劲敌为冒险之海商，而非尚武之土耳其人也。

葡萄牙　西部欧洲诸国受海上商业利益之最早者为葡萄牙及西班牙二国——一因东方香料及贩奴以致富，一因美洲之金银以致富。唯两国政府均甚不良，自一五八〇年两国合并以后为尤甚。他日荷兰与英国接踵而起，战胜西班牙及葡萄牙人，东方商业遂为荷兰与英国所夺。葡萄牙之领土仅留南美洲巴西一处及南洋中数岛而已。

西班牙　至于西班牙，则自一四九二年发见美洲以后，于一五一九年科德司(Cortez)有征服墨西哥之举，数年后比撒罗(Pizarro)有征服秘鲁之举。美洲之金银遂源源流入西班牙。虽英国商船时有中途劫夺之举，而西班牙诸港之货物并不因之减少。唯西班牙人不知善用其财力，且因维持旧教过力之故将国内勤俭之民摧残殆尽。如犹太人、回教徒，本以擅长银行及工业著名，均被驱逐。从此国中遂无中流社会。国内财富渐渐流入于北部欧洲。对外战争又复失败，荷兰有独立之举，海军又复为英国所败，国势自此不振矣。

北欧海上商业　试披览欧洲之地图，即知荷兰、英国之形势极适宜于海上商业之发展。沿海良港不一而足，运输货物极形便利。故两国之海军独强，而为他日商战场中之健将。当中古时代，英国与荷兰之商业并不甚盛。盖当时北部欧洲之商业全握诸汉萨(Hansa)同盟之手。同盟之城数约七十。凡英国波罗的海(Baltic)及俄罗斯之商业无不在其掌握之中。

尼德兰　尼德兰(Netherlands)(即今日荷兰及比利时两国旧壤)之商业在十五世纪以前尚在汉萨同盟之手，将英国之羊毛输入法兰德斯(Flanders)诸城(即今日之比利时)，织成毛织品，其精良为当时之冠。尼德兰之北部(即今日之荷兰)虽系务农之邦，而渔业独盛。沿海商业至十六世纪时亦极其发达，不久而成独立国。

中古时代之英国与法国

民族国家之兴起英国　当中古之世，英国、法国已略具民族国家之雏形。盖历代君主均能一面巩固中央政权，一面摧残封建之制也。减削封建诸侯之势在英国较易。盖英国自一〇六六年威廉第一(William Ⅰ)自诺曼底(Normandy)入侵以后，所有贵族易于就范。偶遇君主昏庸，则诸侯每有跋扈之举，如一二一五年英国王约翰(John)之宣布大宪章(Magna Carta)即其一例。自此以后，政府不得非法审判或监禁人民，非经国会允许不得征收新税。

国会　至一二六五年，英国又有贵族之叛，主其事者为蒙福尔(Simon de Montfort)，其结果有第一次国会之召集。三十年后，英国王爱德华第一(Edward Ⅰ)有召集“模范国会”(Model Parliament)之举，平民之有代表实始于此。嗣后一百年间，爱德华第三与法国有百年之战争，军用浩繁，益不得不有赖于国会之援助。国会之势力因之益大。

都铎尔王朝诸君　百年战争(自一三四〇年至一四五〇年)方终，英国之内乱随起，即所谓“玫瑰战争”(War of the Roses)是也。盖其时约克(York)及兰加斯德(Lancaster)两王族互争王位。前者以白玫瑰为徽，后者以红玫瑰为徽，故有是名。此次战争纯在贵族，而平民不与焉。其结果贵族因战争而死亡者不可胜数。故兰加斯德族之亨利都铎尔(Henry Tudor)战胜约克族之理查第三(Richard Ⅲ)后，君主之权骤较昔日为大。新王即位以后，国内之工商业日盛，国库亦日形充裕。其子亨利第八即位后，骄奢无度，国用遂匮矣。

法国　十六世纪以前之法国史与英国正同。卡彼王朝(Capetian)诸君之战胜诸侯集权于中央政府，其事较英国为难，至十三世纪时方告成功。当十三世纪中叶，中央司法机关渐形发达，曰高等法院(Parlement)。至一三〇二年，有召集第一次国会之举，其国会名全级会议(Étatesgénéral)。所谓全级者即社会中僧侣、贵族、平民，三阶级是也。故至十四世纪初年，法国已有代议制度及宪政之组织。不久与英国有百年之战，法国受害最烈。当战争最烈之日国会曾有扩张势力之举；不幸其领袖马拆(Etienne Marcel)被刺死，内阁制遂与之同归于尽。

法国君主之势力　百年战争既终，内乱随之而起，兵匪为患举国骚然。于是重开国会予君主以征收丁口税(taille)之权，为平定内乱之用。而法国王遂以此为政府固有之岁入。其结果则法国王无常常召集国会之必要。故其行动远较英国王为自由，此法国所以无“大宪章”也。任意逮捕人民之恶习亦至一七八九年大革命时方得废去。限制王权之机关仅有巴黎之高等法院，盖国王命令须经其注册，方生效力也。然国王一旦命其注册，则该机关即无抵抗之法。此种状况维持至大革命时始止。

中古时代之帝国

神圣罗马帝国　中古时代之德国及意大利，与英国、法国不同。其时神圣罗马帝国虽自命为全部欧洲之主，然其禁令尚不能通行于中部欧洲方面之本国。国内阿尔卑斯山(Alps)横亘其中，统一不易。皇帝驻跸于北，则意大利叛；驻跸于南，则德国之诸侯叛。

北部意大利之独立国　当十二世纪末造，霍亨斯陶棻(Hohenstaufen)族之皇帝腓特烈巴巴洛萨(Frederick Barbarossa)为伦巴底(Lombardy)同盟所败后，北部意大利诸城形同独立。不久诸城之政权渐入于僭主之手，然国势殊盛。僭主之最著者莫过于米兰(Milan)城之斯福察(Sforza)族。诸城之行民主制度者首推佛罗棱萨(Florence)及威尼斯二国。然前者之政权握诸豪族；而后者之政权则隐然在麦第奇(Medici)族人之手中。诸城之工商业甚盛，经济充裕，故为文艺复兴之中枢。

中部及南部意大利 教皇领土横贯于意大利之中部，而以教皇为元首。在南部者有那不勒斯(Naples)王国。此国与西西里(Sicily)当十一世纪之中叶，为基斯卡(Robert Guiscard)自东部罗马帝国夺来。至十三世纪时，那不勒斯附属于德国皇帝腓特烈第二，后为法国王圣路易(St. Louis)之弟安如(Anjou)之查理(Charles)所征服，而建安如王朝。至一二八二年，西西里叛而附于亚拉冈(Aragon)王国。当一四三五年至一四三八年间，亚拉冈王国并逐那不勒斯之法国人，遂合二国称二西西里王国。

查理第八之入侵意大利 当一四九四年至一四九五年间，法国王查理第八入侵意大利，志在恢复法国人之势力。其始干戈所向到处披靡。那不勒斯王国不久即入其手。成功之速出人意外。唯法国王及其军队得志逾恒，日形骄纵。同时其敌国又复合力以抵抗之。盖亚拉冈王斐迪南(Ferdinand)既虑西西里之丧亡，德国皇帝马克西米连(Maximilian)又不愿法国之兼并意大利也。法国王于一四九五年败而遁归。至一五〇三年路易十二(Louis Ⅻ)售那不勒斯王国于斐迪南。嗣后那不勒斯王国之附属于西班牙者垂二百年。

查理第八入侵之结果 查理第八入侵意大利之结果，表面上虽似不甚重要，实则其影响极为宏大。第一，意大利人无民族感情之迹从此大著于世。自此至十九世纪中叶，先后臣服于异国——先属于西班牙，继属于奥地利。第二，法国人入侵意大利后，极羡意大利之文化。贵族之堡垒遂改筑为华丽之宫室。法国、英国、德国三国人研究学问之风蔚然兴起。希腊文字遂大盛于意大利之外。故意大利半岛不但政治上为四邻之牺牲，即文化上亦渐失其领袖之资格。

法王之力争米兰 法国王路易十二虽放弃南部意大利，然对于米兰公国则出全力以争之。法兰西斯第一(Francis Ⅰ)在位时，尚争持不已，卒为查理第五所得。

十六世纪时代之德国　十六世纪初年之德国绝不似后日德国组织之完备。故当时法国人名之曰“诸日耳曼”(Germanies)，盖国中小邦多至二三百，其面积性质均甚互异也。有公国，有伯国，有大主教之领土，有主教之领土，有独立之城，又有极小骑士之领土。

皇帝权力之微弱　至于皇帝，国帑有限，军队不多，绝无实力足以压制诸侯之跋扈。当十五世纪末年，皇帝腓特烈第三异常困苦，竟致乞食于寺观。盖当日德国之政权不在中央而在诸侯之手也。

选侯　诸侯中之最有势力者首推选侯。所谓选侯者盖自十三世纪以来即握有选举皇帝之权故名。选侯中有三人为大主教，分领莱茵河上马因斯(Mayence)、德里佛斯(Treves)及科伦(Cologne)三地。在其南者为“莱茵河上之宫伯领土”，在其东北者为勃兰登堡(Brandenburg)及萨克森(Saxony)两选侯之领土，合波希米亚(Bohemia)王而得七人。

其他之诸侯　选侯以外尚有其他重要之诸侯。如符腾堡(Württemberg)、巴威(Bavaria)、厄斯(Hesse)及巴登(Baden)四国，即他日德国联邦中之分子。不过在当日国土较小耳。

城市　德国城市自十三世纪以来即为北部欧洲文化之中心，正与意大利之城市同。有直辖于皇帝者则名“自由城”或“皇城”，亦得列于小邦之林。

骑士　德国骑士在中古时代极有势力。自火药发明以后，骑士无所施其技，其势力大衰。领土过小，岁入不足以自给，故流为盗贼者甚多，而为商旅之大患。

德国无中央权力　德国小邦林立，时起争端。皇帝既无力以维持，诸侯遂设法以自卫。邻国纷争遂为法律所允许，不过须于开战前三日通知敌国耳。

国会　德国之国会曰帝国公会(Diet)，开会无定期，会场无定所，盖德国本无皇都者也。一四八七年以前，城市不得举代表。骑士及小诸侯亦然。故国会议决案其效力不能遍及于全国。

德国不能建设中央政府之理由　德国不能建设一强有力之中央政府其最大原因为帝位之不能世袭。虽时有皇帝父子相承之举，然须经选侯之选举，故入继大统者多不敢稍拂诸侯之意或稍夺诸侯之权。故自十三世纪霍亨斯陶棻族覆灭以来，为德国皇帝者每汲汲于皇家领土之扩充，而不顾全国之利害。一二七三年后哈布斯堡(Hapsburg)族之皇帝即实行此种政策之最著者。自十五世纪中叶后，为皇帝者多选自此族。

皇室之联姻　十六世纪初年之皇帝为马克西米连第一(Maximilian Ⅰ)。青年时代娶勃艮第(Burgundy)之马利(Mary)为后，领有尼德兰及莱茵河西介于德国法国间一带之地。马利不久死，传其领土于其子。其子娶西班牙之佐安那(Joanna)为后。后为亚拉冈王斐迪南与卡斯提尔(Castile)女王伊萨伯拉(Isabella)联姻所生之公主，财产之富为欧洲冠。自美洲发现以后，西班牙之富源日辟，故当公主于归德国皇帝时，嫁奁之富殆莫伦匹。

查理第五　马克西米兰之太子死，其子查理年仅六岁——一五〇〇年生于根脱(Ghent)城。其外祖父斐迪南死于一五一六年，其祖父马克西米兰死于一五一九年。查理遂领有广漠之国土，其称号之著者为卡斯提尔、亚拉冈、那不勒斯三国及美洲殖民地之王，奥地利之大公，提罗尔(Tyrol)之伯，不拉奔(Brabant)之公，安特卫普(Antwerp)之边防使(margrave)，荷兰之公等。至一五一九年，被选为德国皇帝，称查理第五。

查理第五赴德国之第一次在一五二〇年，召集瓦姆斯(Worms)大会以讨论大学教授路得(Martin Luther)攻击宗教之著作。宗教革命之端实发于此。

宗教改革

中古时代之教会　中古时代之教会其组织之完备与势力之宏大远在当时政府之上。为其元首者为驻于罗马城中之教皇。教会所根据之教义最要者有二：第一，教会以外无救世之机关；第二，上帝救世以各种仪节(sacraments)为方法，举行仪节之权唯教士有之。仪节中之最重要者为浸礼与圣餐。唯教徒须向教士忏悔其罪过，方得与于圣餐之礼。行礼之后罪过自除。忏悔与消除二种仪节合称曰悔过(penance)之仪。盖谓人不忏悔，则无消除罪过之望也。

教会之组织　教士既握有执行仪节之权，故其势力极巨。同时教会不能无一种极形完备之组织。机关既大，流弊滋多，故时有受人指责之事，而改革活动在中古时已时有所闻。教会内容之不堪，至十五世纪初年尤著；盖是时适有教会分裂，教士不法之事也。

宗教大会　其结果则有屡次召集宗教大会之举，隐然为基督教中之代议机关。其最著者为一四一四年在瑞士康斯坦斯(Constance)所开之会，然其改革之计划从未实行。嗣后五十年间，教皇常设法阻止此种改革之举动。教会中之代议制遂以失败。

十五世纪末年之教皇　同时教会本身又绝无改革之表示。迨十五世纪之末造，教皇专意于扩张中部意大利之领土，当时人遂了然于教皇之意志在政治而不在宗教。扩张领土在在需钱。而教皇之岁入向多筹自德国；盖英国、法国君主均早有停止输款罗马教皇之举也。故一旦路得提出抗议，德国全部无不闻风响应。

伊拉斯莫斯之讽刺　当路得幼时即有著名学者伊拉斯莫斯(Erasmus)因鉴于教士之无知无识，教会之不法行为，著文以讽刺之。然伊拉斯莫斯辈之意，原望教会之能改革其本身。若辈对于教会并无革命之意。即路得之反抗教会其初意亦不料竟成决裂之举也。

路得及其主张　路得自幼即为修道士，继充萨克森(Saxony)之威丁堡(Wittenberg)大学教授。尝读《圣经》及圣奥古斯丁(St. Augustine)之著作，忽悟自救之道端在“信”字(faith)。所谓信即吾人与上帝发生亲密关系之意。如其无信，则赴礼拜堂朝谒圣墓，参拜圣迹等事，均不足以消除吾人之罪过。人而有信，则虽不赴礼拜堂可也。

一五一七年在德销售之赎罪券　路得此种主张本不足以引起世人之注意。至一五一七年，教皇因重修罗马之圣彼得(St. Peter)教堂，需费浩大，有销售赎罪券于德国之举，遂激起路得之抗议。其主张乃大著于世。

赎罪券之原理　赎罪券之颁给起源于忏悔之仪。教会中人尝谓凡人能自忏悔者上帝必赦其罪过；然悔过者须行“善事”（good works）——如斋戒、祷告、朝拜等——方可。吾人虽死，然因悔过之义未尽必入炼罪所。所谓赎罪券颁自教皇，得之者可免此生一部分悔罪之苦行，及他日炼罪所中全部或一部之痛苦。故所谓赎罪券者非赦罪之谓，乃减少苦行之谓也。

销售之方法　人民之捐资于教会者多寡不同。富者多捐，贫者则可以不出资而得赎罪券。然经理赎罪券者每有贪多务得之举，受人叱骂。

路得之赎罪券论文　一五一七年冬十月，多明我(Dominic)派之修道士名忒策(Tetzel)者在威丁堡附近地方劝销赎罪券，其言多有未当。路得闻之，以为与基督教精义相反，遂著《赎罪券论文》九十五条以辨其非。榜其文于礼拜堂门外，任人辩难。

论文之内容　路得之榜其《论文》也，原不料有惊动世人之结果。其《论文》系用拉丁文所著，唯学者能读之。而不久即有人译成德国文，播之全国。其《论文》之大意略谓赎罪券之购买与否无关宏旨，不如省其费为日用之需之为愈。信上帝者上帝佑之，购券无益也云云。

路得怀疑教会之组织　路得既著《论文》，乃潜心研究教会史，以为教皇之得势乃系渐进者。耶稣门徒绝不知有所谓圣餐、朝拜诸仪；更不知有所谓炼罪所与赎罪券及居于罗马之教皇。

路得致德国贵族之通告　同时路得并潜心于研究及著述，其文气遒劲异常，运用德国文颇具舒展自如之能力。至一五二〇年，发行小丛书数种，实开宗教革命之端。就中之最足以动人者莫过于致德国贵族之通告，略谓现在教会内容之不堪尽人皆知。然欲教会之自行改革不啻坐以待毙，又何如由各国君主实行改革教会之为愈。又谓为教士者除应尽职务外并非神圣，故应服从各国之政府。又谓现今寺院林立为数大多，应将修道士放之还俗，为教士者应准其娶妻。意大利方面之教士多取资于德国，应设法抵抗。此种主张一出，不啻为宗教革命之宣言。全国响应，良非偶然。

路得焚毁教皇之谕　路得既有非议教皇之举，教皇遂下令逐路得于教会之外；路得不服，竟焚其谕。一五二〇年，德国皇帝查理第五赴德国召集大会于瓦姆斯，令路得赴会。路得虽如命往，然始终不愿取消其主张。德国皇帝亦无如之何，放之出走。

路得之隐居　查理第五不久即离德国而归，十年之间，因一面西班牙有内乱，一面有与法国王法兰西斯第一(Francis Ⅰ)之战争，无暇兼顾宗教上之争执。同时萨克森选侯腓特烈颇加意于路得之保护。故当路得自瓦姆斯大会回里时，中途即为密友携至选侯之堡垒曰瓦特堡(Wartburg)者。路得居此凡二年，日唯以著书为事，《圣经》译成德国文，即在此时。

贵族之革命　同时宗教革命一变而为社会革命。第一，为骑士之反抗广有领土之主教。骑士力小而败，而人民所受之损失殊巨。故世人颇有归咎于路得者，以为彼之著述实有以致之。

农民之叛乱　较贵族革命尤烈者为一五二五年农民之叛。其时德国农民纷纷标上帝公正之名以报复旧怨为事。所要求者颇有合理之处，其最著者曰"十二条"，略谓《圣经》之上并无纳租于地主之明文，地主与佃户既同是教徒，又何得以奴隶视佃户？又谓若辈甚愿纳其应纳之租，至于例外之徭役则非有相当之工资不可。并要求各地方应有自选牧师之权，牧师之不称职者得随时解除之。

路得力劝政府平定叛乱　其时农民中之激烈者有杀尽教士及贵族之主张。城堡及寺院之被焚毁者以数百计，贵族之被惨杀者亦不一其人。路得本农家子，对于农民本有同情，嗣因劝之不听，遂有力劝政府以武力平定叛乱之举。

平定叛乱之惨　德国诸侯纳其言，遂以残酷方法平定之。至一五二五年夏，农民之被惨杀者数以万计，而受毒刑者不与焉。地主对待佃户之苛虐曾不为之少减，佃奴之苦况反较叛乱以前为甚。

斯拜尔之抗议　一五二九年德国皇帝查理第五再召集大会于斯拜尔(Speyer)，以实行昔日瓦姆斯大会处置异端之议决案。然自一五二〇年以来，德国诸邦及城市中已有实行路得派之宗教及其对于寺院及教产之观念者。唯系少数，故唯有根据于一五二六年第一次斯拜尔大会之议决案提出抗议(protest)，主张各国对于此种事务之处置自有权衡。此辈抗议者并以多数专制之事诉诸德国皇帝之前及后来之宗教大会。抗议者三字遂为后日新教徒之通称。

奥格斯堡信条　一五三〇年德国皇帝查理第五赴德国，召集大会于奥格斯堡(Augsburg)。新教诸侯提出奥格斯堡信条于大会，内中详述若辈所信之教义。此文至今尚为路得派教徒之教条。唯德国皇帝仍令新教徒允旧教徒之要求，将所有籍没之财产交还旧主，且此后不得与旧教徒为难。不久德国皇帝又因事他去，自此不入德国者又凡十年。新教之势遂乘机日盛矣。

奥格斯堡和议　德国皇帝查理第五曾欲摧残新教而不得，不得已于一五五五年承认奥格斯堡之和议。其重要之条文如下：凡皇帝直辖之诸侯、城市及骑士，得以自由选择其信仰之宗教。如主教之为诸侯者一旦宣布信奉新教时，则所有财产即须交还于教会。德国各邦之人民均须信其本国所奉之教，否则唯有移居他国之一途。无论何人必信旧教或路得派之新教，不得另奉第三种宗教。故当时德国人实无真正之信教自由也。

法国之新教徒

喀尔文　同时新教运动之影响渐及于他国。其在法国有喀尔文(Calvin)，其能力与路得同，而其智力则远在路得之上。因惧政府之抑制，遁入瑞士；先往巴塞尔(Basel)城，继又遁入日内瓦(Geneva)城，遂家焉。时一五四〇年也。该城方脱离萨伏衣(Savoy)公国而独立，遂付喀尔文以改革市政之权。喀尔文编订宪法，设立政府，将宗教政治冶于一炉。付管理教会之权于“长老”(Presbyters)，故喀尔文派之新教有“长老会派”之名。法国之新教乃喀尔文派，而非路得派。苏格兰亦然。

法国之新教徒 法国王法兰西斯第一及其子亨利第二（一五四七年至一五五九年）屡有虐杀新教徒之举。然新教徒日增月盛，而以中流社会及贵族居多。故法国之新教徒不仅为宗教上之信徒，亦且为政治上之朋党。至十六世纪末造，势力甚盛，能以武力抵抗政府。亨利第二之长子法兰西斯第二在位不过一年，其次子查理第九（一五六〇年至一五七四年）以十龄之童入承大统，母后喀德邻（Catherine de Medici）居摄。

喀德邻圣巴托罗缪节日之虐杀 母后喀德邻居摄之始本欲以调和新旧教徒为己任。不久旧教首领居伊兹（Guise）公有虐杀新教徒于筏西（Vassy）之举。此后三十年间，国内每有假宗教之名以实行其焚毁劫掠之实者。至一五七〇年，新旧教徒有停战之举。是时新教首领科利尼（Coligny）有联络旧教徒合力以抵抗西班牙之计划，故颇得国王及母后之信任。旧教首领居伊兹公忌其计划之实行，思有以尼之。遂谮科利尼于喀德邻之前，谓其计划非出诸本心，母后信之，乃使人谋刺科利尼，伤而不死。母后恐王之发其罪也，乃造蜚语于王前，谓新教徒实有图谋大举之意，王信之。于是巴黎旧教徒定期于一五七二年圣巴托罗缪（St. Bartholomew）圣诞之夕闻号袭杀科利尼及新教徒。盖其时因王姊马加勒特（Margaret）与信奉新教之纳瓦拉（Navarre）王亨利结婚，全国新教徒多来巴黎观礼也。是役也，巴黎城中被杀而死者约二千人，其他各地约万余人。

三亨利之战 虐杀新教徒之后，内乱随起。法国王查理之弟亨利第三（自一五七四年至一五八九年）既即位，一面与新教首领纳瓦拉之亨利战，一面又与旧教首领居伊兹公名亨利者战。旧教首领被刺死，法国王亦为旧教徒所刺而死。新教首领遂入承大统，称亨利第四——实为法国波旁（Bourbon）王朝之始。亨利第四既即位，乃改信旧教。至一五九八年下南特（Nantes）之令，许新教徒以信教之自由。当时国内升平无事，农商诸业经政府之提倡极其发达。至一六一〇年亨利第四不幸被刺死，传其位于其子路易十三（自一六一〇年至一六四三年）。自一六二四年至一六四二年，法国王权实握诸名相黎塞留（Richelieu）之手。摧残国内新教徒，王权为之大张。

英国之教会

英王亨利第八 英王亨利第八即位，权力甚大。盖其时贵族之势已衰，中流社会未起也。其初隐握政权者为武尔塞（Wolsey），不甚与闻欧洲大陆之战争。亨利第八对于路得其初本不甚赞成，曾著书以抨击之。嗣因王欲与后亚拉冈之喀德邻离婚，武尔塞与罗马教皇均不以为然，遂生嫌隙。其初与教皇所争者不在宗教而在教会之管理权。一五三四年，英国国会通过《独尊议案》，宣言国王为英国教会之最高首领，有任命教士及征收教税之权。因实行议案而有虐杀之举。唯此时英国王尚自信为旧教徒，凡不信旧教者必加以刑。不过英国教会此后须受其监督耳。然其时仍有解散寺院籍没教产之举。英国王之用心原不堪问，不过反对罗马教皇之举颇合国人心理耳。

英国国教之成立 亨利第八之子爱德华第六（Edward Ⅵ）即位后，与教皇所争者方关于教义之上。故有《祈祷书》及《二十四教条》之编订。至女王依利萨伯（Elizabeth）时代重订教条减之为三十九，至今为英国国教之重要教义。

马利虐杀新教徒之无益 女王马利（自一五五三年至一五五八年）为喀德邻之女，极信旧教。与西班牙王腓力第二（Philip Ⅱ）结婚后遂抱虐杀新教徒之政策。然新教徒之热诚并不为之少减。故女王依利萨伯即位后对于宗教一仍爱德华第六政策之旧。

罗马旧教之改良

特棱特宗教大会 同时旧教教会亦颇尽力于改革。自一五四五年至一五六三年间，有特棱特（Trent）宗教大会之召集；编纂教条，至今为旧教教会之教义。

耶稣会 是时旧教中组织之最有势力者莫过于耶稣会。创始者为西班牙人罗耀拉(Ignatius Loyola)，时一五四〇年也。颇得教皇之信任。耶稣会中人以绝对服从教皇著于世。传道事业与教育事业并重，故青年子弟因而养成为纯粹旧教徒者颇不乏人。传道事业所及尤广，会员足迹殆遍天下。

西班牙王腓力第二 其时援助教皇及耶稣会之最力者为西班牙王腓力第二(自一五五六年至一五九八年)。王极信旧教，几有倾其国以维持旧教之概。设立异端裁判所之目的即在于此。同时并命亚尔伐(Alva)公率军队赴尼德兰以铲除新教。法兰德斯人之逃往英国者甚多。唯北部则有奥伦治(Orange)公威廉(William)为新教徒之领袖，以抵抗西班牙王之压制。

荷兰之独立 其时荷兰人多信新教，尼德兰南部人则多信旧教。唯因亚尔伐公过于残酷之故，南部旧教徒亦均心怀携贰。不久亚尔伐公被召归国，其军队于一五七六年大掠安特卫普(Antwerp)城，即历史上所谓“西班牙之怒”(the Spanish fury)是也。此后三年间尼德兰南北两部合力反抗西班牙。不久西班牙王另命大臣来处置一切，方法和平。南北两部因之分裂。仅北部七省于一五七九年组织乌得勒支(Utrecht)同盟，至一五八一年宣布独立。此次独立事业之最出力者，即奥伦治公威廉其人。西班牙王于一五八四年阴令人刺之而中，然荷兰独立之根基已固矣。

西班牙之无敌舰队 西班牙之敌除荷兰外尚有英国。盖英国自依利萨伯而后已显然为新教之国也。而且英国商船时有劫夺西班牙商船之举，尤为西班牙人所切齿。西班牙王腓力第二欲用一劳永逸之计，组织极大之海军舰队以攻英国。英国军舰轻便易于驾驶，加以适遇大风，遂大败西班牙之海军。西班牙之国力至是垂尽，即在今日犹未能恢复焉。

三十年战争

三十年战争 德国自奥格斯堡和议后，新教之势日形发达。至一六一八年，信仰新教之波希米亚忽叛哈布斯堡之皇帝，遂开三十年宗教战争之局。战争之第一步，旧教诸国群起合攻波希米亚大获胜利。盖新教诸君意见不合，且无能也。第二步，为丹麦王来助德国新教徒，至一六二九年为德国军统窝楞斯泰因（Wallenstein）所败。德国皇帝下交还教产之命（Edict of Restitution），凡自奥格斯堡和议后，新教徒自旧教教会夺来之财产均须交回旧教徒。第三步，因交还教产，新教徒丧失太大，再开战事。瑞典王考斯道夫阿多发（Gustavus Adolphus）南下援助新教徒，所向披靡。德国皇帝在德国北部之军队被逐一空。然瑞典王亦于一六三二年在吕层（Lutzen）战场上阵亡。第四步，是时法国名相黎塞留欲乘机限制德国皇帝之势力，出兵援助德国之新教徒。兵连祸结以迄于一六四八年，方开和平会议于西发里亚（Westphalia）之二城。

西发里亚和约　据和约之规定：凡新教诸邦于一六二四年以前所籍没之旧教财产无须交还，且仍有选择本邦宗教之权。各邦有与国内各邦及他国缔结条约之自由。从此帝国仅存其名，实与瓦解无异。德国北部沿海之地让予瑞典；麦次（Metz）、都尔（Toul）、维丹（Verdun）三城，及德国皇帝在亚尔萨斯（Alsace）（除斯特拉斯堡[Strassburg]一城以外）之权利均归诸法国。荷兰、瑞士之独立同时并得各国承认。和约既订，宗教战争遂告终止。民族国家至此大盛矣。

第一卷　十七十八两世纪之回顾

第一章

英国国会与君主之争权

第一节　詹姆士第一与君权神授之观念

英国与其国会　英国位于岛中，四面环海，故与欧洲大陆战争之机会绝少。欧洲大陆诸国战事方殷之日，正英国升平无事之秋。当中古时代，国会制度已甚发达。然至中古末造，国会之势力极微。十六世纪初年，亨利第八尚有藐视国会之态。

依利萨伯在位时代之国会　至十六世纪末年：女王依利萨伯颇欲伸其实权于国会之上，国会竟有抵抗之能力。盖是时商业日盛，民智日开，加以战胜西班牙后爱国之心日益发达，而对于专制君主仇视益深也。他日斯图亚特(Stuart)朝继起，唯以扩充君权为事，故有十七世纪之内乱。其结果则王权衰落而国会之势日张。

詹姆士第一之即位　一六〇三年女王依利萨伯卒，苏格兰王詹姆士第六入主英国，改称詹姆士第一。英国、苏格兰及威尔斯(Wales)三国自此合称为大不列颠(Britain)。詹姆士第一为都铎尔朝亨利第七之后，故得入承英国大统。

詹姆士第一对于君主之观念　詹姆士第一既即位，颇欲压制国会以自逞。同时对于君权观念又复主张专制。彼固学者，且喜著书。曾有关于君主之著作刊行于世。意谓君主可以任意立法，而毋庸得国会之同意；凡属国民均是君主之臣子，生杀予夺权操于君。又谓明主虽应守法，然绝不受法律之束约，而且有变更法律之权。又谓："与上帝争者既谓之渎神……则与君主争者岂非罔上？"

君权神授　此种主张在今日视之固近谬妄，然在当日则詹姆士第一不过摹仿前朝诸君之专制及大革命以前之法国王，并非创举。以为君为民父，上帝实命之。人民既尊重上帝，即不能不服从君主。故为君主者对于上帝负责任，非对于国会或国民也。至于詹姆士第一与国会争权之陈迹实为他日其子查理第一丧命之机，兹不多赘。

詹姆士第一在位时代之著作家　詹姆士第一在位时代之著作家极足以照耀于史册，而为英国之光荣。世界最著名之戏曲家莎士比亚(Shakespeare)即生于此时。莎士比亚于依利萨伯时代虽已有著作，然其名著——如《利尔王》(*King Lear*)及《狂风雪》(*The Tempest*)诸篇——实于詹姆士第一时代出世。同时并有大哲学家培根(Francis Bacon)著《学问之进步》(*Advancement of Learning*)一书行于世。其意略谓旧书如亚理斯多德(Aristotle)等著作已不可恃，吾人应加意于动植物及化学之研究，以便知其究竟，而利用之以谋人类状况之改善。培根之能文殆可与莎士比亚相埒，所异者不过散文韵文之别耳。是时并有英译《圣经》之举，至今为英国文译本之最。

哈维　是时又有名医生名哈维(William Harvey)者潜心研究人体之机能，遂发现血液循环之理，为生理学上别开生面。

第二节　查理第一与国会

查理第一　詹姆士第一之子为查理第一，虽较其父为稍具君人之度，然其固执己见失信于民则与其父同。其父之恶名未去，即与国会启争执之端。曾向国会筹款，国会恐其靡费也不允，乃思以战胜他国之荣结好于国会。当三十年战争时，西班牙曾竭力援助旧教徒，至是查理第一虽无军饷亦竟与西班牙宣战，筹划远征队赴大西洋中劫夺西班牙之商船，而终不得逞。

查理第一之横暴　国会既不允纳款于王，王遂以强横之方法征税于民。英国法律虽禁止君主不得向人民要求“礼物”(gifts)，然并不禁其向人民假款。查理第一遂实行假贷之举，绅士因不允而被逮者五人。于是君主无故逮捕人民之问题遂起。

权利请愿书　英王横暴之迹既著，国会遂起而限制之。至一六二八年提出著名之《权利请愿书》(*The Petition of Right*)于政府。书中对于国王及其官吏之横征暴敛极言其非法。又谓此后非得国会之允许，国王不得向人民要求礼物、假贷、捐款、赋税等。非根据《大宪章》不得任意逮捕或惩办人民。军队不得屯驻于民家。查理第一不得已而允其请。

宗教意见之冲突　是时王与国会之宗教意见又生冲突。盖查理第一之后本系法国之旧教徒；而德国之窝楞斯泰因及梯理(Tilly)又有战败丹麦之事，同时法国名相黎塞留又竭力摧残新教徒。詹姆士第一及查理第一均有与法国、西班牙合力保护英国旧教徒之意。下议院中之新教徒渐怀疑虑。同时国内礼拜堂亦渐多复行旧教仪式者。

查理第一之解散国会　此种情形既著，国王与国会之意见益左。一六二九年之国会对于国王之举动颇为愤激，遂被解散。从此英国无国会而治者前后凡十一年。

查理第一之暴敛　王既解散国会，然实无统治之能力。加以横征暴敛大失民心，伏他日国会重振之机。如征收“船税”(ship money)即其一端。盖英国沿海各港向有供给战船于国家之义务，查理第一忽令其纳捐以代之。并向居在内地之人民征收同样之船税。意谓凡英国人均有输款护国之义。

罕普登　其时有罕普登(John Hampden)者为巴京汗州(Buckinghamshire)之缙绅竟行反抗输纳船税二十先令之举。此案遂提交于法庭以审之，卒以法官多数之同意判其有罪。然国人自此切齿矣。

劳得　一六三三年查理第一命劳得(William Laud)为坎特布里(Canterbury)大主教。劳得以为欲巩固国教及政府之势力，则英国国教应折衷于罗马旧教及喀尔文派新教之间。并谓为国民者应遵守国教之仪式，然政府不应限制人民对于宗教之良心上主张。劳得既任大主教之职，即有查视其辖地各教堂之举。凡教士之不遵国教仪式者则提交“高等特派法院”(Court of High Commission)审判之。如其有罪，即免其职。

新教徒中之党派　是时英国之新教徒分为二派：一为高教会派(High Church Party)，一为低教会派(Low Church Party)。前者虽反对教皇及圣餐，然其遵守旧教仪式则与昔无异。故其对于劳得之主张异常满意。后者即清教徒(Puritans)，则颇不以劳得之举动为然。盖此辈虽异于长老会派之主张废止主教制，然对于教会中之“迷信习惯”(superstitious usages)——如教士之法衣，浸礼所用之十字架，圣餐礼中之跪拜等——无不反对。至于长老会派之教徒虽有与清教徒相同之处，然并有仿行喀尔文派制度之主张，故与清教徒异，此不可不辨者也。

独立派　此派又有分离派(Separatists)，亦称独立派(Independents)。此派主张各地方应自有宗教之组织，故对于英国国教及长老会派均反对之。英国政府禁其集会，故至一六〇〇年时颇有逃至荷兰者，居于来丁(Leyden)地方。至一六二〇年有乘美弗劳尔(Mayflower)船移民于北美洲之举，即美国历史上所谓行脚僧团(Pilgrim Fathers)者是也。北美洲新英诸州之殖民即出诸此辈之力。其教会之在北美洲者至今称为“公理会”(Congregational)。

第三节　查理第一之被杀

查理第一与苏格兰长老会派之争执　苏格兰当女王依利萨伯在

位时代，有诺克斯(John Knox)其人，将长老会派之新教传入。嗣因查理第一强迫苏格兰应用新订之《祈祷书》，故苏格兰于一六三八年有《国民契约》(*National Covenant*)之缔结，以维持长老会派之新教为宗旨。

查理第一召集长期国会　查理第一志不得逞，乃思以武力强使之行。其时王适有大宗胡椒由东印度公司运归，遂以贱价出售以充军需。不意所招军士均隐与苏格兰之新教徒表同情，无心出战。查理第一不得已于一六四〇年召集国会。因其会期甚长故有长期国会之名。

长期国会反对英王政策　国会既召集，即有逮捕劳得监禁于伦敦监狱之举。宣布其大逆不道之罪于全国。王营救虽力，终不能出其罪。遂于一六四五年处以死刑。同时国会又通过《三年议案》(*Triennial Bill*)，规定嗣后虽不经国王之召集，国会会期至少每三年一次。查理第一之专制政府根本为之摇动。国会不久又提出《大抗议》(*Grand Remonstrance*)，内中缕述国王之种种不法行为。并要求国务大臣应对于国会负责任。并将此文印颁全国。

查理第一逮捕下议院议员五人　国会既表示其反抗政府之意，王大不悦，乃有下令逮捕下议院议员五人之举。不意王入议场时，此五人早已遁往伦敦城中矣。

内乱之开始(一六四二年)　是时王与国会各趋极端，均有预备开战之举。助国王者曰骑士党，多贵族旧教徒及下议院议员之反对长老会派者。国会议员之反对国王者曰圆颅党，因若辈皆截短其发以示其反对贵族之意也。

克伦威尔　其时为圆颅党之领袖者为来自田间之国会议员克伦威尔(Oilver Cromwell)。其军士类系深信宗教之人，与普通轻浮不法者异。英国之北部及爱尔兰人多信旧教，故竭力援助国王。

二大战　战事既起，迁延数年，自第一年以后王党之势日促。战事之最烈者首推一六四四年马斯敦穆耳(Marston Moor)之战；及次年纳斯卑(Naseby)之战，英国王败创特甚。王之书札入于圆颅党人之手，举国乃晓然于国王有求援于法国及爱尔兰以平内乱之意，国人益形切齿。一六四六年，王为援助国会之苏格兰军队所获，解交国会。国会拘之于外特(Wight)岛中者凡二年。

勃来得驱逐国会议员　是时下议院议员中颇有党于王室者，至一六四八年之冬，遂提出调和国会与国王争执之议。团长勃来得(Pride)颇反对斯举，率兵至议场中将王党之议员全数逐出。

查理第一之被杀　王党议员被逐后，国会之势力全为反对党人所占，乃有审判国王之提议。宣言下议院既为人民所选举，当然为英国之最高机关，虽无君主及上院可也。乃由下议院指派反对国王最力者组织高等法院以审理之。一六四九年正月三十日判处国王以死刑，僇其首于伦敦白宫(Whitehall)宫门之外。王之死殊非全国人民之意，盖主持此事者实少数激烈党人也。

第四节　克伦威尔与共和时代

英国建设共和政府　国王既被杀，“残缺国会”(Rump Parliament)遂宣布共和政体，废君主及上院。然主其事者实为军统克伦威尔其人。克伦威尔之实力专恃独立派教徒。其时英国人之赞成清教派及废止君主者为数甚少；而共和政体竟能维持如是之久殊出意外。其时虽长老会派之教徒亦颇党于查理第一之子查理第二。然因克伦威尔有治国之才，且有军队五万人在其掌握，故能实行共和至十三年之久。

征服爱尔兰及苏格兰　克伦威尔虽握有军政之大权，然国步艰难统治不易。是时三岛分离不相统一。爱尔兰之贵族及旧教徒宣布查理第二为王。而新教首领名奥梦德(Ormond)者又集合爱尔兰之旧教徒，及英国党于王室之新教徒组成军队，以谋倾覆共和政府。故克伦威尔先率兵入爱尔兰，既陷德罗赫达(Drogheda)，杀死二千余人。干戈所指无不披靡，至一六五二年全岛之乱遂平。逐爱尔兰之地主入山，籍没其土地以予英国人。同时(一六五〇年)查理第二又自法国入苏格兰，愿奉长老会派之宗教，苏格兰人群起拥戴之。然不久亦为克伦威尔所征服。

一六五一年之航业议案　英国国内虽属多事，然克伦威尔尚能从容战胜商业上之劲敌荷兰人。其时欧洲与殖民地间之运输全赖阿姆斯特丹(Amsterdam)，鹿特丹(Rotterdam)二港之商舰。英国人忌之，乃于一六五一年由国会通过《航业议案》(*Navigation Act*)，规定凡物产输入英国者必由英国商船或输出物产国之商船运入。此议案通过后，荷兰、英国间遂起商业上之竞争。两国海军屡有冲突，而互有胜负。实开近世商战之局。

克伦威尔解散长期国会(一六五三年)及其被选为护国者　克伦威尔与国会之意见屡有冲突，与昔日之查理第一正同。其时"残缺国会"虽系清教徒，然其贿赂公行，营私植党，久为国人所不齿。克伦威尔因其破坏大局也，遂痛责之。其时有议员起而抗辩，克伦威尔大呼曰："来，尔辈之为恶已多矣！吾将止之。此已非尔辈所居之地矣。"言已，挥兵士入议场驱之。长期国会至此遂解散。克伦威尔即于是年四月召集新国会，以"畏上帝"之人充之。即历史上所谓贝耳逢(Barebone)国会是也。盖其时国会议员中，有伦敦商人名贝耳逢(Praise-God Barebone)者最为时人所注目，故名。然所有新议员虽"畏上帝"，而对于国家大事毫无经验应付为难。故于是年十二月，议员中之较有常识者自行宣布解散，并付国家大权于克伦威尔，称之为"护国者"。

克伦威尔之外交政策　此后五年之间，克伦威尔虽不愿有加冕之举，实与君主无异。彼虽不能巩固国内之政府，然其对外政策则到处胜利。与法国缔结同盟，并助法国而战胜西班牙。英国遂得丹刻克(Dunkirk)地方及西印度群岛中之牙买加(Jamaica)岛。法国王路易十四最初不愿以"吾之中表"(my cousin)(此系欧洲各国君主间之通称)称克伦威尔，至是曾对人言愿称其为父，亦足见克伦威尔当日声势之宏大也。克伦威尔至是已俨然以君主自居，而其行动之专制亦竟不亚詹姆士第一与查理第一云。

克伦威尔之去世　一六五八年五月，克伦威尔忽患寒热交作之疾，其时国内适有大风拔木之象，王党党人以为此乃天夺之魄，神人交愤之征。不久遂卒。临终时祷于上帝，略谓“汝命我为英国人民造福，并为汝服务。爱我者固多，而恶我者亦众。愿汝恕之，盖若辈亦汝之民也；并愿汝恕我祈祷之愚”云云。

第五节　复　辟

复辟　克伦威尔既死，其子理查(Richard)庸碌无能，不久退位。长期国会之议员乃有重行集合之举。然其时国中实权仍在军队之手。一六六〇年，有军官名孟克(George Monk)者统率苏格兰军队入伦敦，以平内乱。方知国人并不赞助长期国会之议员，而长期国会不久亦自行解散。盖知众怒难犯，兵力难抗也。其时国人对于武人之骄横久怀厌恶，故极愿查理第二之复辟。新国会两院合议欢迎国王查理第二。共和政府至此遂覆。

查理第二之性质　查理第二之固执己见与其父同，然其才力较其父为大。虽不愿受国会之牵制，然始终不欲伤国人之感情而与国会生冲突。其时朝廷官吏颇好欢娱。当日戏曲之淫靡溢出常轨。盖清教徒得势时代，禁止人民行乐，未免矫情，故复辟之后有此反动也。

国会之宗教政策　查理第二时代之第一次国会议员和平者居多，其二次国会之议员则大半多系骑士党人，与国王之意见极其融洽，故能维持至十八年之久。君王与国会从无互争雄长之举。唯对于清教徒多所限制。如不遵英国国教仪式者不得充城市之官吏。其影响并及于长老会派及独立派。至一六六二年，又有《一致议案》(*Act of Uniformity*)之通过，规定凡不遵《普通祈祷书》者不得充教士。教士之因此辞职者凡二千人。

新教之异派　自此种议案通过后，全国新教徒之不遵国教仪式者渐成一派曰新教之异派(Dissenters)。凡独立派，长老会派，浸体会派(Baptists)，及朋友会派(Society of Friends 或通称为 Quakers)皆属之。嗣后诸派无复垄断国内政治或宗教之观念，只求信教自由而已。

英王赞成信教自由 新教之异派既切望政府允许其信教自由，不意国王忽有赞助之意，盖其意固在旧教徒也。国王对于《一致议案》曾与国会商议减轻之道，并有信教自由之宣言。然国会深恐王之意或在恢复昔日之旧教，故于一六六四年有极严厉《宗教集会议案》(*Conventicle Act*)之通过。

宗教集会议案 此案规定凡成年之人不遵国教仪式而集会者则处以徒刑。因此犯法远戍者为数颇夥。数年以后，王又有予旧教及新教异派以信教自由之宣言。国会不允迫其取消，一面并有《测验议案》(*Test Act*)之通过，凡不遵国教仪式者此后均不得充当官吏。

一六七九年之出庭状议案 其时国会议案中之重要者当以一六七九年之《出庭状议案》(*Habeas Corpus Act*)为最。此案规定凡人民之被逮者须将理由告知，速予审判，并须根据国法办理。此种原理至今为身体自由保障之要义。立宪国家莫不承认。

与荷兰之战争 英国与荷兰之战争始自克伦威尔，至是复启。盖查理第二极欲扩充英国之商业及领土。海上战争因两国势均力敌之故，难分胜负。迨一六六四年，英国占据荷兰所领之西印度群岛及满哈坦(Manhattan)岛上之殖民地(即今日之纽约)，荷兰不能敌。至一六六七年而和。

第六节　一六八八年之革命

詹姆士第二 查理第二死，其弟詹姆士第二继之。詹姆士第二极信旧教，并继娶旧教徒摩德拿(Modena)之马利为后。即位后，即一意以恢复旧教为事。其前后所生之女名马利者嫁荷兰奥伦治公威廉第三。其时国人以为一旦国王去世，则必以其女继之，其女固新教徒也。不意新后忽举一子，而王又急于恢复昔日之旧教，国人大恐。新教徒遂遣人赴荷兰迎威廉。

一六八八年之革命及威廉第三之入英 一六八八年十一月威廉

第三入英国，向伦敦而进，全国新教徒一致赞助之。詹姆士第二拒之，然军士多不效命，而朝廷官吏亦多怀二心。王不得已遂遁入法国。国会议员及一部分公民乃组织临时会议。宣言詹姆士第二“因信旧教及佥佞之故已违背国法而逃亡，故英国王位现已虚缺”云。

权利法典　临时会议又有《权利法典》(*The Bill of Rights*)之提议，后经国会之通过，遂为英国宪法中之重要部分。法典中规定：国王不得停止或违背国家之大法；非经国会允许不得征税及设常备军；不得干涉国会中之言论自由；不得废止陪审官制度；不得有逾分之罚金及逾分之刑罚；不得阻止人民之请愿。最后并宣布威廉与马利为国王，如其无子则以马利之妹安(Anne)继之。

光荣革命之结果　自国会宣布《权利法典》以后，一六八八年之“光荣革命”乃告终止。英国王之权力此后完全受国会及旧日习惯所限制。国会废立君主之权至此乃固。

解决议案　不久国会又有《解决议案》(*Act of Settlement*)之通过，规定他日女王安去世，则以其表妹汉诺威(Hanover)之索非亚(Sophia)或索非亚之嗣子入承英国之大统，盖所以拒绝詹姆士第二之子之要求也。至一七一四年，女王安死。索非亚之子佐治第一(George Ⅰ)入英国为王，为汉诺威朝开国之君主，其祚至今未绝。

英人此后无君主擅权之虑　《解决议案》之内容不但解决王位之承继问题，并有限制君权之规定。其重要者如司法官任期定为终身；如不称职唯国会可以免其职。故英国王此后并不能间接以干涉司法行政矣。

第七节　英国宪法之性质

英国宪法为不成文法　英国宪法之发达多根据于上节所述之各种议案。故英国之宪法与现在文明各国之成文宪法不同；其条文始终无正式编订之举，实合各种议案中之精理及习惯而成。有种习惯其源远发于中古。盖英国人具有尊重古习之特性，如今日英国法官仍披白发即其一端。然一旦旧习已不可行或为革新之障碍时即弃而不用，另造新例为后人之指导。

兵变议案及陆军议案 英国宪法之变迁往往出诸偶然。例如当威廉及马利在位之初年陆军忽有兵变之举。国会不愿予君主以兵权以平定兵变，盖恐兵权过大，又酿昔日斯图亚特朝诸君拥兵专制之祸也。故仅予国王以统兵六个月之权。不久国王统兵之权延长至一年；至今陆军议案仍须每年重提一次云。

行政费与皇室费预算案 英国国会之得势在于有监督国家财政之权。《权利法典》中已有非经国会允许不能征税之原理。国会将国家岁出分为二部。其一为行政费（海陆军费在外）及皇室费，其数目有定，无特别理由不能变更。至于非常费则每年由国会分配之。其计算曰“预算案”。此种预算之方法始于斯图亚特朝，而大成于威廉第三时代。其结果则君主统兵之权只以一年为限，而因分配岁出之故每年不能不召集国会一次。

英王权力之薄弱 国会因有上述种种之进步遂握有国内之大权。君主既无掌握财政及军队之权，除否决议案及备国会之顾问外，形同木偶。而否决议案之权则自一七〇七年后已废而不用。而且自威廉第三即位以后，知充国务大臣者非从国会多数党中选出，则预算案必不易于成立，故不得不从多数党中选择国务大臣。其时骑士党因援助斯图亚特朝之故已失国人之信仰。故威廉第三时代之国务大臣皆命圆颅党中人充之。此后两党之名改称为保守党（Tories）及进步党（Whigs）。国务大臣之团体合名之为内阁（Cabinet），为他日行政之中枢。

第二章

路易十四时代之法国

第一节　路易十四之地位及其性质

十七世纪初半期之法国　自宗教战争终了以后，法国王亨利第四治国英明，故王权复固。其子路易十三即位，政府大权握诸黎塞留之手，一面压制新教徒，一面摧残国内之贵族，王权为之益振。一六四三年路易十三卒，其子路易十四（自一六四三年至一七一五年）冲龄即位。马萨林（Cardinal Mazarin）当国，诸侯最后跋扈之举至是荡平。

马萨林与黎塞留之功业　一六六一年马萨林死。昔日负固不服之诸侯至是皆变为俯首帖耳之官吏。新教徒之人数亦已大减，而无抵抗之力。且因干涉三十年战争之故，法国领土较昔增加，法国国势亦较昔为盛。

路易十四之政府　路易十四实能广续先人之事业而益光大之。组织中央集权之政府，至大革命时方废。维尔塞（Versailles）之宫殿华丽宏壮为欧洲之冠，见者无不惊叹。王好大喜功，扰乱欧洲和平之局者先后几五十年。内有良臣，外有名将，欧洲诸国莫不敬而畏之。

君权神授说　路易十四对于君权之观念与英国王詹姆士第一

同。以为君主受上帝之命以临其民，人民应以尊重上帝之心尊重君主。盖服从君主即服从上帝。如君主贤明，人民安乐，此上帝之德也，人民应有以报之；如君主庸愚，人民困苦，此上帝之示惩也，人民应忍受之。无论君主之贤否，人民始终不能有限制君权及反抗君主之举。

英法两国人民对于专制君主之态度　君权神授之说路易十四行之而成功，詹姆士第一行之而失败。其原因有二：第一，英国人对于君主之专制不如法国人之易与。而且英国有国会，有法庭，有种种权利之宣言，均足以限制君主之擅作威福。至于法国既无《大宪章》，又无《权利法典》。其国会又无监督国家财政之力。而且国会开会又无定期。当路易十四即位时，法国之未开国会者已垂四十有七年，此后尚须经过一百余年方有召集国会之举。第二，法国介于大国之间，如无强有力之中央政府不足以图自存，故法国人对于君主极具依赖之诚。盖一旦政情纷纠则强邻即将乘隙而入也。

法国人对于英国之观念　其时法国人之忠于王室者均以英国为革命之邦。英国人曾杀一王，逐一王；攻击政府与宗教之书籍通行无阻。凡此种种在法国人心目中视之无不惊骇。以为英国人不尊重权力、习惯或宗教者也。总之十七世纪末年英国所享之名誉正与十八世纪末年法国所享之名誉无异。

路易十四之性质　而且路易十四之为人亦有胜于詹姆士第一之处。盖其风姿俊美，态度幽娴。与英国王之面目可憎，言语无味，真有天渊之别。而且路易十四有临机应变之才，具料事如神之德。寡言笑，而勤于公务。

专制君主之勤劳　专制君主本不易为。一日万机应付甚苦。如腓特烈大王及拿破仑(Napoleon)诸人，无不早起晏眠，勤劳终日。路易十四虽有能臣多人襄理国事，而大权在握从无旁落之虞，与其父在位时之太阿倒持者有别。尝曰："为人君者，如能尽其为君之道，则知其位高，其名贵，而其事乐。"故法国王以勤劳政事著于世。

第二节　路易十四之提倡美术及文学

维尔塞宫殿　路易十四之宫殿其宏壮为西部欧洲之冠，诚不愧为王者之居。巴黎城外之维尔塞宫气象尤为雄壮。宫殿在前，名园在后。周围为城市，备官吏及商民居住之用。国内贫民虽多，而宫殿土木之费竟达银币二万万元之巨。宫殿中所有装饰之华丽至今见者尤赞叹不止。维尔塞为法国政府之中枢者先后凡百余年之久。

路易十四宫中之生活　国王宫殿既华丽无伦，国内贵族遂多离其旧堡而集于维尔塞，以得侍奉君主为荣。凡国王之饮食起居无不以贵族为使役。盖唯有接近君主方可为一己或亲友谋其进身之道也。

科尔伯特之改革　路易十四初年之改革事业多系财政家科尔伯特(Colbert)之功，法国人至今受其赐。科尔伯特深知当日官吏之贪污，逮其最著者逼其缴还。一面关于国用适用商民之簿记法。吏治既稍稍澄清，乃壹意于实业之提倡及旧业之改良，使法国之物品得以畅销于国外。其意以为一旦法国货物畅销于外，则外国之金银不难源源而入于法国，国与民将两受其益。甚至织品之质地及颜色亦有严密之规定。并将各种商会及公所重行改组，以便政府之监督。

当时之文学及美术　然路易十四之所以著名在于文学及美术之提倡。摩利哀尔(Molière)本优伶出身，以善编喜剧著于世。柯奈耶(Corneille)所著之悲剧以《大将》(*The Cid*)为最佳，继而起者即极有名之拉辛(Racine)也。舍焚耶夫人(Madame de Sévigne)之书札实为当日散文之模范。圣西门(Saint-Simen)所著之实录能将法国王之弱点及官吏之诡诈描摹尽致。

政府之提倡文学　其时法国王对于文人多所资助，如年金即其一端。法国自黎塞留当国时代即有中央研究院(The French Academy)之创设。至科尔伯特秉政时益扩充之。中央研究院尤注意于法国文字之改良，法国文之日趋优美得力于中央研究院者不少。即在今日，国人尚以得充中央研究院会员为最大荣誉(会员人数仅四十名）。今日尚存之杂志曰《学人杂志》(*Journal des Savants*)者专以提倡科学为宗旨，即创于此时。科尔伯特并于巴黎建设天文台。而皇家图书馆中之藏书自一万六千卷增至二百五十万卷，至今各国学者尚趋之若鹜焉。法国王及其大臣提倡之功又焉可没也!

唯关于政治上与宗教上问题之讨论则绝无自由之可言。当时书籍之流行者多颂扬君主之著作，卑鄙不足道。故他日法国人着手倾覆专制政体时反倾心于英国以为模范焉。

第三节 路易十四与四邻之争

路易十四之武功 法国王不但右文，亦且黩武。而其好大喜功之心远胜其修明内政之志。盖其军队精良，军官效命，久存思逞之心。而祸结兵连，卒召国库空虚之祸。诚法国之大不幸也。

路易十四思恢复法国之天然疆界 路易十四以前之君主每无暇思及国土之扩充。盖其时国内诸侯时形跋扈，中央权力巩固需时；加以英国诸君遥领法国之地，实逼处此，恢复为难；而且新教纷起，内乱频仍，平靖摧残费尽心力。至路易十四时代，国内升平，既无内顾之忧，遂生远略之志。故抱有恢复古代法国“天然疆界”之雄心。所谓“天然疆界”者即东北之莱茵河，东南之朱辣山(Jura)及阿尔卑斯(Alps)山，及南方之地中海及庇里尼斯(Pyrenees)山。黎塞留曾以恢复天然疆界为职志。马萨林当国时代则东得萨伏衣(Savoy)，南得尼斯(Nice)，法国之国境已北达莱茵河，南及庇里尼斯山矣。

路易十四要求西班牙属之尼德兰 路易十四之后为西班牙王查理第二之姊。法国王遂藉此要求西班牙之尼德兰为其领土。至一六六七年，法国王著文说明：不但西班牙之属地应归法国之治下，即西班牙王国亦有应与法国合并之理由。以为今日之法国即昔日佛郎克民族(Frank)所创帝国之旧壤；果尔，则尼德兰固明明法国之领土也。

路易十四入侵尼德兰 一六六七年法国王统兵入尼德兰，遂征服其边疆一带地，再南向而克服法兰斯孔德(Franche-Comté)。此地为西班牙之领土，久为法国王所垂涎者。法国王既征服诸地，欧洲各国莫不为之大震，而荷兰尤甚；盖一旦尼德兰南部入于法国之手，则荷兰将与法国接壤，行有实逼处此之忧也。于是荷兰、英国、瑞典三国组织三国同盟以迫法国与西班牙媾和。其结果则法国占有尼德兰边疆一带地，而以交还法兰斯孔德于西班牙为条件。

路易十四破坏三国同盟　其时荷兰海军既足以抵抗英国之侵犯，一面又能阻止法国军队之进行，趾高气扬，殊为法国王所不喜。其意以为蕞尔小邦而敢开罪于大国，殊属无理。加以荷兰对于攻击法国王之文人多所庇袒，法国王益恨。故设计破坏三国同盟，与英国王查理第二约合攻荷兰。

路易十四侵入荷兰　法国既与英国媾和，骤占洛林(Lorraine)公国。一六七二年统兵十万人渡莱茵河而征服荷兰之南部。荷兰亡国之祸近在眉睫。幸其时奥伦治公威廉急命将海堤之闸悉数开放，海水泛滥，法国军队遂不能北进。其时德国皇帝遣兵来袭法国王，英国亦中途离叛，法国王不得已与荷兰媾和于尼谟威根(Nimwegen)。

尼谟威根和约　六年以后和约告成。其重要条文为荷兰国土法国人不得侵占，唯法兰斯孔德既系法国王亲征所得之地应归法国。此地法国与西班牙两国相争者先后凡一百五十年，至是卒入附于法国。此后十年之间虽无重大战事，然法国王曾有占据斯特拉斯堡城之举。德国皇帝因其时土耳其人方围攻维也纳(Vienna)，自保不遑，故对于法国王之侵略只能提出抗议而已。

第四节　路易十四与新教徒

路易十四即位初年之新教徒　路易十四之处置新教徒极其不当，正与其国外战争同。盖新教徒自丧失军政诸权后多从事于工商业，经济极形充裕。其时法国人口共千五百万人，信新教者约百万，为国中最勤俭之民。然当日之旧教徒教士，仍日以排斥异端之说进诸政府。

路易十四之摧残政策 路易十四即位之初即以虐待新教徒为事。新教教堂之无端被毁者时有所闻。儿童至七岁时即须宣布不信仰新教。政府并分遣军队驻于新教徒所在地以恫吓之。

南特令之废止及其结果 不久，诸臣以新教徒均因畏法而变其信仰之说进。王信之，乃下令废止南特(Nantes)之令。此后信新教者以罪犯论，为新教教士者处以死刑。旧教徒大悦，以为法国宗教从此统一矣。新教徒因此遁入英国、普鲁士与美国者不计其数。法国勤俭之民从此逃亡殆尽矣。

路易十四在莱茵河宫伯领土之活动 莱茵河畔之宫伯领土(Palatinate)为新教徒之领土，法国王极思所以征服之。西部欧洲新教诸国以荷兰为领袖，群起反抗。法国王不之顾，侵入宫伯领土大肆蹂躏。十年后乃媾和，遂一复战前之旧，盖是时法国王之雄心已别有所属也。

第五节　西班牙王位承继战争

西班牙王位承继问题 西班牙王查理第二既无子女，又无兄弟，承继问题久为西部欧洲各国所注意。其时法国王路易十四之后及德国皇帝利欧破尔得第一(Leopold Ⅰ)之后均系西班牙王之妹，故法国王与德国皇帝同具瓜分西班牙王国之心。不意查理第二于一七〇〇年去世时遗嘱以路易十四之孙腓力(Philip)入承西班牙之大统，唯以法国与西班牙两国不得合并为条件。

腓力即西班牙王位 西班牙王虽以王位遗诸法国王之孙，唯法国王承认与否关系极大。假使法国王承认之，则法国势力将遍及于欧洲之西南部及南北两美洲。其领土之广将远驾昔日德国皇帝查理第五之上。其时德国皇帝既不得染指，心本不甘；而荷兰之威廉入即英国王位以来久怀猜忌。法国王私心自用，不顾后患之无穷，竟以国家为孤注之一掷。故对于西班牙驻法国大使宣言彼行且以王礼待腓力矣。同时国内报纸亦复以此后再无庇里尼斯山为言。

西班牙王位继承之战争　英国王威廉于一七〇一年组织大同盟(Grand Alliance)以抵抗法国，同盟中以英国、荷兰及德国皇帝为中坚。英国王虽不久去世，然英国大将马尔巴罗(Marlborough)公及奥地利将萨伏衣之尤金(Eugene)均能勇猛从事。此次战争范围较三十年战争尤广，即北美洲之英国法国殖民地亦有互动干戈之举。十年之间法国军队屡次失败，不得已于一七一三年媾和。

乌得勒支和约　乌得勒支(Utrecht)和约既成，欧洲之地图为之大变。交战诸国莫不得西班牙领土之一部分。腓力第五仍许其为西班牙王，唯以西班牙与法国不得合并为条件。奥地利得西班牙领土之尼德兰。荷兰得形胜之地数处，国防愈固。意大利之西班牙领土如米兰及那不勒斯均入于奥地利。奥地利人之占有其地者至一八六六年为止。英国得法国在北美洲之诺法斯科细亚(Nova Scotia)，纽芬兰(Newfoundland)及哈得孙(Hudson)湾一带地。法国人北美洲之领土从此日蹙。英国之占有直布罗陀(Gibraltar)亦在此时。

国际法之发达及格老秀斯之国际公法　国际法之发达以路易十四时代为最。盖因战事频仍，盟约迭起，欧洲各国均感有国际规则之必要也。例如使臣之权利，中立船只之待遇，战争行为之规定，对待俘虏之方法等，均系重要问题亟待解决者也。欧洲之有国际法始于一六二五年格老秀斯(Grotius)所著之《平时战时国际法》。格老秀斯及以后国际法学者之种种主张虽不能永息战争，而各国和平商协之道则因此增加不少。

路易十四之死　路易十四死，传其位于其曾孙路易十五(一七一五年至一七七四年)。路易十五即位时年仅五龄，国库空虚，人民困苦。英国某旅行家曾言曰："吾知法国之贫民有售其床而卧于藁上者；有售其壶罐及家具以满足国税征收人者。"故服尔德(Voltaire)谓当路易十四出丧之日，沿途人民不特不哀，反面现愉快之色云。法国军队之精良曾为欧洲之冠，至是亦复精神瓦解，远非昔比矣。

第三章

俄罗斯及普鲁士之兴起奥地利

第一节 俄罗斯之起源

欧洲二新国之兴起及其重要 在路易十四以前，所谓《欧洲史》者大都以法国、英国、尼德兰、神圣罗马帝国、西班牙及意大利诸国为限。二百年来欧洲有新国二：一为普鲁士，一为俄罗斯，在欧洲及世界上均占极重要之位置。欧洲大战之发生实以普鲁士为中坚，而现代俄罗斯之“多数人”几有倾覆全世界秩序之势。故吾人不能不将吾人之注意自欧洲西部移至欧洲东部。

欧洲斯拉夫民族及俄罗斯之领土 东部欧洲一带地虽大半为斯拉夫(Slav)民族所占——如波兰人、波希米亚人、塞尔维亚人及俄罗斯人等——然在十八世纪以前与西部欧洲无甚关系，故在历史上之地位不甚重要。至十八世纪初年，俄罗斯方参入西部欧洲之政局，渐为世界强国之一。其疆域之广即就在欧洲方面者而论已硕大无朋，而欧洲之俄罗斯实仅占全国领土四分之一而已。

俄罗斯之立国 俄罗斯之立国始于九世纪时之北蛮。相传路列克(Rurik)于八六二年统一诺弗哥罗(Novgorod)附近之斯拉夫民族而成为一国。继其后者大扩国土以抵于聂伯(Dnieper)河上之基辅(Kiev)城。俄罗斯之名似自牢斯(Rous)一字而来，牢斯一字为芬兰人对于北蛮之通称。十世纪时，希腊派之基督教（即东正教）传入俄罗斯。假使俄罗斯无外患之频仍，则因与君士坦丁堡(Constantinople)交通之故其文化或早已发达矣。

十三世纪时蒙古人之入侵　俄罗斯之地势平坦实为亚洲北部平原之一部。故至十三世纪时蒙古人有自东来犯之举。蒙古之成吉思汗（一一六二年至一二二七年）既征服中国之北部及中央亚细亚，其子孙遂西向侵入俄罗斯。其时俄罗斯国中小邦林立，无不远仰蒙古人之鼻息。蒙古人只求其入贡而已，对于俄罗斯之法律宗教初不问也。

蒙古入侵之影响　蒙古汗对于俄罗斯诸王独宠莫斯科(Moscow)之王子。迨蒙古势衰，莫斯科诸王有杀死蒙古使臣之举，时一四八〇年也。自后俄罗斯遂离蒙古而独立。一五四七年，伊凡第四(Ivan the Terrible)自称皇帝。因久附于蒙古之故，俄罗斯之服制及王宫仪式多仿自蒙古。

第二节　彼得大帝

彼得大帝(一六七二年至一七二五年)　自伊凡第四称帝以后，俄罗斯之领土虽时有扩充，然至彼得(Peter)即位时尚无通海之孔道。风俗习惯与亚洲同，政府组织仿自蒙古。彼得对于君主权力之宏大虽无疑义，然深知本国之文化远不如西部欧洲诸国之发达，而军队组织之不完备又不足以抵抗西部欧洲诸国而有余。假使俄罗斯而无良港与海军，则将永无参预西部欧洲政局之希望。故彼得即位之始即以引入西部欧洲习俗及开通与西部欧洲交通之孔道二事为职志。

彼得之游历西欧　自一六九七年至一六九八年，彼得亲赴欧洲西部，游历德国、荷兰、英国，以考察文学、美术及工艺为目的。在珊达姆(Saardam)地方船厂中工作者凡一周。经过英国、荷兰、德国时，聘请美术家、文学家、建筑家、航海家、军事家等，携之回国以备改革国政之用。

旧党之抑服 其时国内之贵族及教士因彼得力革旧习，与禁卫军合谋叛乱，彼得闻之急返国。旧党人所最不喜者即若彼所谓“日耳曼之观念”(German ideas)，如短衣、吸烟、薙须等。国内教士并谓彼得为“反耶稣者”(Antichrist)。彼得怒，力平叛乱，相传手刃旧党人不少。

改革计划 彼得在位始终以改革为事。禁止国人不得留长须，服长衣。凡上流女子设法使之与男子有社交之会，一反旧日男女隔绝之旧。凡西部欧洲人之入居俄罗斯者无不加意保护，并许其信教自由。同时并遣国内青年前赴西部欧洲留学。并以新法改组其政府及军队。

新都圣彼得堡之建设 又因旧都莫斯科为旧党之中心，古来旧习不易骤改，乃有建设新都之计划。择地于波罗的海上。建都曰圣彼得堡(St. Petersburg)，移国民及外人以实之。

瑞典王查理十二之兵力 彼得既抱获得海岸之野心，其势不能不与瑞典起冲突。盖介于俄罗斯及波罗的海间之领土皆属瑞典故也。其时瑞典王查理十二以善于用兵著于世。当一六九七年即位时年仅十五岁。四邻诸国以瑞典王冲龄易与群思一逞。故丹麦、波兰及俄罗斯三国缔结同盟以侵略瑞典之领土为目的。不意瑞典王用兵神速几可与古代亚历山大(Aexander)埒。转瞬之间攻克哥本哈根(Copenhagen)，丹麦不得已而求和。乃东向俄罗斯，以八千之众而战败五万之俄罗斯兵(一七〇〇年)。不久波兰亦为瑞典所败。

查理十二之失败及其逝世 查理十二虽长于用兵，然短于治国。彼以波兰为三国同盟之祸首故逐其国王而以新主代之。其时彼得征略波罗的海沿岸一带地，瑞典王再率兵东向以拒之。长途跋涉士卒劳顿，于波耳多瓦(Pultowa)地方为彼得所败(一七〇九年)。瑞典王遁入土耳其，力劝其王北攻俄罗斯而不听。数年后返国，卒于一七一八年阵亡。

俄罗斯获得波罗的海沿岸一带地及侵略黑海之计划 瑞典王查理十二死后数年，瑞典与俄罗斯遂缔结条约。俄罗斯因之得波罗的海东岸里窝尼亚(Livonia)，爱沙尼亚(Esthonia)及其他诸地。至于黑海方面彼得之志殊不得逞。其始虽得阿速夫(Azof)，然不久复失。不过于里海沿岸得占数城而已。唯此后俄罗斯驱逐土耳其人之志渐形显著。

彼得殁后之俄罗斯　彼得死后三十年间，俄罗斯之君主多弱懦无能之辈。至一七六三年女帝喀德邻第二(Catherine)即位，国势为之复振。自此俄罗斯遂列于强国之林。

第三节　普鲁士之勃兴

霍亨索伦族　勃兰登堡(Brandenburg)选侯国立国于北部欧洲者盖已数百年，初不意其有为欧洲强国之一日。当十五世纪初年，勃兰登堡之选侯无子，皇帝西祺门(Sigismund)乃鬻其侯国于霍亨索伦(Hohenzollern)族，即他日德意志帝国之皇室也。历代相传英主辈出。一六一四年选侯受有莱茵河畔克理甫斯(Cleves)及马可(Mark)两地，是为扩充领土之第一次。四年以后又得普鲁士公国。普鲁士公国其始原系斯拉夫种人所居地，当十三世纪时为条顿骑士团(Teutonic Order)所征服，德国人移居者渐多。然其西部于十五世纪初年为波兰所夺。至十六世纪初年(一五二五年)，条顿骑士团改信新教并解散其团体，乃建设普鲁士公国而举其团长(Grand Master)为公，附属于波兰王。至十七世纪初年(一六一八年)，普鲁士公国之霍亨索伦族绝嗣，其领土遂入于勃兰登堡选侯之手。

大选侯之领土　勃兰登堡选侯之领土虽大有增加，然当一六四〇年腓特烈威廉(Frederick William)——世称大选侯(Great Elector)——即位时国势殊不甚振。盖其领土虽多，形势散漫。军队力薄，又不足恃。加以贵族争雄，时虞跋扈。其领土以勃兰登堡为中坚。在极西者有莱茵河畔之马可及克理甫斯，在极东者有维斯杜拉(Vistula)河东为波兰附庸之普鲁士公国。

大选侯之性质　然腓特烈威廉颇具有统一国家之能力。生性粗鲁而残忍，行事尚诡诈，一心以扩充军队为事。并解散地方议会，夺其权以予中央官吏。扩充领土亦复不遗余力。

大选侯之扩充领土　大选侯意所欲为之事业无不大告成功。当三十年战争告终西发里亚和约缔结时，竟得民登(Minden)及哈伯司达(Halberstadt)二主教之领土及上波美拉尼亚(Farther Pomerania)公国。同时并将普鲁士公国脱离波兰及帝国而独立。

大选侯之改革事业　大选侯深知巩固王室之势力端赖军队，故不惜尽其财力以扩充军队，人民反对不顾也。又改革政府，集其权于中央。不久与英国、荷兰二国合力以抵抗法国王路易十四，勃兰登堡兵力之强乃著于世。

大选侯始创军国主义之普鲁士　勃兰登堡大选侯腓特烈威廉实创军国主义之普鲁士。普鲁士历朝君主贤愚不一，而国土时有增加，卒统一德国诸邦而成为世界强国之一。雄霸中部欧洲之基础实肇于此。

普鲁士王国之建设(一七〇一年)　一六八八年大选侯死，传其位于其子腓特烈第三。其功业虽不如乃父之彪炳，然能变其公国为王国，亦可见其能力之何如。此事成功之易盖因当日西部欧洲各国方有合力攻击法王路易十四之举，大有赖于腓特烈之援助也。故一七〇一年德国皇帝不得已承认其称王权利。

勃兰登堡选侯腓特烈第三改称普鲁士王腓特烈第一　至于腓特烈第三不称王于勃兰登堡而称王于普鲁士，则因普鲁士所在之地不在帝国疆域之中，为普鲁士之王可以离皇帝而独立也。腓特烈第三改称王，行加冕礼于普鲁士都城哥尼斯堡(Königsberg)地方，改称号为第一。

腓特烈威廉第一(一七一三年至一七四〇年)　新王国之第二君主为腓特烈威廉第一，即他日大王之父也。性情粗野，壹意以训练军队修明内政为事。治家治国皆以严厉闻于世。

军队　腓特烈威廉第一自幼即好驰马试剑。尤好强勇之兵士，不惜出重资以招致之。自二万七千人增至八万四千人，几可与法国、奥地利二国之军队相埒。凡军官之黜陟一以成绩为标准，杜绝奔竞之路。常以训练兵士为乐，呼兵士曰“吾之青衣孩子”。

政治设施　腓特烈威廉第一不但长于治军，亦且善于治国，虽大权独揽而政治修明。加以节俭性成，国用大裕。裁汰宫内之冗员，拍卖内廷之珠玉；甚至镕御用之金银器具为铸币之用。故当其子腓特烈第二即位时，不但军队精良，而且府库充实。他日腓特烈第二功业之盛皆乃父之遗泽有以致之。

第四节　腓特烈大王之战争

腓特烈第二之即位(一七四〇年至一七八六年)　一七四〇年春，腓特烈第二即位。腓特烈第二幼时好读书，喜音乐，而不好武事，其父不喜也。尤嗜法国文字。即位之后忽变其好文之习，而为穷兵黩武之人。当腓特烈第二即位前数月，哈布斯堡(Hapsburg)族之皇帝查理第六卒，无嗣，传其位于其女马利亚德利撒(Maria Theresa)。德国皇帝未死以前，西部欧洲诸国曾承认其遗嘱曰基本敕令(Pragmatic Sanction)者遗其领土于其女。不意女王即位之始四邻诸国即有跃跃欲试之意。腓特烈第二之野心尤著，其意盖在勃兰登堡东南之西利西亚(Silesia)一地也。不久竟无端率兵入占布勒斯劳(Breslau)城。

奥地利王位承继战争　普鲁士既有侵略马利亚德利撒之领土之举，法国亦尤而效之，联合巴威(Bavaria)以攻德国。帝国存亡正在千钧一发之秋，幸女王胆识兼全，人民忠于王室，卒败法国人。然不得不割西利西亚一地于普鲁士以求其停战。不久英国、荷兰二国缔结同盟以维持均势之局，盖二国均不愿法国竟夺奥地利之尼德兰也。数年之后诸国厌乱，遂于一七四八年媾和，以恢复战前原状为目的。

腓特烈第二之提倡实业　唯腓特烈第二仍占有西利西亚之地，普鲁士之国土因之增加三之一。战事既终，普鲁士王乃专意于开辟草莱，提倡实业，编纂法典诸事。同时并提倡文学，敦请法国名人服尔德来居于柏林。

七年战争 马利亚德利撒对于腓特烈第二之强占西利西亚心殊不甘，思有以报之，遂引起近世欧洲之极大战争。东自印度，西至美洲，无不干戈云扰。此次战争(自一七五六年至一七六三年)之经过，另详下章。兹所述者关于普鲁士王国者也。

反抗普鲁士之同盟 马利亚德利撒所派驻法国之大使手腕敏捷，竟能于一七五六年使二百年来与哈布斯堡族为仇之法国与奥地利同盟以攻普鲁士。俄罗斯、瑞典及萨克森三国亦有合力以攻普鲁士之协议。就当日众寡之形势而论，普鲁士之灭亡几可拭目以俟。

腓特烈第二之善于自守 不意腓特烈第二极善用兵，不特无亡国之忧，而且得“大王”之号。彼既洞悉敌人之目的，遂不待宣战长驱入占萨克森。再向波希米亚而进，中途被阻。然于一七五七年大败法国与德国之军队于洛斯巴哈(Rossbach)。一月以后又败奥地利军于类腾(Leuther)，瑞典及俄罗斯之军队均闻风而退。

腓特烈第二竟战胜奥地利 是时英国正攻法国，腓特烈第二遂得尽其力以战其敌人。然彼虽以善于用兵著，几罹身败名裂之祸。幸其时俄罗斯初易新帝，极慕腓特烈第二之为人，遂与普鲁士和。马利亚德利撒不得已而停战。不久英国与法国亦复息兵，至一七六三年缔结《巴黎和约》。

第五节　波兰之分割（一七七二年、一七九三年及一七九五年）

腓特烈第二之野心 腓特烈第二虽得奥地利之领土，雄心未已。其王国之要区——勃兰登堡，西利西亚，波美拉尼亚(Pomerania)——与东普鲁士之中间，介以属于波兰之西普鲁士。腓特烈第二之垂涎此地，已非一日。加以是时波兰之国势衰弱不振，一旦外力入侵，即无抵抗之能力也。

波兰之人种及宗教 其时欧洲诸国除俄罗斯外以波兰为最大。

莽莽平原无险可守；人民稀少，种族混淆。波兰人以外有西普鲁士之德国人、立陶宛（Lithuania）人，及在立陶宛之俄罗斯人及犹太人。波兰人多奉旧教，德国人信新教，而俄罗斯人则奉希腊派之基督教。人种既杂，教派又多，国人感情遂多暌隔。

政府组织之不完备　波兰政制之不良诚为历史中所罕见。四邻诸国莫不中央集权以资御外，而波兰则贵族跋扈君主无权，对内对外两无实力。波兰王不得国会之同意不得宣战、媾和、征税及立法。而国会议员类皆贵族之代表，凡百议案非全体同意即不得通过。一人反对即无事可为。此即世上所传之自由否决权（Liberum veto）者是也。

王位系选举制　至于君主无世袭之权，一旦去世则由贵族公选一外国人充之。每当选举之秋情形极其骚扰，四邻诸国多以武力或金钱暗争选举上之胜利。

贵族及农民　国内贵族极多，数约百万，而贫无立锥之地者半。故有"贵族之犬虽踞于封土之中，而其尾可达邻封之境"之笑谈传于世。国内政权实握诸少数富豪之手。除德国人所居诸城以外绝无所谓中流社会。其在波兰及立陶宛境内者则工商诸业均操诸犹太人之手。然波兰政府不承认犹太人为国民，常有虐待之举。至于农民之状况困苦异常。已由佃奴降为奴隶，生杀之权操诸地主矣。

喀德邻第二与腓特烈第二之协商（一七六四年）　波兰国内之政情既如此不良，而俄罗斯、普鲁士、奥地利三强环伺，又皆抱欲得而甘心之志。其亡国之祸固不待识者而知其近在眉睫也。俄罗斯、普鲁士、奥地利三国早已屡屡干涉其内政，曾阻其宪政上之改良，盖若辈固不愿波兰之重振也。当七年战争告终时，波兰王奥古斯都第三（Augustus）死，腓特烈第二遂与女帝喀德邻第二协议，以女帝之宠臣坡纳托甫斯岐（Poniatowski）入承王位，称斯坦尼斯罗第二（Stanislas Ⅱ）。

斯坦尼斯罗之改革　斯坦尼斯罗第二既即位，颇专意于改革，俄罗斯大失望。波兰王并有废止国会议员自由否决权之意。俄罗斯得普鲁士之同意尽力干涉之，以不得废止为要求之条件。自此以后，内乱迭起，俄罗斯常播弄其间。

奥地利赞成分割波兰 奥地利与波兰接壤，对于波兰之国情关怀甚切。乃商之普鲁士，协议如俄罗斯允退出自土耳其夺来之领土，则分割波兰之举当三国共之。奥地利应得波兰之一部分，西普鲁士则归诸腓特烈第二。

第一次分割(一七七二年) 一七七二年三国遂实行分割之举。奥地利所得之领土内有波兰人及俄罗斯人三百万。奥地利人种语言本已复杂，至此益甚。普鲁士得西普鲁士之地，居民多属信奉新教之德国人。俄罗斯得波兰东部俄罗斯人所居之地。迨俄罗斯军队直逼其都城华沙(Warsaw)，波兰国会不得已而承认其分割。

波兰之中兴(一七七二年至一七九一年) 波兰自第一次为强邻分割后，国人颇有所警惕。此后二十年间(自一七七二年至一七九一年)，教育、文学、美术等，无不具有中兴之气象。维尔那(Vilna)及克拉科(Cracow)两地之大学力加刷新。而国立学校之新设者亦复不少。波兰王斯坦尼斯罗坡纳托甫斯岐(Stanislas Poniatowski)广聘法国及意大利之美术家多人赴波兰以资提倡。同时并与法国哲学家及革新派名人书札往还，征求意见。史家诗家人才辈出，足为波兰王国末造之光。宗教专制渐形减销。废止宪法，以新者代之。

一七九一年之新宪法 新宪法宣布于一七九一年五月三日。废议员自由否决制，王位定为世袭；设国会，其性质略与英国国会同——即君权有限，使君主及国务大臣对于国会负责任是也。

喀德邻第二之破坏革新事业 其时国人中颇有反对革新事业者，诚恐一旦佃奴释放则地主之权利行且扫地以尽也。乃求援于喀德邻第二，喀德邻第二大喜，宣言“波兰之共和政制，行之已数百年而无弊”，今反更张，实为谬举。又谓：波兰之改革家实与法国当日之雅各宾(Jacobin)党人无异，其意无非欲剥夺君权耳。遂派军队入侵波兰，废新宪法，恢复议员自由否决制。

第二次分割(一七九三年) 俄罗斯既阻止波兰之改良，再与普鲁士商议第二次分割之举。是时普鲁士王为腓特烈威廉第二，率兵东入波兰。其理由以为但泽(Danzig)城实有接济法国革命党饷糈之嫌，而波兰又有暗助法国雅各宾党人之意；而且波兰之行动实足以扰乱欧洲之和平。遂占波兰领土，得有波兰人口五十万之众，并占托伦（Thorn），但泽及波森（Posen）三镇。俄罗斯得人口三百万。奥地利则因俄罗斯及普鲁士有允其代向波兰商议以其领土尼德兰交换波兰之巴威，故不与此次分割之事。

科修斯古之叛（一七九四年）　是时有波兰志士名科修斯古（Kosciusko）者曾与美国独立战争之役，暗中布置革命之举，于一七九四年春间起事。普鲁士之波兰人起而响应之。腓特烈威廉第二之军队不得已而退出。

第三次分割（一七九五年）　喀德邻第二闻之，遣兵入波兰。大败其国中之叛党，科修斯古被擒。是年冬，华沙陷。波兰王退位，俄罗斯遂与普鲁士及奥地利分割波兰残余之国土。俄罗斯得立陶宛公国之大部，其面积倍于普鲁士及奥地利两国所得之总数。波兰遂亡，时一七九五年也。然波兰人之民族精神至今不灭，故一九一四年欧洲大战以后世界上又有波兰共和国之复现云。

第六节　奥地利　马利亚德利撒及约瑟第二

奥地利之哈布斯堡　当普鲁士霍亨索伦族扩充势力于北部德国之日，正奥地利哈布斯堡族统一领土而成大国之秋。昔日德国皇帝查理第五即位之初，曾让其奥地利领土于其弟斐迪南第一（Ferdinand Ⅰ）。斐迪南第一因娶后而得波希米亚及匈牙利两王国，奥地利之领土因之增加不少。然其时匈牙利王国之大部分均入于土耳其人之手，故十七世纪末造以前，奥地利之王室专意于抵抗土耳其人。

土耳其人之武功　十四世纪初年，亚洲西部有土耳其人种，自东而西征服小亚细亚一带地。其酋长名倭脱蛮（Othman）（一三二六年死），故欧洲人名其族曰倭脱蛮土耳其人，所以别于十字军时代之塞尔柱（Seljuk）土耳其人也。长于战斗，兵力极盛；亚洲领土日有扩充。一方并侵入非洲北部一带。在一三五三年时已在东部欧洲方面得一根据地，征服马其顿(Macedonia)地方之斯拉夫族，而占据君士坦丁堡(Constantinople)附近之地，至百年后并陷落之。

欧洲诸国之抵御 土耳其人既有侵略欧洲之举，欧洲诸国大恐。威尼斯及德国之哈布斯堡族首当其冲，负有防御之责。此后相持不下者几二百年。一六八三年，土耳其人率兵围奥地利都城维也纳(Vienna)，几陷之。幸波兰王率兵入援，土耳其人方率兵去。自此以后，土耳其人之势力日就衰微，奥地利遂恢复匈牙利及德兰西尔斐尼亚(Transylvania)诸地。一六九九年得土耳其王之承认。

马利亚德利撒在位时代 腓特烈第二既夺奥地利西利西亚之地，马利亚德利撒引为大辱，盖其地人民多系德国种，一旦失去，王族之威权为之大损也。他日分割波兰所得足以偿其所失而有余；然波兰人种本属异族，一旦入附民族益杂。哈布斯堡族领土之中有居于奥地利之德国人，波希米亚及摩拉维亚(Moravia)之捷克(Czech)种人，匈牙利之马札儿(Magyar)种人及罗马尼亚人(Roumania)，加里西亚(Galicia)之波兰人，南部之哥罗西亚(Croat)种人及斯罗焚(Slovene)种人，米兰及多斯加纳(Tuscany)之意大利人，尼德兰之夫勒民斯(Flemish)种人及窝伦(Walloon)种人等。

约瑟第二 马利亚德利撒善于治国，以勤劳国事著于世。在位凡四十年而卒。其子约瑟第二已被选为德国皇帝。在位十年(一七八〇年至一七九〇年)，力行改革。终以阻力过巨，故哈布斯堡族之领土始终无统一之机。十八世纪以来英国、法国诸国之民族观念极盛，而奥地利则因人种复杂之故，不但无民族精神之可言，而且常有四分五裂之危险。加以四邻强国多与奥地利国内之人民同种，故时有外力入侵之虞。一九一四年欧洲大战之近因即源于奥地利与其邻国塞尔维亚(Servia)之纷争。故吾人欲了然于今日欧洲之大问题，非先明了奥地利国史不可。

第四章

英国法国在印度及北美洲之竞争

第一节　欧洲之扩充世界商业

欧洲与殖民地之关系　二百年来欧洲诸国时有战争，其目的多在扩充海外殖民地。如西班牙王位承继之战为王位者半，为商业者亦半。各国内政亦莫不大受远居海外之商民及兵士之影响。英国诸城——如黎芝（Leeds）、曼撤斯特（Manchester）及北明翰（Birmingham）——工业甚盛，而有赖于印度、中国及澳洲。假使商业范围以欧洲诸国为限，则利物浦（Liverpool）、阿姆斯特丹（Amsterdam）及汉堡（Hamburg）诸城之商业断无如此之繁盛。

欧洲各国殖民地之广大　欧洲面积虽仅占世界陆地十二分之一，然世界陆地之属于欧洲人者竟占五分之三而有余。法国在亚洲、非洲之领土其面积较欧洲全部为大。荷兰壤地褊小，而其殖民地之面积竟三倍于德意志帝国。英国领土占世界陆地五分之一，几百倍其母邦之三岛。其他南北两美洲莫不为欧洲人所有。

本章所述者欧洲殖民事业之由来，英国人战胜在印度及在北美洲法国人之经过。读者明乎此，而后七年战争之意义方明。

上古中古时代之世界　欧洲史之范围自古以来愈近愈广。希腊人及罗马人虽有与印度、中国交通之迹，然上古世界之范围仍以亚洲西部欧洲南部与非洲北部为限，此外知者甚鲜。中古时代民智益趋闭塞，唯对于东方之兴味仍甚浓厚也。

十六十七两世纪葡西荷三国之殖民政策 当十五世纪末年及十六世纪初年，葡萄牙人及西班牙人颇从事于海上之探险，卒有发见新大陆及印度航路之事。葡萄牙人自一四九八年伽马(Vasco da Gama)直达印度后，即建设商埠于印度沿岸。不久又设商埠于南美洲之巴西。其时西班牙亦占墨西哥、西印度及南美洲大部之地方为已有。未几荷兰继起，而为葡萄牙、西班牙二国商业之劲敌。当西班牙王腓力第二合并葡萄牙时代(自一五八〇年至一六四〇年)，禁荷兰商船不得入里斯本(Lisbon)。荷兰人遂夺印度诸商埠及香料群岛于葡萄牙人之手，同时并占爪哇(Java)及苏门答腊(Sumatra)诸大岛。

英法两国在北美之殖民地 英国、法国两国自十七世纪初期以来即殖民于北美洲，互相对垒已非一日。英国在北美洲之殖民地以一六〇七年维基尼阿(Virginia)之惹米斯敦(Jamesown)为最古。自后新英伦诸州、马里兰(Maryland)、宾夕法尼亚(Pennsylvania)诸地相继而起。其时英国新教之异派教徒——清教徒、天主教徒及朋友会教徒——之逃亡者多赴北美洲。同时亦有为谋生而前往者，则多贩卖黑奴，从事工作。

第二节　英国与法国互争殖民地

法国之北美殖民地 当英国殖民于北美洲之时，法国亦有建设殖民地于诺法斯科细亚(Nova Scotia)及魁北克(Quebec)两地之举。法国人占据加拿大(Canada)，英国人虽未尝阻止，然进行甚缓。一六七三年，法国耶稣会传道教士名马贵特(Marquette)者及商民若雷(Joliet)二人曾控密士失必河(Mississippi)之一部分。不久拉萨尔(La Salle)顺流而下，名其地曰路易斯安那(Louisiana)。一七一八年，法国人建城于河口曰新奥尔良(Orleans)，自此北至蒙特利奥

(Montreal)均筑有炮台以资防守。

英法两国之对峙　英国自缔结乌得勒支(Utrecht)条约以后，得法国属地纽芬兰、诺法斯科细亚及哈得孙湾两岸地，其势力已达于北美洲之北部。当七年战争之初，英国人之在北美洲者已达百万以上，而法国人尚不及十万。然当时法国为西部欧洲最强之国，识者固不料其有丧失北美洲领土之事也。

印度之面积　英国法国所争者并不仅限于五十万红人所居之北美洲。当十八世纪初年，英国与法国均已得有根据地于印度。印度为文明古国之一，当时人口约有二百兆。

印度之蒙古诸帝　伽马直抵印度以后三十年，蒙古人名巴卑尔(Baber)者自以为帖木耳之后，入据印度帝国。国祚绵延几达二百年之久。一七〇七年，蒙古皇帝奥蓝则布(Aurangzeb)死，帝国瓦解。国内诸侯(rajah)及帝国官吏(subahdars 及 nawabs)无不分疆而治，形同独立。虽蒙古皇帝尚居于德利(Delhi)，然自十八世纪初年以后，徒拥虚名而已。

英法两国在印度之殖民地　十七世纪初年，英国人设东印度公司于印度以谋商业之发展。当英国王查理第一在位时代，东印度公司购得一村落于印度之东南岸(一六三九年)，即他日有名之玛德拉斯(Madras)商埠也。同时于孟加拉(Bengal)地方并建设商埠数处。不久并筑加尔各答(Calcutta)城。其时孟买(Bombay)已属于英国。印度之蒙古皇帝对于少数外人之入居其国漠不关心。迨十七世纪末年，东印度公司时有与印度诸王战争之举，方知外人为数虽少固有自存之道也。为英国人之劲敌者不仅印度人而已，而且有欧洲之强国。盖法国亦设有东印度公司者也。自十八世纪以来即以笨第舍利(Pondicherry)为根据地。此地人口六万人，欧洲人仅二百而已。是时葡萄牙与荷兰二国人在印度之势力已日就衰微；而蒙古皇帝又复无能为力；故争持不下者仅英国、法国两国人及印度诸王而已。

英人之独霸北美　欧洲七年战争将启之前，英国与法国有争雄于北美洲及印度两地之举。其在北美洲则自一七五四年后，英国与法国殖民地间已启争端。英国政府遣布刺多克(Braddock)赴北美洲，意在占据法国人在俄亥俄河(Ohio)流域之根据地度垦堡(Fort Duquesne)。英国大将不审边地之形势，为法国人所败而死。其时法国因与奥地利同盟方有事于普鲁士，无暇顾及北美洲之领土。英国之内阁总理庇得又系著名之政治家。一面援助普鲁士，一面援助北美洲之英国人。于一七五八年至一七五九年间占据法国人在泰昆得洛加(Ticonderoga)及耐亚嘎拉(Niagara)诸地所筑之炮垒。同时英国大将乌尔弗(Wolfe)攻克魁北克城，次年加拿大地方全入于英国人之手。当魁北克陷落时，英国人并三败法国海军于海上云。

度普雷与克莱武在印度之争持　当奥地利王位承继战争之日，英国人与法国人之在印度者已有战争。是时笨第舍利之法国总督为度普雷(Dupleix)，善用兵，颇思逐英国人于印度之外。印度诸王中有属旧日印度种者，有属蒙古种者，时起纷争，法国人遂得以坐收渔人之利。度普雷所统之法国军为数本少，乃募印度土人充之，加以西法之训练，此策遂为英国人所仿。

克莱武战胜度普雷　其时英国东印度公司中有书记名克莱武(Clive)其人者知兵善战，不亚法国度普雷。是时年仅二十五岁，募大队土人而训练之，遂成劲旅。其时欧洲虽已有爱斯拉沙伯(Aix-la-Chapelle)之和约，度普雷仍继续在印度与英国人战。克莱武之战略远胜于度普雷。二年之间英国人势力已弥漫印度之南部。

英人独霸印度　当欧洲七年战争开始之时，印度孟加拉地方之总督(nawab)忽籍没居在加尔各答(Calcutta)英国商民之财产，并监禁英国人一百四十五于一室，一日之间闷死大半。克莱武闻之急率英国兵九百人印度兵一千五百人往孟加拉，于一七五七年大败印度总督五万人于普拉西(Plassey)。遂易新督以代之。七年战争未终，英国人已夺得法国人之笨第舍利。法国人在玛德拉斯一带之势力至此乃消灭垂尽。

七年战争时英国所得之领土　一七六三年七年战争告终，英国所得之领土最多。其在地中海则直布罗陀(Gibraltar)与在米诺卡(Minorca)岛上之坡特马洪(Port Mahon)两险要均入英国人之手。至于北美洲则法国领土加拿大，诺法斯科细亚，及西印度群岛中之法国所领诸岛亦均割让于英国。同时法国并割让密士失必河以西之地于西班牙。法国人在北美洲之领土至是丧尽。其在印度，法国人虽恢复其领土，然其声威之著远不逮英国人矣。

大英帝国及实业革命　十八世纪之英国史为世界帝国建设史，正如十七世纪之英国史为专制政体衰替史。同时国内并有种种机器之发明引起实业之革命，其结果则十九世纪英国富强之象甲于世界。至于实业革命之情形后再详述。

第三节　北美洲英国殖民地之叛

英国对待殖民地之放任　英国方得加拿大于法国人之手，不久在北美洲之英国殖民地忽有叛而独立之举。先是英国政府之待北美洲殖民地本取宽大放任之政策，故北美洲之英国殖民地远较法国与西班牙两国殖民地为自由。维基尼阿于一六一九年即已有地方自治会，马萨诸塞(Massachusetts)一地亦与共和国无异。殖民地之宪法日渐发达，为他日独立时宪法之根据。当十七世纪时，英国内有国会与君主之争权，外有路易十四所激起之战事。自乌得勒支和议后二十年间，窝尔坡尔(Walpole)当国，对于北美洲殖民地极其放任。殆七年战争告终时，北美洲殖民地之英国人数达二百万以上。殖民地既日形富庶，生活又极其自由，加以战胜法国人，自信之心益固，故不愿受母国之干涉。

英国征税于北美殖民地　当英国与法国战争之时，英国政府方晓然于北美洲殖民地之财力甚为雄厚，遂决令其负一部分之战费及常备军费。故于一七六五年国会通过《印花税案》，强北美洲殖民地以实行。殖民地人民以为英国与法国战争之军费负担已重，而且国会中既无殖民地之代表，即无征税于殖民地之权。北美洲各殖民地之代表遂于一七六五年集会于纽约城，议决反对《印花税案》。

航业法律　其时北美洲殖民地人所不满者尤有甚于《印花税案》者在，即各种《航业法律》是也。当克伦威尔及查理第二时代所定之航律其目的原在荷兰。规定凡外货必经由英国商船方得输入英国及其殖民地。故一旦北美洲殖民地购买外货非由英国商船运输者即为违法。而且又规定凡欧洲各国之出产必经过英国与英国商船之运输方得销售于英国之殖民地，殖民地人欲输出其产品于他国亦非经由英国商船运输不可。

贸易法律　较上述《航业法律》尤为难堪者则英国政府规定凡北美洲殖民地所产之糖、烟草、棉花及靛青，仅能销售于英国是也。其他物品有禁其输出者，并有禁其出产者。如北美洲虽产皮，而殖民地不得输出皮帽于英国或他国。又北美洲铁矿甚富，而一七五〇年之法律则禁止殖民地不得建设炼钢厂，盖恐有害英国之钢业也。其时殖民地之木材及食品多与西印度诸岛之糖相交换，而英国政府并禁其不得输入西印度所产之糖。

北美殖民地人之违法　上述种种法律之不便于殖民地显而易见，殖民地人遂往往实行私运以谋重利。烟草、蔗糖、麻、棉布诸业，异常发达。钢铁制造物亦复日有进步。工业既日形发达，则反抗英国之干涉固意计中事矣。

英国取消各种税法　英国政府不得已取消殖民地之印花税。唯英国王大不谓然，故于次年有征收殖民地玻璃，纸，茶等税之举。同时并设专司以监督航业贸易诸法之施行。英国国会不得已取消各种税法，仅征收茶税而已。

殖民地人之反抗　一七七三年北美洲殖民地人有反抗茶税之举。其时波士顿(Boston)城有某青年暗登茶船掷茶叶于海中。殖民地与母国之恶感益甚。英国下院名议员柏克(Burke)主张取放任政策，然英国王佐治第三(George Ⅲ)及国会均主以严厉手段对付之。以为此次反抗之举以新英伦诸州为中坚，不难指日平靖也。一七七四年，国会通过议案数起，禁止波士顿不得输出或输入物品；并剥夺马萨诸塞殖民地选举法官及该地上院议员之权利，改由英国王任命之。

大陆会议及宣布独立　此种政策不特不足以平马萨诸塞之反抗，而且引起其他殖民地之恐慌。各殖民地遂于一七七四年遣代表开大会于菲列得尔菲亚(Philadelphia)，筹商对付之策。结果议决英国对于殖民地所施虐政未除以前双方贸易暂行中止。次年殖民地军队与英国军队战于勒克星敦(Lexington)及邦刻山(Bunker Hill)两地。第二次大陆会议决议预备与英国宣战，举华盛顿(Washington)为军统。至是北美洲殖民地尚无脱离英国之意。嗣因调和无望，遂于一七七六年七月四日宣布独立。

北美合众国求援于法国　法国对于英国北美洲殖民地之独立异常注意。盖自七年战争以后法国丧地太多，一旦世仇有故当然引以为快也。北美洲合众国知其然也。故遣佛兰克林(Beujamin Franklin)赴法国，求援于法国王路易十六。法国政府因未悉合众国之实力如何不敢遽允。迨一七七八年合众国之军队败英国大将柏圭因(Burgoyne)于萨剌拓加(Saratoga)，方与合众国缔结条约而承认其独立。其时法国人之赴北美洲助战者颇不乏人，著名之拉法夷脱(Lafayette)即其一也。

合众国之成立　是时殖民地之军队虽有华盛顿为统军之人，然仍屡次败绩。一七八一年幸得法国海军之援助，迫驻在约克敦(Yorktown)之英国大将康华理(Cornwallis)降。英国至是承认北美洲合众国之独立。其领土东自大西洋岸，西至密士失必河。河西路易斯安那及南部佛罗里达(Florida)诸地则尚属西班牙也。

美国独立为新大陆解放之始　美国独立三十年以后，西班牙及葡萄牙两国在新大陆之领土亦相继独立。欧洲人之领土仅存加拿大一区而已。西班牙之领土古巴(Cuba)岛至一八九八年方得美国之援助而独立云。

乌得勒支和约后欧洲所得战争之结果　自乌得勒支和约后至法国革命时七十年间，欧洲时有战事。其结果则欧洲东北有俄罗斯及普鲁士之兴起。普鲁士之领土大有扩充。至十九世纪时，普鲁士、奥地利两国互争雄长，前者卒代后者起而建设德意志帝国。

东方问题之起源　土耳其之势既衰，奥地利及俄罗斯遂乘机而起。乃成为欧洲诸国间一大问题，即十九世纪以来所谓“东方问题”是也。假使奥地利与俄罗斯两国之领土日益增加，则欧洲诸国间均势之局必破，而为英国人所不喜。故英国人特与土耳其交欢。自是而后土耳其遂入居于平等国之林，西部欧洲各国甚有愿与联盟以资抵制者矣。

英国之领土 英国失策，失去北美洲中部之殖民地。然仍领有北美洲北部之加拿大。至十九世纪时并得澳洲。至于印度，则因竞争无人，其势力渐普及于喜马拉雅山(Himalaya)南矣。

路易十五(一七一五年至一七七四年) 法国当路易十五在位时代国力衰微大非昔比。一七六六年得洛林(Lorraine)，一七六八年得科西嘉岛(Corsica)，次年拿破仑(Napoleon)生于岛中阿耶佐(Ajaccio)城，即他日雄霸欧洲之法国皇帝也。十九世纪初年，法国已由王政一变而为民主，干戈所向到处披靡。吾人欲明法国革命及拿破仑战争之影响如何，不能不先述法国革命之所由起。

第二卷 十八世纪之状况及改革

第五章

欧洲之旧制

第一节 乡间之生活——佃奴制度

十八世纪西欧乡农之状况 十八世纪初年欧洲乡农之状况与十一世纪时初无稍异。虽自十二世纪以来西部欧洲之佃奴制度日就消灭，然各国之迟早初不一致。其在法国则自十四世纪以后佃奴之制已废，而英国之废止佃奴则尚在百年以后。其在普鲁士、奥地利、波兰、俄罗斯、意大利、西班牙诸国，十八世纪时之乡农状况与昔无异。

十八世纪时法国之封土制度 即在法国，当十八世纪时亦尚有封土制度之遗迹。农民身体虽已不固定于封土，而有购售土地、婚姻、身体诸自由。然地主对于佃奴仍可强其舂米于地主之臼，烘面包于地主之炉，压葡萄酒于地主之榨。过桥有税，渡河有税，即驱羊而过地主之居亦有税。而且因有种种限制之故，为农民者往往终身耕种一片地，永无脱离之望。一年所获须纳其一部于地主。一旦售其地于他人，则须将得价之一部交诸地主。

英国之封土制度 至于英国则当十八世纪时佃奴制度已完全消灭。对于地主之徭役早已代以金钱，故佃奴一变而为佃户。唯地主仍为排难解纷之人，佃户亦仍行尊重地主之礼。一旦佃户有冒犯地主之举，则地主仍有惩罚之权也。

其他欧洲诸国之佃奴状况 在欧洲中南东各部，佃奴状况与中古时代无异。其身体终生联属于封土，对于地主应尽之义务亦复与千年前不殊，所有器具异常粗陋，自造者多。英国农民所用之木犁其形式与古代罗马人所用者无异。割麦以镰，刈稻以镰，大车之轮仍用木材。

农民居室之卑陋 欧洲各部农民之居室虽不相同，然大致皆系狭小而黑暗之茅舍。牛豕之类与人同居，臭秽可想。饮水既污泄水无沟。所幸农家男妇终日力田，家居之为时甚短耳。

乡间生活之乏趣 十八世纪之乡间生活绝无兴趣之可言。农民除封土外绝无所知；纵有报纸亦不能读。当日英国之农民识字者五千人中尚不及一人，至于法国则虽征收田赋之官吏亦无编制报告之能力。东部欧洲诸地之农民其状况尤恶。匈牙利之农民于一周之中服务于地主者四日，为地主而渔猎者二日，几无力田之余暇焉。

第二节　城市及各业公所

十八世纪之城市与中古无异 十八世纪城市之状况亦与中古时代相同。街衢狭小而屈曲，入夜即昏暗异常。地铺圆石，秽气薰蒸，与今日欧洲城市之宏大美丽真有天渊之别矣。

伦敦 当一七六〇年，伦敦城之人口约五十万，仅占今日伦敦人数十分一。城市交通既无所谓电车，更无所谓汽车。仅有数百辆马车及肩舆二种而已。入夜之后虽有更夫携笼灯巡行守夜，然盗贼四伏，夜出者咸有戒心，多携武器以自卫。

巴黎 当日法国京城巴黎较伦敦为大。城中警察制度远较伦敦为完备，故盗贼之患绝少。公园大道已具规模。然就全城而论，则街道狭小者仍居多数。虽有地沟可资泄水，然一旦大雨，则满街积水泛滥难行。水退污留，河水混浊，居民饮料且取资于是焉。

德国诸城　德国诸城人口稀少，故其范围多不出中古墙城之外。虽城中建筑亦颇有宏大者，然其景况荒凉远非昔比。柏林人口仅有二十万，维也纳稍多。维也纳为今日世界上最美城市之一，在当日城中清道夫役仅自三十人至百人，并以每夜均点路灯自夸云。盖当时其他各城之路灯仅于冬季无月光时方一放光明耳。

意大利诸城　至于意大利，除威尼斯外，其他著名各城——米兰、热那亚、佛罗棱萨、罗马——虽以有宏大美丽之建筑著于世，然其街道之狭陋亦正不亚其他诸城。

工商业之规模狭小　十八世纪欧洲城市中既无大工厂，又无大商铺。除伦敦、安特卫普及阿姆斯特丹诸城因有殖民地之商业尚形繁盛外，其他诸城之工商业规模狭小，与中古同。

同业公所　其时商铺之售品多系自制而成。各种同业——如裁缝、制鞋、面包、制皮、钉书、剪发、制烛、造刀、做帽、纸花、制假发等——无不有一种同业公所之组织，以限制他业中人不得制造本业物品为目的。店主之人数及商店之学徒均有定额。学徒学习为期甚长，甚有七年或九年者。其理由以为学精一业断非旦夕所可能。实则同业公所不愿店主人数之增加，故对于学徒特加限制耳。学习之期既届，学徒遂得升充工匠。然假使无有势朋友之援引，则终身无充当店主自设商铺之望也。

英国之同业公所　同业公所之制始于中古，故至十八世纪时相沿已有数百年。英国学徒学习之期普通定为七年。设斐尔德(Sheffield)地方之刀匠同时不得收二徒；诺福克(Norfolk)及挪威支(Norwich)二地之织工每人以二学徒为限；全国帽工之学徒人数亦然。

法德两国之同业公所　法国同业公所之势力较英国尤巨。盖自科尔伯特当国以后，政府往往加以援助，以冀国货之改良而得畅销于外国也。德国同业公所之组织较英国与法国尤为严密而普遍。旧日之规定犹是风行。大抵店主之学徒以一人为限，商铺以一处为限，所售物品以自造者为限。

各业公所之纷争　为工人者终身一业，不得变更；假使制鞋而不遵旧式，或做面包者而代人烤肉，则逐之于同业公所之外。巴黎有帽匠以丝和毛制成美观之帽，畅销获利，同业公所中人以其毛中和丝有违成法，遂毁其存货以示惩。凡未经同业公所允准者不得开设商铺。同时各业之间亦时有纷争之事。如金匠与制表匠，养花匠与纸花匠，每起范围不明之争执。制面包者不得制糕，补破衣者不得新制。凡此种种不但难以实行，亦且有碍工业。

同业公所与今代职工会之不同　同业公所与今代职工会之性质实不相同。第一，同业公所之会员以工头店主为限。学徒工人对于公所之政策绝无过问之权。第二，公所中之议决案赖官力以实行。假使工人而违背定章，则监禁罚金诸事均由政府负执行之责。第三，公所中人之职业规模狭小，与中古同。

各业公所之衰微　各业公所之势力表面上虽似宏大，然因社会状况之变迁有日就衰落之趋势。当日稍具常识之人莫不知同业公所之足以阻止工业之进步，思所以废止之。而且种种新工业日兴月盛，多不隶属于同业公所之中，而专赖中央政府之提倡。其势力遂渐驾于各业公所之上。同时并有实业上之革命，工业性质为之大变，而资本人工诸问题于以兴起。

第三节　贵族与君主

十八世纪时之贵族　当十八世纪时，中古之封建制度虽已废止，而巨室贵族犹享特权。英国、法国、西班牙诸国君主摧残国内诸侯之陈迹兹不多赘。总之至十八世纪时，国内贵族已不若昔日诸侯之负固不服，而多仰君主之鼻息矣。盖昔日之诸侯宣战铸钱，立法司法，俨同君主；今日之贵族则反以得侍君主之巾栉以为荣。诸侯堡垒至是亦已变为别墅。

法国之贵族　法国之贵族与英国不同。不喜乡居而喜居于维尔塞之宫内。盖宫廷生活兴趣甚浓，而近侍君王进身有道也。然因久离封土之故，对于佃户威信渐减；加以管理无方，佃农侧目，益失人望矣。

法国贵族之特权　又因法国贵族有免纳数种国税之特权，国内平民益形侧目。而且因接近君主之故，国内优肥之职每为若辈捷足者所得。又因门第关系夜郎自大，工商诸业皆不屑为。故法国之贵族为数得十三四万人，显然为社会中之特权阶级。尤其不堪者则当日法国之贵族多非昔日封建诸侯之苗裔，大都以金钱贿买而得之。以视世袭之贵族尊卑之价相去甚远；而国人之视贵族亦遂多抱藐视之心矣。

英国贵族之特异　英国封建诸侯堡垒之消灭较法国为早，而英国法律又始终不与贵族以特权。昔日英国君主常有召集国内贵族商议国家大计之举，日久遂成今日之贵族(peerage)。凡贵族有充贵族院议员之权，传其爵于其家子。然其负有纳税之义务及其同受法律之制裁初与平民无异。而且贵族虽系世袭，仅传长子，与欧洲大陆诸国之传其爵位于诸子者异。故英国贵族人数有限。阶级虽异，国人初无侧目之心也。

德国骑士仍类中古之诸侯　至于德国之贵族其地位与中古之诸侯同。盖德国既无中央集权之政府，又无强健有为之君主。其结果则在十八世纪时，诸侯之数尚以百计；壤地虽小，负固如昔。征税、司法、铸钱、统兵，诸权仍握掌中。

国君为贵族之首领　欧洲各国之贵族皆以国君为首领。为君主者类多大权独揽使国民无参政之机，而暴敛横征每致国民有交困之象。宫廷宏大，费用浩繁，岁入取诸国民，大半为权奸所中饱。而且君主得以无故而逮捕人民，任意生杀，不过为国民者多归咎于朝廷之权相，故对于君主仍甚忠敬也。

君主之尽职　实则当时欧洲各国之君主功业甚盛，实有可敬之道。如封建制度之废止君主之力也。国内纷争之终止亦君主之力也。中央官吏遍驻国中，商旅往来安然无虑。修筑孔道，整顿币制，通商惠工，提倡学问，巩固国基，组织政府，卒成今日之民族国家，亦何莫非君主之力耶？假使封建之制不废，诸侯独立之象犹存，则民主精神与政治平等恐永无实现之一日。不过当日君主仍愿与贵族合群，每置国民之利害于不顾也。

第四节　基督教会

近世各种问题与中古教会之关系　十八世纪时，欧洲贵族尚享特权。同时基督教士——旧教诸国尤著——亦复享有特权形同贵族，其势力之宏大与其组织之完备远出贵族之上。教士之权力出自教会，而教会实数百年来欧洲之最要机关。当中古时代，凡欧洲人民无一不属于教会，正如今日人民之无一不隶于国家。宗教革命以前，欧洲之宗教统一于驻在罗马之教皇，偶有叛离，罪同大逆。不忠于教会或不服其管束即视为亵渎上帝穷凶极恶之人。至于教会所资以维持者非若今日之专赖捐助，其收入之来源多恃各国君主及各地诸侯之输款。此外教会并有征收什一之教税（tithe）之权，凡欧洲人无论信教与否均有纳税之义务。

十八世纪时教会权力之宏大　自中古以来，教会内部虽有变迁，然至十八世纪时其外表尚与昔无异，——如隆重之仪式，雄厚之资财，宏大之势力，专制之信仰等。凡渎神者或信异端者教会仍有监禁之权。教士所设学校各地林立，青年学子多养成坚忍之教徒。医院及各种慈善机关多由教士主管。教徒生死均须经其注册。男女婚娶必经教会之认可方为合法。寺院遍地，资产丰富。一七八九年时巴黎一城之中修道之寺数达六十八处，女尼之庵达七十三处。教税征输一如昔日，而教士亦仍享有蠲免直接税之特权。

新教旧教之宗教专制　居今日而反观十八世纪之教会，则无论新教旧教均无信教自由之可言。而政府亦尽力于维持宗教之专制，偶有反对国教之举动或言论即惩办之。以视今日之信教自由相去远矣。

法国新教徒之地位　法国自一六八五年南特之令取消以后，新教徒之公权剥夺殆尽。一七二四年政府下令：凡人民不奉罗马旧教者则籍没其财产，男子远戍，女子监禁终身。传布新教或他种宗教者处以死刑。他日虐杀之举虽形减少，然不信旧教者生死无注册之地，婚姻无认可之人。故新教徒之婚姻及子女均为国法所不认，无承受遗产之权。

出版物之检查　其时所有出版物均有严重检查之举，盖恐其中言论或有攻击旧教之处，教会及君主之权力或恐因此而摇动也。罗马教皇久已设有委员会负审查新书之责（此会至今尚存），时时印行《禁书总目》（*Index*）行于世。一七五七年法国王曾下令：凡著述、印刷或售买攻击宗教之书籍者则处以死刑。大学教授之讲义亦受严重之监督。一七五〇年巴黎有教士因以耶稣之治病与医神厄斯邱雷琶（Esculapius）相较，被逐出国。当十八世纪时法国出版之书籍颇有抨击当时政府及教会者皆被焚毁。著书者亦常有被逮之虞。

检查书籍之无效　当时虽有检查书籍之举，然攻击旧习提议改革之书籍时有发见，通行无阻。盖著书者往往不发表著者及印刷者之姓名，而且多在荷兰及日内瓦（Geneva）等处印刷发行。亦有名虽在外国印刷，而其实则在本国秘密印行者。

西班牙、奥地利及意大利诸国之教会　其在西班牙、奥地利及意大利——在教皇领土内尤著——诸国，教士之势力及其特权较法国尤为宏大。而教士之有力者尤推耶稣会中人。至于西班牙则一面有书籍之检查，一面有异端法院之设立，故宗教一端至十八世纪末年方有改革之举。

德国教士地位之特异　至于德国教会之地位与他国绝不相同。南部信旧教，普鲁士及北部诸地则信新教。为主教者广拥领土，俨同诸侯。德国西南两部之地属诸教会者竟达三分之一。

第五节　英国之国教及新教诸派

女王依利萨伯在位时代之国教　英国当亨利第八时代宗教上已

叛离罗马教皇而自立。其女依利萨伯(一五五八年至一六〇三年)在位，国会有国教之规定。废止圣餐仪节，并适用《普通祈祷书》。定教条三十九以资人民之信守。教会之组织虽沿旧教之旧，然大主教及主教等之任命权操于国君。所有教士均有遵守三十九信条之义。宗教上之礼节一以祈祷书为根据，凡礼拜日而不赴教堂者则以法绳之。

英国之虐待旧教徒 英国政府之对待旧教徒虽属严厉，然不若法国虐待新教徒之甚。当依利萨伯在位时代，英国旧教徒因受耶稣会中人之播弄曾有阴谋反对女王之举。旧教徒颇有因此被诛者。其时凡携教皇之谕以入英国者信奉旧教者或使新教徒改信旧教者均以大逆不道论。或有躬与圣餐礼者则令其罚金或监禁之。

清教徒 然其时英国之新教徒亦颇有不愿信奉国教者。此辈新教之异派渐分为数派。人数最多者首推浸礼会派。此派传入北美洲后传道事业之规模最为宏大。盖自一七九二年后即有以传道为目的之结社也。

朋友会派 英国教派之有名于美国者尚有朋友会派(Quakers)。此派创于一六四七年之福克思(George Fox)，以恶衣恶食反对战争及各种礼节著于世。其在北美洲以菲列得尔菲亚为根据地，烹威廉(William Penn)为此派之首领。宗教中人永久反对战争者首推朋友会。世界弭兵之运动当以此派之主张为最早。

监理会派 英国最后之新教派曰监理会派(Methodists)。创始者为牛津大学(Oxford)学生卫斯力(John Wesley)其人。信教极具热诚，起居极有规则。卫斯力离牛津大学后，曾居于北美佐治亚(Georgia)殖民地。一七三八年回英国，深信“罪过顿除”(conversion)之说，其教义即以此为根据。彼在伦敦及其他大城常开宗教之会。奔走全国以传道为事。襄助之者有卫斯力查理(Charles Wesley)及淮特飞德(Whitefield)二人。监理会派之教徒最初本自命为英国国教中人，日后渐自成一派。至一七八四年北美洲之监理会派有组织监理圣公会(Methodist Episcopal Church)之举。至十九世纪初年，英国之监理会派亦独树一帜于国中。卫斯力殁时此派之教徒数达五万，至今在美国者数达六百万。

虐杀异派之减势　当十七世纪时，英国信教自由之精神极其薄弱。自光荣革命以后，虐杀异派之事渐形减少。然英国国教依然存在，虽有一六八九年之《信教自由议案》，然异派教徒不得充当政府之官吏或收受大学之学位。仅信奉国教者有领有封土之权。国教中主教并得列席于上议院。

英国不承认旧教之存在　英国法律对待旧教之严厉始终不变。凡信旧教者不得入英国。国民不得举行圣餐礼。旧教徒不得充任官吏或议员。就法理论，则旧教徒绝无入居英国之权利。唯对于新教徒之异派则法律上之限制日形宽纵焉。

英国之出版自由　英国教会仍设有司法机关以惩办教徒之不赴礼拜堂者，信异端者，及有不道德之行为者；然不甚实行。而且英国之出版物不若法国之须得政府之允许。故当日关于科学及宗教之讨论当以英国为最自由。十八世纪之英国实为思想进步之中心，而为法国改革家私淑之地。大抵当日英国之教派过多，故一派独尊之事实不可能。布拉克斯吞(Blackstone)之言曰：“吾辈先人宗教专制之政策实不免于谬误。教派分离之罪断非政治上之压力及惩戒所可消除。宗教上之纷争除非有害于国家之安宁政府初无干涉之根据。官吏固有维护国教之责，然既剥夺异派教徒之公权，则任其信教自由亦复何害？若因意见不同之故骤加虐杀，岂不有背于自由之原理耶？”

第六章

改革精神

第一节　近世科学之发达

改革精神　当十八世纪时，社会状况及人类思想虽已经过五百年之变迁，而中古制度犹颇有存在者。如佃奴也，各业公所也，封建租税也，享有特权之贵族及教士也，寺院制度也，复杂苛虐之法律也——凡此种种皆中古黑暗时代之遗产而留存于十八世纪者也。然至是欧洲人渐知旧制之不善，渐望将来之改良。并知进步之障碍实在旧制之留存及智识之闭塞。必先废除旧制开通知识而后方可建设新制以适合于当日之环境。

尊古之习　此种希望将来之心理在今日视之本不足异，然在当日则实一种新态度也。盖当日之欧洲人均有尊古之习，每以现在状况为不如过去之佳；因若辈对于昔日之缺点知者甚少，而对于当日之陋习则知之甚审也。当时欧洲人亦有欲为武士，为圣人，为名士，为美术家，为伟人者，然皆以能比拟古人为尚，初无超轶古人事业之心。求智识于古人著作之中，不求之于当日世界之上。以为亚理斯多德(Aristotle)之科学著述已足包罗万有详尽无遗。大学教授之责任即在解释其著作之意义以传授于学生，而不在学问之增加或谬误之改正。所有思想莫不以过去为依归；所谓改良即是复古。

科学家促进进步及改革之精神　欧洲人思想之能由过去而向将来者科学家之功为多。自有科学家之后世人方知古人之谬见极多，古人之思想未当。盲从古人之习日渐消除，希望将来之心日渐浓厚。故今日之欧洲人无不时存进步之观念，而种种发明亦因之而日新月盛焉。当中古时代，学者所研究者在古而不在今，重神学与哲学而不重天然科学。抑若读古人书——亚理斯多德之著作尤要——即足以了解世界者然。

近世之科学方法　然当十三世纪之时，即已有芳济(Francis)派之修道士名培根罗哲尔(Roger Bacon)者力言盲从古人之非是，主张独立以研究真理。其方法有三：第一，对于万物之变化应有严密之观察，方可以了然其究竟。近世衡量及解剖诸法之精审即源于此。例如化学家能在杯水之中详悉所含各物之多寡及性质，不知者且以为一杯清水不染一尘矣。第二，为实验。培根以为仅仅观察天然尚不足恃，必加以人为之实验方可断定其结果。故今日之科学家莫不并有赖于实验之一法。盖仅有观察而无实验断不足以明万物之究竟也。第三，吾人既知观察及实验为求智之方法，然无观察及实验之器械不为功。当十三世纪时已有人知凸镜之足以显微，不过不如今人所制者之精致耳。

培根法兰西斯(一五六一年至一六二六年)　规定科学方法之第一人当推英国詹姆士第一在位时代之政治家及著作家培根法兰西斯(Francis Bacon)。彼以为吾人果能研究万物之本身，排除各种模糊之字义——如“湿”、“干”、“物质”、“形式”——与大学中所授亚理斯多德之“多刺哲学”(Thorny Philosophy)，则各种科学之发明当可远过古人之所得。又谓：“时至今日，能将各种流行之观念一扫而空而重新研究者尚无其人。故今日人类之知识犹复混杂不堪，有可信者，有偶然者，亦有极其幼稚者。”

自然律之发现　观察实验之方法既盛行于世，人类对于地球及宇宙之观念为之丕变。其最重要之发见莫过于万物运行皆有定律之一说。而近世科学家即终身以发明此种定律及其应用为事者也。星命之说本无根据，魔术方法久已不行。天然定律之作用始终不息。

科学家研究所得之结果实已远驾于中古魔术家所得者万倍矣。

反对科学上之发明 科学虽有进步，而障碍实多。盖人类天性固不愿变更其观念者也。而且教会教士及大学教员涵养于《圣经》及亚理斯多德学说中者甚深且久。所有智识一唯古人所用之课本是赖。雅不欲多所更张以与科学家同时并进。

神学家之反对态度 有几种科学上之发明每因不合于《圣经》而为神学家所排斥。如谓地球为行星之一并非上帝所造者，又谓太阳甚多，吾人之太阳不过其中之一云云，此种学说不但教士闻之为之咋舌，即当时之社会亦莫不惊奇。故当时之思想家颇有遭际不良而身受苦痛者，其著作亦颇有被禁或被焚者。伽利略(Galileo)曾被迫宣言不再相信地球之围绕太阳。又因不用拉丁文而用意大利文著书以怀疑当日之见解故被拘禁；并须每日背诵《赞美诗》至三年之久。

第二节　科学上之发见及改良精神之产生

科学发见之影响于宗教信仰上者 其时思想陈腐之人群知一旦科学发达于若辈定有所不利。盖自有科学研究以后，泥古之习一变而为疑古之心。旧日宗教中人无论新教旧教均主人类性恶之说。至于科学家之主张则适与之相反，以为人类之性本善；人类应自用其理想；人类果能研究天然定律，其智识定能日有增加。而且迷信破除谬见更正以后人类状况必能改善。又主张上帝不独默示于犹太人，其好生之德弥漫于宇宙之中，自古至今无远弗届。

自然神教家 此种宗教观念与基督教义并无不合。盖古代神父著作中曾有此种主张也。然当时怀有此种观念者每系自由思想家，攻击基督教义不遗余力。以为若辈之上帝观念远较基督教徒为有价值。并谓基督教徒既深信灵怪及地狱诸说，是明明以上帝为违反自然律之人矣。

服尔德之游英　一七二六年世界上第一自然神教家法国之服尔德有游历英国之举。其时服尔德年仅三十二岁，对于旧日信仰上已怀疑。既抵英国，思想为之益变。尤仰慕牛顿(Newton)之为人，故躬行送葬之礼。彼以为万有引力之发明其功业当在亚历山大或恺撒(Caesar)之上，故尽力传播其说于法国人。尝谓："吾人所应崇拜者非以力役人之人，乃以真理服人之人，非破坏宇宙之人，乃明了宇宙之人。"

服尔德所得言论自由之印象　服尔德鉴于朋友会派中人生活之简单及痛恨战争之激烈大为感动。对于英国之哲学私淑极深，尤喜陆克(John Locke)（一七〇四年卒）。彼以为陆克所著之《论人》(An Essay on Man)一诗为世界上得未曾有之劝善诗。又鉴于英国人言论及著作之自由与夫尊重商人之习惯，异常钦羡。尝谓："法国商人受人藐视每自汗颜；然商人既能富国又能裕民，而谓其不若面涂脂粉之贵族一面窃人一面乞怜以得侍君主之巾栉为荣者，窃未敢信。"

服尔德之游英观察谈　服尔德将游历英国所得者著文以行世。巴黎之高等法院以其有抨击国君及政府之处取其书而焚之。然服尔德终身为主张依赖理性及信仰进步之最力者。对于当时制度之缺点时有所见，每为文以攻击之。文笔畅达人争诵之。彼所研究者范围极广，如历史、戏曲、哲学、传奇、纪事诗、书札等，莫不有所著述。故其文字之影响所及甚广。

服尔德之攻击宗教　服尔德之批评各种制度范围甚广，而其攻击罗马旧教尤为激烈。彼以为教会专制，反对理性与改良，实为人类各种进步之最大障碍。故服尔德之为人实为教会空前之劲敌。

服尔德之弱点　服尔德固是多才，然亦有其短处焉。彼之议论每贻肤浅之讥，而武断之处亦复在所不免。彼所见者仅教会之弊，而忘却旧日教会之利。对于教会中人之著作每加以诛心之论。未免将宗教观念与检查书籍及神学争辩诸事并为一谈，于理实有未当。

服尔德之优点　然彼对于当日之虐政竟能力加攻击，有胆有识，令人钦敬。彼所攻击之弊窦至大革命时莫不一扫而空。新旧教徒之非议服尔德者往往显其所短而略其所长，究非持平之论。盖教会之能改良实不能不归功于服尔德之呼号也。

狄德罗之百科全书 当日钦慕服尔德者颇不乏人，其最著者即为狄德罗（Diderot）及其同志。若辈当时有编纂《百科全书》之举，以传布科学智识激起改革精神为主旨。《百科全书》之著作并不始于当日，盖狄德罗之计划原欲翻译英国辰柏兹（Chambers）之《百科全书》也。当狄德罗辈所编之《百科全书》未出版时，德国曾编有《百科字典》（*Universal Dictionary*）六十四卷行于世。然当时欧洲人之能读德国文者为数甚少，而狄德罗辈所编之《百科全书》则因文字浅明及欧洲人多能读法国文之故风行一世。

神学家之反对百科全书 狄德罗辈深恐反对者多，故对于当日流行之观念虽不同意亦采纳之。然同时并将意见相反之材料搜集无遗，予读者以权衡之余地。一七五二年首二卷方出版，即因有攻击君主及宗教之处为法国政府所禁止。

百科全书之告竣 政府虽禁止《百科全书》之印行，然并不禁止诸人之编纂。故源源出版，购者日众，而反对者亦日力，以为编纂者之目的在于摇动宗教及社会之根本。法国政府遂取消其出版证书，并禁止首出七卷之销售。然七年之后，狄德罗辈竟将后十卷告竣以公于世。

百科全书之价值 《百科全书》中所攻击者为宗教专制、苛税、贩卖奴隶、苛虐刑法等。立论虽甚和平，而主张异常有力。而且竭力提倡自然科学之研究，旧日之神学哲学遂无形为之失势。狄德罗所著《立法者》一篇中之言曰："各国人民有互换工农各业出产品之必要。故商业为联络人类之新机关。今日各国均有维持他国财富、工业、银行、生活、农业之义。一旦来比锡（Leipzig）、里斯本（Lisbon）或利马（Lima）有衰败之迹，则欧洲贸易必有破产之虞；而受其影响者将达数百万人之众云。"故英国人摩黎（John Morley）尝谓：深悉近世社会之原理而能注重实业者当首推法国百科全书家云。

第三节　政治上之新思想

法意　服尔德及狄德罗辈提倡新知虽力，然均无攻击君主及政府之举。自孟德斯鸠(Montesquieu)出(一六八九年至一七五五年)，虽表示其对于法国政制之信仰，然因称赏英国政府优良之故极足以使法国人了然于本国政府之败坏。尝著《法意》(*The Spirit of Law*)一书，谓：证诸历史政府为特种时势所造成，故政府之组织应有以适合当日之情势。彼以为各国政府以英国为最良。

卢梭攻击文化　攻击当日之制度使国人生不满之心者除服尔德外当推卢梭(Rousseau)(一七一二年至一七七八年)其人。卢梭之主张与服尔德及狄德罗不同。彼以为时人病于思想之过多，并不病于思想之太少；吾人应依赖感情，不应专恃脑力。又谓：欧洲当日之文化实嫌过度，不如反诸自然朴野之域之为愈。其第一篇文字著于一七五〇年，系应悬赏征文之稿也。文中证明人类道德之堕落实源于学术之发达。盖学术发达之后人心日趋险诈也。故力赞斯巴达(Sparta)之朴野，而痛骂雅典(Athens)人之堕落。

爱弥尔　不久卢梭又著一研究教育之书，即至今尚负盛名之《爱弥尔》(*Emile*)是也。书中极言教师改良人类本性之非是，以为“天生万物莫不优良，一经人手莫不退化。……欲保存天性之本来面目其道何由？莫如无为。……吾人之智慧皆奴性之成见也；吾人之习惯皆抑制天性之具也。文明之人皆生死于奴境者也。生为衣所缚，死为棺所囚；一生皆受制度之约束”。

民约　卢梭主张人类生活以淳朴为主，闻者莫不心许。不久又有人类自然平等及参预政治权利之主张，时人益为之倾动。其名著《民约》(*The Social Contract*)即详述此种主张者也。其言曰：“人类生而自由者也，而今则处处皆受束缚。一人自以为为他人之主人，而其为奴隶也则较他人为尤下。此种变迁何自来？吾不知也。此种变迁何以竟成合法之举乎？则吾能答之。”彼以为此种变迁之合法原于民意。统治权当属诸人民。人民虽可设君主以治国家，然立法之权当操诸人民，盖人民有守法之义也。他日法国革命时代之第一次宪法定法律之意义为“民意之表示”，即受卢梭学说之影响者也。

柏卡里亚(一七三八年至一七九四年)及其著作　十八世纪时主张改革之书籍不一而足，而影响最巨者莫过于意大利人柏卡里亚(Beccaria)所著《犯罪及刑罚》(*On Crimes and Punishments*)一书。书中所述当日刑法之苛虐不平，简明允当。盖当日审判之不得其平，刑罚之残酷无理，虽在英国亦复如斯。刑讯逼供仍甚通行。考查证人出以秘密，于未见被控者之面之前录其证据；通风报信者予以重赏；无根之言即足以入人于罪。罪犯既自承，则用种种虐刑——如拷问机、指夹、火烙诸刑——逼其供出同谋者之姓名。不但杀人者处以死刑即信异端者、赝造者、行劫者、渎神者，亦莫不处以死刑。据英国名法学者布拉克斯吞之言，则英国法律所定之死刑计凡一百六十种，凡砍断果园之树，窃自商铺中五仙令以上，及窃自衣袋中十二便士以上之罪皆属之。唯英国死刑之罪法定虽多，然因其有陪审公开及出庭状之制，其审判尚远较大陆诸国为公允也。

柏卡里亚之主张　柏卡里亚主张审案应公开，证人须与被控者觌面。密控他人者不得受理。尤不应有刑讯逼供，强入人罪。彼并主张死刑之废止，一因死刑之阻人为恶不如终身监禁之有力；一因死刑之残酷——如斩、绞、凌迟、车断等——极足以败坏观者之德性也。故刑罚须宽大而一定，当以犯罪及于社会之危险程度为衡。贵族官吏之犯罪其刑罚当与平民等。籍没财产亦应废除；盖因一人有罪遗累其无罪之家族，于理未当也。罚人之犯罪不如阻人之犯罪，欲阻人之犯罪莫若将法律昭示国人，而明定其刑罚。而振兴教育，开通民智，尤为澄本清源之上策。

十八世纪之经济学　经济学发达于十八世纪中叶以后。其时学者颇能研究国家财富之来源，货物出产及支配之方法，货物供求之公律，泉币信用之功能，及泉币信用及于工商业之影响等。十八世纪以前，群以为此种事实绝无研究之价值。初不知物价贵贱之不同及利率高低之各异均有定律存焉。古代希腊及罗马之哲学家对于农工商界中人多藐视之；盖其时力田经商者类以奴隶充之故也。当中古时代，藐视之态虽不若昔日之甚。然当日之神学家及哲学家好高骛远绝不注意于人民之生计也。

各国政府规定工商业之影响 当时政府虽不知经济学上之公例为何物，然已渐有规定工商诸业之举。吾人已知各国政府常有种种之限制以利其本国之商人，或援助各业公所以维持其专利之职业。法国政府因受科尔伯特之影响，规定工商各业巨细无遗。如织品之广狭、颜色、质地，均有定规。政府对于食粮禁商人不得居奇或窃运出境。

重商主义 总之十八世纪初年之政治家及学者莫不以提倡实业为富国上策。又以为欲增财富必输出多于输入方可，盖必如此而后他国之金银方可源源而来也。凡主张政府之提倡航业，发展殖民地，及规定制造业者谓之“重商主义家”(mercantilists)。

自由贸易主义 然至一七〇〇年时，英国与法国学者颇以政府之干涉工商业为失策。以为政府限制过严每生极不良之结果；若政府不加限制使制造家得以自由适用新发明，则实业之发达必能较速；又谓法国政府之限制民食过严适足以增加人民之痛苦，盖有背于经济学上之原则故也。此辈经济学家颇反对昔日之重商政策。以为重商主义家误认金银为国家之财富，殊不知国家之贫富固不在现金之多寡也。世人名此派学者为“自由贸易家”。即法国某经济学家所谓放任主义(Laissez-faire)是已。

斯密亚丹之原富 一七七六年苏格兰人斯密亚丹(Adam Smith)所著之《原富》(*An Inquiry into the Nature and Causes of the Wealth of Nations*)一书出版，实为近世第一经济学之名著。他日经济学之发达莫不以此为根据。彼颇反对重商政策及其方法——如进口税、政府补助费、限制谷米之输出等——以为此种限制适与富国利民之道相反背，而减少出产之价值。政府之责尽于保护而已。然彼对于英国之《航业法律》极表同情，故斯密亚丹实非纯粹之自由贸易家也。

经济学者之攻击旧制 英国与法国之经济学者其主张虽不尽相

同，然均以为政府不应有违反经济学原则之举。例如攻击旧日税法之未当，主张赋税当直接征之于地主。著书立说风行一世。甚有印行经济学杂志以提倡国民之经济学识者。

十八世纪为开明进步之时代　据上所述可见十八世纪实一开明进步之时代。学者辈出，民智日开。既晓然于旧制之不良，又抱有改良进步之希望。改革精神且达于宫廷之内矣。兹故略述当日开明专制君主之事业。

第七章

法国革命以前之改革

第一节　腓特烈第二、喀德邻第二及约瑟第二之改革

开明专制君主　当十八世纪时，欧洲各国有开明专制君主数人，即普鲁士之腓特烈第二、俄罗斯之喀德邻第二、奥地利之马利亚德利撒、德国皇帝约瑟第二及西班牙之查理第三是也。之数君者皆颇能加意于改良，故有废旧制、定新法、抑制教士、提倡工商诸善政。世称为“开明专制君主”(enlightened despots)。实则若辈虽较当时一般君主为开明，然其利国利民之心至多亦不过与查理曼(Charlemagne)、加纽脱(Canute)及圣路易(St. Louis)诸君等。至其专制则真名实相符。总揽国家之大权，使国民无参政之余地。争城争地，时动干戈。故谓其专制则有余，称为开明则不足。

腓特烈第二　当日开明专制君主中之最有能力者当推普鲁士王腓特烈第二(一七四〇年至一七八六年)。王幼年好读书、赋诗、弄笛，为其父所不喜。曾受业于法国人某，故极爱法国文及法国之文哲诸学。年十八岁因不胜军事训练之苦意欲逃亡，中途被逮。其父怒甚，几手刃之。后遂禁之于库斯特林(Küstrin)卫城中，令读《圣经》，并使其目睹同谋者一人之被戮。

腓特烈第二之受教 事后腓特烈第二稍稍留意于国家大事。巡视库斯特林附近之王室领土，遂了然于农民之疾苦。其父代订婚姻，王允之。一意以研究文字、哲学、历史、算学为事。并与欧洲文人信札往来，殆无虚日。尤敬服尔德之为人。喜著书，有暇则从事于历史、政治、军事之著述。死后遗著凡二十四卷，均用法国文著成。

即位后之事业 腓特烈第二既即位乃专心于政治。虽不与人民以参政之权，然其勤劳国事世所罕有。早起晏眠万机独理，从不假手于他人。对于宗教极主张信教自由。彼固深信自然神教者也。故国内新教徒虽多，而旧教徒亦颇不少。对于法国新教徒及耶稣会中人一视同仁绝无畛域。尝谓："吾对于罗马及日内瓦，严守中立。"又谓："凡因信仰不同而开罪他人者则罚之；假使吾之信仰有所偏倚，不且激起党见与虐杀乎？故吾之宗旨所以使各派教徒了然于教派虽异其为公民也则同。"

喀德邻第二 俄罗斯之开明专制君主应推彼得为第一人，然其名不著于当世。至十八世纪后半期有女帝名喀德邻第二者(一七六二年至一七九六年)实历史上一奇人也。帝本德国人，一七四三年出嫁于俄罗斯之皇子彼得第三，年方十四岁。既入俄罗斯遂改奉希腊教，易其名索非亚(Sophia)为喀德邻。其夫在位不过六个月，待其后甚薄。后恨之，乃阴促禁卫军叛，遂自立为女帝。彼得第三不得已退位，卒为后党中人所弑而卒。

喀德邻第二之性质 喀德邻第二承彼得大帝之志以一意将欧洲文化输入俄罗斯为事。为人放荡诡诈。然勤于政事而知人善任。早晨六时即起，沐浴晨餐均自任之。终日披阅公牍无倦容。

喀德邻第二仰慕法国文化 喀德邻第二极钦慕当日之哲学家及改革家。曾邀狄德罗与之同居者一月。请法国有名算学家达兰贝耳(d'Alembert)来任皇储之师傅，不允，帝为之大失望。又订购狄德罗之《百科全书》一部。当狄德罗贫困时，女帝并购其藏书而仍许其留用。尝与服尔德通信详述其改革之计划。其时俄罗斯人颇有主张废止佃奴制者；女帝独不谓然，反增加佃奴之人数；同时并禁止佃奴不得向政府诉苦；佃奴之景况因之较前益困。又将教会及寺院之资产一概没收。以资产之收入为维持教会及寺院之用，其余款则为设立学校及医院之需。

约瑟第二之改革事业　腓特烈第二及喀德邻第二虽仰慕当时之改革家，然绝无改革法律及社会之意。唯德国皇帝约瑟第二自一七八〇年其母马利亚德利撒死后兼领奥地利，极具改革之热忱。首先着手于巩固国基。定德国语为国语，所有公文书均应用之。废旧日之疆域，分全国为十三省。并废旧日各城市之特权另代以新政府，由中央任命官吏主持之。

约瑟第二之攻击教会　约瑟第二尝游法国与卢梭及堵哥(Turgot)善，心服其主张；故回国后即着手攻击国内极有势力之教会，尤恶修道士。尝谓："寺院制度实违反人类之理性。"废止寺院六百处，没收其财产为慈善事业及建设学校之用。任命主教不请示于教皇，并禁止输款于罗马。宣言婚姻属民事范围与教士无涉。凡路得派，喀尔文派及其他异端均许其自由信仰。

约瑟第二攻击封建旧制及提倡实业　约瑟第二下令解放波希米亚、摩拉维亚(Moravia)、加里西亚(Galicia)及匈牙利诸地之佃奴，使为佃户。并减少其他诸地佃奴对于地主之徭役。凡贵族教士一律令其纳税，不得再享蠲免之特权。统一国内杂乱无章之法律，即今日奥地利法律之始基也。对于关税适用保护政策，并提倡工厂之组织。因提倡国货之故将宫内之外国酒悉数送入医院中。同时并禁止民间不得以金银为制烛台之用以示节俭之意。甚至禁止死者不得用棺，意谓木材太费也。

约瑟第二改革之阻力　其时国内之反对改革者颇不乏人，尤以教士贵族为最力。其领土尼德兰于一七九〇年宣布独立。同年约瑟第二死，维新事业亦同归于尽。

开明专制君主事业之总论　据上述者观之，所有开明专制之君主均以扩张个人权力为宗旨，专制有余而开明不足。若辈虽反对罗马之教皇，然意在攫其权以为己有，间并有取一部分之教会财产以自肥者。对于法律有所改革。对于政府尽力集权。对于农工商诸业亦莫不竭力提倡。然其目的皆在于一己权势之扩大，及政府收入之增多。盖除约瑟第二尚有解放佃奴之举外，若辈绝不愿予人民以参政之权也。

第二节　一六八八年后之英国

十七世纪之英国为改革之领袖　当十七世纪时代，英国实为改革事业之领袖。代议制创自英国。英国君主因主张君权神授之故被弑及被逐者各一人。英国国民之宗教及思想无不自由。名诗人密尔顿(John Milton)曾著文以维护出版之自由。名哲陆克曾力主国民应有信教之自由，政府不应加以干涉。王家学会尽力于自然科学之提倡。著作家如培根、牛顿、陆克辈之著作无不风行于欧洲大陆诸国以激起诸国之思想。

两大问题之解决　自一六八八年威廉与马利即位后，英国五十年来相持不下之二大问题因之解决。第一，英国国民自此决定信奉新教，而国教与新教异派之纷争亦渐归平靖。第二，君主权力限制甚明，故自十八世纪以来，英国君主无再敢否认国会通过之议案者。

英国与苏格兰之合并　一七〇二年威廉第三去世，女王安即位。在位之日有与西班牙之战争。然有较战争尤为重要者即英国与苏格兰之最后合并是也。自四百年前英国王爱德华第一开始征服苏格兰以来，两地间时有流血冲突之举。英国与苏格兰两地虽自詹姆士第一以来即同隶于一人之下，然各有国会，各有政府，并不统一。至一七〇七年，两地国民方愿合并其政府而为一。自此以后，苏格兰选出议员四十五人出席于英国国会之下院，选出贵族十六人出席于上院。大不列颠一岛自是遂成一统之局，纷争之迹大形减少。

佐治第一之即位　女王安之子女多夭殇。一七一四年女王卒，无嗣。乃根据昔日之规定以最近之亲族信奉新教者继之。其人为谁？即詹姆士第一之外甥女索非亚(Sophia)之子是也，索非亚本汉诺威选侯之妻，故英国新王佐治第一(George Ⅰ，一七一四年至一七二七年)并兼领汉诺威而为神圣罗马帝国之一分子。

英国与均势之局　威廉第三未入英国以前，本系欧洲大陆上之一政治家。其目的在于防止法国之过于得势。彼之加入西班牙王位承继战争即以维持均势之局为目的者也。当十八世纪时代，欧洲大陆诸国间之战争每有英国之参预，其原因亦在于此。至于为扩充英国领土而起之战争则多在远地实行之，而不在欧洲之大陆也。

查理亲王之入侵　当一七四〇年普鲁士人与法国人合攻马利亚德利撒时，英国独援助女王。法国遂命英国王詹姆士第二之孙查理(Charlie)亲王率海军舰队以入侵英国，志不得逞。至一七四五年，幼主又入侵英国，在苏格兰登陆。其地高区之酋长多响应之。幼主遂召募军队南向而进。英国人御之甚力。一七四五年大败幼主于卡罗登穆耳(Culloden Moor)地方，幼主不得已再遁入法国。

第三节　十八世纪之英国立宪君主及佐治第三

英国之立宪君主　英国之政府权在国会，与欧洲大陆诸国之专制政府权在君主者异。盖英国自一六八八年之革命而后，君主之地位有同选举，而其权力又为宪法所限制也。故虽有君主徒具虚名。欲行专制势有不可。

十八世纪初年进步党之得势　吾人已知当日英国之政党有二，曰进步党(Whigs)，为旧日圆颅党之后，主张国会独尊及信教自由者也；曰保守党(Tories)，为骑士党之后，主张君权神授及国教独尊者也。女王安死，保守党中人主张迎詹姆士第二之子入承大统，卒为进步党人所反对而败。乃迎汉诺威之佐治第一入英国即位。进步党自后得势者几五十年。

窝尔坡尔为内阁总理　佐治第一既即位，不谙英国语，且不悉英国之政情。国务会议多不出席，付其权于进步党之领袖。是时进步党中有窝尔坡尔(Robert Walpole)者极具政才。任总理之职者先后凡二十余年(一七二一年至一七四二年)。对于政治及宗教一以和平方法处置之，措施尽当与论翕然。彼尝以政府之公款为购买国会议员之用，故在国会中进步党人常占多数，政府所欲行者无不得心应手。故窝尔坡尔实为英国内阁总理第一人。

内阁制之发达 国内两党对峙政见不同，国王遂不得不于两党中选任其大臣。所有国务总理及国务大臣凡遇政府政策为国会所反对时则全体辞职而去。此即威廉第三以来之内阁制度也。若君主柔懦，则大权实在总理之手。

君主之地位 至于君主仍可操纵其间以谋自利。故英国保守党自一七四五年放弃复辟政策后，英国王即无专赖进步党之必要，进步党之势遂不若昔日之盛。

佐治第三之专制 一七六〇年佐治第三即位，组织私党曰王友者(King's Friends)，利用贿赂以把持政权。王受母教，一仿欧洲大陆诸国君主之专制。当北美洲殖民地叛而独立时，英国政府之政策纯出于国王一人之意。

改革之要求 英国宪政之缺点不在君主之专横而在国会之不能代表民意。当十八世纪时，国会议员多为地主富人所独占，国民已生不满之心。当时学者多著书以说明英国宪法之未善。以为人民既有参政之权，即应实行投票之举，并应将宪法编订成文使国民了解其真义。研究政治之集会日有增加，并与法国之各种政社书札往还以资讨论。讨论政治之书报源源出版，下议院中人亦颇有力主改革之人。

庇得 自一七八三年至一八〇一年，庇得任内阁总理。因国民要求改革之迫切遂提出议案于下议院以冀挽救代表不平等之弊。嗣因鉴于法国革命之过激，英国与法国战争之绵延，改革之举为之中止。

英国政体虽属自由然不似民主 当时英国之政府已具近世自由政体之规模；盖国王既不得任意逮捕人民，又不得自由支配国帑，而法律一端又不得任意去取也。而且讨论政治之书报风行全国；庶政公开与昔日之严守政治秘密者异。然谓当日英国之政治已同民主则大误矣。贵族世袭之上院既可推翻下院之议案，而下院之议员又不足以代表全国之人民。充任政府官吏者以崇奉国教者为限。刑法之残酷依然如昔。凡工人不得集会。自佐治第三即位后百余年，国内农民方有选举国会议员之权。

法国　至于法国君主之改革事业本章中并不提及之。盖因法国王之措置无方卒引起国内之绝大变化，王政被废，共和肇兴。其关系于世界人类之将来者甚大，故吾人不得不另章详述之。

第三卷　法国革命与拿破仑

第八章

法国革命将起之际

第一节　法国旧制之紊乱

法国人之改革　近世改革事业之成功，中古旧制之覆灭，当以法国为最早。当十八世纪时，欧洲各国之开明专制君主虽有从事于改良之举，然其成效盖寡。一七八九年法国王下令召集人民之代表赴维尔塞，陈述其疾苦及商议救济之方法。惊动世界之大事遂于是乎始。国内旧制一扫而空。开明专制君主从事百年之久而未能如愿者，法国人则于数月之间而大告成功。民众参政之利于此可见。彼之不知利用民众援助而唯君主命令是遵者又焉有成功之望耶?

法国革命与恐怖时代不可混而为一　法国革命之事业往往为当日政情纷纠所掩没。吾人一提及法国之革命，则断头机也巴黎暴动也无不宛然在目。虽对于法国革命绝无研究之人亦每熟闻此种情状焉。其结果则法国革命之一事往往与“恐怖时代”合而为一。殊不知恐怖时代者不过革命之一种结果，非革命之本体也。以之与革命告成之事业较，相去甚远，学者明乎此，而后可以了然于法国革命之真义焉。

旧制之意义　当日欧洲各国之旧制——如专制君主任意逮捕人民、税率不平、检查书籍、佃奴制度、封建徭役、国家与教会之冲突等——改革家之主张及当日君主之改革均于前两章中略述之矣。法国革命所废止之种种遗制法国人总称之为“旧制”(ancien régime)。吾人欲知法国之改革事业何以独冠欧洲，不能不详考当日法国之状况。

法国国家之组织　革命以前之法国毫无组织之可言，国内人民之权利绝不平等。盖法国之领土自古以来时有增加。其初卡彼(Hugh Capet)之领土不过包有巴黎及奥尔良(Orléans)附近一带地。其子孙或用武力或通婚姻渐将法国国土四面扩大。路易十四占据亚尔萨斯(Alsace)及斯特拉斯堡(Strassburg)诸地，并伸其势力于西班牙属之尼德兰。一七六六年，路易十五又得洛林之地。二年之后，日内瓦又割让科西嘉岛于法国。故当路易十六即位时，其领土之广已与今日之法国无异。然其时国内各部之制度彼此互异绝不一致。

旧日之行省　法国国内如郎格多克(Languedoc)、布罗温斯(Provence)、布勒塔尼(Brittany)及多飞内(Dauphiné)诸部面积广大形同国家。各有特异之法律、习惯及政府。盖各部先后入附时，法国王并不改其法律使与其他诸部一致，只求其输款尊王而已。各行省中兼有保存其旧日地方议会者。故法国革命以前之行省与今日之郡区(déparements)异，实一种历史上之遗迹而非行政上之区域。各地方言各不相同，即文字亦不尽一致。

法律之繁杂　法国南部虽通行《罗马法》，至于中西北三部则各地法典多至二百八十五种。故人民一旦移居邻近之城市，其所遇之法律往往与其故乡绝异。

税率之不均　最重税中盐税居其一，而国内各部不同。故政府不能不费巨资以监守人民之越境。盖人民往往偷运税轻诸部之盐售诸税重之地也。

第二节　特权阶级及第三级

享有特权之阶级　法国国内不但各部之情形不同，即社会之阶级亦极不平等。所有国民并不享同等之权利。就中唯贵族与教士得享特权，不负纳丁口税(taille)之义务。其他种种之负担亦往往借口以逃避之。例如贵族与教士得免当兵或筑路之徭役。

教会　中古时代教会势力之宏大驾乎当日政府之上。在十八世纪时，欧洲诸国中唯法国之旧教教会其声势尚与十三世纪时等。握有教育及慈善事业之大权。资产极富。其领土占法国国土五分之一。教士并谓教产所以备供奉上帝之用，应享免税之特权。教士虽尝有输纳“自由礼物”(free gift)于朝廷之举，然教会征收教税，财力雄厚，颇有自立之概。

教士　教会之收入大部分为上级教士所有。即大主教、主教及寺院住持是也。上级教士类由法国王于贵族中简任之，故名为教士实同亲贵。对于教务漠不经心。至于下级教士职务虽极劳苦，而俸给有限几至无以自存。故当革命发端之日，下级教士多党于平民而不愿与上级教士为伍。

贵族之特权　贵族之特权与教士同，均源自中古。试细察所享之种种权利即知当日状况与十一及十二世纪时代无异。法国之佃奴制虽早经废止，然国内可耕之地在当日尚均在地主之手。地主对于佃户仍享有征收各种旧税之权。

封建之徭役　法国贵族所享之特权各地不同。为地主者往往有分得一部分佃户收成之权利。凡佃户逐其牛羊而过地主之居室时亦有纳税之例。亦有地主专设磨臼、酒榨及火炉，迫令佃户租用者。甚至佃户出售已产时，其邻近地主有得其售价五分之一之权利。

畋猎权利　畋猎之权为贵族所独有。凡农民不得伤害可资畋猎之用之禽兽，故为禾稼之害极大。贵族领土中每建有鸽室，每室有巢一二千。满布野中为害尤烈。农民所受之痛苦莫此为甚。

充任官吏之特权　凡军队、教会及朝廷上之上级官吏均为贵族所独占，盖皆封建时代之遗习也。自路易十六以后，国内贵族虽多入居于维尔塞，然此种特权依然存在。

世家贵族并不甚多　然当十八世纪时，法国之贵族并非均属昔日巨室世家之苗裔。大半由国王特封者或以金钱购得者。故此辈贵族之骄横益足令人侧目。

第三阶级人民　凡不属教士或贵族二级之人皆属第三阶级(the third estate)，故第三级实为法国之国民。在一七八九年时其人数约有二千五百万。至于贵族及教士两共不过二十五万人而已。第三级人民大部分乡居以务农为业。普通作史者每以为法国农民之状况困苦不堪。国家税率之不平，封建徭役之繁重，固然难堪。而且时有饥馑之祸，益增痛苦。然其实并不如史家所述之甚。美国人哲斐孙(Thomas Jefferson)于一七八七年曾游法国，据云农民状况颇呈安乐之象。英国人杨(Arthur Young)于一七八七年及一七八九年亦尝往游法国，亦谓乡农中固有景况困苦者，然大部皆有家给人足之观。

法国农民之景况较他国为佳　史家对于法国农民之困苦往往故甚其辞，盖以为革命发生必原于人民困苦耳。实则十八世纪法国农民之景况远较普鲁士、俄罗斯、奥地利、意大利及西班牙诸国之农民为佳。盖当日欧洲各国除英国外仍行佃奴之制。佃奴对于地主每周有服务之义，婚姻置产非得地主之允许不可。而且法国人口在路易十四时代本仅一千七百万人，及革命将起时竟增至二千五百万，尤可见当日人民之状况并不甚恶。

法国革命原于人心之不满　法国革命所以较他国为早并不因人民状况之困苦，实因当日法国人之知识程度较他国为高。故对于旧制之缺点莫不了然于心目中也。故仅有秕政实不足以激起大革命。必人民生不满现代制度之心而后革命之势方不可遏。不满现制之心在当日以法国人为最著。农民之仰视地主已由保护之人一变而为劫夺之盗矣。

第三节 君主及高等法院

君主之专制 十八世纪法国之政体为专制君主。路易十六曾言："法国之统治权全在吾之一身。唯吾有立法之权。唯吾有维持秩序之权而为其保护者。吾与民一体也。国民之权利与利害即吾之权利与利害，而实握诸吾一人之手中。"故当日之法国王犹是代天行道，除对上帝外不负一切行为之责任者也。试观下述各节即可见王权过大之险。

君主握有财政权 第一，法国王有每年征收地税之权，其数占国家全部收入六分之一。唯征收之数既秘而不宣，其用途如何又无从过问。国家收入与王室经费合而为一。国王可以随时填发支票以取国币，朝廷官吏唯有照给之一法。相传路易十五曾于一年之中用去国币合银币一亿四千万元之多。

拘人手诏 法国王不但握有财政之权，即对于人民之性命亦有生杀予夺之力。随时可以任意逮捕人民而监禁之。可以不经审判而下诸狱中，必待王命而后释放。此种拘人之手诏名曰"加封之函"(lettrés de cachet)。此种手诏凡与国王或朝贵接近者均易予取予求以逮捕其私仇以为快。当时因著书而被此种手诏所拘禁者颇不乏人。弥拉波(Mirabeau)年幼时曾因放荡而被拘数次，即其父适用此种手诏所致者也。

君权之限制 法国君权之巨既如上述，且无成文宪法及立法机关，然君主之权力亦非绝无限制者。国中之高等法院(parlement)即具有阻止君主行动之力者也。

高等法院及其抗议 法国高等法院——国内十余处，以在巴黎者为最有势力——之职权并不仅以审理案件为限。盖以为君主欲定新法，若不经法院之注册，则法院之判决将无依据。唯若辈虽承认君主有立法之权，若新法不善则法院往往提出抗议以示反对之意。且将其抗议印刷而贱售之，故国人每视法院为维护民权之机关。法院提出抗议之后国王应付之道有二：其一，取销或修改其命令；其二，则国王可召某法院中人开一“郑重之会议”（lit de justice），亲命法院将命令注入册中。法院至是遂无反对之余地。然当革命将起之际，法院往往宣布国王强令注册之法律为无效。

高等法院与革命之关系　当十八世纪时，高等法院与政府中人时有争执之举，实开他日革命之先声：第一，引起人民对于重大问题之注意。盖其时国内无新闻纸或国会议事录可资人民之观览也。第二，高等法院不仅批评君主之命令，而且使人民了然于君主无自由变更国家大法之权。意谓法国隐然有一种不成文宪法之存在，而为限制君权之利器。故人民对于政府之政治秘密及朝贵擅权益形不满。

舆论　限制君权之机关除法院外尚有舆论。路易十六时代，某大臣曾谓：“舆论为无财无力之潜势力，统治巴黎及朝廷——甚至王宫亦在其势力范围之下矣。”至十八世纪后半期，国民之批评旧制者公然无忌。改革家及政府中人均知政府之恶劣，其明了当日之情势正与吾人今日所见相同。

公谈国事之禁止　当时法国虽无新闻纸，然小本书籍层出不穷以讨论时政，其功效正与新闻纸上之时评同。服尔德及狄德罗辈之主张言论自由及其著作如《百科全书》等均足以激起国人不满之心而抱将来进步之望。

第四节　路易十六之为人及其整理财政之失败

路易十六之即位　一七七四年路易十五卒。在位之日绝无善政之可言。因战争而失美洲及印度之殖民地，国库空虚濒于破产；故其末年曾有不认偿还公债一部分之举。国税太重，人民嗟怨，而每年政费仍短银币一亿四千万元之数。王之行动每多不德，以致小人女子播弄其间，所有国帑大都为若辈所中饱。故当其去世之日全国欢呼，以为庸主既逝改良有望也。其孙即位，称路易十六。

路易十六之性情 新王即位，年仅二十岁。未尝受教育，性惰而傲，好畋猎与制锁等游戏。优柔寡断，宅心纯正，而绝无能力。对于国事漠不关心。与腓特烈第二、喀德邻第二、约瑟第二较，相去远矣。

马利翁团涅脱 路易十六之后马利翁团涅脱(Marie Antoinette)为奥地利马利亚德利撒之女。一七七〇年订婚，原所以巩固一七五六年来法国与奥地利两国之同盟也。当法国王即位时，后年仅十九岁，性好娱乐。尤恶宫廷之仪节，每于大众之前戏谑百出，见者莫不骇然。法国王举止安详，后极不喜。时时干涉政治以利其嬖臣或害其仇敌。

堵哥为财政大臣 路易十六即位之初颇思振作，似抱有为开明专制君主之志。于一七七四年任当日最有名之理财家堵哥(Turgot)为财政大臣。堵哥为当日极有经验之官吏，而且极有学问之名人也。

堵哥之主张 欲使政府无破产之虞，人民得轻税之利，当然以节俭政策为第一要义。堵哥以为维尔塞宫中之费用过巨，应予减削。盖是时君主及王族每年所费不下银币二千四百万元也。而且国王时有任意赏给年金于幸臣之举，每年亦在二千四百万元之则。

朝贵之反对 然一旦减削王室之经费及朝贵之年金，则反对之人必群起而阻，盖法国政府实为朝贵所把持者也。若辈常谮堵哥于王前，且因自晨至暮均近国王，与堵哥之仅于有事商议时方得入见者，其势力之厚薄固可想而知也。

堵哥之地位 有某意大利经济学者闻堵哥被任为财政大臣，曾致书于其法国友人曰："堵哥竟任财政大臣矣！然彼必不能久于其任以实现其改革计划也。彼必能惩罚贪官数人；必能盛气凌人以泄其怒；必且勇于为善；然彼必多方被阻矣。国民信仰必为之减少；人必恨之；必谓彼之能力不足以副其事业焉。彼必为之灰心；彼必求去或免职；然后吾人可以证明任命如此正人为法国财政大臣之非是矣。"

堵哥之免职 某意大利人之言正确精当无以复加。堵哥果于一七七六年五月免职去。朝廷官吏无不弹冠相庆，喜形于色。堵哥之改革计划虽被阻而不克实行，然他日朝廷权贵之失势实堵哥有以致之。

芮克继充财政大臣　不久芮克（Necker）继堵哥而为财政大臣。其有以促成革命进行之处有二：其一，当时法国因援助美国独立之故与英国再启争端，军费浩大负债益巨。遂产出财政上之绝大危机，而为革命原因之最近者。其二，芮克于一七八一年二月详具国家岁出岁入之报告以陈于国王；使国人了然于国家财政状况之紊乱及王室费用之不当。

卡伦充财政大臣（一七八三年至一七八七年）　一七八三年卡伦（Calonne）又继芮克而为财政大臣。滥用国帑较前人尤甚，故极得朝贵之欢心。然不久财源告竭，筹措无方。高等法院既不许其假债，国民负担又已繁重不堪。卡伦不得已于一七八六年将破产之大祸及改革之必要陈诸国王。法国革命于是乎始。盖他日之召集国会引起政潮均卡伦之报告有以致之也。

第九章

法国革命

第一节　全级会议之召集

卡伦提议改革　卡伦尝谓欲免亡国之祸非改革国中一切弊政不可。故提议减少地税，改良盐税，废止国内之税界，整顿各业公所之内容等。然改革事业之最要而又最难者莫过于废止教士贵族所享蠲免纳税之特权。卡伦以为政府若能与贵族教士从长计议或可望其纳税。故请王下令召集教士与贵族筹商整理财政之方法。

贵人之召集(一七八六年)　一七八六年召集国内贵人开会之举实与革命无异。盖法国王至是已承认除求援国民外绝无救亡之道也。所有贵人——主教、大主教、公、法官、高级行政官等——虽纯系享有特权之人，然与接近君主之朝贵有异，已足以代表国民之一部。而且先召集贵人，再召集国会，其势亦较顺也。

卡伦之批评时政　贵人会议开会之始，卡伦向之详述国家财政之困难。谓：每年政费不敷银币八千万元之则，欲假国债已不可能，欲行减政又嫌不足。“又将用何法以弥补其不足而增加岁入乎？诸君其亦知国家之秕政乎？一年之中因秕政而费者甚巨，倘改革之足以救济财政之紊乱矣。……目下最重要而且最难解决者莫如秕政，盖其根深蒂固已非一日也，例如平民所负之重税、贵人所享之特权、少数人所享免税之权利、各地税率之紊乱。”——凡此种种为人民所痛心疾首者均非废止不可矣。

卡伦之免职及贵人之散会　其时贵人对于卡伦绝无信仰之心，故对于彼之改革计划遂无赞助之意。王乃下令解卡伦之职，不久贵人会议亦解散(一七八七年五月)。路易十六至是仍思用命令以实行其整理财政之计划。

巴黎高等法院之反对新税及全级会议之召集　巴黎高等法院每有反抗君主藉得民心之举，至是尤力。不但反对国王所提之新税，并谓：“唯有全级会议方有允许征收永久国税之权。”又谓：“必俟国民了然于国家财政状况后，方可革除苛政而另辟财源。”数日之后，乃请国王召集全级会议(estatesgeneral)。以为除召集国民外别无他法。王不得已下令于一七八九年五月一日开全级会议。

全级会议之性质　法国自一六一四年以后即无国会，故当时虽人人高谈全级会议之召集，迄少知其内容为何者。法国王遂请国内学者研究之。其结果则关于全级会议之著作层出不穷，国民皆以先睹为快。古代全级会议之组织实适于封建时代之国家。国内三级人民——教士、贵族及第三级平民——之代表其数相等。其责任不在研究全国之利害，而在保护本级之利益。故三级不聚于一院。凡有议案必待各级本身同意后，再各投一票以公决之。

此种制度之反对者　此种制度之不适当在一七八八年时之法国人类已知之。如依旧法以召集全级会议，则教士贵族两级代表之数必两倍于国民全体之代表。而反对改革最力之教士及贵族其表决权亦两倍于平民。改革前途宁有希望？是时复任财政大臣之芮克主张平民之代表应增至六百人，使其数与教士贵族等，唯各级不得同聚于一院。

人民之陈情表　除表决权外，当日学者并提及全级会议应行提议之改革。同时国王并下令全国人民详陈其疾苦以备采纳。其结果即法国革命时代最重要之《陈情表》(*Cahier*)也。凡国内各镇各村均得具表以陈其所受苛政之苦及应加改良之处。读者浏览一过，即知当日法国人民无一不抱改革旧制之希望，大革命之兴起固非偶然矣。

国民之希望立宪君主　国民《陈情表》中几乎皆以君权无限为秕政之源。某表中之言曰："吾人既知君权无限为国家祸患之源，故吾辈极望编订宪法以规定人民之权利而且维持之。"盖当时法国人民本不作废止君主政体之梦想，若辈所希望者君权有限，国会开会有定期，以决定国税而保护民权，如是而已。

全级会议之开会　一七八九年五月五日，各级代表开第一次会议于维尔塞。国王下令各级代表仍服一六一四年时代表所服之制服。然形式虽旧，精神已非。第三级代表不愿依旧法以组织其会议，屡请教士贵族之代表来与平民代表合。贵族中之开明者及教士之大部分均愿允其请，然仍居少数。第三级代表不能再忍，乃于六月十七日宣言自行组成国民议会(National Assembly)。其理由以为若辈所代表者占国民百分之九十六，彼教士贵族仅占百分之四，置之不理可也。欧洲大陆之变更封建阶级为近世国民代议机关者当以此举为嚆矢。

网球场之誓　法国王听朝贵之言令三级代表开联席会议，王亲莅焉。详述其改革之计划，并令三级仍依旧制分开会议。然第三级代表已于开会前三日(六月二十日)集于邻近网球场中宣誓："无论如何，必待宪法成立而后散。"

教士贵族与平民代表联合　故当国王下令分开会议时，少数教士及大部分贵族均遵令而行，其余则仍坐而不动。是时礼官命各代表应遵王命而去，代表中忽有弥拉波(Mirabeau)其人者起言："非刀锯在前者，则吾辈断不离此地矣。"王不得已，乃命教士贵族与平民代表合开会议。

国民第一次之胜利　三级合议实第一次国民之胜利。享有特权之人竟不能不与第三级代表联合，人各有表决之权。而且国民议会既宣言必待宪法成立而后散，则此次开会之目的显已不仅以整理财政为限矣。

第二节　国民议会之改革事业（一七八九年七月至十月）

王党解散国民议会之计划　国民议会既开会，遂一意于编订宪法之举，然其事业不久即辍。盖当时朝贵组织王党，为数虽少，然因接近君主之故势力极大。竭力反对改革事业之进行，尤不愿国王之屈服于国民议会。盖恐一己之特权有消灭之虞，一己之利益无保存之望也。主其事者为王后马利翁团涅脱及王弟亚多亚（Artois）伯二人，国民议会所视为骄横无忌隐夺王权者也。王后辈曾因堵哥与卡伦主张改革之故而免其职，则声势汹汹之国民议会又焉可任其存在耶？

法王遣兵入巴黎及芮克之免职　法国王颇赞成王党之计划，遂遣政府所募之瑞士兵及德国兵一队入巴黎以备解散议会时平定暴动之用。同时并免雅负虚名之芮克之职。巴黎市民既睹兵士之入城，又闻芮克之免职，惶惑殊甚。群集于皇宫（Palais Royal）花园中唧唧私议。其时有新闻记者名对穆郎（Camille Desmoulins）者奔入园中立于桌上，宣言不久瑞士兵及德国兵将有屠杀全城"爱国者"之举，力促市民急携武器以自卫，并卫为国宣劳之国民议会。市民闻之莫不大震。是夕暴民群集于通衢之上，凡购买军器及饮食之商铺无不被劫一空。时七月十二日也。

攻击巴士的狱（一七八九年七月十四日）　至十四日，市民复行劫夺市中军器之举。有一部分暴民向巴士的（Bastille）堡垒而去，以劫夺军器为目的。其时管理堡垒者为得罗内（de Launay）其人坚执不允。同时并架巨炮于垒上为示威之举，附近居民益形恐慌。巴士的堡垒原备拘禁用国王手诏所逮之人之用。人民过之者以其为君主专制之标帜莫不侧目而视。市民虽知该狱墙厚丈许，壁垒高耸，然仍行攻击之举。继与管理该狱之人商酌和平方法，市民中颇有因之过吊桥而入内者。不意护狱之兵忽开枪击死市民约百人。市民益愤，攻击亦益力。护狱之兵士乃迫得罗内纳降，唯以不得伤害狱兵为条件。吊桥既下，暴民一拥而进。不意狱中囚犯仅有七人，遂释之使出。市民之暴烈者力主复枪毙市民百人之仇，乃尽杀瑞士护兵及得罗内，悬其首级于长枪之上游行于通衢之中。

巴士的狱陷落之关系 巴士的狱之陷落为近世史中最足惊人之一事，至今七月十四日尚为法国之国庆纪念日。巴黎市民之反抗王党以自卫实始于此。君主专制之标帜至是遂倒，毁其墙，杀其守者。昔日森严可畏之监狱一旦夷为平地，所存者白石数堆而已。有一七八九年七月十四日之暴动，旧制恢复之希望从此永绝，不可谓非人类自由史上之一新纪元。王党中人虽日以反对改革为事，然适足以促进改革之成功。巴士的狱既陷，王弟亚多亚伯遂逃亡在外，日以嗾使他国君主出兵保护路易十六为事。

护国军 是时法国王已无维持巴黎秩序之能力。巴黎市民因不堪暴民之骚扰乃组织“护国军”(national guard)以自卫，并请拉法夷脱(Lafayette)为军统。法国王自是遂无遣兵入巴黎之理由，而巴黎军权乃入于中流社会(bourgeoisie)之手。

巴黎及各市市政府之建设 巴黎市民乃着手于市政府(commune)之改组，选国民议会中人为市长。其他诸城亦相继仿行，多设委员会以代之以促进革命之进行。并仿巴黎召募“护国军”为维持秩序之用。既而有国王已承认巴黎市民之举动为合法之消息，各城市民益信自治之正当。他日巴黎市政府之举动极有影响于革命，后再详述之。

国内之骚扰 七月之末全国大乱。人心皇皇不可终日。其时忽有“劫匪”(brigands)将至之谣传，乡农闻之莫不惊恐。各地多急起筹划自保之策。迨恐慌既过，方知所谓劫匪者并无其事。乡农之注意乃转向于其所恨之旧制。群集于空场之上或教堂之中，议决不再输纳封建之租税。再行焚毁贵族堡垒之举。

八月四日至五日之夜 八月之初，乡农之抗纳租税及焚毁堡垒之消息达于国民议会。议会中人以为若不急事更张将无以平乡农之怒。故于八月四日至五日之夜，国民议会中享有特权之阶级中人以诺爱(Noailles)为领袖争相自动放弃其特权。

废止特权之议决案　先议决废止贵族畋猎及养鸽之特权。又废止什一之教税。教士贵族所享之免税特权亦从此剥夺之。又议决："凡公民及其财产均有纳税之义"，而且"所有公民不拘门第均有充任官吏之权"。并谓："废止特权既有关于国家之统一，故所有各地一切特权概行永远废止，一以国法为准。"

统一国内诸部之政策　此案既公布，法国人民遂享平等一致之权利。昔日税则不平之象亦永无恢复之机。从此国法一致、人民平等矣。数月之后又议决废止旧日之行政区域，分全国为郡区(départements)。其数较旧日为多，而以本地之山川为名。昔日封建之遗迹至是扫地以尽。

人权宣言　革命初期人民《陈情表》中颇有提及公民权利应有明白之规定者。以为如此则种种苛政与专制均将有以限制之也。国民议会因之有《人权宣言》(*The Declaration of the Rights of Man*)之议决。此宣言成于八月二十六日，为欧洲史中最重要之文字。不但足以激起当日人民之热忱，而且自此至一八四八年为法国宪法中之精义及欧洲各国同样宣言之模范。极足以反照欧洲当日之苛政焉。

宣言之内容　《宣言》中所缕陈者如"人生而平等且永久平等者也。社会阶级当以公善为唯一之根据"。"法律为公意之表示。凡公民自身或其代表均有参与立法之权。""凡公民除因犯案及依据法定方法外不得被控、被逮或被拘。""如人民意见之表示不害法定秩序时，不得因有意见——包括宗教意见在内——而被扰。""思想与意见之自由交通为人类最贵之权利。故凡公民均有言论、著作及出版之自由，唯须负法定滥用自由之责。""凡公民自身或其代表得议决纳税之必要，有自由允许之权，有明悉用途之权，有规定数目征收方法及久暂之权。""社会有要求官吏行政负责之权。"观此可知国民议会所谓"人类权利之被夺者已数百年"，若辈"此种《宣言》可以复兴人道，永为反对压制人类者之口号"之言，洵非虚语。

第三节　移往巴黎之国民议会（一七八九年十月至一七九一年九月）

王党之反抗计划　法国王对于批准《人权宣言》一事颇形踌躇。十月初旬国中忽有国王召集军队平定革命之谣。其时适有军队一连自法兰德斯(Flanders)调入，禁卫国宴之于维尔塞，王后与焉。巴黎人相传军官于酒后将革命三色旗——红、白、蓝——掷于地而践踏之。适是年秋收不足，民食缺少，巴黎市民益形蠢动。

巴黎市民侵入王宫并挟法王入巴黎　十月五日，巴黎女子数千人及携有武器之男子纷纷向维尔塞而进。法拉夷脱率护国军随之。唯当暴民次晨侵入王宫时几加害于王后而彼竟不加阻止，殊不可解。暴民宣言国王非与若辈同赴巴黎不可，王不得已允之。盖人民之意以为国王入居巴黎，则人民得享升平之福也。于是王入居推勒里(Tuileries)宫，实与监禁无异。国民议会亦随之移入王宫邻近之骑术学校中。

法王与议会迁入巴黎之恶果　王室与国民议会之迁移实革命中一大不幸之事。盖当日国民议会之改革事业并未告竣，而此后之举动无一不受旁听席中暴民之牵制也。其时有马拉(Marat)者在其所办之《民友报》(*The Friend of the People*)中极言城中之贫民皆系"爱国之志士"。故不久贫民皆抱仇视中流社会之意。偶有提倡"自由"或痛骂"逆党"者群奉之为领袖。势力雄厚足以操纵巴黎及在巴黎之议会而有余矣。

新宪法之编订　数月之间巴黎城尚称安谧。国民议会乃壹意于编订新宪法。一七九〇年二月四日法国王及其后亲临议会宣誓承认新定之政体。规定国王一面代天行道，一面遵守宪法；然全体国民当在法律之上，而法律则在国王之上。

宪法中所规定之立法议会　宪法中当然规定凡立法及征税之权

均须操诸代议机关之手。至于代议机关与国民议会同，与英国国会异，仅设一院。当时主张取两院制者虽不乏人，然恐设立上院则充议员者将属诸教士及贵族，或且存恢复特权之心，故定采一院之制。又规定凡公民每年纳税等于其三日工资者方有选举国会议员之权，故贫苦工人无参政之机会，与《人权宣言》未免相背。其结果则国家政权渐握诸中流社会之手矣。

教会之改革　国民议会之改革事业除宪法外尚有关于教会方面者。当日教会财力之雄厚几难比拟，而高级教士之拥有巨资与下级教士之清贫困苦本有天渊之别。故议会中人以为欲救济教士苦乐之不均与增进国家之收入，莫如籍没教会之财产以归公。而仇视教会者又复欲推翻教会之独立以为快，即旧教徒中亦颇有以此举为可以改革旧日之流弊者。

国民议会宣布教会财产之入官　教税之废止已于八月间实行。教会每年之岁入因之减少银币六千万元之则。一七八九年十一月二日议会又宣布籍没教会之财产归政府管理，唯政府须负维持教务教士及救济平民之责。国内教士从此均唯国家之薪俸是赖。国内寺庵之财产同时亦均没收入官。

纸币　不久国民议会议决清查教会之财产而转售之，唯因政府需款甚亟之故议决发行四万兆佛郎之纸币(assignats)，而以教会之财产为担保品。不久其价格日落，七年之间大部分之纸币已同废纸。

教士组织法　国民议会既籍没教会之财产，乃着手于教会之改组。其结果则有《教士组织法》(*Civil Constitution of the Clergy*)之规定，时一七九〇年七月也。将国内一百三十四主教教区减之为八十三，使与行政区域一致。每区设主教一人，由人民选举之，有一定之俸给。各地教士亦不再由主教或地主派任之，而为人民所公选，其俸给较昔日增加不少。在巴黎之教士年俸六千佛郎，其他各处至少亦有一千二百佛郎，盖已二倍于昔矣。最后并规定凡教士授职之际必如官吏然须行宣誓忠于国家，忠于法律，忠于国君及尽力维持国民议会所定之宪法之礼。

反对教士法之规定者　《教士组织法》之颁布实为国民议会之大错。盖教会虽有改良之必要，然正不必根本更张方可办到。主教区域既强之减少。选举教士者又复包有新教徒及犹太人。而对于素所信服之教皇又复加以藐视。凡此种种均足以激起多数法国人之反抗。法国王虽有不得已而批准《教士组织法》之举，然从此切齿于革命矣。

教士之宣誓　其时国内主教多反对新法之实行，思有以阻止之。国民议会遂于一七九〇年十一月二十七日议决：凡主教及牧师均须于一周之内举行宣誓之礼。凡不遵者均以辞职论。不辞职者则以"扰乱和平"论。

不宣誓之教士反对革命　主教宣誓者仅得四人，而下级教士中仅占三分之一。小区牧师之不服新法者得四万六千人。不久罗马教皇下令禁止《教士组织法》之实行及教士之宣誓。政府对待不宣誓之教士渐趋严厉，实肇他日恐怖时代种种惨杀之基。为自由、秩序及改革苛政而起之革命，至是一变而为激烈、无教、较旧制尤为苛虐之革命矣。

巴士的狱陷落之庆祝　巴士的狱陷落之周年巴黎举行庆祝大典。各地多遣代表与会，以表示其同情。观者无不感动。年余之后国民议会方解散，而以新定之立法议会代之。

国民议会之事业　国民议会之开会先后凡二年有余。为期如此之促，成功如此之巨，世界上殆无其匹。英国国会尽五百年之力而不克成功者国民议会于二年间而成之。唯有约瑟第二之改革事业或可与之比美。

国民议会政策所激起之反抗　国民议会之成功虽巨，然其足以激起他人反抗之处亦正不少。法国王及其后与朝贵与普鲁士王及德国皇帝信札往来促其干涉。逃亡在外之贵族亦均力求外援以遂其卷土重来之志。至于教士则多以革命为反对宗教之举，无不生仇视之心。加以巴黎及各大城之暴民多被激动而有反对国民议会之举。以为国民议会专为中流社会谋福利，绝不顾及贫苦之人民。若辈对于拉法夷脱所统率之"护国军"尤为侧目。盖军士衣服都丽，且每有枪伤"爱国志士"之举也。识者早知法国之在当日，大难之来方兴未艾矣。

第十章

第一次法兰西共和国

第一节　立宪君主时代（一七九一年至一七九二年）

第二次革命　法国革命之性质及其进行已于前章详述之。旧制之废止，国内之统一，人民之参政，皆革命之功也。其改革事业之和平及全国人民之赞助世界史上殆无其匹。然不久而有第二次猛烈之革命，以致君主政体一变而为共和。并有种种过激之举动激起多数国民之反抗。因之引起与外国之战争。内忧外患同时并进。遂产出革命中之恐怖时代。国内政府有同虚设，扰乱之局几至不可收拾。不得已而屈服于一专制之武人，其专制较昔日之君主为尤甚。此人为谁，即拿破仑波那帕脱（Napoleon Bonaparte）是也。然其结果不但将一七八九年之事业永远保存，而且扩充其事业于四邻诸国。故当拿破仑失败路易十六之兄入承大统时，即以力维革命之功业为其唯一之政策云。

贵族之逃亡　法国人民对于国民议会初期之改革极形满足，举行周年纪念之庆典举国若狂，上章曾提及之。然国内贵族仍不愿居于法国。王弟亚多亚伯、卡伦、康狄（Condé）亲王辈于一七八九年七月十四日后即有逃亡之举。嗣后贵族因焚毁堡垒，废止特权及废止世袭制而逃亡者踵相接也。不久逃亡在外之贵族(émigré)有曾充军官者组织军队渡莱因河而南。亚多亚伯并有入侵法国之计划。极欲假列强之力以推翻革命之事业，援助国王之复辟，及恢复贵族之特权。

逃亡贵族之行动反使法王失信于国民　逃亡在外之贵族既有恫吓之举，又有假借外力之嫌，其行动遂影响于居在国内之同类。法国人民以为在外贵族之阴谋必隐得国王及其后之赞助，盖其时德国皇帝而兼领奥地利者实为后之兄利欧破尔得第二(Leopold Ⅱ)其人也。加以国内不愿宣誓之教士显有反对革命之意。故“爱国者”与反对革命者之间其势益同冰炭。

弥拉波维持王政之失败　假使法国王听信弥拉波之言，则革命中或不致有恐怖时代之发现。弥拉波之意以为法国须有一强有力之君主，并能遵守宪法，指导国会，维持秩序，而尤以消除人民怀疑恢复特权为最要。然王及其后与国民议会均不听信其言。彼于一七九一年四月二日因荒淫无度而死，年仅四十三，从此遂无人可为法国王之参谋者。

法王之遁走　一七九一年六月王携其眷属以遁，人民益疑惧。王自批准《教士组织法》后即存避地之念。法国东北境驻有军队为迎护国王之备。以为王果能遁出巴黎以与军队合，则不难联络德国皇帝而卷土重来以阻止革命之进步。不幸王及其后行至发棱(Varennes)离其目的地仅二十五英里许，中途被逮，遂返巴黎。

法王逃亡之影响　王及其后之逃亡国人闻之既怒且惧。观于人民之一忧一喜足见其尚存忠爱君主之心。国民议会伪言国王乃被人所迫而走，实非逃亡。然巴黎人颇以国王此举有同叛国，非令其去位不可。法国之有共和党实始于此。

共和党之领袖　共和党中之最负盛名者为马拉其人。马拉者为当时之名医生，曾著科学书数种，至是主持主张激烈之《民友报》。尝在报中痛骂贵族及中流社会中人，彼谓“人民”者乃指城市工人及乡间农夫而言者也。此外又有对穆郎，即曾于一七八九年七月十二日演说于皇宫花园中者也。彼亦为主持报馆之人，且为科第力

(Cordeliers)俱乐部之领袖，为人和蔼而有识。最后即为对穆郎之友丹敦(Danton)其人。面貌凶恶，声音宏亮，极为暴民所信服。其识见不亚于马拉，而出言不若马拉之恶毒。然因其精力过人之故，遂有残忍激烈之行。

国民议会之闭会　一七九一年九月，国民议会二年来专心编订之宪法告竣。法国王宣誓忠于宪法，并大赦天下藉以解除国人之误会。国民议会至是遂闭会，而以新宪法中所规定之立法议会(Legislative Assembly)代之。十月一日开会。

立法议会开会时之忧患　国民议会之事业虽盛，然法国之状况愈形险恶。外有逃亡贵族之阴谋，内有不遵新法教士之反对，而国王又阴通外国之君主以冀其干涉。当王及其后在发棱中途被逮之消息传至德国皇帝利欧破尔得第二时，德国皇帝宣言法国王之被逮足以证明法国革命之非法，“有害于各国君主之尊严及政府之威信”。乃与俄罗斯、英国、普鲁士、西班牙、那不勒斯及撒地尼亚(Sardinia)诸国君主协商“恢复法国王之名誉及自由，及阻止法国革命之过度”之方法。

匹尔尼次宣言　八月二十七日，德国皇帝与普鲁士王联衔发出匹尔尼次(Pillnitz)宣言。申明若辈依法国王兄弟之意已预备联络其他各国之君主以援助法国王之复辟。同时并召集军队为作战计划。

宣言之影响　此次宣言不过一种恫吓之文字而已；然法国人民则以此为欧洲各国君主有意恢复旧制之证据。无论革命功业或且为之败于一旦，即外力干涉之一端已为法国人所不容。故宣言之结果适足以促进法国王之去位而已。

新闻纸　法国自全级会议开会后新闻纸蔚然兴起。革命热忱之得能持久者新闻纸之功居多。西部欧洲诸国在法国革命以前除英国外类无所谓新闻纸。偶有周刊或月刊以讨论政治问题为事者每为政府所疾视。自一七八九年后，日刊新闻骤形发达。有纯属表示个人主张者，如《民友报》是也。有并载国内外新闻与今日无异者，如《导师》(*Moniteur*)是也。王党之机关报名《使徒之条例》(*The Acts of the Apostles*)立言尖刻而轻薄。新闻纸中亦有画报专在讽刺时事者，极饶兴趣。

雅各宾党 其时各种政治俱乐部中以雅各宾(Jacobin)俱乐部为最著。当国民议会迁入巴黎时，议员中有一部分租一室于会场附近之雅各宾寺中。最初本仅百人，次日人数骤倍。其目的在于讨论国民议会中行将提出之议案，决定本党对于各种政策之态度。因此国民议会中贵族代表之计划多被阻而不能行。俱乐部日渐发达，于是即非议会中人亦得与于该部之会议。至一七九一年十月，则无论何人均得入部旁听。同时并渐设支部于各地，而以巴黎为中枢，一呼百应，极足以激起全国之民心。当立法议会开会之初，雅各宾党人并非主张共和者，不过以为君主之权力当与总统相等耳。若国王而反对革命则当令其去位。

立法议会中之政党 立法议会既开会，对于各种困难实无应付之能力。盖自国民议会中人议决不能再被选而为立法议员后，立法议会中人遂多年少不更事者。各地之雅各宾俱乐部每能用武力以选出其本党中人。故立法议会中以反对国王之人居其多数。

吉伦特党 此外并有多数之青年法学者被选为议员，其中著名者多系吉伦特(Gironde)地方之人，故世人遂以地名名其党。党中人多善辩，亦主张共和者。然绝无政治手腕以应付一切困难之问题。盖亦能言不能行之流亚也。

宣布逃亡贵族为叛国之人 自法国王逃亡之事失败后，其兄布罗温斯(Provence)伯遂出国以与逃亡在外之贵族合。既嗾使德国皇帝与普鲁士王发匹尔尼次《宣言》，乃集其军队于莱因河上。立法议会宣布“集于边疆上之法国人”实犯阴谋叛国之嫌疑。令布罗温斯伯于二个月内回国，否则削其继统之权。其他贵族若于一七九二年一月一日以前不能遵令返国者则以叛国罪犯论，如被逮捕，则处以死刑并籍没其财产。

对待不遵新法教士之严厉 立法议会处置贵族之严厉实贵族自取其咎，非立法议会之过也。唯议会处置教士之残虐则绝无理由，殊为识者所不取。立法议会议决凡教士于一周内不遵新法宣誓者则停其俸给以“嫌疑犯”(suspect)论。不久(一七九二年五月)下令逐国内不遵新法之教士于国外。因之大伤力助革命之下级教士之感情，而激起多数信奉旧教人民之反对。

立法议会启外国之争端　立法议会一年中之举动当以激起法国与奥地利之战端为最重要。其时议会中人多以当日之状况为不可忍。外有贵族扰乱之忧，内有国王反动之虑。故吉伦特党人力主与奥地利开战。以为唯有如此方可谋国民感情之统一，明国王真意之所在。盖一旦战端开始则国王之态度如何不难一目了然也。

第二节　第一次法兰西共和国之建设

法国对奥地利之宣战　法国王迫于立法议会之要求乃于一七九二年四月二十二日与奥地利宣战。彼吉伦特党中之少年律师初不意此举竟开二十三年之欧洲战局。而且后半期之战争虽已以扩充领土为目的，然法国革命之原理能隐然遍传于西部欧洲者实权舆于此时。

法军入侵奥属尼德兰之失败　其时法国军队本无战斗能力。盖自充任军官之贵族逃亡以后军队组织久已瓦解。虽有护国军，然仅能为维持各地秩序之用，于战略上绝无经验。故法国军队入侵尼德兰时，一见奥地利之骑兵即不战而溃。逃亡贵族闻之无不大喜，欧洲人亦以为所谓“爱国志士”者亦不过尔尔。

法王否决议会之二案及免吉伦特国务大臣之职　同时法国王之地位亦益趋险恶。立法议会议决议案二：一、令不愿宣誓之教士于一月内出国；一、召募志愿军二万人驻于巴黎城外以资守卫。法国王均否决之，并免吉伦特党国务大臣之职，此皆一七九二年五月至六月间事也。

一七九二年六月二十日之暴动　法国王对于议会之议案既有否认之举，国人益愤。以为此皆“奥地利妇人”或名“否决夫人”(Madame Veto)者一人所为，而且并知王后果有将法国之行军计划暗泄于奥地利之举。六月间，巴黎暴民举行示威运动，“爱国志士”

中颇有侵入推勒里(Tuileries)宫中者，往来搜索“否决先生”(Monsieur Veto)。幸其时议会中人环绕法国王而立于窗下，王戴一红色之“自由冠”，向大众祝国民之康健，暴民乃四散。王虽得不死，然亦险甚矣。

普鲁士军队之入侵 巴黎暴民既扰乱王宫，欧洲各国君主益以为所谓革命者实与无政府主义同。普鲁士本于法国宣战时即与奥地利联合者，至是不伦瑞克(Brunswick)公遂率其军队向法国而进，以恢复法国王之自由为目的。

宣布全国已陷于险境 于是立法议会于一七九二年七月十一日宣布全国已陷入险境。下令全国城乡人民均须将其所藏之军器或弹药报告于各地政府，违者监禁之。并令全国人民一律戴三色之帽章。其意盖在引起全国人民同仇敌忾之心也。

不伦瑞克公之布告 当联军将近法国时，法国王不但无保护法国之能力，而且犯私通国敌之嫌疑。王之地位已有朝不保夕之势。不伦瑞克公之布告既出，法国王去位之事益不可免。其布告于一七九二年七月二十五日以德国皇帝及普鲁士王之名义行之，宣言联军以平定法国扰乱及恢复其国王权力为目的；凡法国人有反抗联军之举者则以严厉之军法从事并焚毁其居室。如巴黎人民再侵犯国王及其后或有骚扰王宫之事，则巴黎必得屠城之祸。

马赛之志愿军及其军歌 其时巴黎之暴民颇欲强迫立法议会实行废止国王之举。召马赛(Marseilles)之护国军五百人来巴黎以援助之。诸兵士沿途高唱《马赛歌》(Marseillaise)，慨慷动人为世界国歌之最。至今尚为法国国歌。

推勒里宫之第二次被扰 丹敦辈决欲废立国王而建设共和政体。八月十日巴黎人民有第二次入侵王宫之举。马赛之军队实为先驱。王及其后与其太子事先遁入立法议会会场所在之骑术学校中，议会中人引之入居新闻记者旁听席。宫中守卫之瑞士兵忽向叛党开枪，卒以众寡不敌之故全体被杀。于是暴民侵入宫中大肆劫略，杀死侍人无算。拿破仑目睹其事，尝谓若卫军之将不死，则守护王宫或非难事云。

巴黎之革命市政府　同时巴黎暴民占据市政府，逐市政府之参事而代之。巴黎市政府遂为激烈党人所占有。乃遣人要求立法议会实行废立国王之举。

立法议会召集宪法会议　立法议会不得已允之。唯法国果欲变更其政体则昔日所定之君主宪法当然不适于用。故议决召集宪法会议商酌变更政体之方法。他日宪法会议之事业不但改订宪法统治国家，而且外御强邻内平乱党，盖即法国革命中之“恐怖时代”也。

第三节　革命时代之战争

法国宣布共和　宪法会议于九月二十一日开会。其第一件议案即为废止君主宣布共和。国人以为此乃自由世纪之黎明，专制君主之末日矣。乃易正朔，以一七九二年九月二十二日为“法国自由元年”(Year One of French Liberty)之元旦。

九月惨杀(一七九二年)　同时巴黎之市政府擅作威福实行残忍之举，而为自由史上之污点。伪言巴黎城中逆党密布下令逮捕之，因而公民无辜入狱者达三千人。当九月二日及三日之间杀死无算。其理由则谓：“吾人一旦出兵迎敌，彼三千囚犯必且出狱以攻吾人之后矣。”此盖市政府或恐民间仍有主张复辟之人故假此以恫吓之耳。

普鲁士军队于发尔米被阻　八月下旬普鲁士军队长趋入法国境于九月二日占据维丹(Verdun)要塞。法国大将度穆累(Dumouriez)遇普鲁士军队于发尔米(Valmy)而败之，此地距巴黎盖仅百英里而已。是时普鲁士腓特烈威廉第二本无久战之意，而奥地利之军队又复逗留不进。盖两国是时方有分割波兰之事也。

法军之战绩　因之法国军队虽无纪律竟能抵御普鲁士之军队而扩充其势力于国外，侵入德国境，占据莱因河畔之要塞，并占据东南境之萨伏衣。于是度穆累再率其服装破烂之兵侵入奥地利所领之尼德兰。于十一月六日败奥地利军队于宅马普(Jemappes)，遂占有其全境。

宪法会议思扩充革命事业于国外 宪法会议急思利用其军队以扩充革命事业于国外。乃于一七九二年十二月十五日发布告于法国军队所占诸地之人民曰："吾人已将尔辈之暴君逐出矣。尔辈若愿为自由之人者则吾人当加以保护，使暴君不得报尔辈之仇。"所有封建徭役不平赋税及种种负担一律废止。凡反对自由、平等，或维护君主及特权者皆认为法国人之敌。

法王路易十六之被杀 其时宪法会议对于处置国王之方法颇费踌躇。然多数议员以为国王阴嗾外国之干涉实犯大逆不道之罪。乃决议开庭以审判之，卒以多数之同意处以死刑。于一七九三年一月二十一日杀之于刑台之上。王临刑时态度雍容娴雅见者莫不感动。然因其优柔寡断之故贻害于国家及欧洲者甚大。而法国人民之所以建设共和政体原非本心，亦王之无能有以促成之矣。

法王被杀之影响 法国王之被杀无异法国对于欧洲列强之挑衅。列国闻之莫不投袂而起以反对法国。英国政府之态度尤为激烈。英国王佐治第三且为法国王服丧，逐法国驻英国之使臣而出之。内阁总理庇得宣言惨杀法国王之罪大恶极实为史上所未有。英国人尤虑法国人抱扩充领土之野心。以为路易十四侵占奥地利所领之尼德兰及荷兰之计划行且复现。二月一日，庇得向下院宣言：法国之革命足以扰乱欧洲之和平，故英国应与欧洲大陆各国合力以抗之。

法国对英宣战 同日宪法会议亦议决对英国及荷兰二国宣战。初不料加入联军最后之英国竟为反对法国最久之敌人。战争延长至二十余年之久，迨拿破仑流入荒岛后方止。自此以后，法国军队渐形失势。盖自一七九三年一月第二次分割波兰后，奥地利、普鲁士乃得专意于法国方面之战争也。

法军之败绩及法将之遁走 是年三月，西班牙与神圣罗马帝国亦加入同盟以抗法国，法国遂处于四面楚歌之境。三月十八日，奥地利军大败度穆累于尼尔温登(Neerwinden)，逐法国军队于尼德兰之外。度穆累既恨宪法会议之袖手旁观，又不满于国王之惨遭杀戮，遂率其军队数百人遁入敌中。

同盟诸国提议瓜分法国　同盟军既战败法国军队，乃发瓜分法国之议。奥地利应得法国北部一带地，并以亚尔萨斯及洛林二地与巴威，以其在奥地利境内之领土与奥地利。英国应得丹刻克(Dunkirk)及法国所有之殖民地。俄罗斯之代表主张西班牙及撒地尼亚亦应稍分余润。“既分之后，吾辈应于残余法国国土内建设稳固之君主政府。如此则法国将降为第二等国家不致再为欧洲之患，而欧洲之导火线亦可从此消灭矣。”

第四节　恐怖时代

公安委员会　法国人既丧失尼德兰一带地，其名将又有降敌之举，宪法会议中人莫不惊惶失措。内忧既迫，外患交乘；亡国之祸近在眉睫。若必俟宪法告成方谋建设以自卫，实属缓不济急。故组织一种强有力之政府以平定内乱而抵抗强邻实刻不容缓者也。于是宪法会议于一七九三年四月决议组织委员会，会员初本九人，后日增至十二人。即著名之“公安委员会”(Committee of Public Safety)也。委员会中人曾言曰：“吾辈欲推翻君主之专制，非建设自由之专制不可。”

吉伦特党　其时宪法会议中党派不一，有力者凡二：其一为吉伦特党，以费尧(Vergniaud)，布里索(Brissot)等为首领。党中人多长于辩才而力主共和者。在一七九二年之立法议会中极占势力，与奥地利及普鲁士之宣战即为该党之主张。以为唯有如此方可明国王之态度如何。然该党党人少应变之才无指导之力。因此声势渐衰，而山党遂起而代之。

极端共和党　山党(Mountain)为极端之共和党，如丹敦、罗伯斯庇尔(Robespierre)及圣鞠斯特(Saint-Just)辈皆党中健者。凡国内之雅各宾俱乐部皆在其势力范围之下，同时并得巴黎市政府之援助。若辈以为法国人民在君主政体之下无异奴隶，故所有君主时代之遗制亟应一扫而空之。应建设自由、平等、博爱之新国以代昔日君主之专制、贵族之骄横及教士之诈伪。又谓法国人之天性本皆良善，然亦仍有主张维持旧制者，若听其自在则数年革命之功必且败于一旦，故若辈对于表同情于贵族或教士者皆以“反革命党”(counter-revolutionary)目之。不惜用极残酷之方法以排除异己，而巴黎暴民实赞助之。

吉伦特党之被逐　吉伦特党极不满于巴黎之暴民及其市政府。以为巴黎不过法国之一市，焉得以一市而统治全国？故提议解散市政府，并移宪法会议于他处以免受巴黎暴民之牵制。山党以此种主张足以破坏共和而推翻革命，乃激动巴黎暴民以反抗之。六月二日暴民围会场，市政府之代表要求逐吉伦特党人于会议之外。

法国之内乱　山党及巴黎市政府之横暴渐为国人所不满。正当同仇敌忾之日，几罹国内分裂之祸。反对山党之最力者为布勒塔尼之农民，尤以芬底(La Vendée)一区为尤甚。该地人民多具爱戴君主及教士之忱，故雅不愿出兵以助推翻王政及戮杀教士之共和。同时马赛及波尔多(Bordeaux)两城亦颇怒山党对待吉伦特党之太过有反叛之举。里昂(Lyons)城之商民尤痛恨雅各宾党及共和，盖该城本以产丝织品著名，一旦教士与贵族失其权势，则丝织品之销场为之大减也。故当宪法会议要求出兵输饷时，该城独不奉命，且募军万人以抵抗之。

法国要塞之陷落　同时法国之外敌又进逼不已。一七九三年七月十日，奥地利军队攻陷其要塞康狄(Condé)。二周之后，英国人亦占据筏仑西恩(Valenciennes)。同盟军队遂得有根据地于法国境。离巴黎仅百英里许，都城陷落危在旦夕。普鲁士人又逐法国军队出马因斯(Mayence)，向亚尔萨斯而进。法国之海军根据地土伦(Toulon)亦拥太子叛，称路易十七，并请英国之海军来援。

噶尔诺组织军队　至是法国之共和政府已有朝不保夕之势，而公安委员会竟能应付裕如，殊足令人惊叹。八月中，噶尔诺(Carnot)入充公安委员，遂着手召募军队，不久而得七十五万人。乃分为十三军以御敌。每军有特派代表(deputies on mission)二人，盖恐统军之将复蹈一七九二年拉法夷脱及度穆累之覆辙也。于是军势为之复振。

法军战败同盟军　是时同盟军竟不向巴黎而进。奥地利人专意于占据沿边之城镇，英国人则西向以攻丹刻克。然法国军队不久败英国军队于丹刻克附近，而奥地利人亦于十月间在发廷宜(Wattignies)地方为法国大将如耳洞(Jurdan)所败。其时腓特烈威廉第二方有事于波兰，不伦瑞克公之军队不甚猛进。故一七九三年之冬法国已无复外患。

城市叛乱之平定　公安委员会对于各城市及芬底(Vendée)农民之叛乱，亦颇具平定之能力。先召回驻扎边境之军队攻陷里昂城。乃遣残忍成性之科罗得霸(Collot d'Herbois)驰往惩办之。五月之间市民被杀者凡二千人。同时宪法会议议决夷其城，更其名为"自由市"(commune affranchie)。幸其时遣往实行此议决案者为罗伯斯庇尔之至友，仅毁城中房屋四十座而止。

波那帕脱在土伦　波尔多及马赛二城鉴于里昂城被惩之惨遂不敢再抗宪法会议，允其代表之入城。二处市民之被杀者各约三四百人。唯土伦尚坚壁自守。其时有无名之骑兵军官名拿破仑波那帕脱者力主占据港外之海角以便炮击港外之英国军舰。一七九三年十二月十九日，市民多登英国军舰遁。宪法会议之代表乃入城。

芬底乱事之平定　芬底之农民虽屡败自巴黎遣来之护国军，然是年秋间因兵力不支而败，农民死者无算。宪法会议代表之在南特城者杀死或淹死叛党二千人。革命中之惨酷事件以此为最。宪法会议乃召回其代表而杀之。

恐怖时代　公安委员会虽能外御强邻内平叛乱，然革命事业终未告成。芬底农民及诸城之叛乱足见法国人多不满于雅各宾党。宪法会议之对于此辈均以"反革命之嫌疑犯"对待之。又以为欲阻止国人之反对莫若用恐怖之方法。故所谓恐怖时代者乃革命党之一种除敌方法也。其起讫时期虽无一定，然最烈时代约十阅月——自一七九三年九月至一七九四年七月。

革命法院　吉伦特党未败以前，巴黎本已设有特别司法机关曰革命法院(Revolutionary Tribunal)以审理革命中之嫌疑犯为务。其初遇事慎重，处死刑者绝少。自城市叛乱以后，公安委员会于九月间新增委员二人，此二人曾与于九月惨杀之事者也。任为委员所以恫吓反对革命之人也。同时并规定凡言语行动有反对自由之表示者即以“嫌疑犯”论。所有贵族及其父母妻子如不表明其赞助革命之心迹者概拘禁之。

王后之被杀 十月间王后马利翁团涅脱被控，法院审之卒处以死刑。同时名人如罗兰(Roland)夫人及吉伦特党人亦多被杀。然受害最烈者仍推里昂及南特二城，上已述及兹不再赘。

第五节 恐怖时代之告终及督政部之组织

山党之破裂 不久山党内部忽有分裂之迹。丹敦本为雅各宾党人所心服者，至是颇厌流血之举动，以为恐怖主义已无存在之必要。同时巴黎市政府之领袖曰阿贝耳(Hébert)者态度激烈如故，以为不如此则革命终难告成功。并主张废止上帝而以“崇拜理性”(reason)代之，乃以一女优装理性之神坐于圣母院(Notre Dame)中之坛上受人顶礼。

罗伯斯庇尔及圣鞠斯特 罗伯斯庇尔为公安委员会之委员对于温和及激烈两派均不表其同情。颇以道德高尚思想精深负时誉。彼与圣鞠斯特极醉心于卢梭之学说，以冀光荣快乐共和国之实现。国内无贫富之阶级，男女有自立之精神。生子五岁即由国家教育之。国内建神庙以崇拜“永久”(Eternal)之自然神。国人须于定期中在庙中宣布其朋友为谁。如无友或负情者则流之远方。

罗伯斯庇尔之铲除异己 罗伯斯庇尔因急于建设理想共和国之故，以丹敦为反对共和及革命之人，又以阿贝耳之主张无神为有碍革命之前途，均主张杀却之以为快。其结果则温和及激烈二派之首领于一七九四年三月四月中前后被杀。

罗伯斯庇尔之被杀　异己者既铲除殆尽，罗伯斯庇尔遂大权独揽。然不能持久也。当彼将革命法院分为四部以便办事迅速时，宪法会议中人莫不人人自危，恐蹈丹敦及阿贝耳之覆辙，因有阴谋反对之举嗾宪法会议下令逮捕之。七月二十七日罗伯斯庇尔入议场中方欲有所陈说，忽闻“推倒暴君”之呼声。罗伯斯庇尔大惊，几不能作声。某议员起立大呼曰：“渠之喉已为丹敦之血所窒塞矣！”罗伯斯庇尔急求援于巴黎市政府，然终被宪法会议所逮，与圣鞠斯特同时就戮，时一七九四年七月二十七日也。此二人固热心革命者，徒以过于急就卒致身败名裂良可慨矣。

政局之反动　罗伯斯庇尔既被杀，国内遂无敢再主张恐怖主义者。国人厌乱，政局上之反动随之以起。革命法院所杀之人数亦大形减少。不久巴黎之市政府为宪法会议所废止，雅各宾俱乐部亦被解散。

恐怖时代之回顾　第一步　“恐怖时代”之性质及其重要读史者每多所误会，兹故不厌繁复重总述之。当全级会议开会时，法国人仍忠于王室，不过希望政治之刷新、立法之参预、特权之废止而已。贵族惧而遁。国王及其后又阴求外力之干涉。奥地利与普鲁士之军队入侵法国，普鲁士之军统并要求恢复法国王室之自由，否则且毁巴黎城。巴黎得马赛城人之助竟废止君主，而宪法会议并决议杀之。当英国与奥地利之军队攻陷法国边境要塞时，里昂、马赛及土伦诸城，与芬底之农民群起作乱。宪法会议与公安委员会乃不得不用残酷之方法以外御强邻内平叛乱。

第二步　内忧外患既皆消除，罗伯斯庇尔及圣鞠斯特辈因欲建设其理想共和国，乃用残忍方法以驱除异己。其结果则有第二步之“恐怖时代”。

法人大部分不受恐怖时代之影响　读史者须知当恐怖时代法国人之受其影响者甚少。即以巴黎而论亦并无人人自危之象。绝不致如迭更斯(Dickens)辈小说家所言之甚。商业进行如故，公共娱乐场之拥挤亦如故。贵族之被杀者固多，而人民所受之影响则仍绝少。

宪法会议之改革事业　而且当“恐怖时代”宪法会议中人并不

专注于“嫌疑犯”之逮捕。曾召集军队百万以败同盟军。并能实行国民会议所提之改革。又定初等教育之制为他日之模范。法典之编订亦在此时，不过因拿破仑有增订之举故其名为彼一人所居耳。至于所定共和历虽不久即废，然其衡量之制至今为欧洲大陆诸国所采用。

废除旧习之热忱 宪法会议之废除旧制未免有太过之处。如废止“先生”（Monsieur）“太太”（Madame）之称，而以“公民”(Citizen)及“女公民”(Citizeness)代之。巴黎城中街道之名称凡带君主臭味者亦一律更改之。并思均人民之贫富，乃籍没贵族教士之财产分售于贫民。故小康之地主为之增加不少。一七九三年五月并通过《最大限律》(*Law of the Maximum*)，规定民食之价格不得逾过各市政府所定之最高价。不过因实行甚难故无甚结果耳。

纸币价值之低落 纸币之价日落，限制币价跌落之法日严，国内金融益形紊乱。当一七九六年时，纸币之流通者约四万兆佛郎。一佛郎之现金竟至值三百佛郎之纸币。

共和第二年之宪法 最后宪法会议着手编订宪法，盖一七九二年九月之召集宪法会议其宗旨原在于此。宪法之首冠以《人类及公民之权利及义务宣言》(*Declaration of the Rights and Duties of Man and the Citizen*)。规定立法机关为二院制：曰五百人院(Council of Five Hundred)，曰元老院(Council of Elders)。为元老院议员者须五十岁以上之男子，已娶妻或鳏居者。行政机关设督政部(directory)，由立法机关选举五人组织之。

宪法会议之敌 宪法尚未告竣，反对宪法会议者日益增多。其时中流社会重复得势，极不满于君主之废止及暴民之专横，故力主君主立宪之实现。宪法会议惧共和之倾覆，乃议决选举新议员时须于宪法会议议员中选出三之二。又深信军队之可恃，议决将新宪法交诸军队以求其同意，并召集军队使驻于巴黎附近以维持选举议员时之秩序。巴黎富民闻之大怒，乃召募护国军以攻之。

一七九五年十月五日 宪法会议急令拿破仑波那帕脱任保护会议之责。波那帕脱率其军队驻会场外，巴黎之护国军遂为其所败而溃。王党之志乃不得逞。

第十一章

拿破仑波那帕脱

第一节　波那帕脱第一次入侵意大利

军队之变性　当革命时代，法国军队之性质为之大变。昔日充军官者皆系贵族。自巴士的狱陷落后，贵族逃亡者踵相接也。其他如拉法夷脱及度穆累辈初本具赞助革命之热忱，然自一七九二年后相继降敌。又有因战败而为监军之代表所杀者，如屈斯廷(Custine)及波哈内(Beauharnais)(即他日皇后约瑟芬[Josephine]之前夫)辈是也。旧日之军纪至是荡然无存。为军官者类多行伍出身，每能不拘旧法以败敌人。无论何人凡具统军能力者随时可望为上将。故摩罗(Moreau)以律师一跃而为名将，缪拉(Murat)为曾任店伙之人，如耳涧(Jourdan)则曾以贩布为业者，盖法国之军队至是亦与国家同具民主精神矣。

拿破仑时代　当时出身行伍之军统当以拿破仑波那帕脱为最著。十五年间之欧洲史无异彼一人之传记，故世人名此期为“拿破仑时代”(Napoleonic Era)。

拿破仑之家世　波那帕脱于一七六九年八月十五日生于科西嘉岛中。此岛虽于前一年入属于法国，然彼实系意大利种。彼所用之语言亦系意大利之语言。其父卡罗(Carlo Bonaparte)虽系贵族之后，仍从事律师之职务于岛中之阿耶佐(Ajaccio)镇。共有子女八人，家贫几无以自给。不得已乃遣其最长之二子留学法国。长子名约瑟(Joseph)习神学，次子拿破仑则入布里恩(Brienne)之陆军学校习兵学，时年仅十岁也。

波那帕脱求学时代　波那帕脱之在陆军学校中者自一七七九年至一七八四年前后凡五六年。起居极清苦，颇恶同学中之贵胄子弟。尝致函其父曰："我以清贫之故常为无耻同学所窃笑，我实厌之。盖若辈所以胜我者富而已，而我之思想高尚则固远出若辈之上也。"不久遂抱使科西嘉岛离法国而自立之志。

波那帕脱在科西嘉岛之政治阴谋　波那帕脱既毕业于陆军学校，乃得下尉之职。既无财，又无势，故无升迁之望。不得已返科西嘉岛，一在谋该岛独立之实行，一在谋维持家庭生活之方法，盖自其父去世后家中境况益贫困不堪。故彼屡次告假回里以实现其独立之阴谋。及革命既起，其阴谋暴露，遂于一七九三年全家被逐，乃逃入法国。

波那帕脱之得势　波那帕脱逃入法国以后，三年之中落泊无定。土伦之役颇获微誉，然不愿赴芬底以平其乱，仍居巴黎以待时机。二年后，其友巴剌斯(Barras)令其率兵入卫宪法会议。一生遭际造端于此。盖巴剌斯是时为督政官之一，援引波那帕脱以入于缙绅之列。彼不久即遇波哈内之寡妻爱而娶之，即九年后之法国皇后约瑟芬也。

波那帕脱入侵意大利　一七九六年春，督政部命波那帕脱率三师之一入意大利，时年仅二十有七岁。其武功甚盛直堪与古代亚历山大比美。

普鲁士及奥地利在一七九四年时对法战争之冷淡　当一七九三年时，欧洲各国之与法国为敌者计有奥地利、普鲁士、英国、荷兰、西班牙、神圣罗马帝国、撒地尼亚、那不勒斯王国及多斯加纳(Tuscany)。同盟诸国声势虽大，然仅能占据法国边境之要塞，而不久复失。盖是时普鲁士及奥地利方有第三次分割波兰之举无暇顾及法国之革命也。其时波兰志士科修斯古率波兰人叛，于一七九四年四月逐俄罗斯之军队于华沙之外。喀德邻第二求援于普鲁士王腓特烈威廉第二。普鲁士王允之，遂壹意于平靖波兰之乱。英国之内阁总理庇得输巨款于普鲁士，请其留兵六万于尼德兰以御法国人。然普鲁士军队并不尽力，即奥地利亦因战事失败决意退出尼德兰以便专心于分割波兰之举。

英国无力阻止法军之进行　英国人见普鲁士及奥地利态度之冷落大为失望。盖英国之所以加入同盟军者一在援助普鲁士及奥地利以维持均势之局，一在维护尼德兰以阻止法国军队之入侵荷兰也。一七九四年十月，奥地利军队退出莱因河外；英国军队不得已亦自荷兰退至汉诺威。荷兰人颇有热心共和者，故法国军队所至无不闻风归向。废其世袭之行政首领(stadtholder)，另建巴塔维亚(Batavia)共和国而受法国之节制。

法国与普鲁士及西班牙之和　自开战以来三年之间，法国人所征服者有奥地利所领之尼德兰，萨伏衣，及尼斯(Nice)诸地，建巴塔维亚共和国，并占据德国西部之地以达于莱因河。一七九五年四月，普鲁士与法国媾和于巴塞尔(Basel)，暗许法国人可以永有莱因河左岸地，唯普鲁士所受之损失应有相当之赔偿。三月之后，西班牙亦与法国和。一七九六年春，法国政府听波那帕脱之言发三军分头进攻奥地利都城维也纳。如耳洞率一军向北溯美因河(Main)而进；摩罗则经黑林(Black Forest)沿多瑙河(Danube)而下；波那帕脱则入侵伦巴底(Lombardy)。

意大利之分裂　意大利政局之紊乱与五十年前爱斯拉沙伯和会时无异。统治那不勒斯王国者为优柔寡断之斐迪南第四及其后喀罗林(Caroline)。在其北者则有横断半岛中部之教皇领土。多斯加纳之政府和平而开明。帕马(Parma)公为西班牙王族之亲属，摩德拿(Modena)公为奥地利王族之亲属。纯属他国者为伦巴底，于西班牙王位承继战争后入属于奥地利者也。威尼斯及热那亚两共和国虽仍存在，然其国势久已衰落。半岛中最强之国当推撒地尼亚王国——包有皮德梦特(Piedmont)、萨伏衣、尼斯及撒地尼亚岛。

波那帕脱逼撒地尼亚求和并入据米兰　与波那帕脱为敌者有奥

地利及撒地尼亚两国之联军。波那帕脱自萨窝那(Savona)北进，以中截敌军。逼撒地尼亚军使之向吐林(Turin)而退。撒地尼亚不得已割萨伏衣及尼斯两地于法国以和。波那帕脱既无后顾之忧，乃沿波河(Po)而下。奥地利军队惧法国军队或断其后路乃急向东而退，法国军队遂入占米兰，时在一七九六年五月十五日。

法军大肆劫掠 波那帕脱入意大利之始宣言法国军队以驱除暴君为宗旨。然法国政府仍望征服各地负维持军队之责。观其与波那帕脱之训示，尤属显然："凡物之可为吾用而且因政情上不能不移动者毋任留在意大利。"故波那帕脱入据米兰之后不但令其输款二千万佛郎，而且令其交出美术品多种。帕马及摩德拿两公国亦纳款于法国而以停战为条件。

孟都亚之役 波那帕脱率军东向蹑奥地利军队之后而败之。奥地利军队一部分逃入孟都亚(Mantua)城，盖一极强固之要塞也。法国军队围而攻之。七月下旬，奥地利援军自提罗尔(Tyrol)分三路而下。其数倍于法国军队，法国军队殊危急。波那帕脱竟乘奥地利军未联合以前一一败之。五日之间奥地利军败退，法国军队获俘虏万五千人。波那帕脱乃决溯阿的治河(Adige)而上，中途又大败奥地利军于特棱特(Trent)。奥地利将服谟则(Wurmser)思截法国军队之后，不意并其军队亦为法国人围入孟都亚城中。

阿柯勒及离伏里之两役 是年十一月奥地利又遣二军来解孟都亚之围，一沿阿的治河，一沿皮阿味河(Piave)。其自皮阿味河来者遇法国军队于阿柯勒(Arcole)，相持三日，卒为法国军队所败。其他奥地利军队闻风而遁。次年一月法国军队败奥地利军于离伏里(Rivoli)，遂陷孟都亚。法国人乃得意大利北部之地。

雷奥本停战条约(一七九七年四月) 波那帕脱既征服意大利北部之地，乃率师直捣奥地利京维也纳。一七九七年四月七日，法国军距奥地利京仅八十英里许，奥地利将请停战，波那帕脱允之。盖至是法国军队在外经年，离乡已久，而且摩罗及如耳洞所率之二军又复败退至莱因河左岸也。至是年十月并有坎坡福米奥(Campo Formio)之和。

坎坡福米奥和约 坎坡福米奥之和约极足表示当日法国奥地利二国对待小国之蛮横。奥地利割其属地尼德兰于法国，并阴许助法国获得莱因河左岸地。奥地利并承认波那帕脱在北部意大利所建之息萨尔宾(Cisalpine)共和国。此国之领土包有伦巴底、摩德拿公国、教皇领土一部分及威尼斯之领土。奥地利得其余之威尼斯领土。

波那帕脱之行辕 当法国奥地利和议进行时，波那帕脱设行营于米兰附近之别墅内。军官大吏集于一堂，莫不以得波那帕脱之一顾为荣。盖是时波那帕脱已隐抱帝王思想矣。

波那帕脱对于法人及其军队之观念 波那帕脱尝谓："吾之事业实不足道。此不过吾之境遇之发端耳。汝以为吾在意大利之战功以增加督政部诸律师之势力为目的耶？汝以为吾之目的在于建设共和国耶？此诚谬误之观念也！……督政部解吾之兵柄可矣，夫而后方知谁是主人也。国家须有首领者也，然所谓首领者必以战功著名，非彼富于政治思想言词富丽或高谈哲理者所能胜任者也。"波那帕脱所谓"以战功著名"之首领所指何人，读史者不难预测。昔日贫寒律师之次子竟为他日法国之英雄。其处心积虑之迹至此已彰明昭著矣。

波那帕脱之特点 波那帕脱身材矮小，长不满五尺四寸。人极瘦削。然其仪态动人，目含精气，举止敏捷，口若悬河，见者莫不惊服。其最胜人之处有二：一、在思想精深；二、在力能实践。尝告其友曰"当吾任下尉时，吾每任吾脑尽其思索之能事，然后静思实现吾之梦想之方法"云云。

波那帕脱之性情 波那帕脱之成功与其性情极有关系，盖彼绝不顾其行为之为善为恶者也。观其行事无论对于个人或对于国家皆绝无道德上之观念。而亲友之爱情亦绝不足以阻其扩充个人势力之雄心。此外并具天赋之将才及忍劳耐苦之能力。

当日政情足以促进波那帕脱之成功 波那帕脱虽为当日之奇才，然假使西部欧洲政情不如此之紊乱，则彼之鞭笞欧洲亦正不能如此之易。盖其时德国与意大利均非统一之邦，势同瓦解。四邻诸国弱小无能，其力本不足以自守。而且强国之间互相猜忌初无一致之精神。故普鲁士无力战法国之心，奥地利有屡战屡北之祸。

第二节　波那帕脱之得势

远征埃及之计划　波那帕脱既与奥地利订坎坡福米奥和约乃返巴黎。鉴于当日法国人之态度颇知一己之战功虽巨而国民尚未具拥戴之忱。又知久居巴黎则昔日之名将将变为庸碌之常人。欲保持其令名则赋闲实非上策。因之有远征埃及之计划。其时英国、法国之间尚未休战。波那帕脱力陈远征埃及之策于督政部，以为果能征服埃及则不但可夺英国人在地中海中之商权，而且可断其东通印度之孔道。实则波那帕脱之存心一欲仿古代亚历山大之东征，一欲率法国之精锐远赴埃及以陷督政部于无以自存之域，然后彼可树救国之帜幡然返国矣。督政部听其言，命率精兵四万并强盛之海军往埃及。彼并聘科学家工程师一百二十人随之，负筹备他日殖民事业之责。

埃及之战争　一七九八年五月十九日，法国军舰自土伦起程。因在夜中故地中海中之英国军舰绝无所觉。七月一日抵亚历山大里亚(Alexandria)城登岸，即大败土耳其人于金字塔下。同时英国大将纳尔孙(Nelson)所率之海军方自叙利亚(Syria)岸边搜索法国军队不得而返，知法国军舰屯于亚历山大里亚港遂击而大败之，时八月一日也。法国军队通欧洲之途乃绝。

波那帕脱征略叙利亚　是时土耳其政府已与法国宣战。波那帕脱拟由陆道以攻之。一七九九年春率兵向叙利亚而进，于亚克(Acre)地方为土耳其之陆军及英国之海军所败。法国军队返埃及，疫疠大起，虽于六月中复夺开罗(Cairo)，而死伤者无算。不久并击败方在亚历山大里亚登岸之土耳其人。

波那帕脱之返国　其时国情危险之消息达于埃及，波那帕脱遂弃其军队而返国。盖是时西部欧洲诸国组织新同盟以攻法国。北部意大利之领土亦复丧失殆尽。同盟军入逼法国境，督政部已仓皇失措矣。波那帕脱于一七九九年十月九日安抵法国。

一七九九年十一月九日之政变　法国督政部之腐败无能世所罕见。波那帕脱遂与人阴谋倾覆之。拟不遵宪法另建新政府。此种急遽之方法百年以来盛行于法国，故即在英国文中亦有法国文“政变”(Coup d'état)二字矣。波那帕脱辈在国会中颇有多数之同志，在元老院中尤夥。于未实现其计划之前率兵五百人入院中以驱除异己者。其余议员重开会议，以波那帕脱之弟琉细安(Lucien)为主席。议决设执政官(eonsul)三人，波那帕脱居其一焉。并令执政官与元老院及特派委员共同编订新宪法。

共和八年之宪法　新订之宪法复杂而详尽。规定立法之机关凡四：一为提议之机关，一为讨论之机关，一为表决之机关，一为议决法律是否与宪法抵触之机关。然所有政权实在波那帕脱一人之手。政府中之最重要机关莫过于以国内名人组织而成之国务会议(Council of State)，而以波那帕脱为会长。

中央集权之制　波那帕脱之最大目的在于中央集权。凡各地政权皆握诸中央政府之手。故各省有省长一，省长之下有郡长，郡长之下有县长及警长，皆由第一执政官任命之。所有各地郡长，——波那帕脱称之为“小第一执政官”——与王政时代之道尹(intendant)无异。实则新政府与路易十四之政府颇有相同之处。他日虽有种种变迁，然至今尚为法国政治组织之根据。亦足征波那帕脱实具有政治之才也。

国民赞成新政府　波那帕脱之不信人民为有参政之能力与路易十四同。彼以为改革政体仅问国民之可否已足矣。故彼有实行“国民公决”(plebiscite)之举。新宪法既告竣乃令国民表决其可否。其结果则赞成者三百万人，反对者仅一千五百六十二人而已。然当日法国人之赞助波那帕脱者并非多数，不过赞成新政府总较反对新政府之危险为少耳。

法人赞成波那帕脱为第一执政官　波那帕脱以少年名将入据要津，法国人民因其能巩固中央政权故无非议之者。瑞典驻法国之使臣曾言：“法国人之赞助波那帕脱较其赞助正统君主为尤力，若彼不能利用此种机会以改良政府，则其罪诚不可恕也。盖法国人民厌乱已久，只求进步，不问政体之变更与否也。即当日之王党亦以波那帕脱有光复旧物之心，无不悦服。其他亦以为从此升平之象不难复见。即共和党人亦并不反对也。”

第三节　第二次对法国之同盟

第二次同盟　当波那帕脱任第一执政官时，与法国交战者有英国、俄罗斯、奥地利、土耳其及那不勒斯诸国。先是自巴塞尔及坎坡福米奥媾和后，英国独力与法国战。一七九八年俄罗斯皇帝保罗(Paul)忽有与英国联合以攻法国之举。保罗于一七九六年即位，其痛恨革命与其母喀德邻同，而其出师攻法国则与其母异。奥地利则因波那帕脱不能履行坎坡福米奥条约之故亦颇愿重开战事。至于土耳其则因波那帕脱远征埃及之故竟与其世仇俄罗斯合力以攻法国。

法国建设共和国于四邻诸国　其时法国尽力于建设共和国。先有荷兰之变更政体，继之以北部意大利之息萨尔宾共和国。法国人又激起热那亚人废止其旧日之贵族政府，而建设亲近法国之力究立亚(Liguria)共和国。

罗马共和国　不久罗马城中人得波那帕脱之兄约瑟之援助亦宣布罗马为共和国，盖约瑟是时适为法国驻罗马之大使也。当城中叛乱时有法国将被杀，法国督政部遂借口率兵入罗马。一七九八年二月十五日，罗马城中之共和党人集于市中宣布古代共和国之复兴。法国遣往之特派员侮辱罗马教皇备至，夺其手中之杖及环，令其即时出城去。法国人除得新国所输之六千万佛郎外，并将教皇宫内之美术品多种移往巴黎。

督政部之干涉瑞士　法国人之处置瑞士尤为过当。瑞士各州之中自昔即有为他州之附庸者。服(Vaud)州中人不愿仰百伦(Berne)州之鼻息乃求援于法国。一七九八年一月，法国军入瑞士，败百伦州之军队，并占据其城(三月中)。夺其库中所存八千万元之巨款。遂建设赫尔微底(Helvetic)共和国。琉森(Lucerne)湖畔之守旧诸州颇欲与法国人为难，法国人对于反抗变更者无不加以虐杀。

那不勒斯与法再战及其改建共和国　法国与列强之重开战衅实始于那不勒斯。盖其地之后喀罗林本系马利翁团涅脱之姊，鉴于法国人之入据罗马颇惴惴不自安也。英国大将纳尔孙自在尼罗(Nile)河口战败法国海军后，即返驻那不勒斯筹驱逐法国人于教皇领土之外之策。法国军队入那不勒斯，大败之，时一七九八年十一月也。王族登英国军舰遁走巴勒摩(Palermo)。法国人遂于次年一月改建帕腾诺皮(Parthenopean)共和国。劫其府库携其美术品而归。

法人占据皮德梦特　同时法国人又占据皮德梦特，逼其王退位。其王遁居撒地尼亚者十五年，至波那帕脱失败时方返国。

法国已达到天然疆界　一七九九年春，法国军队颇有所向无敌之象。天然疆界至是已如愿以偿。北得莱因河左岸之奥地利领土尼德兰及神圣罗马帝国之地，南得萨伏依公国。其他又有臣服法国之共和国五——即赫尔微底、巴塔维亚、力究立亚、罗马及息萨尔宾是也。同时波那帕脱并已占有埃及，向叙利亚而进以征服东方。

苏瓦罗夫及奥地利军逐法人于意大利之外　然不数月间形势忽变。法国军队在德国南部为奥地利军所败而退至莱因河畔。其在意大利，则俄罗斯将苏瓦罗夫(Suvaroff)逐法国人于北部意大利之外。不久与奥地利军合力屡败法国军，围其残众于热那亚。苏瓦罗夫乃向北越山而进，方知其他来援之俄罗斯军队已为法国人所败。俄罗斯帝以为军队之败系奥地利之阴谋有以致之，遂召其军队回国(一七九九年十月)，并与奥地利绝交。

第四节　一八〇一年之升平及德国之改组

第一执政官之主和　一七九九年十一月法国之督政部解散，改设执政官三人。第一执政官深知国民之厌战，乃于耶稣圣诞之日亲具手书于英国王佐治第三及德国皇帝法兰西斯第二(Francis Ⅱ)力言文明国间战事频仍之非是。“何必为虚荣而牺牲商业与升平？和平岂非吾人之要着及荣耀？”

答复之冷淡 英国内阁总理庇得覆称欧洲大陆之战事咎在法国。如法国人不表示和平之担保则英国人将无中止战争之意。并谓最上之策莫过于请波旁(Bourbon)族之复辟云。奥地利之覆文虽较和婉，然亦不愿与法国言和。波那帕脱遂密募军队以解热那亚之围。

波那帕脱越圣伯尔拿岭 法国军队入意大利之道在昔或沿热那亚之海岸，或越萨伏衣之阿尔卑斯山。至是波那帕脱欲攻敌人之后，乃集其军队于瑞士，率之越圣伯尔拿(St. Bernard)岭而南下。其时山道险阻，步行不易，所有战炮均装入空木中曳之而行。一八〇〇年六月二日抵米兰城，奥地利人大惊。波那帕脱遂恢复息萨尔宾共和国，再西向而进。

马伦哥之战 其时波那帕脱未悉奥地利军队之所在，乃于六月十四日在马伦哥附近地方分其军为数路而进。命得舍(Desaix)率一军向南。奥地利之军队以全力来攻波那帕脱亲率之军。得舍闻枪声急率军返，竟大败奥地利人。得舍虽阵亡，而法国军队固已获胜矣。次日两方有休战之约，奥地利军退出明韶河(Mincio)之外。法国复得伦巴底一带地，令其地负供给法国军饷之责。至于息萨尔宾共和国则月输二百万佛郎于法国。

摩罗战败奥军于和亨林敦林 当波那帕脱预备越过圣伯尔拿岭时，法国大将摩罗率一军入德国之南部以断奥地利军入意大利之路。数月后，当马伦哥休战条约期满时，摩罗率师向维也纳而进。十二月三日遇奥地利军于和亨林敦(Hohenlinden)林，大败之。乃有一八〇一年二月之吕内微尔(Luneville)和约。

吕内微尔和约 和约中之规定大致与坎坡福米奥和约相似。法国仍得有奥地利属之尼德兰及莱因河左岸地。奥地利并承认巴塔维亚、赫尔微底、力究立亚及息萨尔宾诸共和国。威尼斯仍附属于奥地利。

一八〇一年之和平 奥地利既休战，西部欧洲遂成息争升平之局。即英国至是亦知继续战争之无益，故自败埃及之法国军后，即有与法国缔结亚眠(Smiens)和约之举。

一八〇一年诸约之结果　诸约之结果类多暂而不久，而最要者则有二端。第一，为法国售路易斯安那地方于美国。此地本系西班牙之领土，因西班牙与法国交换意大利之利益而入于法国者也。第二，为德国之改组，树他日德意志帝国统一之基，因其关系重大故详述之如下：

法人获得莱因河西岸地之影响　据吕内微尔和约之规定，德国皇帝代表德国奥地利二国承认法国人占据莱因河左岸地。德国法国间以莱因河为界，自赫尔微底共和国边境起至巴塔维亚共和国边境止。其结果则德国小诸侯中之丧失领土者数几及百。

世袭诸侯所得之赔偿　和约并规定凡世袭诸侯所失之领土由德国皇帝另以帝国中之领土赔偿之。凡非世袭者如主教及寺院住持等，则予以终身之年金。至于城市在昔虽极为隆盛至是已以等闲视之矣。

以教会领土及自由城市为赔偿世袭诸侯之用　然当日帝国之内已无隙地足为赔偿之资。乃夺主教寺院及自由城市之领土为赔偿世袭诸侯之用。此举无异神圣罗马帝国中之革命，盖教会领土原甚广大，一旦入官极足以减少分裂之势也。

分配领土之委员会　德国皇帝派诸侯数人组织分配帝国领土之特别委员会。世袭诸侯多奔走于巴黎第一执政官及其大臣塔力蓝(Talleyrand)之门以谋私利。奴颜婢膝，见者羞之。分配结果之报告名曰《帝国代表报告书》(Reichsdeputationshauptschluss)于一八〇三年通过于德国公会。

教会领土及自由城市之消灭　所有教会之领土除马因斯外均被籍没而归诸世袭诸侯。皇城原有四十八处至是存者仅六处而已。就中汉堡(Hamburg)、布勒门(Bremen)及律伯克(Lübeck)三城至今尚为德国联邦之分子。特派员之分配领土非地图所可说明。兹故特举数例以明之。

分配领土之例　普鲁士因失克理甫斯等地，乃得喜尔得斯亥谟

(Hildesheim)及帕得波纶(Paderborn)两主教领土，闵斯德(Münster)主教领土之一部分，马因斯选侯领土之一部分，及睦尔豪赠(Mühlhausen)诺德豪赠(Nordhausen)与哥斯拉尔(Goslar)三城，其面积四倍其所失。巴威选侯因失莱因河左岸地，故得符次堡(Würzburg)、班堡(Bamberg)、夫赖星(Freising)、奥格斯堡(Augsburg)及帕骚(Passau)诸主教领土，并得十二寺院住持之领土与十七自由城。奥地利得布立克森(Brixen)及特棱特(Trent)两主教领土。其他多数之小诸侯则予以片地或数千元之奥币以安其心。波那帕脱意欲兼并帕马及皮德梦特两地，故以多斯加纳予帕马，而以萨尔斯堡主教领土予多斯加纳。

二百余小邦之灭亡　据上所述者观之，可以了然于当日德国内部分裂之情形及此次合并小邦之重要。莱因河东诸国之被并者约一百十二国，河西之被并于法国者亦几及百国云。

波那帕脱结好南德诸邦之用意　德国国势之衰微虽以此时为最，然此次之兼并实肇他日中兴之基。波那帕脱之用意原在减少德国之势力。其增加南部德国诸邦——巴塔维亚、符腾堡、厄斯及巴登(Baden)——之领土盖欲另建“第三德国”以与普鲁士及奥地利相峙而成鼎足之局也。其计划虽能实现以满其希望，然实伏六十七年后德意志统一之机，此又非波那帕脱意料所及者矣。

第十二章

欧洲与拿破仑

第一节　波那帕脱恢复法国之秩序及隆盛

督政部时代法国之扰乱　波那帕脱不但善于用兵，亦且长于政治。当彼得势之日正法国经过十年变乱之秋。先之以恐怖时代之骚扰，继之以督政时代之腐败。国民议会之改革既未告成功，革命之事业亦半途中辍。通衢大道盗贼成群，海港桥梁壅塞塌毁。工业不振，商业大衰。

纸币　财政状况尤不堪问。国内扰乱过甚，故当一八〇〇年时国家几毫无赋税之收入。革命时代之纸币几同废纸。督政政府已濒破产。第一执政官与其大臣筹划种种补救之方法，并令各地官吏督促新法之实行。改良警察制度，严惩匪盗。规定税率而如期征收之。渐储的款以备偿还国债之用，政府信用渐形恢复。国债担保品易以新者，并设国家银行以振兴商业。督政部之处置教士及贵族之财产颇为失当，故政府所得者极微。至是亦力加整顿收入较裕。

政府与教会之关系　革命政府种种设施之失败以对待教会为最。当国民议会宣布《教士组织法》后，对于不宣誓之教士极其虐待。不久阿贝耳有崇拜理性之主张，罗伯斯庇尔有自然神教之创设。迨一七九五年时，旧教教堂均有重开之举，而宪法会议亦于是年二月二十一日宣言政府以后不再干涉国内之宗教，不再负担教士之俸给，全国人民均得享信教之自由。于是全国教士多从事于教会之改组。然教士之供职如常者虽不乏人，而宪法会议及督政部中人之对于不肯宣誓之教士虐待如昔。教士之被放或被拘者仍不一而足也。

波那帕脱希望教会之援助　波那帕脱虽系深信自然神教之人，然深知获得教会及教皇之援助异常重要。故任第一执政官后即注意于解决宗教上之困难。凡教士之被拘者如允不反对宪法则皆释放之。流亡在外之教士多连袂返国。恢复已废之礼拜日。所有国庆纪念日除七月十四日及九月二十二日外一概废止。

一八〇一年之宗教条约　一八〇一年法国政府与罗马教皇缔结《宗教条约》，其效力竟达百余年之久。约中声言罗马旧教既为法国大部人民所信奉，则其一切仪式当然可以自由遵守；教皇与法国政府应协同规划法国之教区；凡主教由第一执政官任命之，唯须得教皇之认可；至于下级教士则由主教选任之。凡主教及下级教士之薪俸均由政府供给，唯须宣誓遵守共和制之宪法。凡教会财产之尚未售去者仍交还主教，唯已售去之财产教皇不得干涉之。

波那帕脱使教会附属于政府　实则波那帕脱并无使政教分离之意，盖第一执政官既有任命主教之权，则教会隐为政府之附属机关也。教皇虽有认可之权，然易流为一种形式而已。主教所选之教士不得有反对政府之态度；教皇之命令非得法国政府之允许不得行于国中。

教会所受革命之影响　一八〇一年之《宗教条约》虽颇有与昔日王政时代相同者，然自革命而后教会之种种旧制已为之一扫而空。如教会领土、封建权利、什一之税、修道士之制、教会法院、宗教专制，虐杀异端之权利等无不废除殆尽。而波那帕脱亦初无恢复此种旧制之心也。

逃亡在外贵族之返国　至对于逃亡在外之贵族，波那帕脱下令不得再增其人数于名册之上。同时并于册中注销其姓名或交还其财产。恢复贵族亲友之公权。一八〇二年四月下大赦之令，因之贵族返国者竟达四万户。

旧习之恢复　恐怖时代之种种新习亦渐废止。国人复用“先生”“太太”等称号以代“公民”或“女公民”。街道之名概复其旧。昔日贵族之尊称仍许延用。推勒里宫中之生活亦与王室无异。盖波那帕脱至是已不啻法国之君主矣。

法国人民之爱戴　法国自革命以来，国内纠纷已十余载。人民厌乱之心早已昭著。一旦有人焉战胜强邻于国外，恢复秩序于国中，郅治之隆指日可待，其加惠国民为何如耶！法国人生息于专制政体之下者已非一日，则其爱戴波那帕脱也岂非势所必至者耶？

拿破仑法典　波那帕脱一生之事业以编订法典为最著。昔日紊乱之法律虽屡经革命时代各立法机关之修订，然未成统系。波那帕脱知其然也，乃特派数人任修订之责。初稿既成，乃提出国务会议讨论之，第一执政官尤具卓识。其结果即为世界著名之《拿破仑法典》。应用之者不仅法国而已，即莱因河畔之普鲁士、巴威、巴登、荷兰、比利时、意大利、北美洲之路易斯安那州诸地之法律亦莫不以此为根据。此外并编订刑法及商法。各种法典无不有平等主义贯彻其中，法国革命之利益遂因之远播于国外。

波那帕脱之称帝改名为拿破仑第一　波那帕脱生性专制。而法国自一七九九年十一月九日政变以后，所谓共和政府本已徒有其名。波那帕脱屡屡改订共和之宪法，隐集政权于一身。一八〇二年被选为终身执政官，并有选择后任者之权利。然此尚不足以满其意。彼既有帝王之实，并望居帝王之名。深信君主之政体，雅慕君主之威仪。其时王党中人有阴谋倾覆波那帕脱之举。彼遂有所借口而为称帝之要求。示意于上议令其劝进。一八〇四年五月上议院上尊号，并予波那帕脱之子孙以世袭之权。

推勒里新宫　是年十二月二日，波那帕脱加冕于圣母院大礼拜堂，改称法国皇帝拿破仑第一。教皇躬自罗马来观礼，波那帕脱不待教皇之举手即自加其冕以示其不服之意。重修推勒里宫以为新君起居之所。请舍居耳（Ségur）及冈邦夫人（Madame de Campan）二人入宫中任指导宫廷仪节之责。又新定贵爵以代一七九〇年所废之贵族制。封其叔为大施赈官(Grand Almoner)，任塔力蓝为御前侍从官长(Lord High Chamberlain)，度洛克(Duroc)为巡警总监(High Constable)，任大将十四人为法国元帅。共和党人见之，有痛恨者，亦有窃笑者，拿破仑不之顾也。

出版物之检查　拿破仑即位以后渐形专横，尤恶他人之评论。当其任执政官时，旧日新闻纸之被封者已属甚多，并不许人民之新设报社。至是查禁尤厉。凡消息均由警察机关供给之，对于皇帝不敢稍有非议。并下令“凡有害于法国之新闻一概不得登载”。除政府公报外，彼固不愿有其他报纸之存在也。

第二节　拿破仑灭神圣罗马帝国

拿破仑对战争之意见　法国人虽大都厌乱，然拿破仑为维持其地位起见有不能不战之苦。一八〇二年夏间曾向国务会议言曰：“假使西部欧洲诸国有重开战端之意者则愈速愈妙，盖为日过久则若辈渐忘其失败之耻，吾人亦且渐减战胜之荣也。……法国所要者乃光荣之事业，则战争尚矣。……邻国而欲和平也吾亦何尝不愿，然一旦有战争之必要则吾且先发制人矣。……就法国现状而论，吾以为所谓和平条约者不过停战条约而已，而吾之将来必以继续战争为事者也。”

拿破仑欲为欧洲之皇帝　一八〇四年拿破仑曾向人言：“欧洲若不统治于一人之下则将来永无和平之一日，必有皇帝一人，以各国国王为其官吏，分各国领土于诸将，凡意大利、巴威、瑞士、荷兰诸国均应封一人为王，而兼为皇帝之官吏。此种理想不久即有实现之一日。”

英国反对拿破仑之理由　英国、法国间虽于一八〇二年三月有亚眠之约，然常有破裂之虞。求其理由不一而足。言其著者则拿破仑显有征服欧洲之野心，而对于输入法国领土之货物又复重征关税。英国工商界中人莫不惊惧。英国人固极愿和平，然和平适足以增进法国商业之发达以不利于英国。此英国之所以终以战胜法国为目的也。故其他各国皆有与法国媾和之举，而英国则自与法国重启战端以后直至法国皇帝为俘虏时方罢干戈。

一八〇三年英法间战端之再启　一八〇三年五月英国、法国两国间之战端为之重启。拿破仑急率兵占据汉诺威，并宣布封锁自汉诺威至俄特兰陀(Otranto)间之海岸。荷兰、西班牙及力究立亚共和国均令其供给军队或饷糈，而禁止英国船只之入其海港。

拿破仑拟入侵英国　不久拿破仑遣军驻布伦(Boulogne)，此地与英国仅隔一峡，朝发可以夕至，英国人大恐。彼并集多数船只于港外，日以登船下船诸法训练兵士，入侵英国之意昭然若揭。然英国法国间之海峡虽狭，而风涛险恶，船渡不易，运送大队兵士几不可能。至于拿破仑是否真有入侵英国之意虽不可知，谓其为欧洲大陆战争之备亦未可料。然英国人已饱受虚惊矣。

亚历山大第一与英联合　一八〇三年八月俄罗斯新帝亚历山大第一有调和英国法国之举。拿破仑不允。次年拿破仑并有入侵他国之预备，同时并以翁季盎(Enghien)公阴谋倾覆拿破仑之故而杀之。俄罗斯皇帝大愤，乃与英国联盟以驱逐法国人于荷兰、瑞士、意大利及汉诺威诸国之外为目的，时一八〇五年四月也。至于欧洲政局则开一国际公会以解决之。

奥地利加入联盟普鲁士严守中立　奥地利鉴于拿破仑之发展北部意大利足为己患，乃急加入俄罗斯与英国之同盟。盖一八〇五年五月拿破仑自称为意大利王，并合并力究立亚共和国于法国也。当日并谣传法国有攫夺奥地利领土威尼斯之意。普鲁士王腓特烈威廉第三庸懦保守，不敢加入反对法国之同盟。然同时法国虽有割让汉诺威于普鲁士之意，普鲁士王亦终不敢与拿破仑携手。卒以严守中立之故丧失甚巨。

拿破仑专意于奥地利　拿破仑极欲扩充其海上势力以凌驾英国人之上，盖英国军舰一日驻守英国之海峡，则法国军队一日无渡海入英国之望也。然英国海军竟能包围法国使不得逞。法国入侵英国之举从此绝望。一八〇五年八月二十七日，拿破仑不得已移驻在布伦之军队向南部德国而进，以与奥地利军对垒。

乌尔穆之战及维也纳之陷落 拿破仑故意集其军队于斯特拉斯堡附近，奥地利将军麦克(Mack)率军直趋乌尔穆(Ulm)以御之。不意法国军队实绕道北方马因斯及科不林士(Coblenz)诸地而东。十月十四日占据慕尼克(Munich)，以截奥地利军之后路。是月二十日奥地利将麦克所率之军被围于乌尔穆，不得已纳降，全军六万余人被虏，法国军士死伤者仅数百人而已。法国军队乃向维也纳而进，是月三十一日入其城。

奥斯特里齐之战 德国皇帝法兰西斯第二闻法国军队之东来，急离其都城向北而遁，以便与俄罗斯之援军合。奥地利与俄罗斯之联军决与法国军队一战。乃驻军于奥斯特里齐(Austerlitz)村附近小山之上。十二月二日俄罗斯军队下山攻法国军，法国军急占其山以攻俄罗斯军之后。联军大败，淹死山下小湖中者无算。俄罗斯帝率其残军以退，德国皇帝不得已与法国缔普勒斯堡(Pressburg)之约，时十二月二十六日也。

普勒斯堡和约 和约中规定奥地利承认拿破仑在意大利一切之变更，并割让坎坡福米奥约中规定奥地利属威尼斯领土于意大利王国。奥地利并割让提罗尔于巴威，并割其他领土以与符腾堡及巴登，盖凡此诸邦皆与法国交好者也。法兰西斯第二并以神圣罗马皇帝之地位进封巴威及符腾堡两地之诸侯为王，与巴登公同享统治之权，其地位与奥地利及普鲁士之君主等。

莱因河同盟 普勒斯堡和约于德国史上极有关系。盖诸大邦既离帝国而独立，实肇他日组织同盟援助法国之基。一八〇六年夏，巴威、符腾堡及巴登与其他十三邦果有同盟之组织，名莱因河同盟(Confederation of the Rhine)，受法国皇帝之保护。并供给军队六万三千人，由法国人训练之，备拿破仑战争之用。

拿破仑不认神圣罗马帝国之存在 八月一日拿破仑向在拉的斯本(Ratisbon)之神圣罗马帝国公会宣言曰："吾之所以愿受莱因河同盟保护者之称号，本为法国人及其邻国之利害起见。至于神圣罗马帝国名存实亡，实不能再认其存在。而且国内诸邦多已独立，若任帝国之继续，不且益滋纷扰耶？”

神圣罗马皇帝之改称号　德国皇帝法兰西斯第二与昔日诸帝同，兼领奥地利之领土。兼称匈牙利、波希米亚、哥罗西亚(Croatia)、加里西亚(Galicia)及雷奥多麦利亚(Laodameria)诸地之王，洛林、威尼斯、萨尔斯堡诸地之公等等。当拿破仑称帝时，法兰西斯第二遂弃其繁复之称号，而以较简之世袭奥地利皇帝及匈牙利王代之。

法兰西斯第二之退位及神圣罗马帝国之灭亡　自普勒斯堡和约缔结以来，德国南部有莱因河同盟之组织。德国皇帝法兰西斯第二深知所谓神圣罗马皇帝者已同虚设，故于一八〇六年八月六日有退位之举。一千八百年来之神圣罗马帝国至是遂亡。

拿破仑之分封其兄弟　拿破仑壹心于建设“真正法兰西帝国”，使四邻诸国均入附于法国为目的。奥斯特里齐战后，即宣言废那不勒斯王斐迪南第四。并遣将入南部意大利“以逐其罪妇于御座之外”。盖因王后喀罗林有联络英国人之举也。三月中封其兄约瑟为那不勒斯及西西里之王，封其弟路易为荷兰之王。

第三节　普鲁士之失败

普鲁士之被逼而战　普鲁士为欧洲大陆强国之一，自一七九五年来即与法国媾和而严守中立。当一八〇五年时，俄罗斯帝曾劝其联合以攻法国，普鲁士王不听。至是被拿破仑所逼，不得已再与法国战，然已陷于孤立无助之境矣。

汉诺威问题　此次战事重开之近因即为汉诺威之处置问题。该地当时本暂由腓特烈威廉第三负管理之责。一俟英国人同意即可入属于普鲁士。汉诺威介于普鲁士新旧领土之间，故普鲁士王急欲占为己有也。

拿破仑对待普鲁士之傲慢　拿破仑遂利用此种机会以图私利。

彼既使普鲁士大伤英国人之感情，并允许以汉诺威与普鲁士，同时并向英国王佐治第三表示交还汉诺威于英国之意。普鲁士人大愤，迫其王与法国宣战，王不得已允之。

普鲁士军队在耶拿为法军所败 其时统率普鲁士军队者为宿将不伦瑞克公。一八〇六年十月十四日于耶拿(Jéna)地方为法国军队所败。普鲁士人莫不惊惶失措。沿途要塞类多不战而陷，其王亦远遁于俄罗斯边疆之上。

波兰之役 拿破仑既战胜普鲁士，乃于一八〇六年十一月率兵入旧日波兰境，以与俄罗斯及普鲁士之联军战，败之于夫里兰(Friedland)地方。一八〇七年六月二十五日，俄罗斯皇帝与拿破仑会晤于尼门(Niemen)河中木筏之上。商订法国、俄罗斯、普鲁士三国间之的尔西特(Tilsit)条约。俄罗斯皇帝亚历山大第一至是已为法国皇帝所折服，弃其同盟之普鲁士，助法国以攻英国。

拿破仑既战胜普鲁士，遂夺其易北(Elbe)河西之地及第二第三两次分割波兰所得之领土。普鲁士于的尔西特条约中承认之。拿破仑遂建华沙大公国，以其友萨克森王兼治之。在西部则建西发里亚王国，以予其弟哲罗姆(Jerome)。

俄法间之秘密同盟条约 至于拿破仑之对待俄罗斯其态度极为和平。彼提议法国与俄罗斯间应结同盟以为平分欧洲大陆之计。俄罗斯皇帝允许其分裂普鲁士，并承认其在西部欧洲方面之各种改革事业。并谓假使英国王不愿与法国讲和，则俄罗斯当助法国以攻英国，并令丹麦及葡萄牙诸国禁止英国船只之入港。果能如是，则英国与西部欧洲之交通当然为之断绝。同时拿破仑并许俄罗斯皇帝夺取瑞典之芬兰(Finland)及土耳其之摩鲁达维亚(Moldavia)及窝雷启亚(Wallachia)诸省。

第四节　大陆封港政策

拿破仑摧残英国商业之计划 拿破仑之商订的尔西特条约显然

抱有摧残英国之深心。盖彼自行军以来，在欧洲大陆之上所向无敌，而在海上则屡遭挫败，心实不甘。一七九八年彼本目睹法国之海军尽歼于尼罗河口之外。一八〇五年当彼预备入侵英国时，法国之海军舰队又被困于布勒斯特(Brest)及加的斯(Cádiz)之二港。当彼大败奥地利军于乌尔穆之日，正英国大将纳尔逊大败法国海军于特拉法加(Trafalgar)之秋。拿破仑深知以兵力入侵英国势所不可，故遂壹意以摧残英国之工商业为务。以为绝英国人与大陆贸易之道必可以断英国人致富之源也。

拿破仑之柏林命令　一八〇六年英国宣布封锁自易北河口至布勒斯特之海港。拿破仑战胜普鲁士后，于同年十一月颁发《柏林命令》，宣言英国"绝无公平之观念及人类文明之高尚感情"。并谓英国人本无实力，而乃竟有封港之宣言，实系滥肆淫威罪在不赦。乃亦宣布封锁英国之三岛。凡寄往英国或用英国文所书之信札及包裹一概禁止其邮递。欧洲大陆诸国之附属于法国者不得与英国贸易。凡英国人之居于法国及其同盟诸国者均以俘虏待之，并籍没其财产为合法之战利品。实则拿破仑及其同盟并无实力以期其封锁政策之实行，所谓封锁者亦不过"纸面封锁"(paper blockade)而已。

米兰命令　一年之后英国对于法国及其同盟之海港亦宣布同样之纸面封锁。唯中立国船只之欲经过英国海港者必须领有英国政府之护照及缴纳出口税方得通行无阻。一八〇七年十二月拿破仑颁发《米兰命令》，宣言无论何国之船只凡服从英国之规定者均作敌船论，被法国船只拘获时即籍没之。受此种政策之影响者中立国中以北美洲合众国为最巨。故是年十二月美国政府有禁止船只出国之令。嗣因损失过巨，故于一八〇九年即复开与欧洲通商之禁。唯英国法国两国之商船不得驶入美国云。

拿破仑欲使欧洲不仰给于殖民地　拿破仑极信封锁政策之可行。不久英国一金镑之价格果由二十五佛郎跌至十七佛郎。英国商人亦颇有恳求政府与法国媾和之举。拿破仑益喜。彼又欲陷英国于一蹶不振之域，乃有使欧洲不仰给于殖民地之计划。提倡以苦苣代咖啡，种植萝卜以代蔗糖，发明各种染料以代靛青及洋红。然大陆封港维持不易，欧洲大陆人民多感不便。拿破仑乃不得不用严厉方法以求其实行，不得不扩充领土以伸长其海岸线。他日失败之祸未始非大陆封锁之制有以致之。

第五节　拿破仑之最得意时代（一八〇八年至一八一二年）

拿破仑对国内之政策　法国人所受拿破仑之惠极厚。秩序之恢复及一七八九年革命事业之保存皆彼一人之力也。彼虽牺牲多数法国之青年于战场之上；然其武功之盛，国势之隆，足以使全国之人民踌躇满志。

建筑　拿破仑欲以改良公共之事业为获得民心之具。故沿莱因河、地中海及阿尔卑斯山诸地修筑通衢大道，以便行旅；即在今日见者尤赞叹不止焉。又复广辟巴黎城内之林荫大道，修森河(Seine)上之船埠，造宏大之桥梁，建雄壮之凯旋门。中古黑暗之巴黎遂一变而为近世美丽之都会。

一八〇六年设大学　拿破仑欲使法国人永久爱戴之，乃有改革全国学校之举。一八〇六年组织“大学院”。所谓“大学院”者实无异全国教育董事部。其教科自小学以至大学皆备。“大学院”院长曰“总监督”(grand master)，其下有评议会以三十人组织之，专任编制全国学校规则、编纂教科书及任免全国教师诸责。“大学院”并有甚巨之基金，并设师范学校为培养师资之用。

钦定问答体教科书　政府得随时干涉学校之教授；地方官吏须随时视察各地之学校，报告其状况于内务大臣。“大学院”所编之第一册教科书名《钦定问答体教科书》。书中要旨有“基督教徒应感激其君主，而吾辈尤应敬爱，服从，忠顺吾国皇帝拿破仑第一，从戎纳税以维护帝国及其帝位。吾人并应为皇帝之安全及国家之隆盛上求天祐”等语。

贵族及勋位 拿破仑不特建设新官爵，而且定“荣光团”(Legion of Honor)之制，凡有功于国家者皆给以奖章而命之为团员。彼所封之“亲王”(princes)均得年金二十万佛郎。国务大臣、上院议员、国务会议会员及大主教，皆封之为“伯”，年得三万佛郎。至于武臣之年俸亦甚丰巨，其有功勋者则赐以“荣光团”勋章。

拿破仑之专制 拿破仑之专制与时俱进。政治犯之被逮者不下三千五百人。批评政府或谩骂皇帝者每罹被逮之祸。曾下令改《波那帕脱战史》之书名为《拿破仑大帝圣武纪》，并禁止德国城市中不得演席勒尔(Schiller)及歌德(Goethe)所编之戏剧。盖恐其激起德国人爱国之心而有叛乱之举也。

民族主义之兴起 自拿破仑得势以来，所与抗者不过各国之政府而已。至于人民之对于当日各种政变则漠不经心焉。然一旦民族精神激起以后，则法国皇帝之政制必有瓦解之一日。故拿破仑第一次之挫折竟来自民间，又岂彼之始料所及哉?

法军占据葡萄牙 拿破仑自的尔西特条约后即专注于西班牙半岛。彼与西班牙之王室原甚和好，唯葡萄牙仍与英国交通，允英国船只得以自由入港。一八〇七年十月拿破仑令葡萄牙政府向英国宣战，并令其籍没所有英国人之财产。葡萄牙仅允宣战，拿破仑遂遣举诺(Junot)率兵往。葡萄牙王室乘英国船遁往南美洲之巴西(Brazil)，法国军队遂占据葡萄牙，事虽轻易，然卒为拿破仑平生最失策之一事。

拿破仑封其兄约瑟为西班牙王 当时西班牙王室之内亦起纷争，拿破仑遂思合并之以为己有。一八〇八年春召其王查理第四及其太子斐迪南赴贝云(Bayonne)来会。拿破仑力劝其退位，西班牙王不得已从之。六月六日拿破仑封其兄约瑟为西班牙王，而以其妹夫缪拉(Murat)继约瑟入王那不勒斯。

西班牙之叛 约瑟于七月间入马得里(Madrid)。西班牙人因法国人之废其太子也，群起作乱。国内修道士亦以法国皇帝为侮辱教皇压制教会之人煽动人民以反抗之，败法国军队于贝伦(Bailén)地方。同时英国人又败法国军队于葡萄牙境内。七月下旬约瑟及法国军队退至厄波罗河(Ebro)以外。

西班牙之征服　十一月法国皇帝率精兵二十万人亲征西班牙。西班牙军队仅有十万人，兵穷粮缺。加以前次战胜，趾高气扬。法国军队所向披靡。十二月四日入其京城。

拿破仑在西班牙之改革　拿破仑既征服西班牙，遂下令废止所有旧日之遗制，许人民以职业上之自由。裁撤异端法院并没收其财产。封禁全国之寺院，留存者仅三分之一而已。禁止人民不得再有入寺修道之举。废止国内各省之税界，移税关于边境之上，凡此种种颇足以表明拿破仑以武力传播革命原理之功绩。

法军不得不久驻于西班牙　不久拿破仑即返巴黎，盖将有事于奥地利也。约瑟之王位殊不巩固，盖西班牙之"别动队"(Guerilla)极足以扰乱法国军队而有余也。

奥地利之侵法　拿破仑既与俄罗斯结好，奥地利大惧，盖恐一旦法国军队平定西班牙之乱即将有东征奥地利之举也。且奥地利之军队曾经改革，其兵士亦大有加增，故决于拿破仑专心于西班牙时乘虚以入侵法国，时一八〇九年四月也。

阿斯本及瓦格拉木之二役　拿破仑急向东而进，败奥地利军队于巴威，直捣奥地利京。然其战功不如一八〇五年时之速而且巨。五月二十一日至二十二日法国军队竟于阿斯本(Aspern)地方为奥地利军队所败。七月五日至六日方败奥地利军于京城附近之瓦格拉木(Wagram)。奥地利不得已求和。十月中订维也纳和约。

维也纳和约　奥地利声言此次战争之目的在于倾覆拿破仑之属国制与恢复昔日之原状。自瓦格拉木战后，奥地利反割地以与巴威；割加里西亚以与华沙大公国；并割亚得里亚(Adriatic)海岸之地以与拿破仑，名其地曰伊立连省(Illyria)，直隶于法兰西帝国。

拿破仑之再娶　其时奥地利之内阁总理梅特涅(Metternich)极欲与法国修好，主张奥地利之王室应与法国皇帝联姻。拿破仑亦颇以无嗣为忧。皇后约瑟芬既无出，乃与之离婚。一八一〇年四月娶奥地利公主马利亚路易萨(Maria Louisa)为后。不久生太子称为

“罗马王”。

拿破仑重合教皇之领土于法　拿破仑方与奥地利战争时，宣言“重合”教皇之领土于法兰西帝国。彼以为昔日法国先帝查理曼(Charlemagne)予教皇以领土，今为法国安宁起见不得不收回以重合于法国云。

合并荷兰及汉萨同盟诸城　荷兰曾改建为王国，由拿破仑之弟路易统治之。路易与其兄之意见向来不合，拿破仑遂于一八一〇年合并荷兰及北部德国一带地——包有布勒门、汉堡及律伯克诸城——于法国。

拿破仑势力极盛时代　至是拿破仑之势力实已达于极盛之域。西部欧洲诸国除英国外无不仰其鼻息。法国境界北滨波罗的海，南达那不勒斯湾，并包有亚得里亚海边一带地。法国皇帝并兼任意大利王及莱因河同盟之保护者。其兄为西班牙王，其妹夫为那不勒斯王。波兰中兴，改建华沙大公国，而附属于法国。奥地利之国土日促一日。法国区域之广，皇帝势力之宏，欧洲史上殆无其匹。

第六节　拿破仑之败亡

拿破仑事业之不稳　拿破仑虽才兼文武，然欲维持其帝国于不敝迄无方法。彼虽力能屈服西部欧洲诸国之君主，而不能阻止蒸蒸日上之民族精神。盖西班牙、德国及意大利之人民至是均以屈服于法国皇帝之下为可耻也。而且欧洲列强之中不服属于法国者尚有二国即英国及俄罗斯是也。

在西班牙之英人(一八〇八年至一八一二年)　英国人不特不因大陆封锁以与法国求和，而且屡败法国之海军，渐登欧洲大陆以与法国战。一八〇八年八月英国大将威灵敦(Wellington)公率军队于葡萄牙登陆，逐举诺及法国军队于葡萄牙之外。当次年拿破仑有事于东方时，英国军队侵入西班牙，大败法国军。英国军队乃退回葡萄牙，修筑要塞炮台于里斯本附近之海角上以为行军之根据地。法国军队驻守西班牙者凡三十万人。故拿破仑实未尝征服西班牙，而西班牙之战争适足以消耗法国军队之精华，而壮敌人之胆。

拿破仑与亚历山大第一之关系 欧洲大陆诸国中唯俄罗斯始终不受法国之约束。至是两国虽仍遵守的尔西特条约之规定，然两国之间颇多误会。盖拿破仑不但不助俄罗斯以获得多瑙河诸省于土耳其人之手，而且阴破坏之。加以拿破仑或有再造波兰王国之心，将为俄罗斯他日之患。

俄罗斯不能遵守大陆封锁政策 然最困难者莫过于俄罗斯之不愿遵守大陆封锁制。俄罗斯皇帝虽愿根据的尔西特条约不允英国船只之入港，然不愿并禁中立国之商船。盖俄罗斯之天产物不能不设法以销售于他国，同时又不能不输入英国制造品及热带上之天产品也。故俄罗斯人之生活及安宁不得不有赖于中立国之船只。

拿破仑决意入侵俄罗斯 拿破仑以为俄罗斯之举动极足以妨碍大陆封锁政策之实行，遂有入侵俄罗斯之预备。一八一二年彼以为东征之时机已至。其时廷臣中颇有以越国过都危险殊甚为言者。拿破仑不听，乃募集新军五十万人屯驻俄罗斯边境之上以为作战之备。军中类多年少之法国人及同盟诸国之军队。

俄罗斯之战役 拿破仑东征俄罗斯之困难情形兹不细述。彼以为征服俄罗斯非三年不可。然不得不与俄罗斯战而获胜一次。俄罗斯军队不战而退，沿途焚掠一空。法国人深入以追逐之。九月七日两军战于波罗底诺(Borodino)地方，法国军大胜。七日后入其旧都莫斯科(Moscow)。然兵士之死亡者已达十万余人矣。法国军队将抵俄罗斯旧京之前城中大火，昔日富庶之区顿变荒凉之地。法国人既入城绝无养生之资，不得已而退。时值隆冬，天寒食缺。沿途复受俄罗斯人民之蹂躏，法国军士死亡相继，悲惨之剧殆无伦匹。十二月返达波兰，法国军队之存者仅得二万人而已。

拿破仑召募新军 拿破仑既返巴黎，伪言东征之法国军现尚无恙。实则兵士之死亡者其数甚巨。不得不召募新军六十万人以继续其战事。新军中除年老兵士外并募有至一八一四年方可入伍之兵士十五万人。

普鲁士所受之苦痛　拿破仑之同盟离叛最早者厥唯普鲁士，盖非偶然。普鲁士所受之苦痛不一而足。拿破仑既夺其地，并侮辱其政府，迫普鲁士王流其能臣斯泰因(Stein)于国外。凡普鲁士有改革之举则设法阻止之。

普鲁士耶拿战后之改革事业　普鲁士虽经腓特烈大王之改革，然在耶拿之战以前国内状况颇似中古。农民地位犹是佃奴。社会之中犹分阶级，——贵族、市民、农民。各级间之土地不得互相交易。既有耶拿之战，又有的尔西特之约，普鲁士之领土丧失殊巨，国人颇有归咎于旧制之不善者。虽普鲁士之君主及其廷臣并无彻底改革之意，然斯泰因及哈登堡(Hardenberg)亲王辈力主维新，其结果则政府亦不得不从事于改革之举。

佃奴制之废止　一八〇七年十月普鲁士王下令“除去阻止个人力能获得幸福之障碍”，废佃奴及阶级制。无论何人均得自由购买土地。

近世普鲁士军队之起源　普鲁士旧日腓特烈大王之军队至耶拿战后元气大伤。的尔西特订约后普鲁士遂从事于军队之改革，以实行全国皆兵之制为目的。拿破仑仅许普鲁士养兵四万二千人，而普鲁士之改革家则常常添募新兵，令退伍者为后备兵。故军队之数目虽有限制，而不久即得能战之兵十五万人。此种全国皆兵制他日风行于欧洲大陆各国，为一九一四年大战时各国军队之根据。

斐希特之演讲　佃奴及阶级诸制既废，普鲁士人颇注意于激起民族精神之举。此种运动之领袖为著名哲学家斐希特(Fichte)其人。彼于耶拿战后一八〇七年至一八〇八年间在柏林举行公开之演讲。彼以为德国人实为世界民族之最优者。其他诸民族皆已盛极而衰；世界之将来非德国人莫属。因德国人天赋独厚必有为世界领袖之一日。又谓德国语言文字之优壮远胜于弱懦之法国文及意大利文。雄辩滔滔闻者莫不感动。以后德国之著作家、经济学家、哲学家及教士莫不追随斐希特之后，尽力于养成自重轻人之习。

柏林大学之设立　欧洲大战以前之柏林大学建设于一八一〇年，为世界最著最大高等教育机关之一。第一年入学之学生仅四百五十八人而已。学生中组织所谓“进德同盟”（League of Virtue）以提倡爱国仇法为主。普鲁士人民同仇敌忾之心大为激起。

约克之叛离 当拿破仑东征俄罗斯时，普鲁士所供给之军队由约克（York）统率之。因未与战事，故其军未败。迨拿破仑自莫斯科败退时约克遂叛，倒戈以助俄罗斯。

普鲁士与俄罗斯反攻拿破仑 普鲁士王鉴于约克之行动及公意之逼迫不得已于一八一三年二月二十七日与俄罗斯订同盟之约。俄罗斯允许必俟普鲁士恢复耶拿战前领土后方罢干戈。普鲁士以第二第三两次分割波兰所得之领土割让于俄罗斯而得德国北部之地。此条规定关系甚大。三月十七日腓特烈威廉第三下令于“我之人民”——勃兰登堡人、普鲁士人、西利西亚人、波美拉尼亚人及立陶宛人——应取法西班牙人以驱逐外国暴君为职志。

萨克森之战役 假使奥地利、意大利及莱因河同盟仍能援助拿破仑者，则彼之地位正未易摇动。一八一三年拿破仑率新军向莱比锡（Leipzig）而进，以攻普鲁士与俄罗斯之联军。于五月二日败联军于吕层（Lützen）地方，乃长驱直入萨克森都城德勒斯登（Dresden）。于八月二十六日至二十七日之间有最后德勒斯登之战。联军又复大败。

奥地利与瑞典反攻拿破仑 拿破仑之地位渐形摇动，梅特涅之友谊亦渐形冷落。梅特涅之意以为拿破仑若能放弃其一八〇六年后所得领土之一部分，则奥地利与法国间之同盟不难维持永久。拿破仑不允，奥地利遂与联军合攻之。同时瑞典亦加入联军，遣兵入北部德国。

莱比锡之役 拿破仑既知俄罗斯、普鲁士、奥地利及瑞典有联合来攻之举，急向莱比锡而退。于此地与联军战，先后凡四日（十六日至十九日），法国军队大败，死伤不下十二万人。即德国人所谓“民族之战”（Battle of Nations）是也。拿破仑既败，莱因河同盟先叛。哲罗姆弃西发里亚王国而遁，荷兰人亦起逐国内之法国军。英国大将威灵敦援助西班牙以逐法国人，至一八一三年冬，西班牙境内已无法国人足迹。威灵敦遂能越庇里尼斯山以侵入法国境。

联军入占巴黎　拿破仑虽败，联军诸国尚欲与之言和，而以拿破仑放弃法国以外之领土为条件。拿破仑不允。联军遂侵入法国境，于一八一四年三月三十一日攻陷巴黎。拿破仑不得已退职，联军许其仍得用帝号退居厄尔巴(Elba)岛。称号虽尊，实同俘虏。法国波旁族乃有复辟之举。

拿破仑之返国　法国王既复辟，一切措施颇不满法国人民之意，同时联盟各国又复互相猜忌未能一致。拿破仑闻之，遂于一八一五年三月一日遁出厄尔巴岛而返国。军队颇有闻风来会者。至于人民之态度虽不反对，然已无热忱。盖拿破仑虽以和平自由诸主义相号召，已不足以取信于国人。且联盟各国虽有互相猜忌之迹，然其仇视拿破仑则始终一致。故法国皇帝返国时，联盟各国遂合力以驱逐之。

滑铁庐之战　拿破仑闻英国大将威灵敦及普鲁士大将布吕协(Blücher)已率军抵尼德兰，乃急亲率新军以御之。战败普鲁士之军队。英国军队驻于滑铁庐(Waterloo)，拿破仑于六月十八日率军攻之。英国军队几不能支，幸普鲁士军来援，遂大败法国军。

拿破仑被流于圣赫勒拿岛　拿破仑既败乃向海岸而遁。然英国军舰林立不可复进，不得已投入英国船。其意以为英国人或有宽容之意。不意英国政府仍以俘虏待之，流之于大西洋南部圣赫勒拿(St. Helena)岛中。居此六年，忧愤成疾而卒，时一八二一年五月五日也。

> 拿破仑之被拘于圣赫勒拿岛在欧洲通史上生出二种神情。被拘一事不但使后人念末路之英雄生同情之感慨；而且使读史者常想其功业之盛而忘其暴厉之行。……旧日伟人竟流于万里重洋之外，殁于荒凉穷岛之中，至今尚令人尝于海市蜃楼中见拿破仑其人也。

第四卷　自维也纳会议至普法战争

第十三章

维也纳会议及欧洲之再造

第一节　维也纳会议及其事业

改造欧洲地图之困难　拿破仑败亡以后改造欧洲地图异常困难。数百年来之旧境莫不因连年战争之故一扫而空。古国之灭亡者不可胜数——如威尼斯、热那亚、皮德梦特、教皇领土、荷兰及无数德国中之小邦。凡此诸国或合并于法国，或合并于邻邦，或改建为新国——如意大利王国，如西发里亚王国，如莱因河同盟，如华沙大公国。其他旧国除英国、俄罗斯外均能扩充疆土，更易君主，或变更制度。拿破仑退位后，亡国君主之要求恢复者不一而足。英国、奥地利、俄罗斯、普鲁士四国挟战胜之余威，自居于公断者之地位。然诸国以自私自利为心，处置不能公允。

第一次巴黎和约　困难较小之处已于第一次巴黎和约中（一八一四年五月三十日）解决之。如允路易十六之兄布罗温斯伯复辟，称路易十八。法国疆界本许其得仍一七九二年十一月一日之旧。后因拿破仑自厄尔巴岛返国法国人迎立之故，故夺其萨伏衣之地。又议建尼德兰王国，以奥伦治族统治之。德国诸小邦联合而成同盟。承认瑞士之独立。并恢复意大利诸王国。至于重要问题则留与秋间维也纳会议解决之。

荷兰王国并得奥属尼德兰　维也纳会议之政策与旧日同，一本强国之主张，不问人民之意向。联盟诸国议决建设荷兰王国。并因防御法国入侵起见，以奥地利所领之尼德兰予之。其不顾两地语言、习俗及宗教之不同正与昔日西班牙与奥地利之以武力征服之者无异。

德国内部之合并　德国内部领土问题之解决骤视之颇为困难，而处置并不棘手。国内除小诸侯及教士外对于一八〇三年之事业已无复稍存异心者。神圣罗马帝国之恢复亦皆视为无望。然德国人均知余存三十八邦有联合之必要。故三十八邦遂建一极其疏弛之同盟，许昔日莱因河同盟中诸国仍得享旧日之权利。昔日莱因河西之德国领土四分五裂形同瓦解，致法国人常存思逞之心。自一八一五年后普鲁士得莱因河上之地，加以得巴登、符腾堡及巴威三国之援助，法国人遂不敢复存侵略德国领土之意。

奥地利在意大利之势力　意大利国内形势之散漫与法国革命以前无异。拿破仑极盛时代曾合并诸小邦为意大利王国，而自兼王位。以那不勒斯王国予缪拉。至于皮德梦特、热那亚、多斯加纳及教皇领土均合并于法国。至是联盟诸强国一反拿破仑之所为，恢复昔日诸王国。多斯加纳、摩德拿、教皇领土及那不勒斯等无不有复辟之举。而以帕马一地与拿破仑之后马利亚路易萨。撒地尼亚王归自海外，入驻吐林。至于热那亚及威尼斯二共和国在会议中已无人顾及之。以热那亚之领土予撒地尼亚为抵御法国之备。奥地利因丧失尼德兰领土故以威尼斯之领土偿之，遂与昔日之米兰公国合并而成伦巴底威尼西亚王国（Lombardie-Venetia）。

瑞士　关于瑞士困难较少。维也纳会议承认瑞士各州为自由平等之区域，并承认瑞士为局外中立国，无论何国不得率兵入侵或经过其领土。各州遂订新宪法，建瑞士联邦，共有小州二十二。

瑞典挪威之合并　维也纳会议承认瑞典与挪威合并，同属于拿破仑大将伯纳佗特(Bernadotte)之下。挪威人抗不遵命，自订宪法，自选国王。伯纳佗特乃允挪威人得另订宪法及政府，至于王位则由彼兼领。此为瑞典挪威“属身结合”(personal union)之始，至一九〇五年十月两国方分离独立焉。

俄罗斯及普鲁士二国之处置华沙大公国及萨克森王国 关于上述种种之处置，会议中人颇能和衷共济。迨俄罗斯及普鲁士两国之要求提出后，会议中意见纷歧争执甚烈，同盟诸国间几起战事。因之拿破仑有自厄尔巴岛遁回法国之举。俄罗斯极欲得华沙大公国，与俄罗斯属波兰合并而设王国，以属于俄罗斯之皇帝。普鲁士王颇赞助之，唯须以萨克森王国之领土附属于普鲁士为条件。

英奥法三国反对俄普二国之计划 奥地利与英国颇反对俄罗斯及普鲁士二国之计划。盖英国与奥地利二国雅不愿萨克森王国之灭亡，尤不愿俄罗斯势力之西进。而且俄罗斯所欲得之华沙大公国其领土之一部分原属于奥地利。法国外交家塔力蓝遂乘机以间离英国、普鲁士、奥地利、俄罗斯四国之感情。同盟诸国先本抱藐视法国之心，至是英国与奥地利颇欲得法国之欢心以为己助。塔力蓝承路易十八之意于一八一五年一月三日与英国奥地利密订同盟之约，以武力援助二国以抵抗俄罗斯与普鲁士。甚至行军计划亦已运筹就绪。三十年来扰乱欧洲和平之法国至是复入列于强国之林，不可谓非塔力蓝之功也。

俄罗斯得波兰普鲁士之势力及于莱因河 诸国之间卒用折衷主义以调和其意见之异同。俄罗斯让出华沙大公国领土之一部分，但仍得如愿另建波兰王国。普鲁士得萨克森王国领土之半及莱因河左岸之地。普鲁士虽失波兰人所居之领土，而所得新地之民族纯系德国种，实为他日普鲁士独霸德国之基。

第二节　革命时代之结果民族精神

一八一五年之欧洲与乌得勒支和议后之欧洲之比较 试将维也

纳会议后之欧洲地图与百年前乌得勒支和议后之状况相较，即可知其变化极显而巨。大抵小国之数大减，各地均有合并统一之迹。荷兰与奥地利所领之尼德兰合建王国。神圣罗马帝国四分五裂至是灭亡，而以三十八邦之同盟代之。普鲁士之领土大有增加。波兰王国至是复现，然领土较昔为狭，而且已非独立之邦。其领土虽有割让于普鲁士与奥地利者，然大部分则属于俄罗斯。奥地利虽失尼德兰，然得威尼斯共和国之领土。至于撒地尼亚王则得热那亚及其附近一带地。其余意大利诸地犹仍昔日分崩离析之旧。

英国得锡兰岛与好望角　英国此次所得之领土与西班牙王位战争时同，多系海外殖民地，其最要者为印度东南角之锡兰岛及非洲南端之好望角。好望角本荷兰属地，因荷兰入附拿破仑之故英国于一八〇六年夺而据之。实开他日英国非洲南部领土发展之局。

一八一五年时英国殖民地之广大　英国虽于法国革命将起之际丧失北美洲殖民地，然至一八一五年时已植他日商业殖民事业之基。其在北美洲则加拿大与除阿拉斯加(Alaska)以外之西北部皆为其所有。西印度群岛中之英国领地为与南美洲通商之孔道。直布罗陀(Gibraltar)又为入地中海之门户。好望角一区不但为他日北入非洲沃地之根据，而且足以扼印度航路之咽喉。其在印度则孟加拉一带及东西两岸已入于英国人势力之下，殖民帝国造端于此。此外在太平洋之南部尚有澳洲，先为罪犯远戍之区，卒变为人民富庶之地。加以海军甚强，商船独夥，雄霸海上，岂偶然哉！

贩奴之禁止　维也纳会议并革除欧洲自古相传之陋习，即贩卖黑奴是也。会议中虽仅宣言贩卖黑奴实违反文明及人权诸原理；然因英国主张甚力之故，除西班牙、葡萄牙二国外，莫不设法革除贩奴之恶业。盖贩奴事业之残酷在十八世纪时已为英国、法国二国人所不忍闻。一八〇七年三月英国国会有禁止人民贩奴之议案。一八一三年瑞典亦起而仿行之。一年后荷兰亦如之。当拿破仑自厄尔巴岛返国时，因欲交欢于英国故亦有禁止法国人贩奴之举。

民族主义之漠视　拿破仑之事业除变更欧洲地图及传播革命原理之外，当以民族精神之激起为最有关系。十九世纪之所以异于十八世纪者即在于此。当法国革命以前国际战争专以君主之意为依据，而人民不与焉。领土分配亦唯以君主之意为标准，不问居民之意向何如。盖皆只求领土之增加不问种族之同异也。

法国国民议会宣言君主对于人民应负责任　然一七八九年法国所宣布之《人权宣言》中曾谓法律为民意之表示，凡公民皆有参政之权利。君主与官吏之行动均对于人民负责任。此种观念发生之后，人民对于政治上之兴趣于以激起。政治领袖接踵而起。新闻报纸遂渐以讨论国事为务。而政治集会亦因之纷起矣。

民族主义之兴起　各种民族渐觉其各有语言各有习俗以自异于他国。德国、意大利、希腊诸国之爱国者类皆回顾古代之光荣，以激起人民爱国之热诚。所谓民族主义者即各国之政府应适合于各国传统之习俗而以本国人治之；凡异族入主或君主任意处置其领土者皆视为不当。此种精神发端于法国革命之初，至十九世纪而益著。意大利、德意志二国之统一，希腊及巴尔干(Balkan)半岛上诸国之离叛土耳其，一九一四年欧洲大战之开端，皆民族精神有以致之。

第三节　神圣同盟及梅特涅之反对革命

一八一五年后之复古精神　一八一五年六月维也纳会议将其议决各种条约汇成一集名曰《最后议案》(*Final Act*)。数日之后拿破仑大败于滑铁庐，不久被流于圣赫勒拿岛，十五年来之恐怖至是涣然冰释。复辟之君主鉴于二十五年来之干戈云扰战争连年，凡有提及改革者莫不谈虎色变，惊惶不可名状。革命二字尤为逆耳。盖不但为君主所不喜，即贵族教士亦颇不愿闻也。

神圣同盟之组织　维也纳会议虽已告终，然欲维持其会议之结果与防止革命余烬之复燃则诸国间之同盟显有继续存在之必要。俄罗斯皇帝亚历山大第一有组织宗教同盟以维持和平之计划，即“神圣同盟”(The Holy Alliance)是也。奥地利皇帝及普鲁士王均赞许之，遂于一八一五年九月间宣布成立。三国君主以同志相待，为“统治一家三族之上帝代表”。其他诸国之君主如能承认其原理者则许其加入同盟而为同志之一。

神圣同盟并非阻止革命之同盟　俄罗斯皇帝与普鲁士王二人颇具宗教之热忱，故对于神圣同盟极具维持之诚意。然当日各国外交家心目之中，以为所谓神圣同盟者实俄罗斯皇帝之一种幻想。实则神圣同盟之组织并非压制革命之机关。其条文中并不提及革命危险之宜屏除或会议结果之宜维持。然当日新闻纸及改革家仍多以神圣同盟为列强反抗革命之组织。并非以上帝之名行亲爱之实，实隐受梅特涅焚涅堡奥卡森哈森（Metternich-Winneburg-Ochsenhausen）亲王之指导，专以压止改革为事者也。

梅特涅之政治主张　拿破仑败亡以后，欧洲最著之政治家当首推奥地利宰相梅特涅。彼生于一七七三年，自法国革命以来即抱仇视改革之意。一八〇九年后身任宰相，凡有提及宪法二字或民族统一者彼均以革命目之。

民族精神实不利于奥地利　彼本仇视改革者，又因鉴于奥地利国内情状之独异，故其仇视益甚。而且欧洲诸国受法国革命之祸最烈者除普鲁士外首推奥地利。假使民族主义日盛一日，则奥地利国内之各种民族——如德国人、捷克人、波兰人、匈牙利人、意大利人等——将群起革命而要求宪法。奥地利、意大利、德国等诸国偶有革新思想，即有覆灭人种复杂之奥地利之虞。故梅特涅之意所谓保存奥地利即压制革命，亦即维持欧洲之和平。

秘密同盟　一八一五年十二月二十日，奥地利、普鲁士、英国及俄罗斯四国缔结秘密同盟之约以维持欧洲之和平。并规定诸国间常开有定期之会以筹谋公共之利害及应付之方法。此实一种维持维也纳会议议决之国际公会矣。

爱斯拉沙伯公会　根据密约所开之第一次公会于一八一八年在爱斯拉沙伯（Aix-la-Chapelle）地方举行。商议联军退出法国境外之事。法国遂加入同盟。梅特涅之保守政策至是大行。

第四节　十九世纪初年之思想及文化

历史不仅以政治为限　自法国革命以来欧洲历史多述政治，抑若当时文化绝无足称者然。实则当日之农工商贾经营贸易依然如旧。当拿破仑自厄尔巴岛返国之日，正斯蒂芬孙(George Stephenson)发明机车之时。其影响之大远驾拿破仑武功之上。实业革命关系重大，另详下章。与工商业同时并进者尚有文学、美术及哲学。其关系之巨与工商业等。兹特略述其梗概。

十八世纪时代之文学颇受法国文化之影响　当十八世纪时代，欧洲文学颇受法国文化之影响。诗文多富丽而整齐，然不免有矫揉造作之病，如英国之德来登(Dryden)及颇普(Pope)，皆其著者也。盖自中古文艺复兴以来，考古精神大著于世，所谓教育者大都以研究古代希腊罗马之文学为务。为文者则仿西塞禄(Cicero)，赋诗者则仿味吉尔(Vergil)。所用之字以雅而不俗者为限，故为数甚少。所选题材以高尚者为限，盖以为古文体裁仅能适用于高尚题材也。其结果则所谓文学者不若今日之以常人常事为主，而以描述英雄功业为务。服尔德之著作颇能舒展自如，脱去古文窠臼。卢梭之负有文名亦因其能叛离古文独树一帜之故。

文学上之“自然”　英国虽无卢梭其人，然诗人朋斯(Robert Burns)及威至威士(Wordsworth)辈颇能破矫揉造作之习以返于自然，大受时人称誉。观其著述颇见当日读书之人已不仅以朝贵为限，盖中流社会中人亦已渐形得势矣。

浪漫主义　十九世纪之初拿破仑败亡之后文字上之传奇主义或浪漫主义(romanticism)大盛，专以描写古代光荣为事。当法国革命之中欧洲思想多非古而是今，希望将来，痛恶过去。至是文学名家多向于素所藐视之中古，津津乐道封建时代之生活。司各脱(Walter Scott)之诗文可称此派之领袖。浪漫派之文学由英国而入于法国与德国。自滑铁庐战后人民本皆抱复古之念，此派文学应运而生固非偶然。传奇派之文学虽足以塞人民注意现在之心，然因此而激起科学化历史之研究，其影响不可谓不巨也。

近代史学家　传奇派文学家所描写者多出诸幻想之中，而非真有其事。侠士佳人千篇一律，类出虚构并无其人。然因此而引起历史之研究。史家辈出均以搜求材料明了实情为能事。又因当日政治问题最为重大，民族主义正在发生，故史家心目之中莫不以政治与民族为其研究之资料。盖自法国革命以后，欧洲大陆诸国中民族主义方兴未艾。法国与德国二国之史家莫不以搜求本国民族史料为要务。自古至今搜罗殆尽。故十九世纪以后之历史知识远轶前代。其有功于后日之史学实非浅鲜。

德国历史家及其影响　德国自与拿破仑战后，爱国热忱骤然奋起，故研究历史之事业较他国尤为发达。德国人先屈于拿破仑，继又屈于梅特涅，战争与虐政之祸相继而来，故唯有回忆古代之光荣聊慰当日之痛苦。民族精神涵养既久，至一九一四年乃大著于世，盖皆十九世纪之史家有以致之。

德国之哲学家　十九世纪之初德国文学及思想，因有哲学、诗学及史学而益富。康德(Immanuel Kant)为近世第一哲学家。其最要之原理谓人类不特居于物质世界之中，亦且居于道德世界之内，人生原理当以“义务”为最要。其他哲学家如斐希特、黑格尔(Hegel)辈并谓“义务”之中当以服从国家为第一，又谓德国人及德国人之理想为世界史上之最精良者云。

德国之韵文　此期中德国有最大诗人而兼科学家歌德(Goethe)其人。其最著之著作为《浮士德》(*Faust*)剧本。剧中之浮士德本一学者沉湎于各种快乐之中，歌德将其经验及苦痛详述无遗，藉以了然于人欲及感情之作用。歌德并以善作乐府著名，而其科学思想亦甚精到。因研究动植物而发明进化之理，实开他日达尔文(Darwin)学说之先声。所著小说风行一世，为后日德国小说家之模范，以身心俱臻完美为其理想中之目的。至于彼之不喜普鲁士人及痛恶武力主义之处，正与诗家海涅(Heine)(一七九七年至一八五六年)同。

德国新文学之影响　德国文学在腓特烈第二时世人尚以俗而不雅视之，至是忽起而为世界文学上利器之一。至歌德而益著，真足令人惊异不止。腓特烈第二所著之诗文类皆弃德国文而用法国文。迨彼武功大盛之后北部德国人方起自信之心，应用德国文以与法国文争胜。德国人民族精神之发达遂因之益甚。

读书之新时代　十九世纪之初，中流社会既兴，读书之人益众，于是欧洲文学上别开新面。除历史、韵文、小说以外，新闻纸开始盛行。且因印字机改良以后，每小时能印报纸八百页，读书之新时代实始于此。

法英二国之国民教育　十八世纪时代欧洲人民大都皆不识字。教育之权操诸教士之手。教材本极简陋，而能培植子弟读书者又以中流社会为限。法国当恐怖时代曾有国民义务教育之规定，然始终未尝实行。至于英国，则至十九世纪后半期方有改良教育之倾向。

普鲁士之教育制度　至于普鲁士，教育一端本为改革家如斯泰因辈事业之一，而洪保德(Karl Wilhelm Humboldt)实为首领。柏林大学建于一八一〇年。当一九一四年欧洲大战以前德国之大学名满世界，外国人之游学其地者连袂而来。然德国大学教授之态度对于大战中德国政府之种种行动多所偏袒，德国学者态度之名誉不免受其影响也。

第十四章

维也纳会议后欧洲之反动及革命

第一节　法国之复辟

法国人不反对复辟　法国王路易十六之兄虽逃亡在外二十年以与革命为敌，然当一八一四年入即王位时法国人民并无反抗之意。盖法国人之主张共和政体者本居少数。人民心目中又尚有君主政体存在也。

路易十八之维持革命事业　然同时新王亦并无推翻革命事业之意。彼之性情与其弟亚多亚伯之刚愎不同。当幼年时代喜读服尔德及其他诸哲学家之著作，对于旧教党徒亦无特别之情感。而且年已六旬，身体肥巨，具有常识者岂愿轻信贵族之言恢复旧制以转滋纷扰耶?

一八一四年六月之宪章　一八一四年六月法国王所颁之《宪章》(*Constitutional Charter*)较拿破仑时代尤为自由，而与英国宪法颇为相似。设国会取二院制。上院贵族由国王任命之；下院代表由富民选举之。唯君主有提议法律之权，而下院得行请愿立法之举。

人权之维持　除建设代议机关外，《宪章》中并维持革命时第一次《人权宣言》之原理。宣布人民在法律上之平等，有充任军政官吏之权。税率以人民之贫富为比例。虽定罗马旧教为国教，而人民仍得享宗教及身体之自由。人民并有出版之自由，唯不得滥用。

亚多亚伯所统率之极端保王党　《宪章》颁布之后国内政党纷然而起。逃亡之贵族及教士组织极端保王党（Ultra-royalists），以推翻二十五年来之改革事业与恢复昔日之旧制为目的。主张扩充教士权力，限制出版自由，增加君主权力，恢复丧失财产。此党人数虽少，然因有王弟统率之故极有势力。

温和保王党　然力能援助法国王者实为温和保王党。此党鉴于二十五年来之政变深知恢复旧制之不可能。故一面力劝极端保王党人不可坚持，一面力使法国人民维持王政。以上二党一属激烈一主温和合占国内人民之大部。

自由党　第三党可称为自由党。此党虽忠于王政，然以为《宪章》所付人民之权利未免太少，主张减少人民选举权上之财产限制及责任内阁之建设。

无可调和之党　此外尚有极端反对波旁族之无可调和党（irreconcilables）。第一为波那帕脱党，类皆拿破仑部下之军人。若辈常忆昔日之光荣，并恨反对革命者之得势。拿破仑未卒以前此党日望其有卷土重来之一日，及其既死乃拥其子为号召之资，称之为拿破仑第二。此外又有共和党人对于波旁及波那帕脱两王族均所反对，而以恢复一七九二年之共和为主。

第二节　一八三〇年之革命

查理第十之政见　当路易十八在位时代王党之势殊盛。故法国王于一八二四年去世时波旁族之势力已足以战胜反对党而有余。假使其弟查理第十（一八二四年至一八三〇年）即位以后处置有方，则国祚延绵正未有艾。不意彼竟有“与其尸位若英国王，不如刊木生活之为愈”之语。即位之始其政策一受教士及耶稣会中人之指使。贵族之丧失财产者年发国币数千兆佛郎以赔偿之。

七月命令　查理第十之政策既行，反对者当然甚烈，王不之顾。且于一八三〇年七月有专横之举。根据《宪章》上君主有为公安而立法之权之规定，于七月中下令数通，规定检查出版之制，增加选举权上之财产限制，声明唯君主独有提议立法之权。宪政精神摧残殆尽。人民权利绝无保障矣。

新闻记者之抗议　下令之次日即七月二十六日，巴黎之新闻记者提出抗议。为人民显然反抗命令之始。宣言若辈不能遵守王命，仍当继续其新闻之出版。并谓国王既剥夺民权，则人民不应再忠于王室。

共和党人之暴动　然查理第十之倾覆共和党人之力居多。七月二十七日巴黎城中之共和党人多毁移通衢之巨石，堆成堡棚以御政府之兵士。

候补王位者之出现　至七月二十九日巴黎全城皆入于叛党之手。王知事体扩大，乃与国会商酌收回成命之法。然为时已晚，国会难开。富商巨贾已有拥戴奥尔良(Orleans)公之子路易腓立(Louis Philippe)入继王位之计划。路易腓立在昔本极热心于共和，曾与于发尔米及宅马普诸战役。不久被放，居于英国数年。复辟后返国，主张民主以取信于国人。衣服朴素，遣其子入普通学校中就学，不另聘师傅。故中流社会之主张维持王政者莫不以彼为最属相当之人物。

查理第十之退位及路易腓立之被任为中将　查理第十知王位之不可再留乃决意退位，传其位于其孙波尔多公。并命路易腓立为中将负实行王命之责，称其孙为亨利第五。而已则携眷遁入英国。此种措置本可望人民之赞许，然路易腓立并无实行之意。彼反一意以结好共和党人为事。盖此次变乱共和党之功独多，而且并有拥戴老耄之拉法夷脱组织临时政府之举也。其时叛党设委员会于市政府中，四周围以暴民。路易腓立突围而进，以数言折服拉法夷脱。二人遂携手立于窗外之平台上。拉法夷脱手拥路易腓立以示亲密之意，路易腓立亦手摇三色之旗以表其同情革命之忱。共和党人至是已知无法可阻路易腓立之入即王位矣。

下议院之劝进　路易腓立于八月三日召集下议院宣布查理第十

之退位，唯不明言其继统之人。四日之后下议院议决请路易腓立入承大统，上议院承认之。路易腓立当允许即位时，尝曰："吾实无法拒绝国家之召我。"

修订宪章　国会中人从事于《宪章》之修订，且要求新王于加冕以前承认之。将《宪章》之第一段文字全行删去，以为"给予"(grant)二字有伤国民之荣誉。宣布出版自由，规定责任内阁制。并删去定罗马旧教为国教之一条。

一八三〇年革命结果之微　就事实而论，一八三〇年之革命无甚结果。君主虽已易人而政府之专制如故。选举之权仍以富民为限。昔日贵族教士擅权之政府至此仍以富商巨贾代之。白旗虽废而代以三色旗，然同是王政初无变更。彼共和党之革命绝无效果之可言也。

第三节　比利时王国之建设

比利时人对于荷兰之不满　法国一八三〇年之革命其影响并及于奥地利领土尼德兰。此地自维也纳会议后即合并于荷兰。其不满意于荷兰之处不一而足。第一，荷兰王威廉虽宣布宪法于全国，然以法国之宪章为依据。故上无责任内阁之制，下有财产限制之选举权。而且南省人民数逾北省百余万，而代表之数则与北省相等。加以充任官吏者类多荷兰人，不顾南省人民之利害。至于宗教则南省多信旧教，北省多奉新教。国君又系新教教徒每有强迫南省人民改奉新教之举。

比利时王国之独立　路易腓立即位不久，布鲁塞尔(Brussels)即有叛乱之举。南方各省闻风兴起，遂建设临时政府，于一八三〇年十月四日宣布离荷兰而独立。不久并召集国民公会以建设永久之政府。公会遂编订宪法，以民主观念为根据而建设立宪君主之政府。是时之比利时人实与一六八八年时之英国人无异。一八三一年七月迎可堡(Coburg)之利欧破尔得(Leopold)为比利时新国之君。

第四节　德国同盟之建设

德国所受拿破仑之影响(一) 小国之灭亡　拿破仑占据德国之影响有三：第一，自法国得莱因河左岸地后，德国领土之因之合并者及小邦之因之灭亡者不一而足。至维也纳会议讨论组织德国同盟以代神圣罗马帝国时，德国小邦之存在者仅得三十八。

(二) 普鲁士地位之优胜　第二，普鲁士之内外情形为之丕变，卒为他日继奥地利而独霸德国之基。盖普鲁士虽丧失第二、第三两次分割波兰所得之领土，然因之反得萨克森王国之半及西部莱因河畔之地，领地人民纯属德国种，而异族不与焉。与奥地利国内之五方杂处者大异。至于内部之改革则自耶拿战后有斯泰因及哈登堡辈尽力革新，其成绩之优美几可与法国第一次国民议会等。废止阶级，释放佃奴，经济发达造端于此。军队改组实为一八六六年及一八七〇年战胜他国之预备。

(三) 立宪之要求　第三，自拿破仑战争以来，德国之民族精神为之大盛。国民既抱救国之忱，又有参政之望，则其要求立宪不满王政又势所必然者矣。

一八一五年之德国同盟　当维也纳会议讨论德国统一问题时，提出方法有二。普鲁士代表所提出之计划在于组织强有力之同盟，与北美洲合众国相仿，国内大政操诸中央。反对此种计划最力者为奥地利之梅特涅，而有德国诸小邦为其后盾。盖奥地利深知其国内人种之复杂断无统一德国之希望。无论在匈牙利及南部诸省绝无德国人，即其西部诸地亦有多数斯拉夫种人杂居其内。而且奥地利向欲独霸国中，则非使国内诸小邦形同独立不可。其结果则奥地利之计划见诸实行。

德国同盟为君主之联合　德国同盟并非联邦可比，实包有“德国之君主及自由城市”者也。如奥地利之皇帝及普鲁士之王皆有领土在同盟之中。此外丹麦之领土好斯敦(Holstein)及尼德兰之领土卢森堡(Luxemburg)亦均在同盟之列。四国之君主皆为同盟中之分子。故同盟之中有二君纯属外人。而其他重要二君之领土又非全部属诸同盟者。

法兰克福公会之无力 同盟之公会设于法兰克福(Frankfort)城。为会员者皆代表君主而不代表人民。公会之权力极小。既无干涉各邦内政之权，而会员又不能任意表示其可否，凡事均须请命于其国君。权力既微，议事敷衍，适足以为欧洲人士谈笑之资耳。

德国同盟之弱点 同盟中各邦均有与他国缔结各种条约之权，不过不得妨害同盟之安全，并不得与同盟诸邦宣战。同盟之宪法不得各邦君主之全体同意不能修正。此种组织缺点显然。然卒能维持至五十年之久，至一八六六年普鲁士与奥地利战役后方解体也。

德国学生之政治组织 维也纳会议未能为德国建设强有力之政府，德国之新党中人无不失望。大学学生群起而非议之，而抱德国自由之望。一八一七年十月十八日大学学生群集于瓦特堡(Wartburg)堡垒，举行路得改革宗教及来比锡大战纪念之祝典。演说中多赞叹因与拿破仑战争而阵亡之爱国者。

科策部之被刺 此种学生之运动欧洲政治家闻之无不惊恐，而梅特涅尤甚。学生颇有痛恨新闻记者科策部(Kotzebue)为阻止俄罗斯皇帝维新之事业者，竟刺杀之。新党之信用益为之堕落。梅特涅益有所借口，以为学生之集会，政府之维新，及出版之自由，其结果必皆可怖。

卡尔斯巴德议决案 梅特涅于一八一九年八月召集同盟诸大邦之代表开会于卡尔斯巴德(Carlsbad)地方。通过各种议案以限制新闻纸及大学学生之言论自由及逮捕革命党。此种卡尔斯巴德议决案由奥地利提出，虽有抗议者卒通过于大会。既限制出版之自由，并干涉大学之教授，妨碍进步莫过于此。然德国人亦无有力之反抗，屈服梅特涅制度之下者盖垂三十年也。

南德诸邦之立宪 然在德国南部诸邦政治上仍颇有进步。一八一八年巴威王即有编订宪法建设国会之举。二年之内巴登、符腾堡及厄斯诸邦无不闻风而起。至一八三四年又有“关税同盟”(Zollverein)之组织。各邦货物通行无阻，昔日税界一扫而空，影响他日政治上之统一者甚大。关税同盟以普鲁士为领袖，而奥地利不与焉，实为他日德意志帝国统一之先声。

第五节　西班牙与意大利之恢复旧制

约瑟波那帕脱时代之西班牙　西班牙之恢复旧制较他国尤为彻底。拿破仑因力维其兄之地位之故战事连年，大伤西班牙之元气。至一八一二年法国人方被英国人逐于西班牙之外。然西班牙之人民虽屈服于法国人之下，而始终反抗实与独立无异。西班牙之国会(Cortes)虽忠于故主，然能利用国内无主之机会于一八一二年编订宪法以植立宪之基。

斐迪南第七之废止宪法　西班牙王斐迪南第七之被禁于法国者先后凡六年。至一八一二年仗英国人之力而复国。返国之日即废止宪法。宣言国会之编订宪法，显欲以“根据法国革命原理之煽乱宪法”强国民之遵守，实越俎而夺君主之大权。又宣言凡主张立宪者均以大逆不道论处以死刑。于是专制政体，异端法院，封建特权及宗教团体无不死灰复燃，一仍昔日之旧。耶稣会中人卷土重来。检查出版物较昔尤厉。压制言论之自由，恢复寺院之财产。新党人之被拘或被逐者踵相接也。

一八一五年后之意大利　维也纳会议对于意大利绝不关心，不过以一种“地理上之名词”(geographical expression)置之。盖意大利绝无政治上之统一者也。北部之伦巴底及威尼西亚则属于奥地利。帕马、摩德拿及多斯加纳诸邦则均属于奥地利之王族。南部之那不勒斯王国则属于西班牙之一支。中部有教皇领土截半岛而为二。外有奥地利之蟠据，内有罗马教皇之负固，意大利之统一几绝望矣。

拿破仑时代意大利之改革　拿破仑之统治意大利虽甚专制，然其设施与改革成绩昭然。废除旧制，澄清吏治。兴利除弊成绩灿然。然因其利用意大利以谋一己利益之故大失人望。昔日热忱援助之人不久皆抱与汝偕亡之意。

皮德梦特之废止新政 撒地尼亚王伊曼纽尔第二(Victor Emmanuel Ⅱ)于一八一四年五月二十日返其京都吐林。全国人民莫不欣然色喜。不意返国之后，即将皮德梦特于法国革命时引入之新政一律废止。恢复贵族之特权，交还教士之财产。宗教法庭设置如昔，检查出版严厉如前。人民遂无复宗教上之自由矣。

教皇领土中之复古 教皇领土中之政策亦复与其他诸国相似。一八一四年教皇下令废止一切革命时代之法律，而恢复昔日之旧制。热忱过度，甚至种痘及路灯诸事亦以革命事业目之加以禁止。

意大利境内之奥地利领土 奥地利所领伦巴底及威尼西亚二地中之新政无不革除殆尽。奥地利因欲维持其领土，特设明暗二种侦探制以干涉个人之自由。其横暴情形实有令人难忍之处。

奥地利在意大利之势力 奥地利除领有意大利北部之地外，并享有保护摩德拿之权。多斯加纳公国则因条约关系无异奥地利之领土。帕马之马利亚路易萨付其权于奥地利皇帝之官吏，而那不勒斯王国又与奥地利订有攻守之同盟。故意大利半岛中除撒地尼亚及教皇领土外无不在奥地利之势力范围中。

法国革命之事业并不全废 意大利半岛虽四分五裂日处于强邻威胁之下，然一八一五年之意大利已与一七九六年拿破仑入侵时之意大利异。诸邦中虽皆有恢复旧物之举，然法国革命之遗迹不但留在法律政府之中，而且深入人心之内。民族主义方兴未艾，虽有警察已难划除。人民虽恨拿破仑之专横，而对于法国之改革事业则欣慕不已。

第六节　美洲之西班牙殖民地及一八二〇年之革命

南北美洲西班牙殖民地之梦想独立 梅特涅思想之实现以在西班牙及意大利二国者为最著。因之革命之举不再启于德国与法国，而重见于西班牙及意大利。西班牙本国仅占其全国领土之一小部分。盖西班牙之领土除欧洲本国及各处岛屿外本包有北美洲之一部，中美洲之全部，及南美洲之大部。美洲之西班牙殖民地自始即受母国自利之商业政策之苦。凡殖民地仅能与母国之商埠一二处往来贸易。自北美洲合众国叛英国而独立以后，西班牙之殖民地遂有蠢蠢欲动之势。迨拿破仑入据西班牙之消息传到美洲，西班牙之殖民地群起而叛乱。

西班牙殖民地之叛　西班牙殖民地之叛乱实始于一八一〇年。是时墨西哥、新格拉那达(Granada)(即今日之哥伦比亚[Colombia])、委内瑞辣(Venezuela)、秘鲁、倍诺斯爱勒(Buenos Aires)及智利(Chile)诸地名虽拥戴斐迪南第七，实则均起夺政权于母国派来官吏之手。最后乃有独立之举。最初西班牙颇以残暴方法平定叛乱。至一八一七年委内瑞辣之叛党首领玻利发(Bolivar)出，该地独立竟告成功。此后五年之间新格拉那达、秘鲁、厄瓜多尔(Ecuador)、智利、墨西哥及上秘鲁(即今日之玻利非亚[Bolivia])诸地相继独立。

英国反对西班牙武力平乱　斐迪南第七自复辟以来，即遣兵赴美洲以平定殖民地之叛。彼并以革命为有害诸国之利害为理由求援于各国。不意英国政府颇持反对。盖自南美洲诸邦独立后英国之商业骤形发达，不愿放弃其利益也。

西班牙恢复一八一二年之宪法　一八二〇年一月西班牙调遣驻在加的斯之军队赴美洲平乱。兵士深知远征之苦遂有叛乱之行。宣言恢复一八一二年之宪法。全国新党闻风响应。京都之暴民于三月间围王宫以迫西班牙王宣遵守宪法之誓。

西班牙革命消息传入意大利　西班牙革命消息不久传入意大利。意大利本有各种秘密结社专谋叛乱。其最著者为“烧炭党”(Carbonari)，以谋立宪政体及国家统一为目的。那不勒斯人既知西班牙王有允许恢复宪法之举，亦群起迫其王仿行西班牙之宪法，时一八二〇年七月也。那不勒斯王不允并求援于各国。

梅特涅以革命为疫病　梅特涅乃请俄罗斯，普鲁士，法兰西及英国合力以阻止“叛乱及罪恶”之发展。彼以为革命之为物正同疫疠。不独抱病者有生命之忧，即旁观者亦有被染之险。欲防传染应速隔离。

奥地利之干涉　一八二一年一月奥地利请各国遣代表开大会于来巴哈(Laibach)，以商议恢复南部意大利之原状为宗旨。那不勒斯王斐迪南亦来赴会，极愿奥地利遣兵入其国以平内乱。叛党之被戮或被逐者不一其人，宪法遂废。

味罗那公会　同时西班牙之革命日趋于不可收拾之境。俄罗斯、奥地利、普鲁士、法国及英国于一八二二年开公会于味罗那(Verona)，以研究对付西班牙革命之方法。英国不主张有干涉之举。法国王路易十八因被国内教士及极端保王党之逼迫，遣兵入西班牙以"维持亨利第四子孙之西班牙王位为宗旨"。法国之自由党人颇不谓然。以为法国今兹之援助斐迪南第七实与一七九二年时普鲁士及奥地利之援助路易十六无异。法国军队既入西班牙，斐迪南第七之地位复固。平定内乱残酷异常，法国人耻之。

西班牙殖民地问题　当法国援助西班牙王平定内乱之日，正英国美国援助西班牙殖民地独立之秋。在味罗那公会中除英国外无不欲援助西班牙以平定其内乱。盖同盟诸国固以压制"无论何地及何种之叛乱"为目的者也。

孟禄主义　梅特涅辈既有援助之意，北美洲合众国之总统孟禄(Monroe)于一八二三年十二月向国会宣言欧洲列强干涉之危险，即后世所谓"孟禄主义"是也。其意略谓凡欧洲同盟诸国有欲扩充其制度于西半球之任何部分者即以有害于合众国之和平及安全论，而且视为一种有伤友谊之行动。

英国承认西班牙殖民地之独立　同时英国外交大臣坎宁(Canning)向法国驻在英国大使力言西班牙欲平殖民地之叛断难得手。又谓西班牙与其殖民地间有所争执英国当取中立之态度，然不容有第三者之干涉。一八二四年之冬英国承认倍诺斯爱勒、墨西哥，及哥伦比亚之独立。欧洲大陆诸国以英国此举"足以提倡革命之精神"颇示不满之意，英国不顾也。

葡萄牙　当一八〇七年拿破仑遣兵入侵葡萄牙时，其王族渡大西洋遁居南美洲之巴西。自英国人逐出法国人以后，葡萄牙之政权握诸英国大将伯勒斯福(Beresford)之手。擅作威福。遂激起一八二〇年之叛。叛党要求王室之返国及立宪之宣布。王约翰第六(John)遂归自南美洲，命其子彼得禄(Pedro)留守巴西。

梅特涅国际警察制之失败　观上所述可知梅特涅压制革命之国际警察制已完全失败。盖英国美国既持异议，同盟之势大为减削。当希腊叛土耳其而独立时，俄罗斯有对土耳其宣战之举。希腊独立卒告成功。足见虽俄罗斯当有利于一已时亦未尝无援助革命之意。至一八三〇年法国有七月革命之举，梅特涅之政策益不能行。故就事实而论，所谓神圣同盟者绝无成绩之可言。一面内部解体，一面革命精神复兴，瓦解之势至此遂不可收拾矣。

第十五章

实业革命

第一节　纺织机之发明

实业革命原于机器之发明　上数章所述者为法国革命，拿破仑战争及维也纳会议诸陈迹。以政治家武人及外交家之力为多。然在法国全级会议未召集以前，英国社会中已有一种革命。其影响较国民会议之事业及拿破仑之武功尤为远大。人民之习惯思想及希望莫不因之而变更。

十八世纪以前之实业状况　古代希腊人及罗马人虽以文明著于世，然对于实业器械上绝少发明。十八世纪以前欧洲之工业状况几与古代埃及无异。纺织耕种纯赖手工。货物运输专恃车辆。信札邮递之迟缓亦与罗马帝国末造无异。迨十八世纪之末叶忽有种种实业器械之发明，不百年间工商业之状况为之丕变，即世人所谓“实业革命”是也。近世之各种问题如商埠也，工厂制度也，工党也，贫民也，皆由是而起。故实业革命之重要实不亚于君主，国会战争，宪法诸事矣。

纺织业之改良　一百五十年来之实业革命可以纺织业之改良一端说明之。织布之先必先纺毛、棉或麻成纱而后可。纺纱之法自古已有发明，然一人同时仅纺一线。至一七六七年英国人哈格里佛士

(James Hargreaves)发明纺纱机，以一人运动机轮同时可纺十线。是则一人之力可以作十人之工矣。次年又有理发匠名阿克来特(Richard Arkwright)者发明纺纱之辘机，创设纱厂，卒致巨富。一七七九年克纶普吞(Samuel Crompton)合哈格里佛士之纺机及阿克来特之辘机而一之。至十八世纪之末已有同时能纺二百线之机器之发明。运用机器者一二人已足，专恃手工者遂不能与之争衡。工厂制度从此发端。

织布机及轧棉机　纱线之出产既富，旧日之织机已简陋不适于用。至一七三八年揆约翰(Jonh Kay)有飞梭之发明。织工运用机柄，使飞梭往来不再需他人之辅助。至一七八四年肯德(Kent)之教士卡特赖特(Cartwright)博士发明新机，飞梭提纬均系自动。然至五十年后手工不敌机器时，昔日之手织机方废。十九世纪之中织机之改良日有进步。至今利用机织一人之力可当昔日二百人之工。此外又有以酸质漂白之发明。昔日漂白专恃日光动需数月之久，至此数日而已足。一七九二年美国人辉特尼(Eli Whitney)发明轧棉机，每日每人力能轧棉一千余磅，以视昔日之每日仅轧五六磅者真有天渊之别矣。

各种发明之影响　自纺织机发明之后布之出品骤然增加。一七六四年英国每年仅输入棉花四百万磅，至一八四一年增至五万万磅。拿破仑战争将终时奥文(Robert Owen)宣言在新拉拿尔克(New Lanark)工厂中二千工人之工作足以抵苏格兰全部人民之手工工作。

第二节　蒸汽机

机器之发明与铁力之关系　机器之发达及普遍端赖二物：第一，制造机器之材料首重坚固，故钢铁最为相宜。第二，机器巨大断非人之手足所能运用。在昔虽有藉风水之力以运动者，然其力有限而无定不足以促进机器之发达。故当纺织机发明之日正炼铁方法及利用蒸汽进步之秋，铁之为用并不自十八世纪始。然炼铁方法极其简陋。至一七五〇年熔铁之燃料方以煤代炭。弃风箱而用新机，火力较巨。锻铁以蒸汽锤而不用手矣。

瓦特之改良蒸汽机　世人每以瓦特(James Watt)为发明蒸汽机之人，其实不然。蒸汽机之重要部分——如水炉、圆筒、活塞等——早已发明，用之为抽水之具。瓦特之研究蒸汽机实始于一七六三年之冬。其时彼居格拉斯哥(Glasgow)为机器匠，是年有人请其修理六十年前纽昆门(Newcomen)所发明之蒸汽机模型。彼固聪慧而勤劳者，遂改良纽昆门之机器以裨实用。一七八五年瓦特之蒸汽机始于诺定昂(Nottinghamshire)工厂中用以纺纱。阿克来特于一七九〇年应用之。至十八世纪之末其用途之广已与风车水车等。

法国之实业革命　近世机器之发达以英国为最早。至于法国一八一五年后实业革命方见端倪。拿破仑虽有提倡机器及保护实业之举，然其成绩不著。迨彼将败之时法国之有蒸汽机者仅亚尔萨斯地方棉厂中一具而已。然至一八四七年全国有蒸汽机五千具，足当六万匹之马力。棉花之消费三十年间增至五倍。在一八四七年时全国共有纺机十万余具，纺锤三百五十余万支。至一八四八年法国实业大城已林立于全国。巴黎一城已有工人三十四万二千人。其他如里昂、马赛、里尔(Lille)、波尔多及土鲁斯(Toulouse)诸城无不工厂林立，工人满布。自此以后，工人渐有组织工党及同盟罢工之举，以要求工资之增加及工作时间之减少。

第三节　资本主义及工厂制度

实业之家庭制度　十八世纪末年英国之实业革命已略如上述。兹再述实业革命之影响于人民生活上者。自古以来，制造二字仍指手艺而言。工人多在家中或商铺中制造物品。偶有余暇则兼事种植以资生活之补助。

笛福所述之工人状况　一七二四年至一七二六年间，新闻家笛福(Defoe)曾游历英国之约克州(Yorkshire)地方，详述当日之工人状况如下："所有土地分成小区，自二亩至六七亩不等，三四区之间必有一家，鸡犬相闻也。每家必有张布之架，架上必有布篷。每家几皆有工厂。织布之工人必有一马为运货入市之用，并牛一二头为其家庭饮料之资。故各区土地占用殆尽，种植所得尚不足以养家禽也。一家之中类皆身壮力健之辈，有染色者，有织布者，有整理布匹者。至于妇人稚子则专事纺纱，无论老少无一闲居无事者。"

工厂制度之原理　实业革命以来专恃手艺之工人其力不能与机器相敌。小规模之实业渐渐无获利之望。不得不入资本家所设之工厂藉谋生计。

工厂制度之结果(一)分工制度　工厂制度之结果不一，其最要者为分工。昔日之工作以一人而负全部工作之责。至是一人专管制造之一步。同时学习之期较昔为短，盖其事较简也。而且因分工之故以机器代人工之发明亦较为容易。

(二)生产增加　因利用机器及分工之故，制造品之量大有增加。试举其例，则有斯密亚丹所著《原富》中所述制针之一事。据云：分工制造则一针之微制造之步骤可得十八，一日之内以十人之力可制针四万八千枚。此种状况尚就机器发明之初日而言。至于今日则每机每分钟可以制针一百八十枚。一厂所出每日得针七百万枚，所需工人不过三人而已，再如印刷自谷腾堡(Gutenberg)发明印字机以来，凡排版、用墨、铺纸、印刷，无不用手。至今则巨城中之新闻纸几无不全用机器印刷之。每分钟可得折成之报五百余纸。

(三)城市发达　机器未经发明以前，工人散居城外，半工半农人人有独立生活之资。自工厂制度发生以来，此种状况不可复见。工人群居于工厂附近之地。住室陋劣，鳞次栉比。既无田园，又无草地。此今日大城所以有工人住室问题之发生也。

(四)资本家之发现　自实业革命以后，社会阶级分而为二。一方为主有工厂及机器之资本家，一方为资本家雇佣之工人。十八世纪以前政治上及社会上之得势者当推广有田产之地主。而富商巨贾其财力亦可与大地主抗衡，至今则地主富商以外并有资本家矣。

(五)工人依赖资本家　为工人者不得不赖少数资本家以维持其

生活。盖独立之工作已不足以自存也。资本家既主有工厂及机器，工人之求生活者又接踵而来。其结果则工作时间之长工人工价之贱一任资本家之规定。工人之特出者或可望成资本家，而中人以下者则终身从事于工作之一业。自资本家与工人应如何分配其利益之问题起，今日人工与资本之难题遂从此发生矣。

（六）工厂中女子及幼童 自家庭实业制推翻以后，其影响并及于女子及幼童。工厂既立机器日有发明。除巨大工作如炼钢造船等外，女子与幼童之入厂工作者日增月盛。试举其例，英国纺织业自一八四二年至一八九一年五十年间男工之增加率为百分之五十三，而女工为百分之二百二十一。当蒸汽机未发明以前，幼童之工作多以简单者为限，如拣棉是也。至于今日，则看守机器、接续纱线等事女子及幼童均优为之，而其工资并可较男子为贱。当家庭实业制度未废以前为女子者并不闲惰。不过其工作复杂而且在家中任之。至于今日则汽笛一鸣为女工者不得不群趋于工厂。流弊因之而发生，政府乃有补救之方法。其显著者虽已尽除，而女子与幼童之工作困难仍未尽去。同时中流以上之女子较十八世纪以前为闲。盖昔日之需用手工品者至是已代以工厂制造品矣。

（七）工人所受之影响 当实业革命以前，人民之生活及习惯无甚变迁。自机器发明以来，人民风习随之俱变。发明愈多，变迁愈速。实业有新陈代谢之迹，工人事业亦有时时变迁之机。旧日陈陈相因之习既然破除，工人仆仆往来之行难以幸免。经验既富，心思亦长。国内有工党，国际有公会，以研究工人之利益及政策为宗旨。

（八）商业之扩大 实业革命之影响并及于商业。十八世纪以前商业虽已发达，然运输不便范围不广。自机器发明以后各国制造之品畅销于世界之全部。欧洲、美洲、澳洲、亚洲皆成贸易之场。一七八三年英国之输出品尚不值一千四百万镑，十三年后乃达二千九百万镑。

（九）政治上所受之影响 自实业革命以后政治思想为之一变。中流社会与工人两级中人莫不加入政治潮流之中以谋一己之利益。十九世纪欧洲史大部分为中流社会与工人合力与地主教士竞争之陈迹。非洲亚洲之开放实欧洲各国制造家竞争市场之结果。

中流社会　工商界中人本不满意于贵族之把持政府，尤不满意于政府之限制工商。盖此种干涉政策始于中古不适于今，而且足以妨害工商业之发达也。

经济学　中流社会中人遂发达经济学原理以谋自利。斯密亚丹即此派学说之首创者，主张营业自由，政府不得横加干涉。凡物价之高下，物质之优劣，工作时间之长短，工资之多寡等均应听其自然。

个人主义　此种经济学原理实以个人主义为根据。以为判断利害以一己为最明。若任其自然则其成败将以其贤愚为标准。制造家既有自由竞争之机，则物价必能达最低之率。工人之值可以因供给需要之定律为标准。此种原理颇为富商巨贾所主张，以为不但可以产生快乐，而且有合于"天理"。凡政府及工人均不应破坏之。

实业革命之恶果　上述之学说虽言之成理，而实行甚难。巨城之中工人群集，所谓快乐者仅少数富人享有之，而工人之贫困不堪者仍居多数。九岁以下之幼童每日工作十二小时至十五小时不等。而女子之离其家庭工作于工厂中者又复接踵而至。完工之后则不得不返居陋室无异坐狱。

保护工人之法律　拿破仑败亡之后英国之工人状况愈趋愈下。于是国内有补救改良之举动。有主张扩充选举权者，以为一旦工人有代议之权利，即可得法律之保障。此种运动虽有资本家加入其中，而以工人为主体。他日之《人民宪章》(*People's Charter*)运动实肇基于此。

工党之起源　此外工人中并有工党之组织以便合力与资本家相抗。此实近世史上最重要事实之一。此种运动始于十九世纪之初年。当时英国政府本有禁止工人集合要求增薪之举，犯者以大逆不道论罪。工人因之被拘或被放者颇不乏人。至一八二四年国会废去此种苛法，工党遂日盛。然限制仍甚严密也。至今工党组织已遍传于世界各国矣。

社会主义　改良工人地位之第三法即为"社会主义"

(socialism)。五十年来社会主义大有影响于欧洲史。兹故不厌详尽述其意义如下。

第四节　社会主义之兴起

生产机关公有之主张　社会主义之原理以为生产机关应属于社会不应属于私人。然"生产机关"之为义甚泛，凡田园器具皆可包括在内。而社会主义家之意则所谓"生产机关"者似系专指机器、工厂、铁道、轮船而言。总而言之，社会党人之主张在于各种大实业不应握诸私人之手而已。以为工厂为资本家所独有于理不合。并谓同盟要求增薪之举断非治本之法，因近世之实业制度实予少数人以获利之机，已属谬误，非根本改革不可也。工人为资本家之"工资奴隶"(wage slave)，失去自由。补救之法莫过于将各种大实业变成公有，使全部人民均蒙其利。若辈以为此种之理想社会将来必有实现之一日，即所谓协作之共和国(Coöperative Commonwealth)是也。

最初之社会党人　最初之社会党人每冀赖资本家之善意以实现其主义。梦想将来有开明之日，使社会无困苦之人。英国富人奥文即主张此种原理之最著者，当拿破仑战后于英国极有势力者也。社会主义之名词实始于彼。其在法国则将近十九世纪中叶时社会主义之著作风行一世，其势力亦正不小。

后日之社会党人　然近世之社会党人多以昔日之社会党人为梦想有余而实行无法。以为富人断无放弃其实业之意。故提倡社会主义当专从工人方面入手。使之晓然于社会主义之有利无弊，激之使与资本家斗争以实现其主义。并谓富之产生专恃劳工，资本之用专在供给机会而已。是则工人应享劳动所得之结果宁非合理之事？

马克思　近世最著名之社会主义著作家首推德国人马克思(Karl Marx)。彼一生多居于伦敦，学问渊博，对于哲学及经济学研究尤精。尝读历史，断言将来工人必能起代资本家，正如昔日资本家之起代贵族。所谓工人者指专赖劳动而生活之人而言。自工厂制度发生以来，工人乃不得不受资本家之约束。马克思于一八四七年曾与恩格尔（Frederick Engels）合著《共产党宣言》（*Communist Manifesto*）公诸平民，令其起夺生产之机关以为己有。宣言之在当日虽无影响，然至今社会党人尚视同玉律金科也。

社会主义及民主主义　故近世之社会主义或马克思之社会主义实一种工人之运动，而为民主主义发达史之一部分。假使实业私有之制依然存在；众贫独富之象未能革除：则枝节之改良于事无济。故社会主义家必欲工人不失其唯一之目的，不受他种政党之牵制，必俟协作之共和国建设成功而后已。

社会主义为一种国际运动　社会主义之在今日不但为一种国内之运动，而且成为一种国际之运动。视他国工人之举动为抵抗工人公敌之方法。所谓公敌即“资本主义”是也。故一九一四年以前之社会主义实维持国际和平之一种大力。自一九一四年大战之后，俄罗斯忽发生一种极其激烈之社会主义，即德国亦一变而为社会主义之共和国。此种运动凡研究历史者均应明了者也。

第十六章

一八四八年之法国革命

第一节　路易腓立政府之不满人意

路易腓立之性质　有一八三〇年之革命，法国君权神授之说遂不复存。路易腓立所承认之《宪章》已有统治权属诸人民之宣言。彼于旧日“天命法国人之王”(King of the French by the Grace of God)称号之上，并冠以“民意”(and the will of the nation)二字。然此皆外表而已，人民之得参与政治者仍属少数。改订之选举法虽将选民年龄自四十减至三十，财产限制亦减去三分之一，然大多数之人民仍无参政之机会。而法国王则宣言彼之政策实介于保守精神与维新精神之间之“中庸主义”(golden mean)。

正统党　其时反对“七月王政”者实有二党：一为正统党(Legitimists)，一为共和党。前者拥戴查理第十之孙，称之为亨利第五。此党人数较少，类皆贵族教士二级中人，不常用暴烈之方法。

共和党　至于共和党则大异是。此辈党人每念一七九二年之革命而不能忘，颇抱卷土重来之意。其革命运动多持秘密结社以传播于各大城中，与意大利之烧炭党无异。鉴于一八三〇年革命成功之易屡起叛乱，卒不得逞。

政府之压制共和党　同时共和党并组织报馆以攻击政府及国王

为事。政府恶之，乃严订监视集会及检查出版之法。共和党之势益衰落不振。

社会党　同时巨城之中社会党人日多一日。改革政体及扩充选举权诸事已不足以满其意。若辈鉴于数十年来之政变，虽由共和而帝国，再由帝国而王国，犹是陈陈相因。至于宪法之编订修改虽不一次，而人民之困苦犹昔。又鉴于昔日之中流社会有剥夺贵族教士特权之举，则今日之工人又何尝不可有平分富民财产之行？

巴倍夫当恐怖时代所主张之社会主义制度　当法国大革命时代已有非议私有财产及贫富不均之人，然注意者盖寡。巴倍夫(Babeuf)(一七六〇年至一七九七年)于恐怖时代曾宣言政治革命不足以变更人民之状况，则经济革命尚矣。“当吾见无衣无鞋之工人，又思不耕而食不织而衣之少数人，吾乃晓然于今日之政府犹是昔日以少数压制多数之旧，所不同者形式而已”。彼主张一切财产应归国有，使人民皆有自食其力之机。此说一出闻者莫不首肯，并组织一会以宣传之。不久被禁，而巴倍夫并被杀。然其著述已不胫而走。自有一八三〇年之七月革命，社会党人又渐形蠢动矣。

乌托邦派之社会党　社会党人中亦有富于梦想者。如傅立叶(Fourier)辈主张协作之工人应组织团体自食其力，而以互助为主。傅立叶并希望慈善家能提倡之。此种思想实与英国奥文之主张无异。又有勃郎(Louis Blanc)者其主张与傅立叶异。彼于一八三九年著《劳动之组织》(*The Organization of Labor*)一书公之于世。宣言工作为人类之权利，预备工作则为政府之责任。故政府应出资设国立工场由工人负管理之责，所获利益分诸工人。如是则资本家之阶级可不废而自废。《劳工之组织》一书遂成工党之口号，即在下议院中亦时有所闻。然当日尚未有正式组织之社会党也。

退耳与基佐之意见　其时法国政权实握诸二党人之手。一以退耳(Thiers)为领袖，一以基佐(Guizot)为领袖。此二人皆以长于史学文学名于世。退耳颇醉心于英国之宪政，常谓“英国王为统而不治”之人。基佐则甚愿君主握有实权，不应高踞“虚座”(empty armchair)。并谓法国宪法已无更张之必要。彼于一八四〇年任内阁总理之职，前后凡八年。为人虽忠厚诚实，然其吏治不修，纲纪不振，极为国人所指摘。有非议者则以严厉方法处置之，——如警察之监视，及新闻记者之被杀是也。彼对于改良工人之状况及扩充人民之选举权始终反对，盖以为法国人民之“能独立而投票适当者”尚不及十万人而已，保守过度卒酿成革命之祸。

第二节　第二次法兰西共和国

巴黎之二月革命　一八四八年二月巴黎城中叛党有暴动之举。法国王惧甚。基佐不得已辞职而去。然叛党以为仅变更阁员实不足以满其意。二十三日之晚叛党群集于基佐所居之外交部公署，署中护兵枪伤叛徒数人。叛徒益愤，乃将车载尸明火以游于通衢之上。天尚未明，巴黎城之东部已全为叛党所占。

路易腓立之退位　二十四日巴黎全部皆入于叛党之手。路易腓立不得已宣告退位，传王位于其孙巴黎伯。然共和党及工党中人已不欲王政之复见，即于是日下午宣布共和，以待他日国民议会之追认。

工党之得势　共和党中之和平者以废止王政为满足，而工党则因此次革命有功必欲实现勃郎之计划以为快。迫临时政府下令建设“国立工场”(national workshops)，命工部大臣负施行之责。

实业特派委员会　同时政府并于卢森堡宫即贵族院之旧址设实业特派委员会负维持工人利益之责。此举实反对社会党者之妙策。盖如是可使工党中人远离临时政府所在之市政府。一任其高谈阔论，终无经费可资实行也。

工人国会　卢森堡委员会以勃郎及工党首领名亚尔伯特(Albert)者为领袖。于三月一日开第一次会议；遂着手组织工人国会，其议员以各业代表充之。工人国会于三月十日开会。开会之时勃郎起言此地为昔日贵族院之旧址曾立法以压制工人者，今工人竟有集会于此之举，不胜感慨系之云云。又谓：“昔日占此席者非身衣锦绣光耀夺目之人耶？而今则何如？诸君衣服之破烂，无非正当劳动之所致或系此次冲突之标帜。”然工人国会绝无成绩，因政府未尝以经费予之也。故勃郎辈无力以实行其国立工场之计划。

国立工场为一种权宜之计 临时政府虽有下令建设国立工场及担保国人工作之举，然其用意与工党之委员会实不相同。勃郎辈之意本欲使各种实业成为永久自给之实业，由政府出资，由工人办理。而临时政府之意则无非出此空言藉资搪塞。虽实行工赈之举，然皆系无用之职业。工人结队成群日以掘沟筑城为事，每日人得二佛郎。而工务大臣即反对国立工场之最力者。国立工场于三月一日开始，十五日间工人之数即达六千人。至四月间人数骤增至十万，工资所达数百万佛郎。此种计划与政府之目的适合，——即保守党之势力未恢复以前，必使赋闲无事之工人无扰乱秩序之机会是也。

国民议会不表同情于社会主义 五月四日临时政府解散，国民议会起而代之，以编订共和宪法为目的。议员大都为温和之共和党人极反对社会主义之趋向。而乡间农民之代表尤反对巴黎工人之计划及要求。

一八四八年之“六月天” 国民议会鉴于工人之日多国库之日匮乃议决废止国立工场，令工人转入行伍或离巴黎城。工人大愤，遂有极其激烈之巷战。自六月二十三日起至二十六日止，工人所居之区秩序大乱。国民议会予卡汾雅克(Cavaignac)将军以平定暴动之全权。政府之军队大胜。惩办乱党极其惨酷。市民之非法被逐者凡四千人，报馆之被封禁者凡三十二处。并拘禁工党中之著作家。秩序不久恢复。然可怖之“六月天”至今巴黎工人念及之，尚切齿于资本家而未已也。

宪法之编订 叛乱既平，国民议会乃着手于宪法之编订。议会中虽有少数有力之王党，然开会之始议会即有赞成共和之宣言。重提“自由、平等、博爱”之格言，劝国人捐弃宿怨，合为一家。凡六阅月而宪法告成。宣言统治权属于国民，并担保宗教及出版之自由。国会取一院制。凡人民皆有选举权。设总统一，由人民选举之，任期四年。

总统之候补者 宪法既宣布，遂定一八四八年十二月十日为选举总统之期。其时候补者有三人：一为勒德律洛郎(Ledru-Rollin)代表工党。一为卡汾雅克上将平乱有功。一为拿破仑第一之侄路易拿破仑(Louis Napoleon)。

路易拿破仑境遇之离奇 路易拿破仑一生之境遇最为离奇。当其父为荷兰王时，彼生于巴黎。其伯父败亡时年仅六岁，与其母并被逐于法国之外。嗣后流离失所者凡数年。其母尝告之曰，凡名波那帕脱者必能成大事于世界之上者也。自此彼遂抱光复旧物之志。

路易拿破仑著拿破仑之理想 自一八三二年拿破仑第一之子去世后，路易拿破仑遂自命为应承皇统之人。四年之后曾欲煽动斯特拉斯堡之军队拥戴一己为皇帝，败而走居于英国。一八三九年著《拿破仑之理想》一书公之于世。意谓拿破仑第一实革命原理之仆，其帝国为人民权利之保障，而彼之希望在于民主主义之进步。总之其著书之意无非以拿破仑第一为爱民之人而为暴君所倾覆。一八四〇年路易拿破仑以为入法国之时机已到又思一逞。偕同志数人于布仑(Boulogne)登岸，携驯鹰一只自随，视为帝国之徽。不意又败，被禁于堡垒之中。一八四六年复遁入英国以待时机之至。

路易拿破仑之返国 一八四八年革命事起，路易拿破仑返国之机又至。共和宣布后四日彼忽现身于巴黎。投入临时政府宣言愿尽其力以援助之。并谓除服务国家之外别无他意。不久被选为国民议会议员，颇得巴黎市民之欢心。

路易拿破仑被选为总统 彼素以民主党人自命，宣言深信统治权属于人民之理。屡著文以表示其同情于工党。彼并以热心于勃郎之计划闻于时。至是乃出而为总统之候补者。宣言当选后愿竭力为工人谋利益。然同时又明言不承认社会主义之计划，而以维持秩序保护财产之说以示好于中流社会。卒以五百五十万票之大多数当选为总统。其他二候补者合得一百五十万票而已。

第三节　路易拿破仑与第二次法兰西帝国

路易拿破仑建设帝制之计划　路易拿破仑既被选为总统，不久即有建设帝制之意。先着手于宪法之修改，任期自四年延长至十年。国务大臣多以亲友任之。与军队及官吏亦复多方交好以得其欢心。同时并巡行国内遍问民间疾苦。

一八五一年之政变　其时国民议会颇持异议。彼仍密谋实行政变之举。一八五一年十二月一日之晚召密友数人赴宫中告以实行政变之计划。次日早晨巴黎城墙之上已满张总统之命令，宣布解散国会，复行普选，及举行新选举。

国民投票予总统以军政全权　最后并以下述之事提付国民公决之："法国人民愿维持路易拿破仑波那帕脱之权力，并付以改订宪法之权，而以十二月二日之布告为根据。"凡法国人年在二十一岁以上者均得可否之。据政府之报告则认可者七百七十四万人，反对者六十四万六千人，此种计数虽不可恃，然法国人之赞成政变实无疑义。昔日拿破仑第一之"立宪专制政体"（constitutional absolutism）于是复见。

一八五一年政变之和平　十二月四日巴黎虽稍有流血之迹，然此次革命之性质实甚和平。国内反对党之被逮者凡十万人。被逐者凡万人，而多数国民初无异议。工人则以主张一八四八年六月流血之政客至是无不失败亦复引为大快。

帝国之复现　至是法国总统大权独揽。任命官吏、提议法律、宣战、媾和诸大权无不在彼一人之手。事实上虽已与皇帝无异，然彼必欲并其名而得之。凡彼所到之处人民多向之呼"皇帝万岁！"益足以征民心之倾向。此种民情虽当日官吏有意造成，然拿破仑之名极足以激起人民向往之思使之具帝国中兴之望。一八五二年之冬路易拿破仑在波尔多地方宣言彼信废止第二次共和政府之时机已至。上院议员多党于路易拿破仑者至是议决劝进，称之为法国皇帝拿破仑第三。十一月将劝进之议案提付国民公决之，卒以大多数通过。路易拿破仑之梦想乃竟实现，而拿破仑之帝祚乃竟中兴。

拿破仑第三之专制 拿破仑第三在位十年实甚专制。宪法中名虽保存革命之原理，然不久即有废止出版自由之令。凡新闻纸或杂志之以讨论政治经济为事者非经政府之允许不得印行。而且政府官吏得任意封禁各种新闻纸。拿破仑第三虽允许教授之自由，然大学教员均需宣忠于皇帝之誓。并竭力限制历史及哲学等科之讲授。凡大学教授不得留胡，“以便除尽无政府主义遗迹之表示”。

法国之盛隆(一八五二年至一八七〇年) 政府虽甚专制，而法国之状况颇有家给人足之观。皇帝虽擅权，然颇具开明之想。利民之事不一而足。兴筑铁道，干线至是落成。巴黎城之美丽亦复日有进步。狭小道路无不变成广衢。一八五五年之展览会尤足以征明法国实业及科学之进步。各种进步虽不始于此时，而集其大成则实在帝国之日。而且至一八七〇年，又有改订宪法及建设责任内阁之举。假使无外患之交乘，则拿破仑第三名誉之隆在位之久正未可量也。

第十七章

一八四八年之革命——奥地利德意志意大利

第一节　梅特涅之失败

一八四八年革命之主张较一七九三年之主张为广　梅特涅闻法国有二月之革命，大惧。宣言"今日之欧洲无异一七九三年之第二"。然五十年来，欧洲已经过极大之变化。当一八四八年时，《人权宣言》中之原理早已风行一世。如民主政治也，出版自由也，法律平等也，废除旧制也，皆当日新党中人之主张也。加以自拿破仑时代以来，民族精神日兴月盛颇足以激起反对旧制之情。而且自实业革命以来，大多数之人民皆现蠢动之象。为工人维护利益之著作家不一其人，在法国英国二国尤著。故在一八四八年时，人类权利之外并有民族权利及工人权利之争矣。

一八四八年之革命遍及西欧各国　西部欧洲各国之新党鉴于法国二月革命之成功无不跃跃欲试。其在英国则有宪章党(Chartists)力争选举权之运动。至于瑞士则内乱方终，废一八一四年之宪法另以新者代之。然一八四八年之扰乱除法国外首推德国，盖受梅特涅之压制已四十年矣。

奥地利国内种族之复杂　欲知一八四八年之革命不能不先考奥

地利国内种族之组织如何。维也纳以西至瑞士及巴威止为德国人所居之地。南部卡尼鄂拉(Carniola)、士的里亚(Styria)、克伦地亚(Carinthia)及伊斯的里亚(Istria)诸省类多斯拉夫种人。至于北部波希米亚与摩拉维亚诸省大都为捷克种人。与俄罗斯交界之处则有波兰人。至于匈牙利王国之内除居于多瑙河流域之马札儿种人外，东南有罗马尼亚(Roumania)人，西南有哥罗西亚人。阿尔卑斯山外之伦巴底威尼西亚王国，则纯属意大利人。就中以奥地利之德国人，匈牙利之马札儿种人，波希米亚之捷克种人，及伦巴底与威尼西亚之意大利人为最有势力。

奥地利之政府 奥地利帝国之内皇帝统治于上，有任免官吏之权。立法、征税及国用均无需国民之同意。新闻纸、书籍、戏院、教员等无不受严密之监视，以防止新思想之输入。无政府护照者不得有出国旅行之举。故西部欧洲之思想无从输入奥地利，而梅特涅尝以奥地利各大学内无科学精神之发生为幸。贵族之享有特权依然如昔。教士之势力宏大与旧日同。不奉旧教者不得充任政府中之官吏。

匈牙利之贵族 匈牙利王国之政权纯在马札儿种贵族之手。虽有两院制之国会，然上院为贵族之机关，而下院则为地主所占有。马札儿种人虽不及全国人数之半，然其力足以压制哥罗西亚人、罗马尼亚人及斯罗发克(Slovak)人而有余。其时国内亦颇有开明之新党。主张国会公开，国会议事录之印刷，国会会期每年一次之规定，赋税之平等，农民徭役之废除等。

噶苏士 政府中人莫不尽力以压抑新党为能事。关于改革之演讲录不得印刷。并因新党首领噶苏士(Kossuth)(一八〇二年至一八九四年)有传抄演讲稿之事逮捕而监禁之。噶苏士不久被释，乃设报馆于佩斯(Pesth)鼓吹匈牙利政治之改革及奥地利干涉之抵抗。力主废止封建之特权，引用陪审之制度，及修改苛虐之刑法等。伦巴底威尼西亚之意大利人亦不满于当日之政府。奥地利在意大利方面之政权多操诸警察及法官之手，凡有主张意大利人之权利者无不任意逮捕而监禁之。关税制度纯在增加帝国之府库，摧残意大利之工业。国内要塞无不有奥地利之军队屯驻其中以为平乱之用。

维也纳之三月革命　故法国二月革命之事起，德国、奥地利、匈牙利及意大利之人民莫不蠢动，以倾覆梅特涅之制度为目的。一八四八年三月十三日维也纳城中之学生成群结队以向地方议事厅而进，市民附和追随者颇众。人数既增，乃有填筑壁垒实行巷战之举。与“梅特涅俱亡”之呼声传入宫内。梅特涅知革命之端既开，声势汹汹已不可复遏，乃有辞职之举。遂遁走英国。威灵敦公欢迎之。梅特涅既遁，奥地利皇帝乃下令改组内阁，着手于宪法之编订。

第二节　中部欧洲之革命

匈牙利之改革　维也纳暴动后之二日，普勒斯堡之匈牙利国会遣代表赴奥地利京，要求皇帝实行责任内阁制，允许出版之自由，适用陪审之制度，及提倡国民教育之普及。于是匈牙利国会受噶苏士之运动废昔日奥地利皇帝所派之官吏，另设财政、陆军、外交三部以代之。独立之机益迫。同时并释放佃奴不予地主以赔偿。匈牙利王至是已无力压制矣。

布拉格之暴动　三月十五日，布拉格(Prague)城中之捷克人亦开国民大会要求民法上之自由及佃奴制之废止。举行郑重之圣餐礼后，乃送代表乘专车前赴维也纳。奥地利皇帝向波希米亚代表用捷克语表示其允许之意，代表等大悦。盖是时匈牙利及波希米亚之爱国志士并无倾覆帝室之意也。

意大利之三月革命　至于奥地利之在意大利素为意大利人士所痛恨。梅特涅失败之消息传来，米兰人遂逐奥地利军队于城外。不久伦巴底之大部已无奥地利军队之足迹。威尼斯人亦继米兰人之后起而重建共和国。米兰人深知来日方长外患未已乃求援于撒地尼亚王亚尔伯特(Charles Albert)。至三月中旬意大利半岛之大部分无不纷纷暴动。那不勒斯、罗马、多斯加纳及皮德梦特诸国之君主亦相继宣布立宪。撒地尼亚王迫于清议，不得不驱逐奥地利人之领袖而为将来统一之初步。罗马教皇庇护第十(Pius X)及那不勒斯王均允出兵以争得意大利之自由。意大利之独立战争实始于此。

普鲁士人之要求立宪 奥地利既有内忧又有外患遂无力以压制德国之诸邦。故巴登、符腾堡、巴威及萨克森诸国同时均起暴动。巴黎二月革命之消息传来，柏林大震，乃有举代表谒王要求立宪之举。三月十八日市民群集于王宫外，警察欲解散之遂相冲突。叛党亦仿巴黎市民之举动于街衢之上高筑壁垒为战守之备。腓特烈威廉第四雅不欲有秩序扰乱或革命流血之举，乃允许召集议会以编订宪法。

德国国民议会之召集及宪法之编订 梅特涅既失势，德国颇有改组同盟筹划统一之希望。同盟公会被新党之压迫议决召集国民议会，以各邦民选之代表组织之。一八四八年五月十八日，开议会于法兰克福(Frankfort)城，着手于宪法之编订。

第三节 波希米亚及匈牙利革命之失败

三月革命之希望 当一八四八年三月下旬时，革命之前途似极有希望。匈牙利及波希米亚已得其欲得之权利。维也纳之委员会又正在编订奥地利各省之宪法。意大利半岛中诸国之有宪法者已得其四。普鲁士则有召集议会编订宪法之允许。而德国全国又正有法兰克福之议会实行修订宪法之举。

新党之分裂利于旧党之恢复势力 然改革事业虽似胜利，而其困难亦日甚一日。盖各国中之新党莫不四分五裂，致与旧党以恢复旧日势力之机也。

波希米亚之德人与捷克种人意见之不同 旧党之胜利实始于波希米亚有种族之争，卒致奥地利皇帝有恢复势力之日。捷克人本仇视德国人，而德国人又惧捷克人一旦自由将有压制德国人之举动。故德国人极不愿波希米亚之离奥地利而独立，盖若辈之保护者乃维也纳之政府，而非捷克种之同胞也。波希米亚之德国人并欲遣代表赴法兰克福之宪法会议冀列于德国同盟诸邦之林。

斯拉夫公会不能用德语　至于捷克种人方面则颇欲破坏德国人之联合运动。乃有召集奥地利帝国内斯拉夫种人开联合斯拉夫公会之举。一八四八年六月初旬开公会于布拉格。凡北部之捷克种人、摩拉维亚人及剌提尼亚(Ruthenia)人，南部之塞尔维亚(Serbia)人及哥罗西亚人皆举代表赴会。不幸各种方言相去甚远，不得已而用法国文，代表中仍多不谙者乃卒用德国文。

焚狄士格累次平定波希米亚之叛　公会虽开会多日毫无成绩。当六月十二日公会将解散之际，忽有学生及工人高唱波希米亚歌，并谩骂奥地利驻在布拉格之将军焚狄士格累次(Windischgrätz)，因其态度甚为傲慢也。遂与兵士冲突而有巷战之举，随有人攻将军之住室。六月十七日奥地利军用炮攻布拉格城，房屋烧毁无算。次日宣布革命之平定，此为奥地利战胜叛党之第一次。

焚狄士格累次攻陷维也纳　其在维也纳形势愈恶。皇帝于五月十八日惧而遁走音斯蒲路克(Innsbruck)。叛党乃建设临时政府召集议会以编订宪法，然一无所成。同时秩序之扰乱益甚。帝国政府已无能力。焚狄士格累次乃宣布其直捣维也纳之意。皇帝允之。维也纳人死力守城，卒因不敌而败。焚狄士格累次以炮攻之，于十月三十一日入其城，市民被杀者无算。

约瑟法兰西斯入即帝位　奥地利皇帝乃改组内阁任士发层堡(Schwartzenberg)为总理，其保守专制与梅特涅无异。逼皇帝斐迪南退职，传其位于其侄约瑟法兰西斯(Francis Joseph)。

马札儿种人与斯拉夫种人之不和　当梅特涅失败之初，奥地利皇帝本无反对匈牙利要求之能力，而匈牙利几达于完全独立之境。然民族主义渐普及于匈牙利王国中之他种人。匈牙利、奥地利、土耳其三国中之斯拉夫种人久有联合建国于南方之意。当马札儿种人强欲哥罗西亚人应用匈牙利语言时，哥罗西亚人之领袖曾言："尔辈马札儿人不过斯拉夫洋中之一岛而已。毋使大浪忽兴，将尔辈淹没。"故哥罗西亚人与塞尔维亚人大都与维也纳政府交好，以备与匈牙利战。

奥地利平定匈牙利之叛 奥地利皇帝至是一反昔日因循之旧，于十月三日下令宣布解散匈牙利之国会，并宣告国会之议案为无效。十二月，焚狄士格累次率兵入匈牙利，次年一月五日入佩斯城。然匈牙利人又为噶苏士所激起，群起叛乱。于一八四九年四月十九日宣布完全永久与维也纳政府分离。不意俄罗斯皇帝忽有援助奥地利之举。俄罗斯军队十五万人自东来攻，匈牙利力薄不能支，八月中休战。奥地利大惩叛党。叛党之被杀被拘者数以千计。噶苏士辈多遁往英国及北美洲合众国。古代之匈牙利王国至是几夷为奥地利之郡县。然此后不二十年间，匈牙利卒得其欲得之独立。欧洲大战以后完全与奥地利分离矣。

第四节 奥地利恢复意大利之势力

意大利人之失败 奥地利恢复意大利之势力其成功与在匈牙利同。意大利人始终不能逐奥地利军队于国外。其时奥地利军为名将刺得次岐(Radetzky)所统率，驻于孟都亚附近，有四大要塞保护之。撒地尼亚王亚尔伯特除少数志愿军外不得其余诸国之援助。奥地利之最好同盟莫过于意大利诸国之袖手。罗马教皇庇护第九宣言彼之任务在于维持国际之和平，而奥地利又为维护罗马旧教之至友，故不愿伤至友之情而破和平之局。那不勒斯王亦有召回军队之举。七月二十五日亚尔伯特为奥地利军战败于库思拓萨(Custozza)地方。不得已与奥地利订休战之约，撤其军队于伦巴底之外。

意大利共和党之政策 然意大利之共和党人并不因此而丧气。佛罗棱萨亦继威尼斯之后宣布共和。至于罗马则主张革新之洛西(Rossi)于十一月间被人暗杀而死，教皇遁走那不勒斯。革命党人乃召集宪法议会，于一八四九年二月间因听玛志尼(Mazzini)之言宣布废止教皇之政权，建设罗马共和国。

奥地利再败撒地尼亚军 当意大利各处多事之日，正皮德梦特与奥地利休战条约终止之期。一八四九年三月两国之战端再启。先后不过五日而已，奥地利军队复大败撒地尼亚军于诺瓦拉(Novara)，时三月二十三日也。意大利独立之希望至是乃绝。亚尔伯特退职，传其位于其子伊曼纽尔第二(Victor Emmanuel Ⅱ)，即他日改撒地尼亚王之称号为意大利王之人也。

奥地利在意大利势力之恢复　奥地利乘战胜之余威向南而下以恢复昔日之旧制。新建之共和国乃行消灭。罗马、多斯加纳及威尼斯均恢复其原状。半岛中诸邦之宪法除皮德梦特外无不一扫而空。至于皮德梦特之伊曼纽尔第二不但保其父所传之代议制，而且广聘新党之名人为他日率领诸国驱逐奥地利人之预备。

第五节　一八四八年德国革命之结果

德国联合之范围问题　至于德国奥地利亦因其有内乱而得收渔人之利。一八四八年五月十八日国民议会开会于法兰克福，以议员约六百人组织之，遂着手于宪法之编定。然将来新国之境界为何？一八一五年之同盟并不包有全部普鲁士之德国人，而实包有奥地利西部之异种。普鲁士之领土使之全入于新国之中固属易事。而奥地利则何如？不得已决定凡一八一五年奥地利领土之附属同盟者仍允其依旧。因此建设统一之国家势有所不能。盖新国中普鲁士与奥地利两雄并立，又谁愿甘居人下者？故所谓统一之新国犹是昔日复杂散漫之旧。

法兰克福议会之失策　法兰克福议会之措置不当益增统一上之困难。不急着手于新政府之组织，坐费数月之光阴于规定公民权利之上。迨宪法将告成功之日，正奥地利势力恢复之秋。保守精神于以复盛。遂联络南部德国诸邦合力以反对新政。

议会之失败及其解散　虽有奥地利之反对，然议会所编之宪法卒告成功。规定国中应有世袭皇帝一人，请普鲁士王任之。腓特烈威廉第四本主张新政者，因有柏林之暴动遂一变其政策。而且彼本胆怯之人心存保守。既恨革命之举动，又疑议会究竟有无率上尊号之权。加以彼向重视奥地利，诚恐一旦称帝，有伤奥地利之感情，万一宣战实甚危险。故于一八四九年四月不允称帝，并宪法而否认之。国民议会之一年事业至此毫无结果，代表遂星散。奥地利力主恢复旧日之公会，德国乃再返于旧日四分五裂之域中。

普鲁士之立宪 一八四八年之革命虽无结果之可言，独普鲁士有宣布宪法之举，于德国之将来颇有关系。法国革命之传入柏林及普鲁士王之允许立宪前已述及。是年五月宪法会议开会于柏林，提议废止贵族及删除国王称号上“天命”二字。同时城中工人蠢蠢欲动，于六月十四日围攻兵工厂。普鲁士王大惧，退居波次但(Potsdam)。乃令会议移往勃兰登堡。会议中人不允，遂被解散。一八四九年普鲁士王另编宪法；再慎选宪法会议以讨论之，于一八五〇年一月颁布。他日虽稍有修改，然为普鲁士之国宪者垂六十余年，至欧洲大战告终时方废。

新党之失望 普鲁士新党之希望民主政体者至是无不失望。虽有内阁而其责任则对于君主负之。国会采二院制：曰贵族院，以亲王、贵族、国王特任之终身贵族、大学校代表及巨城之知事等组织之。曰代表院。

普鲁士之选举制 下院议员之选举采复选制。凡年在二十五岁之公民皆有选举之权。以初选当选之人选举国会之议员。然根据其宪法之规定则选举中富民之势力特巨。凡纳税较多之人其数目达国税总数三分之一者共得选出初选当选人三分之一，第二等纳税得总数三分之一者亦如之。至于多数贫民年纳之税为数甚微，且其人数较众，然亦仅得选出初选当选人三分之一。故偶有富人年或纳税达总数三分之一者，则其一人之选举权竟可与该处全部贫民相等也。

第十八章

意大利之统一

第一节　统一意大利之计划

一八五〇年之意大利　意大利新党驱逐奥地利人及建设立宪政府诸举无不失败。自诺瓦拉战后意大利之政情几有恢复旧状之险。那不勒斯王既不实践其立宪之言，且有惩罚革命党之举。罗马教皇因得法国、奥地利、西班牙及那不勒斯之援助，竟能覆灭罗马共和国。至于北部意大利、奥地利之势力依然存在。摩德拿、帕马及多斯加纳诸邦之元首无不仰奥地利之鼻息以望其保护。然革命党人之逃亡在外者仍日以驱逐奥地利及统一意大利为职志。

新党意见之纷歧　然自拿破仑第一失败以来，意大利之新党对于统一之目的虽同，而对于方法之意见则异。共和党人则深恶君主政体而渴望共和。又有主张拥戴罗马教皇为统一半岛之元首者。此外又有希望撒地尼亚王为解放意大利之领袖者。一八四八年之革命完全失败，而撒地尼亚之君主年富力强，并允立宪。

玛志尼　共和党中之著名领袖首推玛志尼(Giuseppe Mazzini)(一八〇五年至一八七二年)。有识而多才，自幼即醉心于革命。不久入烧炭党，于一八三〇年为警察所逮，拘于热那亚之西萨窝那(Savona)炮垒中。然仍能用密码与他处革命党通声气。

少年意大利　玛志尼鉴于烧炭党之无用，乃组织新党曰少年意大利，以养成意大利青年之共和思想为目的。玛志尼以为君主及外援皆不可恃。主张建设统一共和国，盖恐联邦之制形势散漫，有强邻入逼之虞也。然玛志尼虽能激起人民爱国之热忱，而乏实行之能力。同时志士之中亦颇有主张拥戴罗马教皇为联邦之首领者。

伊曼纽尔之开明　然意大利之将来既不系于共和党，亦不系于教皇党，而实属于撒地尼亚王。意大利之独立必自驱逐奥地利人于国外始，而驱逐奥地利人之事唯彼优为之。故志士之具有实行能力者无不倾心于彼之一身。盖自一八四八年以来唯彼能与奥地利对垒，亦唯彼能热心于立宪政治也。皮德梦特之有宪法虽始于一八四八年当其父在位之日，然彼能不顾奥地利之要求，一意以维持宪法为事。

喀富尔伯　伊曼纽尔第二颇有知人之明，即位之后即任喀富尔伯(Cavour)(一八一〇年至一八六一年)以国家大事。喀富尔主张立宪及统一甚力，固近世有名政治家之一也。然彼以为欲谋意大利之统一非藉外力之援助不可，盖撒地尼亚之壤地褊小国力太微也。人口不过五百万，国内分为四区，各区又复互相猜忌。若无他国之援助，必难望统一之成功。而诸国中彼以为法国最为可恃。尝曰："无论吾人之好恶如何，吾人之将来实有赖于法国；迟早之间欧洲必有运动会，而吾人必当为法国之伴侣。"

第二节　法国皇帝拿破仑第三与意大利

撒地尼亚加入克里米亚战争　不久撒地尼亚即得与法国同盟之机会。一八五四年英国、法国二国与俄罗斯有克里米亚(Crimea)战争。次年喀富尔与法国订攻守同盟之约，遣兵赴克里米亚以援助之。至一八五六年巴黎开和平会议时，撒地尼亚遂得列席之机会。喀富尔力言奥地利之占有北部意大利实有扰乱欧洲和平之虞，并要求法国皇帝拿破仑第三援助意大利之独立。盖法国皇帝昔日曾表同情于烧炭党者也。

拿破仑第三之地位及政策　拿破仑第三之所以干涉意大利尚有他种原因。彼与拿破仑第一同，得位不正。彼知门阀名誉不甚足恃。欲得民心非为国立功不可。一旦援助同种之意大利人以与奥地利战，必能博得国民之同情。法国并或可因此而扩充领土，而为意大利联邦之保护者。故拿破仑第三与喀富尔遂有密商之举。所议何事虽不可知，然一旦意大利有与奥地利战争之举，法国必允援助无疑。假使奥地利被逐于北部意大利之外，则撒地尼亚即允割让萨伏衣及尼斯二地于法国。

马进塔及索非里诺之胜利　一八五九年四月伊曼纽尔第二与奥地利宣战。法国军队来援，败奥地利军队于马进塔(Magenta)。六月八日拿破仑第三与伊曼纽尔第二并驾入米兰城，人民之欢声雷动也。六月二十四日奥地利军又败于索非里诺(Solferino)。

拿破仑第三忽允停战　不久拿破仑第三忽与奥地利订休战之约，留威尼西亚之地于奥地利之手。欧洲各国闻之无不惊异。实则法国皇帝目睹战场之惨酷不欲久战。而且彼以为欲驱尽奥地利之军队非有兵士三十万不可。加之鉴于意大利诸邦对于皮德梦特无不表示其热忱，一旦骤成强国，将为法国之大患。故仅以伦巴底、帕马及摩德拿诸地与皮德梦特，使意大利之统一不能完成。然至是彼虽见到意大利将有绝大变化，而其力已不足以阻止之。变化维何？即建设统一之国家是也。

意大利诸邦之合并于撒地尼亚　一八五九年八九月之际帕马、摩德拿及多斯加纳三地之人民宣言永逐其元首以与撒地尼亚合并。亚平宁山(Apennines)以北之教皇领土曰罗马纳(Romagna)者，亦有开会宣言脱离教皇而加入撒地尼亚之举。诸邦间之税界一律废止。引用撒地尼亚之宪法，并交邮政管理权于撒地尼亚官吏之手。此种国民运动实开意大利统一之局。

加里波的　南部意大利之那不勒斯王既不愿与撒地尼亚联盟，又不欲实行立宪。其时有加里波的(Garibaldi)者(一八〇七年至一八八二年)极仰慕玛志尼之为人，决意以武力强迫南部意大利及西西里与撒地尼亚合并。彼于一八六〇年五月率“红衣”志士一千人，由热那亚渡海向西西里而进，败那不勒斯之军队，遂以伊曼纽尔第二之名义占据该岛。不久渡海登意大利半岛，与那不勒斯军队稍有冲突。九月六日进那不勒斯城。

拿破仑第三之干涉　加里波的意欲向罗马城而进。拿破仑第三大恐，盖法国人民多奉旧教，雅不愿罗马教皇之失势也。彼允伊曼纽尔第二可以占有北部之教皇领土，唯加里波的不得以武力久占那不勒斯，应另设永固之政府以代之。至于罗马城及其附郭一带则应仍属教皇。十月间伊曼纽尔第二遂南向占据那不勒斯。那不勒斯王纳款求和，南部之地遂并入于意大利王国。

意大利国会之开会　一八六一年二月意大利国会开第一次会议于吐林，遂着手于新国之合并。意大利人既实现其统一与独立之希望莫不欣然色喜。然奥地利之势力犹在，罗马教皇之负固依然，未免美中不足耳。

第三节　一八六一年后之意大利王国

教皇对于新国之态度　意大利之统一事业虽未告成功，而爱国之人并不因此而失望。新意大利王国国会第一次开会时，喀富尔力主恢复“永久之城及亚得里亚海之后”。同时罗马教皇庇护第九亦下令逐撒地尼亚王及其大臣于教会之外。并宣言宪法为革命之产物，当视为疯犬，应随地击毙之。拿破仑第三受旧教徒之压迫，遣兵入驻罗马城以保护教皇为宗旨。

威尼西亚之加入　然不久撒地尼亚忽得一种意外之援助。一八六六年之春普鲁士与奥地利间战争之机甚迫。普鲁士因欲得意大利之援助，乃于四月间与伊曼纽尔第二缔结条约。七月间战事开始，意大利人与普鲁士人遂合攻奥地利。意大利之军队于库思拓萨(Custozza)地方为奥地利所败，然普鲁士竟败奥地利军于萨多瓦(Sadowa)。奥地利乃允割让威尼西亚于拿破仑第三，唯以交还该地于意大利为条件。意大利人本欲并夺特棱特及的里雅斯德(Trieste)诸地于奥地利。嗣因海军失败故不得志。

罗马城之被据　一八七〇年普鲁士与法国宣战。法国军队之驻于罗马城中者均撤归。伊曼纽尔第二遂乘机要求教皇庇护第九应与意大利王国协商一切。教皇不允，意大利军队遂入占罗马城。教皇退居法迪坎(Vatican)宫中，自称意大利政府之囚犯。然城中居民颇表示欢迎意大利之意。罗马城及教皇领土以十三万票之多数，于一八七一年一月合并于意大利，反对者仅一千五百票而已。

罗马为新国之都城　至是意大利统一之功完全告竣。一八七一年伊曼纽尔第二向国会宣言曰："吾辈将来之责任在于使吾国强大而快乐。"新国之都城一八六五年自吐林迁至佛罗棱萨，至一八七一年乃移入罗马。新主宣言曰："吾人竟入罗马矣，吾辈将永留此地也。"撒地尼亚之宪法遂为意大利王国之宪法。

教皇之地位　罗马教皇与新政府之关系如何极其难定。一八七一年五月意大利政府宣言教皇享有宗教职务上之完全自由，规定其身体为神圣不可侵犯。教皇仍得享君主之尊荣，得与外国往来遣使。在其领土范围内与独立君主无异。意大利官吏不得因公事入内。意大利政府并年给教皇优待费银币一百二十万元，赔偿其领土之丧失。然当时教皇不但不受此种年金，而且不愿承认意大利之政府而以罪囚自待。直到一九二九年方与意大利政府复交，盖绝交已达六十年矣。

意大利为欧洲之强国　意大利因欲维持其新国之尊严颇费巨款以扩充其海陆军。制造新式战舰，实行征兵制度，仿普鲁士之征兵制以改组陆军。海陆军之费用因之加倍。国帑日益不敷。当一八八七年时不敷之款已达银币一亿六千六百万元。

意大利加入三国同盟　然意大利之政府仍日以扩充殖民地为事。中隔地中海与意大利遥遥相对之地为古代之迦太基(Carthage)即今日之突尼斯(Tunis)，意大利必欲得之以为快。不意于一八八二年先为法国所占据。意大利憾之，德国宰相俾斯麦(Bismarck)遂利用机会令意大利加入德国与奥地利匈牙利之同盟，即他日著名之三国同盟也。至一九一四年方解散。

意大利在非洲之殖民政策 意大利占据北部非洲之计划既完全失败，乃移其注意于与红海口相近之阿比西尼亚(Abyssinia)地方。一八八七年遣军队渡海而往。嗣后战事迁延至十五年之久方克服之。他日意大利并有与土耳其争夺北部非洲的黎波里(Tripoli)之举，后再详述。

意大利之政党 今日之意大利颇不能维持昔日喀富尔及伊曼纽尔第二辈之本意。因欲勉为欧洲之强国，不惜岁耗巨费以扩张军备而殖民海外。赋税之负担日重，人民之痛苦不堪。昔日各地爱国之精神遂一变而为利己之心理。盖意大利各部之利害原来本不一致也。共和党人仍以反对王政为事。社会主义亦已深入工人之脑中。此外尚有主张维护教皇政权者。凡此皆新政府之劲敌也。

意大利之进步 意大利之国情虽不甚佳，然三十年来之进步实足惊人。实业发达一日千里。至今人民之从事工商业者已达三分之一以上。丝、棉、毛货之输出外国者为数日增。

教育之进步 意大利之人民颇以不识字为各国所诟病，故其政府有改良学校之计划。然共和党及社会党人均尚心怀不满之意。以为不识字之人数虽已大为减少，一八六二年不识字者约百分之七十三，一九〇一年约百分之五十二，然国家每年之军费竟六七倍于教育费，实属国家之奇耻。

重税 若以其财富为比例，则意大利实欧洲负债最巨征税最重之国家。国民须纳地税、所得税、房税、遗产税、印花税、统捐及关税等。此外烟、彩券、盐及桂宁等无不由政府专卖。税则规定未得其平。以工人及农民所负担者为最重，故国家之收入半出自贫苦之人民。而且最重之税往往加诸日用必需品之上如盐及谷类是也。偶遇水旱，则人民每因乏粮而叛乱。至于食盐则每二百二十磅征税银十六元，而其成本实不过值银六角而已。据一八九八年某经济家之计算，佛罗棱萨之工人年纳其收入四分之一于地方及中央政府，而英国之工人则尚不及二十分之一。然读史者须知意大利在未曾统一以前税重而政苛。统一以后赋税虽不能减轻，而公共事业之进步亦正不小也。

罕柏特之被刺　伊曼纽尔第二于一八七八年卒。其子罕柏特第一(Humbert)即位。为人虽勇敢而且忠于宪法，然无实行改革之能力。一九〇〇年七月二十九日为叛党所刺而卒。其子伊曼纽尔第三继之，仍以继续其父之政策为事。

意大利之移民　国民之不满意于政府依然如昔。自罕柏特第一被刺后人民之移出国外者接踵而起。一八八八年人民出国者计十一万九千人；至一九〇〇年增至三十五万二千人；至一九〇一年竟达五十余万人。意大利领土之在非洲者类皆穷乡僻壤，故意大利人之移出国外者多赴巴西、阿根廷(Argentina)、乌拉乖(Uruguay)及巴拉圭(Paraguay)诸国。其赴北美洲合众国者亦以千万计。一九一〇年回国者不下十四万七千人。移出国外之人数虽多，然终不足以苏国内人民之困苦。当一九〇五年时国内社会党之势力极其强盛，故教皇庇护第十通令旧教徒参加选举以资抵抗。盖旧教徒自来本不许参加选举者也。然亦有以为社会党之发生颇足以激起保守党之实行改革云。

第十九章

德意志帝国之成立及奥地利匈牙利之联合

第一节　普鲁士为德国之领袖

德意志之实业革命　一八四八年法兰克福公会中之维新党人本有统一德国之计划，而终归失败。推求其故盖在德国诸邦之君主负固自守，互不相下。然是时德国之工商业日兴月盛，统一之基潜伏于此。一八三五年始筑铁道，运输之业于以大盛。敷设电线交通益便。制造品日有增加。推广市场遂不能仅以本国之界线为限。故德国在政治上虽非统一之邦，而统一之基则造端于实业革命时也。

国土分裂之影响于商业上者　自一八一五年后德国之政治家及工商界中人无不晓然于国土分裂之为害。三十八邦并立国中，彼界此疆俨同敌国。至其有碍于商业之发达则一览当日德国之地图即可知其梗概。自佛耳达(Fulda)至阿尔丁堡(Altenburg)相去不过百二十英里，而经过之邦凡九，界线凡三十四。当一八一九年时有商会曾向同盟国会诉商业上之困苦，谓自汉堡至奥地利或自柏林至瑞士必经过十邦，熟悉关税制度十种，纳税十类。

关税同盟　一八三四年一月德国国内十七邦有组织“关税同盟”之举。各邦税线一律废除，商民得往返自由而无阻。十七邦之周围有公同界线以与同盟以外诸邦隔绝。奥地利始虽踌躇，终不加入。其他诸邦则因利害切身故均先后入盟。

威廉第一之即位　普鲁士既为关税同盟之中坚，国力遂渐形浓厚，伏他日战胜奥地利之机。一八五八年威廉第一之即位实为普鲁士开一新纪元。王为人沉毅有为。即位之始即以排除奥地利于同盟之外，合其余诸邦而建设一强有力之国家为己任。彼以普鲁士与奥地利之战势所难免，故壹意于军备之整顿。

普鲁士之军队　德国陆军强甲天下，而实始于威廉第一之改革。五十年以前当法国皇帝拿破仑第一征服德国时代，普鲁士名将沙纶和斯特(Scharnhorst)始创强迫全国国民从军之征兵制为驱逐法国人之备。凡国中男子身体强健无疾病者均须入常备军受训练。乃退伍而为后备兵以备国家之用。及威廉第一即位，将每年征兵之数自四万人增至六万人，而训练之期以三年为限。限满之后乃退伍而为后备兵者二年。威廉第一颇欲增加后备之年为四。盖如是则国家可得国民从军之义务七年，一旦有事则军队之数可达四十万人也。此事因普鲁士国会下议院不愿供给军费几有中止之势。

俾斯麦之统一政策　然普鲁士王竟一意实行其计划。至一八六二年并任现代著名政治家俾斯麦为相。俾斯麦极忠于普鲁士，精明强悍。其政策在于以普鲁士之精神贯注于德国诸邦。深信君权神授之说，极不喜代议之制。对于自由思想多所藐视。彼以为欲达目的非用武力不为功，盖彼实普鲁士军阀之中坚也。俾斯麦既欲实行其计划遂有三大战争。至一九一四年之欧洲大战世界沸腾，皆俾斯麦政策之遗响也。

俾斯麦成功之要着有四　俾斯麦以为欲使普鲁士雄霸欧洲其要着有四：(一) 普鲁士须有强有力之陆军。(二) 奥地利非驱出德国范围之外不可。(三) 普鲁士之国土必须增加，必须巩固。凡介于普鲁士领土间之小邦均应并吞之。(四) 德国南部诸邦向不喜普鲁士之所为，非诱之北附不可。统一德国之业似属无望，盖自中古鄂图第一以来无一能成功者。不意俾斯麦竟能于十年之间成就之，其才力之伟大可想而知焉。

俾斯麦压制普鲁士国会 俾斯麦所遇之阻力第一即为普鲁士下议院之反对增加军费以扩充陆军。俾斯麦遂不顾下院之反对及舆论之非议一意实行其计划。其意以为上下两院既有相持不下之势，而宪法上又无规定解决之明文，则普鲁士王当然可以行使其旧有专制之特权。彼曾向国会言曰："现在之种种大问题断非演说或多数议决所能解决，吾人所需者唯有血与铁耳。"其时普鲁士之政府抑若回返昔日专制之旧。迨俾斯麦之"血铁"政策成功以后德国人竟多以目的既达何择方法恕之。

什列斯威好斯敦事件 不数年间普鲁士之军力骤然增长，已有战胜其世仇之望。俾斯麦既欲逐奥地利于德国同盟之外，乃利用什列斯威、好斯敦(Schleswig-Holstein)事件以实现其计划。什列斯威、好斯敦两地中之居民虽多系德国种而附属于丹麦，然与丹麦之关系不甚密切。一八四七年丹麦王宣言将两省合并于丹麦王国。德国人闻之莫不愤怒。至一八六三年丹麦竟合并什列斯威。

俾斯麦之计划 俾斯麦以为欲解除此事之纷纠莫过于将此两省夺为己有。同时并可得对奥地利宣战之机会，彼先邀奥地利协同普鲁士筹商解决之法。丹麦王绝无让步之意。普鲁士、奥地利两国遂于一八六四年二月向丹麦宣战。丹麦以弱小之邦而与两大国战，故不数月而败，遂割两省之地于两国以和。至于两省领土之处置一听两国自决之。俾斯麦实不愿两省处置之适当，盖彼本欲藉端以伤奥地利之感情，同时并可占有两省之地也。乃于好斯敦境内沿波罗的海滨之基尔(Kiel)地方修筑军港为屯驻普鲁士海军之用。奥地利以其食言也遂大愤。

第二节 一八六六年之战争及北部德国联邦之组织

德国同盟之解散 一八六六年四月俾斯麦与意大利约，谓三月之内如普鲁士与奥地利宣战，则意大利亦当出兵相助以获得威尼西亚之地为目的。普鲁士与奥地利之感情日趋恶劣。一八六六年六月奥地利使公会下令召集同盟之军队以与普鲁士战，普鲁士议员遂宣言同盟之解散。

普鲁士之宣战　六月十四日普鲁士奥地利两国均有宣战之举。当时德国诸邦除梅喀棱堡(Mecklenburg)及北部德国诸小邦外，莫不助奥地利以攻普鲁士。俾斯麦急提出要求于北部德国诸大邦——汉诺威、萨克森及厄斯加塞尔——令其与普鲁士一致。诸国不允，普鲁士军队遂入侵其境。

萨多瓦之战　普鲁士之军队训练有年，征略北部德国势如破竹。七月三日大败奥地利军队于萨多瓦。三周之后奥地利不复成军。普鲁士遂霸。

北部德国联邦　普鲁士深知美因河以南诸邦尚未有与北部德国诸邦联合之意。故仅合美因河以北诸邦而组织北部德国联邦。普鲁士并乘机扩充领土，凡北部德国诸邦之曾反抗普鲁士者除萨克森以外无不据为己有。如汉诺威、厄斯加塞尔、拿骚(Nassau)、法兰克福自由城及什列斯威与好斯敦两国均入属于普鲁士。

组织之要件　普鲁士之领土既大加扩充，乃召集诸国筹商制宪之方法。普鲁士所抱之目的有三：(第一)凡普鲁士治下之人民不问属于何邦均应予以参政之机会，则国会尚矣；(第二)普鲁士之霸主地位须始终维持；而(第三)同时各邦君主之尊严又不能不顾及。乃决定以普鲁士王为联邦之“总统”。设联邦议会(Bundesrat)为行政机关。在联邦会议中各邦君主及三自由城——汉堡、布勒门及律伯克——至少各有一表决权，以明示其不隶属于普鲁士之意。以为北部德国联邦之统治者实为联邦诸国之全体，而非普鲁士王也。实则会议中之表决权数共四十三，而普鲁士竟得其十七。而且同时并可望他邦之援助。至于宪法之编订非常周密，故他日南部德国诸邦——巴威、符腾堡、巴登及南厄斯——加入联邦时已无更张之必要。

第三节　法国与普鲁士之战争及德意志帝国之建设

拿破仑第三之外交政策　一八六六年普鲁士骤败奥地利，法国皇帝拿破仑第三闻之大为不惬。法国皇帝本甚愿战事之延长使普鲁士与奥地利成两败俱伤之局，法国乃得以从容而收渔人之利。此次战事骤然中止，彼已为之嗒然；加以国内新党中人又有要求改革之举应付之术已穷。而同时经营墨西哥之事又复失败。政府威信扫地无余。其时芬兰王本有售卢森堡公国于法国之意，卒因普鲁士之反对而止，法国皇帝益愤。其他在两国国交上，法国皇帝亦自愧不敌俾斯麦手腕之灵敏。巴黎与柏林两地之新闻纸上时有两国战祸势所难免之言；两国人心亦因之而大为摇动。法国人既抱"复萨多瓦之仇"之意，德国亦存报复"世仇"之心。

西班牙王位承继问题　是时适有西班牙王位承继问题之发生。西班牙自一八六八年女王伊萨伯拉(Isabella)被逐以后王位空虚。西班牙国会开会讨论承继之人物。卒议决迎立普鲁士王威廉第一同族之利欧破尔得入承大统。法国人大不悦，以为此事如果实行则西班牙普鲁士两国将与合并无异。法国之外交部大臣宣言此举无异于查理第五帝国之重建。实则西班牙人多不愿迎立利欧破尔得或意大利王太子亚马丢斯(Amadeus)为王。若辈所愿者在于女王太子亚丰琐(Alfonso)其人也。

法国当日之态度　然法国与普鲁士之武人莫不欲乘机而思一逞。一八七〇年六月利欧破尔得得普鲁士王之同意竟允入继西班牙之大统。嗣因法国政府之抗议遂不果行。此事原可就此结束。不意法国犹以为未满，要求普鲁士王担保不再重提此事。普鲁士王不允。俾斯麦故将普鲁士王之言断章取义遍载柏林诸日报上，使读者误认法国大使有侮辱普鲁士王之举。全国大哗。一八七〇年七月十九日法国遂与普鲁士宣战。

法国之失败　法国政府中人之宣战也曾有"无足重轻"之言，

不久即自知其轻举妄动之失策。法国皇帝之意以为一旦战胜普鲁士，则南部德国诸邦如巴威、符腾堡及巴登诸国皆将闻风兴起援助法国。不意法国军队始终无战胜普鲁士之能力，而南部德国诸邦亦且与北部德国诸邦合力来攻。加以法国之军队兵甲不利，统率无人，德国军队渡莱因河，不数日而法国军队败退。在麦次(Metz)附近血战数次，而法国之一师军队被困城中。不二月而有色当(Sedan)之战。一八七〇年九月一日德国人又俘法国军一师并获法国皇帝。

巴黎之被围及战事之终了　德国人遂长驱直入围困巴黎。法国皇帝拿破仑第三至是信用全失。法国人遂宣布帝国之废止，及第三次共和之成立。新政府虽有抵御之意而力不从心。一八七一年一月二十八日巴黎纳降，并与德国订停战之约。

德国之要求　当两国议订和约之时德国傲慢特甚，卒至铸成大错伏他年大战之根。当普鲁士与奥地利战争终止时，俾斯麦之对待奥地利一以宽大为主。而对于法国其政策独异。德国人之意颇欲于战胜之余获得实益以永志其复仇之举。乃强法国人割让亚尔萨斯及东北部洛林之地。使法国之领土与德国之莱因河隔绝，而以佛日山(Vosges)顶为两国之界。亚尔萨斯居民虽多用德国语，且该地自昔即为神圣罗马帝国之领土；然均以亚尔萨斯为法国之领地不愿入附于德国，因之迁入法国者颇不乏人。

此外德国人并要求法国人纳极巨之赔款——二千兆元——德国军队须俟赔款还清后，方允退出法国之境。法国人耻之，尽力筹款以速敌军之退出。德国法国仇恨之日深实始于此。一方法国人抱报复之心，一方德国人有怀疑之态，两国成仇不可复解。一九一四年之战祸实伏于此。亚尔萨斯、洛林之争执实为欧洲大战原因之一云。

德意志帝国之宣布成立　普鲁士既战败法国，俾斯麦建设德意志帝国之希望于是成功。南部德国诸邦——巴威、符腾堡及巴登——亦相率加入北部德国联邦之中。各邦协商之结果乃将北部德国联邦易名为德意志帝国，而拥同盟“总统”为“德意志皇帝”。威廉第一遂于一八七一年一月十八日在法国维尔塞宫中上皇帝之尊号。当时欧洲美洲各国固多表同情于德国也。

第四节　一八六六年后之奥地利匈牙利

一八六六年奥地利之问题　奥地利自被普鲁士战败以后离德国而自立。乃尽力于与匈牙利及国内诸异种之调和，一面并谋所以应付新党要求立宪之政策。

奥地利匈牙利王国之建设　当一八六一年时奥地利曾有统一国土建设帝国之举。设国会于维也纳嗣因匈牙利人、波希米亚人、波兰人、哥罗西亚人等相率退出于国会，事遂中止。一八六六年奥地利既为普鲁士所败，奥地利帝国与匈牙利王国之关系遂根据于一种协约(Ausgleich)而决定。奥地利皇帝约瑟法兰西斯自认为两独立国之元首：(一) 奥地利帝国包有十七省——即上奥地利、下奥地利、波希米亚、摩拉维亚、克伦地亚(Carinthia)、卡尼鄂拉(Carniola)等地。(二) 匈牙利王国，包有哥罗西亚及斯拉窝尼亚诸地。两国各有宪法，各有国会——一在维也纳，一在佩斯，各有国务大臣。惟关于外交、宣战、媾和三事则两国一致有同一国。此外两国之海陆军亦共有之。币制、度量衡制及关税等亦两国一致。此种国家之组织虽属新奇，而国力甚强故能维持数十年之久。

奥地利匈牙利之政制　凡两国共同之事由奥地利皇帝派三大臣任之——即外交大臣、海陆军大臣及财政大臣是也。三大臣对于两国国会代表联席会议(delegations)负责任。联席会议以奥地利、匈牙利两国会各选出代表六十人组织之。其开会地方则一年在维也纳，一年在佩斯，以免不平之感。开会之日分道扬镳，一用德国语，一用匈牙利语往返商酌全赖文书。偶有异同，则合开会议以便取决，初无讨论余地也。

种族问题　各种民族同处国中，言语不同，思想互异，政府必欲尽人而悦之，于势有所不能。当一八六七年时奥地利境内有德国人七百十万，捷克人四百七十万，波兰人二百四十四万，剌提尼亚人二百五十八万，斯罗焚种人一百十九万，哥罗西亚人五十二万，意大利人五十八万，及罗马尼亚人二十万。德国人以为维也纳为帝王旧都，应为奥地利之京城；德国语之为用最广，应为奥地利之国语。至于波兰人及捷克人则追思往日之自由莫不以谋划独立为职志。对于言语一项亦思用其母语以代德国文。

教会势力之衰微　五十年来奥地利极著之事业有三：（一）为一八六七年之宪法，（二）为一八六七年至一八六八年明定政教之关系，（三）为一九〇六年选举权之扩充。奥地利自一八六七年战败以后国会中之德国新党人提出限制教士权力之议案，予国民以信教自由之特权。无论信奉何种宗教之人均得服务于政府及学校。凡人民婚礼如不愿教士举行或教士不愿举行时得由官吏代负其责。罗马教皇对于此种法律尽力反对宣言无效，然终无如奥地利政府何也。

选举权问题　奥地利与其他欧洲诸国同亦大受实业革命之影响。工人之人数既日有增加，其参政之要求亦愈接而愈厉。至一九〇六年奥地利政府遂有扩充选举权之举。规定凡国内男女年逾二十四岁者皆有选举之权。根据新法而行之选举于一九〇七年五月举行。社会党人之被选为国会议员者得五十人。然教会中人之被选者亦复不少。

匈牙利之马札儿种人　一八六七年后匈牙利之历史与奥地利相似。然匈牙利国中之马札儿人把持政权，其势力远出奥地利国中德国人之上。据一九一一年之统计，匈牙利人口约共一千八百万人，而马札儿人居其泰半。哥罗西亚人及斯拉窝尼亚人合共二百五十万有奇。国会下院中，匈牙利之议员约四百十三人，而哥罗西亚及斯拉窝尼亚合共四十人而已。国会、政府、大学及铁道上均以马札儿语为国语。其政府并力倡移民入城之举，盖马札儿人势力之中心多在巨城中也。

匈牙利之种族问题　哥罗西亚人及斯拉窝尼亚人对于布达佩斯(Budapest)国会中种族待遇之不平极示不满之意。塞尔维亚人亦日望若辈所居之地之合并于塞尔维亚。而罗马尼亚人亦日望合并于罗马尼亚。一九一四年欧洲大战之爆发及一九一八年匈牙利王国之瓦解均伏机于此。

（底本此处标缺页）

第五卷　欧洲大战以前之改革

第二十章

德意志帝国

第一节　德国之宪法

德国宪法之来源　德意志帝国成立之沿革已详上章。其宪法本订于一八六六年普鲁士战胜奥地利之后，以维持普鲁士之霸权为目的。人民虽稍有参政之机，然以俾斯麦之深信君权及武力，吾人固难望其削君主之权减武人之势以与国民更始也。

普鲁士之独霸国中　在一八六六年北部德国联邦中，普鲁士兼并之余实无异联邦之全部。自普鲁士战胜法国以后南部德国诸邦相率来归，而德意志帝国于以成立。然对于四年前之宪法无甚修正。美因河以南诸国虽加入联邦，而普鲁士之领土仍占国中三分之二，人口之比例亦然。

一八五〇年之普鲁士宪法　欲知德国宪法之内容不能不先明普鲁士政府之性质。当一八五〇年普鲁士王颁布宪法时俾斯麦颇持反对之态。故当一八六二年时彼竟有不顾国会擅增军队之举，普鲁士王之权力犹是根据于旧日君权神授之成见。上院议员类皆武人地主充之。至于下院议员之选举方法规定尤为奇特，故予富民以操纵之权。

三级制 下院议员用复选制。虽二十五岁以上之男子均有选举权，然假使贫无资产则所谓选举权者虽有若无。盖宪法中根据纳税之多寡分选民为三级。凡富民纳税之额占全数三分之一者则得三分之一选举权。其次纳三分之一税者亦如之。至于大部贫民亦因其所纳之税仅有三分之一，故人数虽多其选举权则与少数富民等。初选当选者再互选国会之议员。

普鲁士选举之性质 有时富民一人得选本区初选当选人三分之一。当一九〇〇年时社会民主党人选民之数居其大半，而仅得国会议员七人。而且普鲁士政府令人民于选举时须高声唱被选者之名以表示其意思。同时政府并干涉各区之选举以免反对普鲁士政策者之得势。

下院之力薄 普鲁士之下院权力极微。普鲁士王既有任意选派上院议员之权，故上院议员一唯王意之是从。所有法律均由政府提出之，而普鲁士王有否决国会议案之权。行政大权一人独揽。政府各部均为守旧官吏所占据。下院议员虽有讨论之机会与不允增加预算之权力，然政府得用种种方法强其相从。故世人称普鲁士政府为官僚政府洵非虚语。兹再略述德国之联邦宪法。

德意志皇帝之地位 当一八六六年编订北部德国联邦宪法时其目的原望南部德国诸邦之加入。四年后帝国成立时宪法上无甚变更。以古代尊号“德意志皇帝”(Doutscher Kaiser)上诸普鲁士王威廉第一，并以帝位永予霍亨索伦族。唯不以德国统治者自命，盖恐伤诸邦君主之感情也。故仅以帝国中之“主席地位”予诸德国皇帝。

皇帝之权力 皇帝对帝国国会所议决之议案虽无直接否决之权，然因有他种权力之故有同专制之君主。帝国总理及海陆军官均由皇帝任免之。帝国海陆军由皇帝统率之。调遣军队由皇帝主持之。

联邦议会 德意志帝国之统治权理论上不在皇帝而在联邦议会，此实德国政制中之最奇特最重要而又最不易明了之机关也。其议会以二十二邦君主及自由城之代表充之。德国之联邦议会与美国之上议院同，以各邦之代表组织之。然德国之议员与美国之上院议员异，盖若辈乃政府之代表而非人民之代表也。表决议案一以君主之意为去取。普鲁士王有表决之权十七，此外再加以亚尔萨斯，洛林之权三。故六十一权之中普鲁士王一人得其二十，巴威王得其六，萨克森及符腾堡之王各得其四，其余诸小邦大抵仅得其一。

下议院　德意志帝国中机关之较近民主者唯有帝国下议院(Reichstag)。议员约共四百人，各邦所选之数以人口之多寡为标准。宪法规定凡德国人年逾二十五岁者均有选举下院议员之权。议员任期五年。然皇帝得联邦议会同意时得随时解散下议院。一九〇六年后下院议员方有公费。

帝国总理　帝国总理由皇帝于联邦议会普鲁士代表中选任之，然皇帝可以不问下议院中政党势力之消长任意免总理之职。故总理仅对于皇帝个人负责任，下院意志之向背可不问也。联邦议会之主席由总理任之，联邦之官吏亦由彼任命而监督之。

德国无内阁制　总之德国无所谓责任内阁制。皇帝既有任免总理之权，又系普鲁士之元首，权力之巨，远在其他立宪诸国君主之上。而所谓下议院者批评政府虽有余，监督政府则不足也。

法律一致之必要　一八七一年德意志帝国统一后之情状与一七八九年美国联邦成立后之情状颇相仿佛。各邦虽因同文同种之故联合成国，然有随时瓦解之虞，初难保其永久。德国诸邦之君主类皆壹意于维持一己之威权，雅不喜普鲁士王之独霸。各邦各有独立之旧观，各有工业之利害，各有特种之政体。帝国政府知其然也，乃规定全国一致之法律以巩固统一之精神。

帝国政府之权力　统一帝国之责任唯俾斯麦实负之。所幸帝国宪法所予帝国政府之权力远较美国之中央政府为大。凡关于商业，各邦间及与外国之交际，国币、量衡、银行、铁道、邮、电诸业均由帝国国会规定之此外帝国政府并得制定全国之刑民各法规定法院之组织，诉讼之手续等。故帝国总理之权力甚为宏大。欲施兴革颇能措置裕如也。

帝国法律　帝国既成立，国会遂行使其宪法所予之权力。一八七三年议决国币统一之案，昔日紊乱之币制为之一扫而空。以“马克”为单位。新币之上一面镌皇帝之像，一面刻帝国之徽，以志统一之庆。一八七一年议决全国一致之刑律。一八七七年又议决关于法院之组织，民事刑事诉讼之程序，破产之处置，及注册专利之规定诸议案。自一八七四年至一八八七年并设编订民法之机关，于一九〇〇年施行。

文化之争　是时德国人之主张地方分权者颇不满俾斯麦统一之政策，而旧教徒之反对尤力，盖恐信奉新教之普鲁士一旦得志则旧教徒将无立足之地也。当一八七一年举行第一次帝国国会选举时旧教徒之当选者凡六十三人。俾斯麦以为此乃教士反对国家之阴谋，非设法破坏之不可。一八七〇年教皇曾宣言政府不得干涉罗马教皇与教徒之关系及教会之事件。俾斯麦则以为国法当在宗教之上。不久而管理学校之问题起。所谓“文化之争”（Kurturkampf）于是乎始。将耶稣会中人及他种宗教结社逐诸国外，教士之批评政府者则依法惩之。普鲁士不久亦定种种苛法以限制教士，而德国教士亦多联络教皇合力以反抗俾斯麦之政策。旧教徒团结益固，卒成政党名曰“中央”，于一八七四年选出议员九十一人于下议院。

俾斯麦与旧教徒之调和　俾斯麦鉴于旧教徒反抗之日烈，社会党发达之迅速，不得已与旧教徒言和。所有苛法几皆废止，同时并复与教皇言归于好。然旧教徒政党之在下院者声势殊大。政府抑制社会党之政策亦不甚有效云。

第二节　俾斯麦与国家社会主义

德国社会主义之发达　德国社会党之发生实始于俾斯麦当国时代。当一八四二年时德国某大学教授曾谓德国既无劳动界，则社会主义之运动当然可以无虑。然三十年间德国亦步英国、法国之后尘而有实业革命之迹，巨城蔚起，工厂如林，工人之数遂因之日众。而资本与劳工问题亦随之而起矣。

马克思及拉萨尔　当一八四八年革命以前德国学者马克思(Karl Marx)曾著有《资本论》一书，详论劳工问题及其解决之方法。然二十年后德国政局中方有社会党之发见。其领袖为拉萨尔(Lassalle)，其人深思善辩。于一八六三年在来比锡工人大会中组织“工人协会”(General Workingmen's Association)。然经营一年，而会员之数尚不及五千人，乃大失望。于一八六四年因恋爱问题与人决斗而死。

社会民主党之兴起　拉萨尔虽死，然社会主义之运动进行如昔。其激烈者因受马克思学说之影响，于一八六九年在挨塞那哈(Eisenach)地方另组新会名曰“德国之社会民主工党”(Social Democatic Labor Party of Germany)。此党与昔日之工人协会并立国中。至一八七五年于皋塔(Gotha)地方开工人大会时方合并为一，并发布其政见及目的。是年适值下院选举之期，社会党人之投票者得三十四万。德国政府乃大惧。

俾斯麦之压制社会主义　俾斯麦颇反对社会主义。又因有人谋刺德国皇帝者前后凡二次，俾斯麦乃归咎于社会党人，于一八七八年制法以限制社会主义之运动。规定凡以“倾覆社会秩序”或提倡社会主义为宗旨之集会出版物及结社均一律禁止之。无论何处凡遇工人暴动时，政府得宣布戒严令。此法之施行凡十二年之久。社会党势力之及于政局上者因之大衰。然社会党人仍秘密宣传其主义于工厂军队之中，其出版物亦多由瑞士秘密递入于国内。故政府虽有压制社会主义之法律，而社会主义则未尝因此而绝迹也。

国家社会党之起源　当政府压制社会党之日正国家社会主义(state socialism)发生之时。主张此种主义之学者以为政府而欲压制社会主义莫若实行社会主义之主张，而为釜底抽薪之计。此辈所提议者不止一端。言其著者如工人失业者之设法维持，工作时间之减少，工厂卫生之注意，女工童工之限制，工人损伤疾病之预防等。此外为均贫富起见凡以租价利息或投机所得为收入者均须令其纳税；所有铁道、运河、各种交通及运输机关、自来水、煤气、市场、银行及保险诸业，及城市中之土地均应归诸国有。

俾斯麦之态度 俾斯麦对于国家社会主义颇为赞许。故自一八七八年以后至辞职时止始终主张种种改革以利工人。彼以为此种政策无异返诸昔日勃兰登堡保育政策之旧以福国而裕民。然彼始终以为贫富阶级乃势所必然无可变更；政府之责一面固在改良工人之地位，而一面亦不能不增加进口税以保护实业之发展。

各种工人保险法 俾斯麦以为有几种改革事业颇足以减削社会主义之势。乃于一八八二年由政府提出工人残废及疾病保险之二案。讨论二年，于一八八五年议决实行。前者规定凡资本家均须另储经费为工人残废保险之用。工人之残废者可得相当之赔偿；一旦身故，则其妻子亦可免无以自给之患。后者规定凡工人均须纳疾病保险之费，其另一部分由资本家供给之，用人者并负实行此法之责。

工人寿险法 一八八九年政府并有工人寿险法之规定。凡工人收入年在千元以上者均须纳其收入之一部分于政府。年逾七十岁之工人得向政府领养老金以资生活。如年未及七十而已不能工作者亦如之。工人应纳之费其一部分由资本家负之，而政府亦有一定之津贴。据一九一三年之统计工人之依法保险者达二千五百万人以上。

社会党人对于国家社会主义之不满 政府得因上述政策以维持工人之安宁，即今日所谓国家社会主义者是也。然社会党人犹以为未足，以为此种政策缺一社会主义之最要原质——即“民主”是也。此种政策不过昔日腓特烈大王时代保育政策之变相。资本之主义犹存，贫富之不均如昔。德国政府对于此种非议虽不之顾，然对于维持工人之工作及铁道矿业之国有诸端，始终进行不懈，造福正复不浅也。

第三节 德国之保护政策及殖民外交

德国实业之要求保护 俾斯麦一面保育工人，一面亦保护实业。德国既战胜法国建设帝国并得法国之巨款，国内实业因之大为兴起。新业发达一日千里。即就普鲁士一邦而论，一八七〇年时有合资公司四百十所，至一八七四年竟增至二千二百六十七。工资日增，工人之生活程度亦日高。然投机过度，不久而有反动之象。物价工资均渐低落，公司工厂之闭歇者日有所闻。于是制造家及农民群起要求政府之保护以免为外货所排挤。以为德国实业尚在幼稚时代，若政府不加意保护者则商业场中将无立足之地也。

德国之保护制度　一八七八年德国政府乃提出改良关税议案于国会。其要点有二：（一）以保护本国之制造品为目的，（二）凡德国所无之原料则减少其进口税。次年国会通过新税则。德国他日能成世界上最大实业国之一实造端于此。

非洲之殖民　德国制造家虽已得政府之保护，然尤以为未足。乃要求政府推广本国制造品之销场。俾斯麦初本轻视殖民地为无甚价值者，至是亦不得不谋伸其足于非洲矣。

多哥兰及喀麦隆　俾斯麦于一八八四年遣那哈提加尔（Gustav Nachtigal）博士赴非洲西岸一带实行其获得殖民地之计划。不久果得非洲多哥兰（Togoland）及喀麦隆（Kamerun）两地土酋之承认，均愿受德国之保护。两地面积合得二十万方英里。同年布勒门商人名吕得累次（Lüdoritz）者亦受俾斯麦之命树德国旗于非洲西岸之安格拉佩揆那（Angra Pequena）地方，德国商人之经营此地者颇能尽力。不数年间德国政府将该地扩充之，计得三十二万方英里。名之为德属西南部非洲。欧洲人之居此者尚不及万五千人也。

德属东非　德属东部非洲面积尤广。一八八四年“德国殖民会”遣彼得斯（Karl Peters）博士赴该地调查一切。一八八八年向赞稷巴（Zanzibar）土酋租得一带狭长之地，长约六百英里。二年以后德国出二百万元之价购之。德国人经营颇力，德国政府并设农业试验场数处于此。

俾斯麦与三国同盟　俾斯麦于外交上极为活动。当德意志帝国统一时代俄罗斯为德国之益友。统一之后德国、俄罗斯、奥地利三国之皇帝互相携手以防法国之复仇。然在一八七八年奥地利因俄罗斯在巴尔干半岛中颇为得手，遂与俄罗斯决裂，俾斯麦乃助奥地利以攻俄罗斯，次年并与奥地利同盟。一八八二年意大利亦加入同盟之中即世称三国同盟者(Triple Alliance)是也。一九一四年夏日德国对奥地利之态度太形亲密，亦为欧洲大战近因之一。然战端既起，意大利竟脱离三国同盟而与德国、奥地利之敌携手。

第四节　威廉第二在位时代

威廉第二之即位　威廉第二既即位，俾斯麦之势力骤衰。盖德国宰相当先帝在位时代得威廉第一之信任，大权独揽，言听计从。新帝之为人则异是，深信君权神授之说。即位之始即宣言曰："吾既入承吾祖之大统，吾将求助于万王之王。吾誓以吾祖为模范，为坚毅公平之君主，提倡忠孝及畏上帝，以和平为怀，援助贫困之人而为公平之保管者。"

俾斯麦之辞职　德国皇帝以青年而亲政，俾斯麦当然不能忍受。遂于一八九〇年三月中辞职。国民虽具爱戴之忱，而"铁相"(Iron Chancellor)已遂告归之志矣。俾斯麦既辞职，德国皇帝宣言曰："吾所感之苦痛与丧吾之祖父同，然上帝所命吾人唯有忍受之，虽死可也。舵工责任加诸吾肩。船之方向未尝稍改，吾辈尚其开足汽力而前进！"

威廉第二对于社会主义之态度　新帝即位之始颇有与社会党人调和之倾向。一八七八年来俾斯麦所订压制社会党人之法律均于一八九〇年废止之。社会党人之运动遂复昔日之旧。新帝宣言彼将继其祖父之志以救济贫民为务。并谓彼对于工人困苦关切异常。然不久愤工人之非议政府渐改其常态，至谓社会民主党为"无异帝国及普鲁士之敌"。

德国之在远东　德国既实行其殖民政策，威廉第二亦置身于世界政潮之中。当一八九五年中日战争之后彼与俄罗斯、法国二国合阻日本之占据中国辽东半岛。二年以后德国人乃强占中国山东之胶州。

德国殖民政策之价值　德国之殖民地虽广，然得不偿失，初无价值之可言。所得诸地类皆不适宜于德国人之移居。非洲之殖民地尤劣。其地土人往往好勇很斗时有反侧之举动。当一九〇五年至一九〇六年间德国政府所用平定非洲土人叛乱之经费数达一千八百万元，而殖民地之进出口货合仅值银币四百万元而已。欧洲大战既起所有德国之殖民地乃丧失殆尽。

维新党及社会党之不满　德国中之反对政府者亦颇有人在。盖德国虽有成文宪法及民选之下院，然其政府之专制实冠西部之欧洲。政府中无责任内阁之制，人民非议政府者有被捕之虞。而且所谓下议院亦绝不足以代表真正之民意。议员之分配仍沿一八七一年之旧。其结果则如柏林一城虽有居民二百万人，应有议员之额二十，而事实上仅得其六。故社会党之选民虽多，而议员之人数卒不及保守党人之众。如一九〇七年之选举，社会党之选民得三百二十五万人而被选者仅四十三人，至于保守党之选民为数虽仅得一百五十万人而被选者竟达八十三人之多。至一九一二年时社会党被选之人数骤然增加，亦足见其势力之日大也。

德国无反对政府之巨党。唯有社会民主党时有反对武力主义及帝国主义之言论。然当一九一四年欧洲大战开始时社会党人之反对战争者实居少数，亦可见民族主义入人之深及国界打破之不易也。

第二十一章

第三次共和时代之法兰西

第一节　巴黎市政府与复辟问题

第三次共和国之宣布　一八七〇年九月三日拿破仑第三自色当电致巴黎曰："吾军败而被俘，而吾已为俘虏。"二十年来之帝国至是遂覆灭。巴黎暴民侵入下议院中大声要求改建共和政体。下议院遂议决废拿破仑第三及其朝代。次日甘必大(Gambetta)及巴黎之议员占据市政府，宣布共和政体之重建，巴黎人大悦，同时其他巨城如波尔多、马赛、里昂等亦莫不闻风而响应。

德人围困巴黎　德国军队既败法国军队并获法国皇帝，遂长驱直入所向披靡。九月下旬陷落斯特拉斯堡，再逾月又陷落麦次。遂围攻巴黎，而普鲁士王则驻兵于维尔塞宫内。甘必大乘气球遁走都尔(Tours)城。召募志愿军为解围之用。然新兵未经训练多不战而溃。一八七一年一月法国人遣兵断德国军队之后路，又为德国人所败，纷纷向瑞士而遁。巴黎城中几有绝粮之患，不得已于一月二十八日纳降。

国民议会之召集　自一八七〇年九月以来法国人无编订新宪之机会，政权暂操于甘必大辈所设之国防政府(Government of Public Defence)之手。唯临时政府是否有媾和之权尚属疑问，故召集国民议会以代表国家与敌人开和平会议。选举之结果则王党——如拥戴查理第十之孙之正统党，拥戴路易腓立普之孙之奥尔良党，及少数之波那帕脱党——之被选者得五百人，而共和党仅二百人而已。此盖甘必大辈宣言非力战德国人不可，国民深恐若辈得势则战祸迁延为害更烈也。国民议会知巴黎人极热心于共和，故决议移往波尔多城，于二月十二日开第一次会议。

退耳　国民议会中之最有才力者首推退耳(Adolphe Thiers)其人。彼本精于史学，从事于新闻业及政治生活者已近四十年，颇负时望。当法国在危急存亡之际，领袖人才非彼莫属。彼以二百余万票之多数当选，法国人之属望甚殷可知。国民议会乃推彼为法兰西共和国之行政元首(Head of the Executive Power of the French Republic)，并允其得自选国务大臣以助其行政。此盖一种应变之方法而非永久之机关也。至于政体问题则决定俟德国军队出境后再议。退耳宣言丁兹国家命脉一发千钧之秋，全国公民无论政见有何异同均应敌忾同仇恢复元气。

法兰克福和约　实行其政策之第一步即为与德国人之媾和，盖停战之期行且终了也。二月二十一日退耳急向维尔塞而进，与德国皇帝及俾斯麦开和平之议。至二十六日和议大纲方定。法国允割让亚尔萨斯及洛林之一部于德国，并允纳赔款一万兆佛郎，德国军队得驻在法国境中俟赔款清偿后方始撤退。国民议会深知再战无胜利之望，不得已而允之。和约于五月十日在法兰克福地方签字。

国民议会移往维尔塞　法国既与德国媾和，共和党力主国民议会之任务既了即应解散。然大众多不以为然，遂着手于宪法之编订。唯国民议会不愿返于巴黎，乃移往维尔塞。勃郎谓国民议会如不能满足巴黎人之要求而弃多年之都会，则在“对外战争死灰之中，恐再发见极可畏之内乱”。不久巴黎人果有暴动之举，以为国民议会中人类皆来自田间之“乡愚”(rustics)，只知拘守君主制度而不识城市之需要。

巴黎之反抗　巴黎叛乱之酝酿已数月于兹。德国军队围攻之结果工人之失业者日众，城中之秩序益乱。革命党人良莠不齐，有共和党，有共产党，有社会党，有无政府党，及其他以扰乱秩序为事之暴民。领袖之中亦颇有具高尚之思想者不惜牺牲一己以维护共和，以共和政体为“合于人民权利与自由社会发达之唯一政体”。若辈要求各城市应顾虑本身利害，有自治之权。法国因之成为一种城邦之联合。各城市得自由立法以应付本地之要求。此“市政府党”(Communards)之名所由来也。

市政府党之失败 然市政府党之原理信从者少。而国民议会又有力平巴黎叛乱之决心。四月下旬退耳下令攻击巴黎。巴黎人死者无算。三周之后国军直入巴黎，时五月二十一日也。城中之秩序大乱，奸淫掳掠，无所不至。五月二十八日国军司令麦马韩(Marsbal Macmahon)方下停战之令。然杀戮之事并不因之中止。盖王党设立军法院，不讯而处以死刑者以百计也。远戍者凡七千五百人，拘禁者凡一万三千人。

正统党与奥尔良党之不和 巴黎之叛既平，国民议会方有讨论国体之机。倘使当日之王党无内部破裂之迹，则王政中兴易如反掌。正统党人力主立查理第十之孙宋波(Chambord)伯为王。而奥尔良党人则竭力拥戴巴黎伯。两党相持不下。除反对共和以外绝无相同之点焉。

退耳整顿陆军 国民议会中各党之意见既不一致，均愿缓议国体问题，藉以延宕时日。退耳亦颇以此种政策为然，故于八月被举为总统后即力主整顿陆军以恢复国家之元气。国民议会鉴于辱国丧师之耻，遂通过陆军议案。仿普鲁士之征兵制，凡法国人均有充当五年常备兵十五年后备兵之义务。边防加固，军备改良。而军事部亦重加改组。

退耳之失败及麦马韩之被选 退耳本属奥尔良党。一八七二年十二月彼忽宣言以维持共和为己任，以为一旦变更政体则革命之祸必因之复起。然彼之共和主义近于保守，为甘必大及激烈共和党人所不喜；同时王党中人亦恶其反复无常思有以报之。一八七三年五月国民议会以多数通过反对政府政策之议案，退耳遂辞职。交政权于王党人之手。王党人乃举麦马韩为总统，并组织一王党之混合内阁，以正统党、奥尔良党、波那帕脱党中人充国务员。

正统党与奥尔良党之调和　不久各王党中人深知欲恢复王政非各党携手不可。故奥尔良党与正统党协商拥宋波伯为国王之候补者，称之为亨利第五。彼本无嗣，故死后应以奥尔良党中之巴黎伯继之。至于国旗问题，究用革命时代之三色旗或用波旁族之白色旗，议论纷纭莫衷一是。乃决定暂从缓议。

宋波伯坚持适用白色旗　各王党之协商恢复王政也，绝未顾及宋波伯之性情何若。是时彼已年逾五十，曾逃亡于苏格兰、德意志、奥地利及意大利诸国，饱尝风露，彼曾受旧教徒之教育，而光复旧物之志极坚。巴黎市政府失败之后，彼即宣言："法国既来归于我，我亦以我之原理及国旗来归于法国。"彼虽允与巴黎伯协商携手之策，唯坚持一己为正统之君主。不久并宣言白旗为彼族之标帜，无论如何不能废弃。

麦马韩任期之延长　宋波伯不久赴维尔塞，筹备登极之典礼。奥尔良党人恨其壹意孤行，思有以尼之。乃与波那帕脱党及共和党协议延长总统任期为七年。以冀届时或可令巴黎伯入继大统也。

第二节　第三次共和国之建设及其宪法

共和政体之决定　同时国民议会中之意见复杂异常。共和党要求建设共和；正统党要求总统退职；奥尔良党要求总统任期延长至一八八〇年。至一八七五年国民议会方讨论政体问题。一月二十九日以一票之多数议决共和国之总统应由上下两院合开之联席会议选举之。政体于是遂定为共和。

法国现代宪法之奇特　王政恢复之望既绝，国民议会遂着手于政府组织之规定。然此次不复如昔日之专事于编订宪法，仅陆续议决各种法律以为根据而已。此种法律及日后之种种修正合成为第三次共和国之宪法。故现代法国之宪法与昔日之宪法异。关于统治权人民权利及共和政体等均无切实规定之明文。一望而知其为一种仓猝成功应付潮流之法律。然竟能传世行远，而政府之稳固亦远在第一次革命以来之政府之上。今之研究政治学者每以世界最良宪法之一目之。

法国总统之地位 据新宪之规定法国总统之地位与美国之总统异，而与英国之君主同。盖总统之下既有内阁及内阁总理，故所谓总统者非行政之元首实一种装饰品而已。而且总统之选举不由人民直接举行，而产生于上下两院之联席会议。总统之任期七年，不另选副总统。总统因病故或辞职出缺时即选新总统以继之。内阁阁员多由下院议员中选充之，故阁员之势力每大于总统。行政大权如英国然实在总理之手。总统无否决议案之权，仅能交回国会覆议而已。

国会 国会取两院制，此为与一七九一年及一八四八年所设立法机关相异之一点。上院曰参议院(Senate)，下院曰代表院(Chamber of Deputies)。下院议员约六百人，任期四年，由人民直接选举之。凡国民年在二十一岁以上者皆有选举权。上院议员三百人，用复选制由各区官吏选举之。任期九年，每三年改选三分之一。

国会权力之宏大 法国国会权力之宏大远在美国国会之上。盖国会不但握有选举总统之权，而且可以开上下两院联席会议以修正宪法而不必征求人民之同意。国会所定之法律又不如美国之有大理院可以宣布法律之违宪。而总统又无否决议案之权。法国之内阁亦与英国同以国会议员多数之向背为行藏之标准。

第三节　一八七五年后之法国德雷福案

麦马韩之辞职 国民议会组织政府之大业告成，遂于一八七五年十二月三十一日解散。全国行选举新国会议员之举。选举结果则共和党人之当选为下院议员者得大多数；其在上院数亦不少。总统麦马韩本属奥尔良党与国会意见相左。乃于一八七七年下解散下院之令，思设法改选以增加王党议员之人数。不意选举结果大失所望。共和党人之势力并不因之灭杀。力斥总统政策之非是，并不愿通过总统提出之预算案。政府与国会之争持延至一八七九年，总统不得已而辞职。共和党之格累微(Jules Grévy)乃被选为总统。

出版集会之自由　共和党之势力经一八八一年之选举而益巨，乃着手于改革之计划。当一七八九年及一八一五年时法国政府虽有出版自由之宣言，然其监视报纸及惩罚新闻记者之抨击政府者数见不鲜。至一八八一年，废出版须领执照之制。发行者不必再缴保证金，警察机关此后亦不得受理侮辱官吏之案。此外凡国民得以自由集会，只须将集会之宗旨向当道声明已足。一八八四年又议决工人得自由结合。最后又将管理学校之权夺诸教士之手。详述后章兹不先赘。

王党之消灭　年复一年法国之共和内得国民之拥护，外得列强之信任，根基益固。一八七九年拿破仑第三之子卒，一八八三年宋波伯亦去世，波那帕脱党及正统党均失其拥戴之人。一八九四年巴黎伯卒，奥尔良党亦失其所恃。当一八九三年选举时王党中人之被选为下院议员者不过七十三人，亦足见法国人爱戴共和政府者之为数甚多也。

布郎热拟推翻政府　第三次共和国成立以后有重大之政潮二次。甘必大力主改革之议而求援于工党中人。卒为守旧共和党人所反对而失败，于一八八一年去世。甘必大既死，政府乃壹意于海外事业之经营，如中国、安南诸地均为其目的地，意欲转国民对内之心使之向外。然工人仍不满于政府。其时有军官名布郎热(Boulanger)者仿拿破仑第三之故智，隐与军队及工人交欢，以遂其夺取政权之大志。一八八九年彼以绝大多数再被选为下院议员，声势宏大国人无出其右者。其敌人乃以心怀叵测贻害国家之罪加之，判以监禁终身之罪。彼遂逃亡出国，于一八九一年自尽。王党之势益不振，而共和之基益固。

德雷福案之开端(一八九四年)　布郎热之事方终而德雷福(Dreyfus)之案又起。政争激烈举国骚然。其纷纠之情形几与普鲁士与法国战争之时无异。当一八九四年时有炮兵上尉名德雷福者本亚尔萨斯之犹太人。忽以犯为德国人密探之嫌疑被控。法国政府乃密开军法会议以审之，结果褫其军职定以监禁终身之罪，流之于南美洲法属基阿那(Guiana)附近之鬼岛(Devil's Island)中。德雷福始终不服自谓冤屈，其友人亦代为设法冀达再审之目的。然军队中之要人多不主张旧事之重提，盖恐有伤军队之名誉也。

全国人民之激昂 德雷福之友人多痛骂军官之不德与腐败；其敌人则力言军队之荣誉不可不维持；而教士则又以德雷福为犹太人，实法国之敌。其时政府中人多以德雷福为有罪，而在野之政客新闻记者及激烈党人则力言其冤屈，而议政府为袒护军官有枉法徇私之嫌。王党中人则援此事为共和失败之明证。故德雷福一案不但为军事上之问题，亦且成为宗教上及政治上之问题；不但法国举国若狂，即世界各国亦莫不引领注目。

德雷福宣告无罪 德雷福案之争执至一八九八年而益烈。其时有名小说家佐拉(Émile Zola)著文痛论审理此案官吏之不当，谓若辈不但不公而且无信。国人益愤文人学士群起为德雷福呼冤。政府乃拘佐拉，定以武断诬人之罪。然德雷福案其势已不能不复审。一八九九年夏日在梭纳(Rennes)地方开庭再审。仍判定监禁六年，随之以总统卢贝(Loubet)特赦之令以为如此则于负初审责任者之声誉上不致有所损害。德雷福犹以为未足，盖彼所望不在罪人被赦之自由，乃在无罪之宣布。其友人亦日为奔走，卒于一九〇六年再经法国最高法院之审判宣告无罪。

此案之影响 此案虽告结束，而其影响之及于政局者则甚深且巨。国内之共和党人无论为和平为激烈无不联合而组织团体，以减削军队及教会之势力为宗旨。军官之属于王党者渐以共和党人代之。至于剥夺教士之政权则其事较难也。

第四节　教会与国家之分离

教士之反对共和 法国之旧教教士自始即反对共和，盖若辈鉴于反对教士党之得势及出版与学校之自由颇以旧教失势为虑也。罗马教皇庇护第九于一八六四年曾发表宣言，极言当日之种种危险及谬误。言其著者如信教自由、良心自由、出版及言论自由、政教分离及世俗教育等皆是。而此种危险又适为共和党人所主张而力行者。故国内教士尽力以诟议共和而冀王政之恢复。耶稣会及他种宗教团体中人日以后对共和之思想注入学校青年之脑中，凡遇选举之期亦必尽力于选举旧教徒之举。旧教徒之报纸亦尝谓共和政体之建设为偶然之不幸，以致恶人当国君子道消。然必有改建合法政府之一日。

共和党人之态度　教士反对共和既力，共和党亦益愤。凡教士及其主张在共和党心目之中都无是处。甘必大宣言教士为法国“唯一之敌人”（the enemy）。至一八九二年罗马教皇利奥十三（Leo XIII）方忠告法国之教士令其“赞成共和，盖此乃国人所建之权力也；尊之服之视为上帝权力之代表可也”。

二十五年来反对教士者之目的　罗马教皇虽有忠告之言，而法国教士初无和平之意。国家与教会之争相持不下，卒至国家胜利而教会之势力大衰。反对教会者之目的有二：（一）夺教士办理学校之权，以免法国青年再受王政主义之陶铸；（二）使政府不再负供给教士薪俸之责，以期政教之永远分离。

公立学校之设立　第一步即增加公立学校之数以吸收教会学校中之学子。三十年来政府支出之教育费计达银币四百兆元之巨。一八八一年至一八八六年所定之法律规定：国民小学不取学费，为教士者不得充当教师，凡儿童年在六岁与十三岁间者均实行强迫教育，私立学校则由政府监督之。

宗教集会之反对　其时法国国内之寺庵虽经第一次革命政府之摧残，至是渐复旧观与昔无异。而新者且日有增加，大都为慈善事业及教育之机关。然法国人以耶稣会中人为教皇之爪牙，以多明我派之托钵僧为反对共和之劲敌；同时对于教士所设之学校亦以其为灌输王政及复古思想之机关。

集会法之规定　国会中之议员常发废止一切宗教结社之议。迨一九〇〇年总理窝尔得克卢梭（Waldeck-Rousseau）实行减少宗教团体之政策，以为“政治中僧侣太多，实业中僧侣亦太多”。次年国会中果通过《结社法》（*The Associations Law*）。规定凡不得国会特许者无论何种宗教团体不得存在于国中；未经国会许可之宗教团体中人不得充当教师或办理学校。当时法国宗教团体中人其数约十六万，机关约二万处。请求特许者国会多不照准。因之宗教团体解散甚多，二年之间教会学校之关闭者约一万处。当一九〇九年至一九一〇年间法国儿童之入公立学校及其他世俗学校者约五百万人，在教会学校中者尚不及十万人也。一九〇四年之法律并规定所有教会学校于十年之内一律废止。

一八〇一年之宗教条约 法国人之攻击宗教团体实为他日国家与教会完全分离之先声。而政教分离之发端则自百年以前始。当一七九五年时宪法会议曾有政教分离之宣言，不愿再予教士以俸给，不愿承认教会之存在。迨一八〇一年波那帕脱与教皇订《宗教条约》，稍稍复昔日之旧。自此至一九〇六年政府与教会之关系全以此约为根据。波那帕脱虽不将教会之财产交还教士，然承认政府应负付给教士薪俸之责任。惟教士之任命由政府主之。法国人虽多信旧教，然政府对于新教及犹太教亦时加援助。

十九世纪中教士之势力 法国政府以为既握有任命教士之权，则操纵民意舒卷自如，实为得计。故政局时有变迁，而与教会之关系始终一贯。如路易十八、查理第十、路易腓立及拿破仑第三诸君莫不以竭力维持《宗教条约》为能事。

教会与国家之最后分离 自第三次共和建设以来，因教士多同情于王党，故政府之态度亦为之大变。加以国民中虽颇有不反对教会者，然其对于宗教极为冷淡。若辈以为政府年予教士以四千万佛郎之巨款而令其负教育之责，为计殊左。况在政局之中既有排斥教士之举，而独于教育一事则信托之而不疑。政策矛盾莫过于此。然政教合一之局渊源甚古（始于罗马皇帝君士坦丁［Constantine］及狄奥多修第一［Theodosius I］时代），分离之事本不易行。迨一九〇五年十二月《分离法》（*Separation Law*）方公布焉。

分离法之要项　新法中之重要条文寥寥不过数端。规定嗣后凡关于宗教事业政府不得再予以补助费；惟教士服务年久者得领年金。其他教士之俸给则逐渐停止之。并宣布国内之大礼拜堂、礼拜堂、主教之居室及其他教会之建筑物均归国有；惟宗教团体得以自由使用，毋庸再纳租费。管理之责则托各地方之文化协会(Associations Cultuelles)负之，会员少者七人，多者二十五人，视各地方人口之多寡而定。一八〇一年之《宗教条约》至是遂废。

教皇及教士之反对　新法既公布，教皇及教士反对殊力。当政府遣兵赴各地收管教会产业时颇有冲突之事。一九〇六年二月罗马教皇致长函于法国之大主教及主教力言文化协会之不当设立。然对于补救方法却绝口不提，殊可异也。

国民之援助政府　国内教士多遵教皇之言不愿协助文化协会之组织，并不愿向政府领年金。然国民显然有赞助政府之意，因一九〇六年五月间之选举以激烈党人及社会党人为多，皆具有实行新法之决心者也。

政府允许礼拜之继续　组织文化协会之期原定一九〇六年十二月为止；凡教会财产之无合法主有者概入于官。其时政府中人不愿教堂礼拜就此停止，故允许不遵新法之教堂仍得照常礼拜。是年十二月国会乃议决凡文化协会尚未依法设立之区，所有教堂及教堂内之器具仍归教士及该地信徒全体自由使用。

教皇反对之无效　一九〇七年一月罗马教皇再宣言法国政府处置之不当，以为有藉没教会产业及摧残基督教之深心。即在今日，罗马教皇与法国政府之感情尚未言归于好。然法国政府既抱政教分离之决心，已难变更其初志。教士之补助费已不筹划。一九一二年之预算案中仅备款十万元为“补助退职教士”之用。至于主教牧师之选择，举行礼拜之时地，一任教会之自由。惟教会之建筑物多改为学校及医院之用。

第五节　政　党

国会中之政党　法国国会中政党之多，不胜枚举。一九〇六年选举之结果在下院中得下列各党之代表：激进党、激进社会党、独立激进党、独立社会党、统一社会党、共和左党、进步党、国民党、王党及其他诸小党。除王党及波那帕脱党以外，虽均以维持共和政体为职志，且关于国家大计如教育及宗教等问题亦颇具全体一致之精神；然关于其他改革之事业则意见纷歧难以究诘。有主张维持现状者，有主张实行经济革命以增进工人之幸福者。以为国内土地矿产工厂及种种生产机关均应归诸国家使工人均享其利。

社会主义之复现　当一八四八年革命及巴黎市政府得势时代，社会党之声势甚为浩大。一八七一年巴黎乱事既平之后其势骤衰。然自共和政体正式建设以后社会党复盛。一八七九年党人开大会于马赛，此为现代法国社会党运动之始。次年政府大赦巴黎市政府时代之叛党，全国工人遂开工人大会于巴黎，决定采取马克思学说为法国社会主义之原理。

社会党之分裂　法国社会党人之目的虽大致相同；然关于方法一端则自始即意见纷歧莫衷一是。大体可分为二派：其一为马克思派，主张用激烈方法以实现社会主义之原理，如是则工人可以得势而谋一己之利益。第二派人数较多，称为“可能派”(Possibilists)，不信武力革命为能实现社会主义之精神。此辈主张实业国有之政策徐图实现其理想。

社会党之势力　法国社会党之流别约得六七派。于一八九三年选举时颇能协力同心选出本党议员约五十人于下院，法国政局上之形势为之一变。自后此党之声势与日俱进。至一八九九年国务总理窝尔得克卢梭竟不能不任社会党人密勒蓝特(Millerand)为商部总长以便统制下院之党人。自此以后“可能派”中人常有充任国务员者，且亦常能与他党和衷共济以实行社会党之政策。

法国政党与英美不同之点　在英国、美国两国之中素有两大政党并峙之局，此起彼扑互为雄长。至于法国则党派纷歧不可胜数，国会中绝无多数党可以操纵其间。故议案之通过每有赖于数党之协助。而少数党亦因之有左右政局之机会，政治上绝无成为机械作用之虞。虽因党派分歧之故内阁有时时更替之烦，而对于议案之能斟酌尽善则远在一党把持之上。

质问权　下院如有不满于内阁之处每得利用其“质问”(interpellation)之特权，向阁员质问其政策及用意。凡议员既声明其有提出质问之意，则下院必于定期中予以提出之机会。欧洲各国之国会虽亦有提出质问之举，然不若法国之频繁也。

第六节　殖民事业

一八七〇年之殖民地　法国第三次之共和政府一面尽力于解决国内之政潮，一面亦颇能尽力扩充领土于海外。殖民地之物产虽不丰富，而幅员之广则足以偿十八世纪中之所失而有余。当第三次共和政府建设之时，法国已有北部非洲之阿尔及利亚(Algeria)，西部非洲之塞内加尔(Senegal)，及自基尼(Guinea)湾至刚果(Congo)河诸地，安南之一部及其他诸海岛。元气恢复以后乃尽力于帝国主义之实现。

法国占领阿尔及利亚　先是当一八三〇年时阿尔及利亚土酋有在广众之中掌击法国总领事之举，法国政府要求土酋谢罪，不允，遂遣兵渡海夺其地。一八七〇年法国军队败绩之消息传来，阿尔及利亚遂叛。法国军队与叛党交锋二百余次，方平其乱。阿尔及利亚之面积略小于法国，有人口五百余万人，而欧洲种人仅占八十万。在其东者有突尼斯(Tunis)，其种族宗教均与阿尔及利亚同。法国人咎其骚扰阿尔及利亚之边疆，遣兵入其境，土酋不能敌而降，至今为法国人所占。

法国人在塞内加尔　同时法国人又在西部非洲一带扩充领地。法国人之占领塞内加尔本始于一六三七年，惟自领有阿尔及利亚后方有图谋两省领土接触之志。自十九世纪中叶以后法国人日伸其势力于内地，至一八九四年遂奄有廷巴克图(Timbuktu)之地。

法属刚果 法国人于一八三九年购得赤道下加蓬(Gabun)河口之地，他日度察宇(du Chaillu)及得布拉萨(de Brazza)之远征莫不以此地为根据。其结果则刚果河北一带地均入于法国人之手，即所谓法属刚果是也。至于法国人在非洲领土之广大披图一览即可知其梗概焉。

马达加斯加之占领 当法国人图谋非洲西北部之日，正其教士及商人经营马达加斯加(Madagascar)大岛之时。法国政府借口于法国人有被杀于土人之事，遂于一八八二年至一八八五年间与土酋战，卒得其地为法国之保护国。不久法国人又因岛中盗匪横行咎女酋蓝那凡罗那第三(Ranavalona Ⅲ)之无信无力，于一八九五年遣兵逐而出之，全岛遂归于法国。

法绍达事件 一八九八年法国有探险家名麻向(Marchand)者自西部非洲起程东经撒哈拉(Sahara)沙漠以达于尼罗河上流法绍达(Fashoda)地方，遂树法国国旗于其地。不意此地本已在英国人势力范围之中，英国兵士强法国人下其国旗。其时两国几有因此宣战之势。法国人不得已退出其地，两国并筹商划定境界之举。故法绍达事件几肇战端，而忽变为两国协约之根据。盖法国既允退出埃及及苏丹(Sudan)。英国人亦允退出摩洛哥(Morocco)。非洲西北一隅遂成法国人自由行动之域。惟此次协商德国未与，卒伏他日法国、德国争夺摩洛哥之机。

法人占据安南 法国人之经营安南始于科尔伯特当国提倡工商诸业时代。惟越国过都，法国人不甚注意。至一八五〇年安南人忽有杀死法国教士之举，法国人遂有所借口以实行其侵略之政策。一八五七年法国皇帝拿破仑第三遣兵与安南人战。既败安南军乃强其纳款割地于法国。法国人既得根据地，遂着着进步；于一八六四年占据柬埔寨；于一八六七年占据交趾。至一八七三年法国人强欲开通红河之航路，又与东京王战而败之，遂宣布安南全部为法国之保护国。中国政府以安南向为中国之属国，其王又为中国所册封，力持异议。然一八八四年之战，中国与安南之军队虽有名将刘永福之忠勇终归失败。安南及东京一带地至是遂永亡于法国。至一八九三年法国人又扩充其领土于东京以南一带地以达于湄公河。法国领土遂与中国西南诸省相接触，法国势力亦因获得敷设铁道及开采矿产诸权渐及于中国内地矣。

第二十二章

英国政治上及社会上之改革

第一节　选举权之扩充

十九世纪初年英国之政局　十八世纪时代之英国政府世称为欧洲之最自由而且最开明者。英国虽无成文宪法，然既有立法之国会，又有司法之法庭，均能保障民权，不受政府之牵制。然至十九世纪时英国立法司法两机关之急宜改良，与夫人民自治权利之薄弱方大著于世。

腐烂城市　国会之改良尤为急切，盖此时英国之国会已成为一种富民与贵族独有之机关，不足以代表全国之人民也。求其原因可得二端：其一，是时国中有多数之"腐烂城市"(rotten borough)。此种城市自古即有选举国会代表二人之权利。至十九世纪初年各城之人口虽有增减，而代表之人数则初无变更。且自查理第二以来新城蔚起而终不予以选举代表之权。如丹尉契(Dunwich)城之沉没于北海者已近二百年，古萨蓝(Old Sarum)城久已成为荒凉满目之草地，而国会中尚各有代表二人！同时因实业革命之影响有村变为镇镇变为市者如北明翰、曼彻斯特(Manchester)及黎芝(Leeds)诸大城反无选举议员之权。康瓦尔(Cornwall)一区仅有人口二十五万，而议员之额占四十四人。苏格兰之人口较多八倍而代表之数仅多一人。

选民之数甚少　第二，当时国内之选民为数甚少。在数城凡纳税公民均有选举权，然各处之标准初不一致。如加登(Gatton)一城选民之数仅得七人。其他诸城选举往往操诸知事及城议会之手，而人民不与焉。

贵族之操纵　有数城为上院贵族所占有，故其地议员之选举一惟贵族之命是从。

乡间之状况　至于乡区之选举亦复如此。法律虽规定凡国民有田产其收入年在四十仙令以上者均有选举国会议员之权。然小农日少，地主日增。选举之权惟大地主享之。如苏格兰之彪特(Bute)一区人口虽有一万四千众，选民仅有二十一人。而二十一人中仅有一人为本区之土著。

贿赂之公行　每当选举之际处处贿赂公行。又因选举公开其弊滋大。选举之事于露天举行。监督选举之官吏朗诵候补者之姓名，令选民欢呼举手以决其可否。其失败者可要求依选民册将选民逐人而问之，各选民须将其名签于选民册之上，故威吓利诱之事在在发生。

英国政府为贵族所把持　议员之人数不均，选举之方法又异，加以城市私有，贿赂公行，故下院议员之选举实操纵于少数贵人之手。据近日某学者之计算，当日议员之合法选出者尚不及三分之一也。

十九世纪以前之改革计划　英国之选举制度如此奇离，故提议改革者自昔即不一其人。当十八世纪之中叶国中颇有攻击选举之不当者。当法国革命将起之际亦常有改革国会之举动。庇得父子即主张改革之有力者。不久法国革命事起，英国人鉴于恐怖时代之暴乱，对于改革之举骤然冷淡。诚恐民众得势将蹈法国之覆辙也。故自此至一八三〇年英国政权实操于保守党之手。政府对于改革之要求亦无不多方阻止之。

曼彻斯特城之惨杀事件　自法国皇帝拿破仑败亡以后，演说家及文学家无不尽力以激起工人之暴动。组织罕普登(Hampden)俱乐部宣扬改革之主义；举行游行大会以表示民众之热心。一八一九年曼彻斯特城开国民大会，军警有殴杀人民之举。全国大哗，政府惧，乃通过多种法律以限制人民言论出版及集会之自由，即所谓《六种议案》(*Six Acts*)是也。

工商界之要求改革 然压制人民之法律其势不能持久，盖是时不但工人有要求改革之举，即巨商大贾亦有要求参政之心。国会中之进步党在罗素(John Russell)领袖之下屡提改革之议。迨一八三〇年法国革命事起，英国人之要求改革益急。保守党内阁之总理威灵敦公乃为公意所逼而辞职。

改革案之通过 保守党既失势，进步党或称改革党(Reformers)入组内阁。一八三一年三月罗素提出《改革议案》(*Reform Bill*)于国会，国会反对甚力。政府遂下改选下院之令，其结果则主张改革者居多数，此案遂通过于下院。然贵族院不同意。下院乃再提出性质相同之议案交诸上院，而全国人民之瞩望上院通过者亦莫不激昂异常。最后英国王威廉第四知民意之不可复违，乃准内阁总理"得增加贵族院之议员，以担保改革案之通过"。贵族院知反对之无用乃通过该案，时一八三二年六月中也。

改革案之内容 据《改革案》之规定，凡腐烂城市五十六处其人口在二千以上者均不得有选举代表之权。另有城市三十二处其人口在四千以上者各减议员之额一人。此外新城之得有选举代表权者凡四十三处，视人口多寡得各选出议员一人或二人。并将国内各行政区域分为选举区，各区之议员额数与人口之多寡成正比，城中市民凡主有或租有房产年值十镑之上者，与乡民之主有或租有田产者均有选举权。选民之数虽因之增加，然城中之工人及乡间之佃户则尚无选举权之可言也。

改革案离民主精神尚远 故一八三二年之《改革议案》实不能谓为民主精神之胜利。据一八三六年政府之统计国内成年男子共有六百零二万三千七百五十二人，而选民之数仅有八十三万九千五百十九人。因之国内贫民多不满意于新案。加以改革党类皆资本阶级中人对于工人疾苦多不经意，工人益愤。

宪章之要求 改革案通过之后国内要求改革之小册书籍风起云

涌。如《大宪章》也，《权利法典》也，长期国会之废止贵族院及君主议案也，无不印成单行小册以传播于工人之间。最后并有所谓《宪章》(Charter)者内列要求之条件六：即普遍选举，秘密投票，国会每年一选，国会议员须有岁费，减除议员选举资格上之财产限制，及选举区之平等。

宪章党之运动　女王维多利亚(Victoria)即位之初年，人民之赞成宪章者为数甚多，世遂以"宪章党"(Chartists)名之。各巨城中均有宪章党俱乐部之设立。一八四〇年又设立全国宪章协会(Charter Associations)以联络各地之俱乐部为宗旨。多才善辩之人蔚然兴起；出版报纸以宣传其主张；著宪章党之诗歌；开宪章党之大会。全国时有开会游行之举。不久改宪章为请愿书签名者达一百万人之上。于一八三九年提出于国会，卒以大多数之反对不得通过。

宪章党亦有主张暴动者　宪章党知和平方法之不能行，乃力主暴动以实现其主张。各巨城颇有闻风兴起者，秩序殊乱。政府不得已用警察之武力以平之。然扰乱秩序之举并不甚烈，而中坚人物仍继用和平方法而进行。宪章党人后有被选为国会议员者，乃再提出第二次之请愿书于国会。

一八四八年之请愿书　当一八四八年时法国既有革命之举，又有重建共和之事，英国之宪章党遂乘机而起竭力从事于改革之要求。适是年国内之生活状况较为困难，工人之失业者甚众，乃益愤政府不当以武力为答复人民要求之利器。于是再从事预备提出请愿书于国会，并思结队向伦敦举行示威之运动。请愿团中途为老将威灵敦公所驱散，然六百万人署名之请愿书卒得递交于国会。国会交委员会审查之，其结果则真名不及二百万，其余如女王维多利亚、威灵敦公、短抑鼻等名氏显系伪造。请愿书之价值大减，国会不愿加以讨论。宪章运动之信用从此乃扫地无余。

葛拉德士吞之改革主张　宪章之运动虽完全失败，而改革之主张则始终不懈。盖自宪章运动发生以来民主精神遍传全国，而下院议员中之提议改革者亦屡有所闻。虽改革之举未能实现，而改革之急切则尽人皆知。最后至一八六六年下院领袖葛拉德士吞

(Gladstone)遂以改革一端为其主要之政纲。彼之被选为下院议员也在一八三二年改革案通过之后，本属保守党中人。不久国人即服其辩才之长与手腕之敏。不数年而彼之政见大变，遂脱离保守党。当彼于一八六四年在国会中讨论改良国会时，尝谓证明之责当由主张“排斥工人五十分之四十九于选举权利之外”者负之。次年罗素入任内阁总理之职，遂选葛拉德士吞为下院之领袖。

的士累利继为下院之领袖 一八六六年国会既开会，葛拉德士吞提出扩充选举权利之议案，大体仍以财产资格为限制。其同志大不悦，有以为太过者，亦有以为太不及者。其结果则内阁改组，而德被(Derby)起而组织保守党之内阁以的士累利(Benjamin Disraeli)为下院之领袖。的士累利实十九世纪中英国之一大政治家。青年时代因著一小说名满全国。年三十三被选为国会议员，一生政治事业于是乎始。彼本犹太种，衣服奇异，语言典丽，人多笑之。然不久而大众即承认其为政治家矣。

的士累利之改革案 保守党鉴于人民要求改革之激烈及亥德(Hyde)公园暴动之声势颇为惊恐。然的士累利竟能不顾同志之叱骂及敌党之窃笑于一八六七年通过其提出之改革案。该案规定凡大镇之成年男子居住在十二个月以上而纳本地之济贫税者无论其为房主或租户均有选举之权。凡寄居其地年出租屋金十镑以上者亦如之。至于乡间，则凡主有田产之人年得盈利五镑以上者，或佃户年纳租金十二镑以上者亦均有选举之权。一八七二年国会又议决采用秘密投票制而废旧日之公开记名制。

选举权之扩充 至一八八四年自由党(即旧日之进步党)之领袖葛拉德士吞再提出改革之案，盖英国虽有一八三二年与一八六七年之两次改革，而农民之无选举权者尚有二百余万人也。自由党之意以为果能如此，则保守党操纵乡农之势力或可从此打破也。据新案之规定不问市镇之大小凡市民均有选举之权，乡区亦然，全国一致。然因英国房租甚低之故，未娶之小工年纳租金尚不及十镑者甚多，故尚无选举权之可言也。

女子参政问题 二十年间英国人对于选举权问题多不甚注意。

盖保守党得势之日，不求有功但求无过，不欲多所更张也。自一九〇六年自由党秉政以来，不但男子选举权问题有解决之必要，即女子参政问题亦应运而发生。盖自实业革命以来女子有工作机会，生计渐能自立。十九世纪末造国内诸大学相继开放女禁，而女子专门学校亦相继建设。女子之知识既然增高，而生活又能自立，参政之要求遂成为自然之趋势。英国国会于一九一三年虽有否决扩充选举权之举。然至一九一七年国会竟通过改革案，凡成年男子及年逾三十岁之女子均有选举之权。其详情后再述之。

第二节　内　阁

英王之地位　英国政治改革之结果将选民之数大为增加，独于国王及贵族院颇能维持其旧有之尊严而不改。凡英国王行加冕礼时，仪节隆重不异畴昔；国币上及谕旨上仍有“奉天承运”之文；而议案之首亦必冠以经“国王陛下与集于国会之平民之忠告及同意”而通过之句。凡法庭判决之执行与殖民地之统治无不以国王之名义行之。即海陆军及邮政等亦莫不冠以“王家”二字。

国会之得势　昔日英国亦曾有君主专制之迹。如亨利第八在位时代任免官吏宣战媾和诸权无不由国王一人操之。即国会议员亦复为彼所操纵，然当十七世纪时君主与国会有争权之事，再加以一六八八年之革命，国会之势力遂驾乎君主之上。国王虽握有否决议案之权，而始终无行使之者。实则英国王之权力仅限于商酌提倡及劝告而已。且英国国会握有分配国帑之权，国王不得不仰其鼻息，故始终不敢与国会为难。

内阁与国会之关系　英国行政之权握诸内阁之手。内阁以各部大臣组织之，上有总理。内阁制之发达情形前已详述。内阁阁员名虽由国王任命，实则不过下院多数党人所组织之委员会而已。国王每令多数党之领袖组织内阁，阁员由彼一人于上下两院中择人任之。其在美国行政与立法两机关之往来专用间接之方法，而英国之内阁总理及阁员则能出席于下院以辩护其政策。

内阁责任之一致　凡重要议案均由内阁预备完好然后提交国会，名曰“王言”，由国王或其代表朗诵之。所有内阁之行动无不全体一致，阁员偶有独持异议则唯有辞职之一途而已。故内阁对于国会及国民始终表示其一致之态度也。

内阁之改组　如下院对于内阁提出之重要议案不予通过或提出弹劾内阁之案时，则内阁之对待方法可得二端。其一则内阁辞职，予彼反对党以人组织新阁之机。然假使内阁阁员以为其政策必得国人之赞助，则可用“诉诸国民”之法，请国王下解散旧会召集新会之令，以觇民意对于内阁政策之向背。内阁之行止至是乃视选举之结果而定之。如赞成者仍居少数，则内阁唯有辞职之一途矣。

英国政府受民意之监督　一九一一年之法律虽有国会每五年改选一次之明文，然下院议员之任期初无一定之期限。盖英国王有随时解散下院之权以便得真正民意之所在也。故英国政府对于民意之感觉远较国会议员任期有定者为灵敏。如美国下院议员之任期二年，上院六年，其结果则假遇行政与立法两机关有相持不下之局时，唯有任其自然，不若英国之可以随时举行改选以便决定政策之去取也。

贵族院　或问英国政府之民主精神既若是之显著，何以不负责任之世袭贵族院至今尚能存在于国中乎？欲明其故，须知英国财政大权握诸下院之手，下院有操纵君主之权。上院如有反对下院议案不予通过时，则下院可迫国王加派相当之贵族以便补足通过下院议案之人数。此种事实虽不多见，然国王一旦表示其实行之意时，则上院即不敢坚持到底也。

人民对于上院之不满　当十九世纪中重要议案之被贵族破坏者虽不一而足；唯上院议员渐知民意之不可违，凡国民所赞成之政策上院每不敢坚持反对之意。然在今日英国人之不满于贵族院者日甚一日。上院议员亦多不能尽其职责。开会之日多不出席。又因一九〇六年上院有反对教育案之举，一九〇九年又有反对预算案之举，废止上院或改组上院之问题为之复起。其结果则有一九一一年《国会案》(*Parliament Act*)之通过。

第三节　言论及意见之自由刑法之修改

新闻纸及出版物之征税　当英国国会改良之日正人民获得出版集会及信教诸自由之时。英国出版物之不受政府检查实自一六九五年始，盖其时国会有不欲再继续检查出版物之法律之举也。然遇政局不安之日如当法国革命及一八一九年时代，则检查出版物之举仍所难免。加以新闻广告之类均须纳印花税于政府，故国内无贱价之报纸以传达政治消息于国中。报纸每份须纳税十六分，故售价每份计二角八分，《伦敦泰晤士报》(*London Times*)每份竟售三角六分。此外尚有纸税，故报纸之成本因之增加百分之五十。

出版自由　当日主张国民教育及政治改革之人无不攻击此种"知识税"(tax on knowledge)之不当。至一八三三年广告之税减轻；一八三六年印花税亦为之减少；伦敦之报纸价遂多降至二角。二十年后此种税一律废止。至一八六一年印刷用纸之关税亦一律免除。出版自由至是实现。然政府所取报纸之邮费尚不若美国之低廉也。

言论自由　集会与言论之自由在民主国中其重要不亚于出版之自由。当十八世纪时代英国限制集会与言论之法律虽不若欧洲大陆诸国之严密，然英国人之言论自由至十九世纪中叶方始完备。今日英国人颇以有此种自由自喜，实则许人民以集会及言论之自由固无害而有益者也。

信教自由　英国之旧教徒及新教之异派鉴于政治上及言论上均已自由，遂有要求废止限制宗教法律之举。其时凡旧教徒虽有信教之自由，然充当官吏之权剥夺殆尽。新教之异派亦然，唯得充国会议员一节为稍异耳。自监理会派发现以后新教之异派之势力日盛一日，国会不得不允其要求于一八二八年废止旧日限制异派之法律予以充当官吏之权，唯须宣誓不用其势力以伤害国教。次年旧教徒亦要求国会通过《解放议案》(*Emancipation Act*),凡旧教徒均有充当官吏及议员之权,唯须宣誓不承认教皇为领袖及无损害新教之意。

宗教与学校 然此种改革仍未能解决政治上宗教之争,盖尚有学校管理权问题在也。当十九世纪时国教徒旧教徒及新教之异派莫不广设学校以教育国民。迨国民有普通教育之要求,政府于一八七〇年有公立学校之建设。宗教团体中人遂力争遣派代表以服务于学务局,各教派中人一致主张学校中应有教义之讲授;而应授何派之教义则意见分歧。必欲尽人而悦之于势实有所不能。英国政府至今尚无解决此问题之善法也。英国学校日有进步,人民之不识字者因之日减。当一八四三年时成年男女于结婚签名时只能划一“十”字者男子百人中得三十二人,女子得四十九人。至一九〇三年则国内不识字者男子仅得百分之二,女子仅得百分之三。

刑法 同时国人对于旧日之刑法亦颇有议其残忍非基督教国家所应有者。旧日刑法上之死罪竟达二百五十种之多。自一八一〇年至一八四五年间人民犯死罪者有一千四百人之众。

刑法之改革 然改良刑法为日殊久。在十九世纪上半期中滥肆淫威之迹虽减去大半。然至一八六一年时死罪之种类方减为三。当一八三五年时国会曾有调查监狱之举,方知内容黑暗难以形容。遂有视察及改良管理之规定。监狱改良于是乎始。如建筑之卫生、男女之分监、积犯与青年之隔离、待遇之优美、囚犯之感化等无不着着进行。

第四节 社会改革

工厂生活之恶劣 英国之刑法始于中古。自佐治第三在位时实业革命以后人民所受之痛苦尤有甚于惨无人道之刑法者。此即英国工人所得于工厂制度者也。其时英国国内工厂如林;急就造成每背卫生之原理。空气臭恶,墨暗异常。无家可归及无地可耕之男女无不趋入城中工厂以求生活。工作机会全操诸资本家之掌中。加以国际贸易时有涨落，工人每有失业之虞，生活每无一定之局。

童工　自蒸汽机发明以来童工之为用遂广。贫民子弟数以千万计，名虽入工厂为学习之徒，实则与奴隶之地位无异。为父母者迫于生计，设工厂者贪佣贱工。儿童之入工厂者趋之若鹜。

工厂状况之黑暗　成年工人生活之状况其恶劣与童工等。青年妇女多充厂工，甚至危险黑暗之矿中亦有用女子为工人者，危险之机器多不设法防卫。工人生命随地堪虞。工作之时间甚长，工人每现力竭精疲之象。吾人试读勃劳宁(Browning)夫人所著之诗《儿童之哭声》(*The Cry of Children*)，金斯来(Kingsley)所著之《奥尔吞陆克》(*Alton Locke*)，及喀莱尔(Carlyle)与迭更斯(Dickens)所述之文字，则当日工厂生活之黑暗即可见其一斑云。

限制工厂之反对者　为工人者既无参政之权利又无教育之机会。而当时之政治家亦多不愿为工人筹谋增进幸福之地。此外经济学家亦颇尽心以维持资本家之权利。若辈以政府之干预工商各业为非计。以为商人之熟谙商业情形远在政府之上。假使工人作工之时间减少，则工厂将无利可图。其结果则工厂休业，工人将更无生活之机矣。

工人之要求　因学者有此种主张，故十九世纪最初三十年间政府绝不顾及工人之困苦，当一八〇二年时政府虽有减少儿童工作时间至每周七十二小时之举；并有其他改革如厂主每年颁给工人以衣服一袭等。然厂主每视此种议案为具文；工人生活困苦如昔。自一八一五年至一八一九年间大慈善家奥文曾有要求国会设法保护儿童之运动。彼以其工厂中优遇工人之利益宣示于国人；并请国内厂主同襄善举，使无告工人得享安居乐业之福。然国内工厂无起而响应者。而国会所通过之法律亦不过彼所要求者之一部分而已。规定嗣后工厂中不得佣九岁以下之童工，凡年在九岁以上十六岁以下之工人工作时间每天不得逾十二小时。

最后国会之改良计划　然自此以后一面有改革家之要求，一面有工人之蠢动，国会遂不得不筹改良工厂生活之法。其时因工厂中空气臭浊，饮食稀少，工作之时间甚长，卫生之原理不讲之故，疫疠为害遍传厂外，若不设法危险殊甚。于是改革家如阿士力(Ashley)辈莫不起而提倡改良。国中志士闻声响应。一八三二年国会乃有派人调查工厂之事。其结果则工厂黑暗大白于世。国会乃议决再减童工工作之时间，而定期调查工厂之制亦始于此。至一八四二年阿士力并提出禁止女子幼童入地开矿之案于国会，卒得通过。

女工童工工作十小时之要求　此种法律尚不足以满改革家之意，若辈遂又要求将女工童工工作时间减为每天十小时，膳时在外。下院中对于此案争持极烈。布来脱(John Bright)以此案为“最有害于国家利益者”，“对于工人之一种蛊惑行为”，及“得未曾有之恶政策”。然至一八四七年此案卒通过于国会，成为法律。事实上则此项规定并适用于成年之男工，盖女工童工一旦辍业时，则工厂中即不得不以男工补充之也。

摩黎之描写　自此案通过之后工商界反对政府干涉之力遂破。政府对于工人之保护日益周密。至于今日则保护工人之最为尽力者除德国外当以英国政府为首推。摩黎(Morley)尝谓英国“有完全精密巨大之保工法典，厂中须清洁无臭恶之气；危险机器须围以栏栅；机器运动时幼孩不许走近清洁之；工作时间不仅有限而且有定；继续工作之时间虽各业不同，而法律有定；工人假日亦由法律规定之；凡童工必须入学，厂主每周须保存其修业之证书；对于面包房、花边厂及煤矿中之工作均有特别法律以规定之；欲实行此精密法典之规定，则有多数之视察员、外科医生等往来于海陆，驰驱于城乡，以尽其监视法律之实行与保护工人之利益之责”。至于十九世纪末年之种种议案尤为重要，后再详述之。

第五节　自由贸易

十九世纪以前英国之保护政策　英国自十四世纪以来即有高率关税航海条例及种种法律以保护本国之工商农航各业。对于外国输入制造品及农业品征以高税；对于国内之商业予以种种补助费。凡英国人输入英国领地之物产非由英国船只运输不可。

制造家要求废止谷律　斯密亚丹辈均以此种保护政策为有害于商业及工业。然开英国自由贸易之端者，实始于十九世纪中叶制造家之要求。盖百谷之进口税太重，工人之食品太贵也。若辈以为俄罗斯、美国诸国之农产如大、小麦之类果能自由输入英国者，则英国之制造品如毛织品、铁器之类必能畅销于外国。英国壤地偏小，实业之盛又无伦匹，故农工两业均无保护之必要。因此国内制造家多攻击保护农产之《谷律》(*The Corn Laws*)。自一八一五年后欧洲大陆战事终了，英国农民骤受价格低落之影响几有破家荡产之虞，故农产之进口税较昔加重。

反对谷律同志会　国内制造家因谋《谷律》之废止及自由贸易主义之宣传乃于一八三八年组织反对谷律同志会(Anti-Corn Law League)。为领袖者有哥布登(Ricnard Cobden)及布来脱诸人。十年之间精神不懈。一年间开会印刷之费竟达二百余万元之巨，其有功于国民教育史所罕见。若辈所攻击者以《谷律》为目标，盖唯此方可激起民众之感情也。此实一种攻击地方之战争。

庇尔开自由贸易政策之端　此种运动至一八四五年而益烈。盖是年英国之秋收甚歉，而爱尔兰之番芋亦然，全国饥荒不可终日。其时国内学者均以政府如再不废农产之进口税，则民食维艰，太无人道。故内阁总理庇尔(Robert Peel)始虽以竭力维持《谷律》为事，至是亦抱废止之决心。于一八四六年提出废止《谷律》之议案于国会，卒得通过。彼曾因此而被逼辞职，然英国之保护政策自此打破矣。

自由贸易之实现　十年之间昔日之航业法律一律废止。海滨商埠一律开放。一八五二年葛拉德士吞任财政大臣时货物之免税者凡一百二十三种，减轻者凡一百三十三种。十五年后葛拉德士吞再当国时，除茶、酒、可可等以外，所有关税一概免除。

欧洲各国之倾向自由贸易　自由贸易之倾向不独英国为然。当一八七〇年以后欧洲大陆诸国亦因商约关系几皆入于自由贸易范围之内。法国拿破仑第三时代之维新党即主张自由贸易主义者。德国于一八七九年俾斯麦未订税则以前亦赞成自由贸易之主义。然不久美国及欧洲大陆诸国又渐复其保护政策之旧矣。

英人渐不满于自由贸易 欧洲、美洲各国之经济既有变动，英国人亦颇有主张改变自由贸易政策者。一九〇六年之选举张伯伦(Chamberlain)并以主张保护政策为政纲。结果虽然失败，然自一九一四年欧洲大战开始以来英国即有增加关税之举焉。

第六节 爱尔兰问题

土地问题 英国不但内政上有种种困难问题，即对于爱尔兰之纠纷亦几穷于应付之术。盖爱尔兰人系克勒特(Celt)种，而信奉旧教。其感情习惯均与英国人不同。所谓爱尔兰问题者其乱源有三：即土地、宗教及自治是也。

土地问题之起源 土地问题之发生实系英国人屡次征服其地之结果。英国军队入侵一次，则爱尔兰人之土地亦日促一次，盖皆被夺而入于英国军人或贵族之手也。英国人之入侵始于十二世亨利第二在位时代，遂夺都伯林(Dublin)附近所谓佩尔(Pale)者一带地。当十六世纪时爱尔兰有叛乱之举，英国女王依利萨伯遂遣兵夺北部厄耳斯得(Ulster)之地。至詹姆士第一时英国及苏格兰之新教徒相率迁入其地。不久英国国内有清教徒之叛，爱尔兰乘机蠢动，终以内部分裂为克伦威尔所败。蹂躏全国，土地之被没收者甚广。至一六八八年英国有革命之举，爱尔兰人起而勤王以拥护詹姆士第二为目的。爱尔兰之新教徒多被驱逐。最后一六九〇年七月一日威廉第三败詹姆士于波印(Boyne)河畔。厄耳斯得之新教徒自此有每年庆祝“奥伦治威廉拯救”之举，并组织奥伦治同志(Orangemen)秘密党以反对爱尔兰之旧教徒为目的。

遥领地主制之流弊 爱尔兰屡次叛乱之结果为土地之日减。为地主者皆系英国人而远居英国。即所谓遥领地主(absentee landlords)是也。当十九世纪时爱尔兰金钱之流入英国者年以百万镑计。而遥领地主则有终身足未践爱尔兰之土者。对于佃户除如期收租外一切利害漠不关心。凡佃户之不能如期缴租者则依法夺其居室及田产而逐之。据一八四七年之计算，爱尔兰地租之缴入英国遥领地主者占全岛地租三分之一。

农民之状况　爱尔兰之农民大都常有饿死之险。对于田产绝不欲设法以改良之，盖因英国人有随时强夺之虞，其田产有朝不保夕之势也。全岛民食半恃番芋，一旦水旱成灾，则人民之困苦情形笔难尽述。如“四十七年之黑年”(Black Year of Forty-Seven)(即一八四七年之大饥)即其著例。英国政府虽力筹赈济，而人民之饿死者不可胜计也。自此以后爱尔兰人之移入北美洲者渐多。五十年间竟达四百万人之众，挟其痛恨英国人之心以俱往。

爱尔兰之新教　爱尔兰之第二乱源即为宗教。当英国改信新教之时曾有强爱尔兰人亦奉新教之举，而爱尔兰人则始终不从。英国政府乃封闭其寺院，没收其教产。逐旧教教士而以新教教士代之。征收教税于信奉旧教之人以维持新教。当十九世纪中黑暗之日人民虽极其贫困，而教税之收入为数甚巨。实则爱尔兰人之信奉新教者仅十分之一而已。而且教税之征收仅以乡农为限，困难异常，每有与巡警激战之举。

新教之废止　因之爱尔兰人对于新教徒极其切齿而有倾覆国教之运动。自解放议案通过以后，爱尔兰之旧教徒与英国之旧教徒同，均得享充当议员及官吏之权利。至一八六九年英国国会议决废止爱尔兰之国教及教税。然国教教士仍占有美丽宏壮之建筑物，英国政府并予以补助费以赔偿其废止教税之损失。

帕涅尔与土地同盟　教税虽废而遥领地主之制犹存。爱尔兰人既力争废止国教而获胜，遂尽力于土地改革之事。于一八七九年组织土地同盟(Land League)，以国会议员帕涅尔(Charles Stewart Parnell)为会长。其目的有三：公平之地租，一定之田产，及公平之售卖。换言之，即法律上须规定所有地租不得由地主任意规定，须由法庭根据土地之价值而定其高下；凡佃户年纳法定租金者不得变更其田产之所有权；凡佃户交出田产时应有尽售其因改良而添置之物品之权。

爱尔兰土地议案　帕涅尔与国会中之爱尔兰议员用“故意延宕之计”(filibustering)以强迫国会承认若辈之三件要求。国会不得已于一八八一年议决土地议案以承认其要求。不久并通过土地购买议案，政府得贷爱尔兰人以购地之资，用分期方法取还。自一九〇三年之议案通过后，政府更拨巨款以备贷予爱尔兰人购地之用。地主之愿出售田产者因之日多。故爱尔兰土地问题颇有完全解决之望。

自治问题　爱尔兰之第三乱源即为自治之争。一八〇一年以前爱尔兰本自有国会。嗣因一七九八年有新教徒名吞(Wolfe Tone)者醉心于法国之社会主义有反叛之举，不久事平。英国国会遂于一八〇一年通过合并议案(Act of Union)废止爱尔兰之国会，令爱尔兰人选出代表百人出席于英国之下院，令爱尔兰贵族选出代表二十八人出席于英国之上院。爱尔兰之志士大愤，遂着手自治(home rule)之运动。所谓自治者即爱尔兰之内政应决诸爱尔兰之国会，不应由英国与苏格兰两地代表所操纵之国会主持之之谓。

鄂康尼　自一八二九年宗教解放议案通过之后，鄂康尼(Daniel O’Connell)尽力于废止合并议案之运动。一八三四年选举之结果得赞成爱尔兰自治之议员四十人。不久有废止协会(Repeal Association)之组织。鄂康尼并屡开国民大会以激起国人之热忱，每举比利时及希腊之独立为例，以说明爱尔兰人之可以有为。爱尔兰全岛人民闻之，无不激昂慷慨，存心一逞。同时在美国之爱尔兰人亦筹划入侵加拿大之举。英国政府乃遣军队三万五千人入驻该岛，鄂康尼殊无战志也。

葛拉德士吞主张爱尔兰自治　鄂康尼于一八四七年去世，然自治运动并不因之中止。盖土地同盟中人及飞尼(Fenian)党中人实行恐怖之手段以对待地主，自治问题遂常在人民心目之中也。一八八二年爱尔兰行政长官卡汾狄士(Frederick Cavendish)及其秘书被人暗杀于都伯林之凤凰公园(Phoenix Park)中，全国大惊。葛拉德士吞乃知爱尔兰问题之解决方法舍允其自治以外别无他道。一八八六年选举之后葛拉德士吞之同志居其多数，乃联络爱尔兰议员以从事于运动合并议案之废止。不意同志中颇有持异议者，遂与葛拉德士吞分离另组自由统一党(Liboral Unionists)，葛拉德士吞之议案卒以少三十票不获通过。七年之后葛拉德士吞又提出议案规定爱尔兰另建国会于都伯林，同时并保存其出席于英国国会之代表。此案虽通过于下院，终以上院之反对而失败。

第六卷　欧洲史与世界史之混合

第二十三章

欧洲势力之扩充及西方文明之传布

第一节　交通机关之改良

欧洲之海外商业　欧洲自实业革命以来工商诸业蒸蒸日上制造之品足以供给欧洲自用而有余。故欧洲人常觅新市场于世界之各部。因欲与远东通商，遂引起美洲之发见。至十九世纪时英国、法国、德国三国之制造品已通销于中国、印度及太平洋上诸岛中。此种世界通商实为历史上大事之一；因欧洲人之殖民于海外与亚非二洲市场之垄断莫不因世界商业而发生。欧洲各国间因之遂不免有互相竞争之迹，一九一四年之大战此亦为其一因。

轮船之发明及其应用　自蒸汽机发明以来运输物品费省而便利，商业上之发展益为促进。轮船铁道合而造成世界为一大市场。应用蒸汽机以航海久已有人研究及之，然第一次之成功则为美国人福尔敦(Robert Fulton)之力。彼于一八〇七年春间将其新造之轮船名克勒芒(Clermont)者下水。是年秋间“新水怪”驶至奥尔巴尼(Albany)。至于轮船之横渡大洋则始于一八一九年之轮船名塞芬那

(Savannah)者。此船由塞芬那向英国之利物浦(Liverpool)而行，前后凡二十五天而达于英国，同时并张帆以助之。一八三八年有轮船名“大西”者自英国之布里斯它尔(Bristol)至美国之纽约，凡需时十五天十小时，此船载重一千三百七十八吨，长二百十二尺，每日须煤三十六吨，其时各国人士无不惊其神速。至今披览世界商业地图，则各地无不有一定之航线，载人或运货之定期轮船不可胜数，大部分皆较“大西”为巨。

苏彝士运河之凿成　昔日欧亚两洲之交通需时甚久，自苏彝士(Suez)海股开通之后地中海与印度洋遂互相联接。苏彝士运河之开凿法国之名工程师雷塞布(Ferdinand de Lesseps)实总其成。凡需时十年而工竣，时一八六九年十一月也。至今每年经过此河之船只数在五千艘以上，不必再如昔日之远绕好望角矣。

巴拿马运河　巴拿马(Panama)运河之开凿始于一八八一年雷塞布所组织之法国公司。然发起此事之人有行贿法国国会之举，而工程之进行亦复不得其方。此事于一八九二年暴露，公司遂被解散。一九〇二年美国国会议决由总统以美币四千万元购法国公司之财产。美国乃与哥伦比亚共和国协商开凿运河之事，不得要领。一九〇三年巴拿马地方脱离哥伦比亚而独立，美国总统罗斯福(Roosevelt)急承认之，遂与新共和国缔结运河区域之约。不久美国政府即继续法国人之工程，至一九一五年而告成。

机车之发明　海上运输既以轮船代替昔日之帆船，昔日陆地货物之以牛马拖运或以轮船运输者不久亦以机车代之。机车之发明正与纺机与蒸汽机同，经过多次之试验方告成功。发明之人厥惟斯蒂芬孙其人(一七八一年至一八四八年)。

斯蒂芬孙与英国铁道　一八一四年斯蒂芬孙始造小机车名巴芬比来(Buffing Billy)备矿区之用。一八二五年彼得英国国会之允许，在英国北部斯拖克敦(Stockton)与达林敦(Darlington)间造铁道一条以载人而运货。其时利物浦与曼彻斯特间亦有修筑铁道之举，机车之参预竞争者凡五，而斯蒂芬孙所造之洛克脱(Rocket)得选，此路于一八三〇年正式开通。此有名之机车重约七吨，每小时平均行十三英里，与今日重百吨每小时行五十英里之机车相较，相去远矣。此后十五年间，利物浦、曼彻斯特、北明翰，与伦敦之间均通铁道。至十九世纪末年大不列颠岛中已有铁道二万二千英里，每年平均载客一千万人以上。

德法之铁道　法国之有铁道始于一八二八年；德国则始于一八三五年，然因其时国内四分五裂之故不甚发达。至于今日则欧洲一处已共有铁道二十余万英里。

铁道政策　非亚二洲铁道之建筑进行亦甚迅速，为输入西方制造品及矿产之机关。横断欧亚二洲大陆之西伯利亚铁道吾人已述及之。俄罗斯亦并向南建筑铁道以达波斯与阿富汗；英属印度约有铁道三万五千英里。即非洲内陆之森林与平原之中在十九世纪中欧洲人足迹所未到者至今亦复铁道纵横以千里计。此种铁道极为重要，盖主有铁道者每有监督铁道所经地方之经济与政治生活之权也。故欧洲各国对于铁道尚未发达之国莫不争先恐后以投资兴筑。如中国与土耳其之铁道极为重要，欧洲各国互相竞争，为欧洲大战争原因之一。

便士邮费　与世界商业有密切关系者除铁道、轮船外，尚有邮政、电话、电报与海底电线等。英国之便士邮费至今视为平常，若在腓特烈大王时代之人眼中观之宁非怪事。英国当一八三九年以前短距离间之邮费每函需一仙令，路途较远者则邮费亦较多。至一八三九年喜尔(Rowland Hill)有改良邮费之主张，大不列颠岛上信札邮费遂一律改为一便士，国人无不惊异。互相通信之机会乃大为增加。邮费既减昔日闭关自守之习遂破，人民生活日益开明。其他欧洲各国群仿英国之模范减少邮费。至今全世界已有每函一律减收邮费美金二分之趋向。至今中国与美国间通信所需之时间较初行“便士邮费”时代已减少甚多矣。

电报与电话　电报与电话之发达亦殊为可惊。前者发明于一八三七年，后者发明于一八七六年。非亚诸洲之内地遂得与欧洲接近。中国国内巨城均通电报，同时并可与巴黎直接通电。一九〇七年十月马可尼(Marconi)建设无线电报以通欧美两洲之消息。至今则无线电话已可自美京华盛顿(Washington)以达于法国之巴黎，将来或能倍远亦未可知。

第二节　商业上之竞争帝国主义传道教士

外国市场之竞争　自实业革命以来欧洲之生产力日大；自运输便利以后货物之分配日便。凡此诸端合而产出国外市场之激烈竞争。亚非二洲人民之无力自卫者其领土几皆为欧洲各国所占领。而欧洲之商业观念亦遂流入中国与日本，轮船往来铁道建筑正与欧洲无异。同时欧美两洲之资本家每投资于退化之国家，以兴筑其铁道与发展其矿产，殖民与传播文化之事业益为促进。仅英国一国投资于外国者已约有二十万万元之巨；俄罗斯实业上之资本属外国者得五分之一；中国之铁道亦多用外国之资本造成。至于南美洲巴西，倍诺斯爱勒与法尔巴来索(Valparaiso)之银行多有德国之资本，足以激起实业之振兴与铁道之建筑。

帝国主义　欧洲诸强国之外交及商业政策类皆以二种大力为根据，即工厂之要求市场与资本之要求投资机会是也。欧洲各国之盛行"帝国主义"(imperialism)其原因亦在于此。所谓帝国主义为一种增加领地之政策，其目的在于监督其地之出产，垄断其商业，并投资其地以发展其天产。有时此种主义取一种武力合并之形式，如美国之强占夏威夷(Hawaii)群岛与德国之强占多哥兰(Togoland)即其著例。有时亦取一种划分"势力范围"之形式，为将来实行占领之预备。有时所谓帝国主义者在于获得弱国之租借地，如欧洲人之在中国，与美国人之在墨西哥是也。

传教事业为帝国主义之实行者　帝国主义之实行基督教之传道教士每为其先驱。基督教徒中颇有服从《圣经》中之言者："尔其入于世界，布福音于万物。"欧洲人一旦知有新地，传道教士每与商民及军士连袂以趋之。当美洲及东航之道发见以后芳济与多明我两派之托钵僧冒险以赴之，以传道为事。至一五四〇年间并有耶稣会中人传道甚力。

旧教徒之传道事业 一六二二年罗马旧教教会有组织规模宏大之传道机关之举，其机关至今尚存，名曰信仰宣传部(Congregatio de Propaganda Fide)。其总部设在罗马城中，内有红衣主教二十九人。设有专门学校以训练传道教士及学习各种应需之语言文字。土耳其、波斯、亚拉伯、印度、暹罗、安南、马来半岛、中国、高丽、日本、非洲，及太平洋中之坡里内西亚(Polynesia)诸地，旧教信徒以百万计也。

新教徒之传道事业 宗教改革以后新教徒对于传道事业并不热心。荷兰人于一六〇二年始实行传道于南洋群岛；英国人亦曾注意及此。新教徒所组织之传道机关以一六九五年英国教会所创设之“提倡基督教知识社”(Society for the Promotion of Christian Knowledge)为最早。至十八世纪监理会与浸礼会二派之教徒有合力传道之举。美国传道国外之事业始于一八一〇年。是年有“美洲外国传道部”(American Board of Foreign Missions)之组织。不久美国各派教徒各有传道部之组织，其传道事业之盛及其力量之厚竟能与欧洲相埒。圣经会亦专心于翻译基督教之《圣经》为各国文，传布甚广。

传道事业与文化 传道教士不但将基督教宣传于世，亦能并将科学观念与近世发明远播他国。向无文字之民族教士每发明字母以启发之。破除迷信，消灭食人之习，并有功于女子地位之提高。同时亦有建设医院及学校者。教士之探险及调查大足以增加吾人对于世界及其居民之知识。所制地图及科学报告亦颇有精美者。

传道事业与欧洲势力之扩充 然传道教士中亦每有绝不明了各国之文明者，对于中国、日本、印度每痛骂其习惯之不良与成见之非是。攻击太过，反激起不信基督教者之仇恨。教士之被虐及被杀者时有所闻，非无因也。

仇杀结果每引起各国政府之武力干涉，而各国政府亦每假保护教士之名以实行其侵略土地之实，中国之租借地与势力范围即其最著之例。

第二十四章

十九世纪中之英国殖民地

第一节　英属印度领土之扩充

英国领土之扩充　关于英国与他国之争夺殖民地——与荷兰之争香料群岛，与西班牙之争南美洲商业，及与法国之争印度及北美洲——吾人已述至一八一五年之维也纳会议止。自此以后英国遂为世界商业之首领。十九世纪中英国人尽力于发展印度、非洲、加拿大及澳洲之富源。

十九世纪初年之英属印度　十九世纪初年之英属印度领土有孟加拉一带地及沿恒河流域以达于德利。印度东部沿岸一带地，印度半岛之南端及锡兰岛，西部之孟买，及苏拉特(Surat)以北一带地亦无不在英国人掌握之中。此外并有受英国保护者，如海达拉巴(Hyderabad)等地是。蒙古人所建之帝国自此四分五裂无复一统之望，居于德利之皇帝徒拥虚名而已。法国与葡萄牙之殖民地无不日就衰微。印度半岛中之能与英国为敌者至是仅有一种政治组织而已。

马剌塔战争　此种政治组织维何？即印度内地土酋所组织之马剌塔(Mahratta)同盟是也。同盟之领土凡由孟买海岸向内地一带之区，其西并以山为界。然诸土酋虽组织同盟，而此界彼疆互相猜忌，外患稍息内乱随来。假使若辈无蛮触之争，则英国人之势力定有被挫之一日矣。然诸酋之相争延绵不已，英国领土与之接触者每苦其骚扰。英国人卒于一八一六年至一八一八年间遣兵与之战而夺其地。诸土酋多为英国之附庸，以迄于今。

英国扩充势力于中国之边境　当英国人平定印度内乱之秋，同时并伸其势力于印度北东西之三部。印度北方边境沿长六百英里，介于喜马拉雅山及恒河间者有人种曰廓尔喀(Gurkhas)者居之，时起骚扰。往往下山劫掠，村落为墟。盗首数人组织同盟，附属于一总督，占据尼泊尔(Nepal)自号王国。屡思南下以占恒河流域一带地。卒于一八一四年至一八一六年间为英国人所败。英领印度之国境遂与中国之西藏接触。

缅甸之合并　当英国人与马剌塔及尼泊尔战争之日，正缅甸人西犯孟加拉地方之时，缅甸人初不知欧洲人军队之强盛，以为不难一战而败之。不期于一八二四年至一八二六年间为英国人所败，并割孟加拉湾东岸一带地于英国。英国人之势力从此遂及于印度之外。至一八五二年英国缅甸之间再起战争。英国人遂奄有伊拉瓦底河(Irawadi)流域及仰光(Rangoon)以南沿岸一带地。

信德及判查布诸地之征服　英国人既征服缅甸之地，乃转而注意印度之西北境。沿印度河(Indus)两岸之地名信德(Sind)者肥沃异常。有土酋(Amer)统治之，颇不驯，为英国人患。英国人借口其政治腐败政府无能，于一八四三年遣兵入侵其地，遂灭之，据其地为已有。不久英国人又与信德西北之塞克(Sikh)种人战，又得印度河上流判查布(Punjab)之地。英国领土之境遂与阿富汗相接。英国人于武力侵略政策以外并用“和平同化”(peaceful assimilation)之策。当总督大贺胥(Dalhousie)在任时代(一八四八年至一八五六年)，凡遇土酋绝嗣时莫不改其保护国为行省焉。

印度不满英人之原因　英国人武力侵略之迹既著，印度人大恨。英国领土中之王族及官吏因失势而抱怨；至于附属国中之土酋亦颇厌英国人之压制。回教徒既恨基督教之入侵，又痛一已势力之被夺。而马剌塔人亦以英国人作梗不能实现其马剌塔帝国之计划，故对于英国人无不侧目。

脂肪弹筒之激变　印度乱机之四伏既如上述，至一八五七年英国人有整顿军队之举，乱机遂发。盖当一八五六年英国人鉴于法国人所发明之新枪便捷可用，遂购而给诸印度兵。新枪实以纸造之弹筒，内装火药及子弹。为装弹便捷起见，筒外涂以脂肪。唯兵士须以齿啮去筒之一端以便着火。

兵变　英国政府之引用新枪也，初不想及印度士兵之宗教习惯。印度人手触牛脂视为较死尤恶，回教徒之视豕脂也亦然。英国政府闻之，允废新枪而不用。军心为之稍定。一八五七年五月米剌特(Meerut)之兵士不愿使用新弹，英国人处以监禁十年之罪。印度兵群起不平，遂叛。五月十一日德利城中兵变，尽杀城中之英国人，并围困英国之驻防兵。不数日间印度之西北部无不叛乱。勒克瑙(Luknow)城人口凡七十万，亦起而与英国人抗，困英国兵士于垒中。城南四十英里之地有孔坡(Cawnpore)城，其地英国人之被杀者凡千人。至七月中旬凡澳德(Oudh)及西北一带地均叛英国而独立。

叛乱之平定　米剌塔之兵既叛，东印度公司总理急电孟买、玛德拉斯、锡兰诸地求援。其时叛乱之地虽无铁道，幸有电线故消息灵通。名将坎柏尔(Collin Campdell)为拿破仑战争及克里米亚战争中之老将，率兵来援勒克瑙。至十一月竟解其围，而英国兵士之困守者至是盖已六阅月。其时印度兵亦有忠于英国人者，英国人又得沿海诸省之援助，各城之叛相继平定。至十一月下旬乱事已平，然英国人所费亦不资矣。英国人之惩办叛党其残酷亦正不亚印度人也。

女王维多利亚之取得东印度公司政权　兵变既定，英国国会遂实行改革印度政府之举。东印度公司之统治印度者前后凡二百五十余年，至是乃夺其政权归诸英国之中央政府。一八五八年十一月女王下令凡东印度公司所订之条约一概继续有效；印度诸王之权利照旧维持；印度之宗教自由一概仍旧。另派总督一人以代昔日之公司总理。公司董事之权让诸新设之管理印度大臣(Secretary of State for India)。废德利之蒙古皇帝。一八七七年一月一日维多利亚进称为印度皇后。至今印度之人口得三百兆人，面积得一百七十七万三千方英里，均属英王治下。

兵变后之进步 英国政府之在印度者自兵变后注其全力于国内之改革及西北境之保护。士兵之数日减，白人之数日增，凡炮兵纯以英国人充之。于一八六〇年及一八六一年适用英国之法典及刑律。建筑铁道不遗余力，军事上得朝发夕至之功，商业上有运输便利之益。纱厂林立，城市勃兴，印度之海外商业七十年来增至二十倍。报纸凡八百种，以二十二种方言印刷之。振兴教育，学校蔚起，全国学生得五百万人。

印度自治之发端 总之今日之印度工业及教育之革命正在进行；而参政运动亦正在开始。英国政府深知此种民族精神之不可遏，于一九一五年，一九一六年及一九一七年通过三案以谋印度自治之进行。建设立法机关一，包二院。二院议员以民选者居其多数。各省亦许其建设立法机关，并多予土人以充任官吏之机会。然至今印度人尚以为未足，颇有主张脱离英国而完全自治者。故各地人民时有革命或暴动之举，英国政府几有穷于应付之势也。

第二节 加拿大领地

魁北克议案 当一七六〇年英国人建设政府于加拿大时，英国人之在加拿大者仅得二十六万五千人，其余均法国人也。英国、法国两国人因人种、语言、法律及宗教之不同，故此疆彼界畛域极明。英国人人地生疏，故其政治设施多不适当。至一七七四年美国将独立之际英国人深恐加拿大人之携贰，故英国国会通过著名之魁北克(Quebec)议案——为英国史上最重要议案之一。其时各国尚无信教自由之规定，而该案竟承认基督教，许教士得征收教税，维持法国之民法，并听法国习惯之存在。

保王党之在加拿大者 当美国独立时加拿大人多忠于英国。法国人虽援助美国，而保王党之自美国入加拿大者纷至沓来，安居乐业。若辈多居于滨海诸省及上加拿大，自称为统一帝国保王党

(United Empire Loyalists)。至一八〇六年保王党之自美国移入加拿大者计有八万人之多，英国政府亦每予以新地及补助费以提倡之。

加拿大之行省　自后英国人入居加拿大者其数日增，加拿大之政府遂有不得不改组之势。一七九一年英国国会议决建设代议政府于加拿大。分其地为二省：沿大湖一带者为安剔厘阿(Ontario)在下加拿大者曰魁北克。

法国人之忠于英国　加拿大既设新政府，英国人与法国人均能忠于英国。一八一二年美国拟侵入加拿大时该地英国、法国两国人莫不一致御侮，即其明证。盖居于安剔厘阿之保王党尚怀旧日被逐之恨，而法国人亦群起而援助之。美国人入侵之计既败，加拿大人对美国之感情益恶，并疑美国有兼并之野心。

加拿大之叛　加拿大两省人民虽对美国有一致之象，而在国内则时起纷争。其时上加拿大(即今日之安剔厘阿)之政权操诸保王党人之手。若辈大都属于昔日之保守党，其握政权之团体世人称之曰“家属团体”(Family Compact)，因多系亲戚故旧也。其时进步党人颇恨政府之不负责任，遂于一八三七年有叛乱之举。至于下加拿大(即今日之魁北克)之法国人亦举兵叛乱。两处叛乱不久平静。英国政府于一八四〇年派得汉(Durham)赴加拿大调查该地之实况。其报告力言应予殖民地以自治之权利。自此以后英国对待殖民地之政策为之一变。凡殖民地之有自治能力者无不允其自治。此实政治史上一大革命也。至今英国之殖民地甚至有与他国缔约之权，与独立国家几无区别。得汉报告之结果加拿大二省遂统于一责任政府之治下。

加拿大之联邦　统一议案为他日加拿大联邦之先声，一八六七年英国会通过英属北美洲议案，合安剔厘阿、魁北克、新不伦瑞克(New Brunswick)及诺法斯科细亚诸省为加拿大领地(The Dominion of Canada)，并规定其他诸地亦得随时加入。联邦宪法上规定设总督一人为英王之代表；上议院一，其议员由总督任命之，任期终身；下议院一，由民选议员组织之。联邦计划自一八六七年七月一日实行，是日至今为加拿大之国庆日。

加入联邦之新省　加拿大自联邦政体成立之后，物质发达甚为迅速；民族精神亦渐显著。加拿大西部一带地先为领地，再为行省，正与美国发展其西部领土之步骤同。一八六九年哈得孙湾公司二百年来所有之领土售诸联邦政府。次年设曼尼托巴(Manitoba)省。一八七一年不列颠属哥伦比亚(British Columbia)加入联邦。二年以后普麟斯爱德华(Prince Edward)岛亦如之。一九〇五年亚柏挞(Alberta)及撒喀其万(Saskatchewan)两省亦来加入。至今仅纽芬兰岛尚在联邦之外。外人之移入加拿大者日渐增多。当一八二〇年时加拿大之人口不过五十万余，至十九世纪末年已达五百余万，至今几达八百万。

民族精神之发达　加拿大虽为英国领土之一，而民族精神竟甚发达。又因有保护关税及政府之补助，故实业发达亦有一日千里之势。在昔加拿大与美国间因有互惠条约故商业关系极为密切。自美国南北战争以后关税之率增高，与加拿大之商业关系顿生障碍。其结果则加拿大转视英国为其实业之同盟。自一八七〇年以后保守党领袖马克多那尔特(Sir John MacDonald)力主“国家政策”(national policy)以保护加拿大利益为目的。此后保守党及进步党均尽力使加拿大成为实业独立之国家。此种“殖民地之民族主义”(colonial nationalism)，前总理罗立亚(Sir Wilfrid Laurier)提倡尤力。观于一九一一年加拿大之反对美国商业互惠计划，足见美国合并加拿大之野心绝无实现之希望。是年选举之结果保守党卷土重来，其领袖波登(Sir Robert Borden)极主与母国联络，并增加关税以抗美国。

第三节　澳洲殖民地

澳洲为无人之境　当十九世纪英国人占据澳洲殖民地时——包括澳洲、塔斯马尼亚(Tasmania)、新西兰(New Zealand)及其他小岛——如入无人之境。盖澳洲及塔斯马尼亚之土人为数本不甚多，性情亦非好勇狠斗者。故英国人之往殖民者颇能自由发展其民主之政府。既不若加拿大之有欧洲人，又不若印度之有异族。

澳洲之富源　澳洲及塔斯马尼亚之面积合计约有三百余万方英里，新西兰一岛亦大于大不列颠。澳洲大部分虽位于温带之中，然北部接近赤道之地夏季干燥异常。洲之中部水量尤缺，不宜居人。故殖民地之繁盛者偏于东南两部。极南之墨尔本(Melbourne)城之在南半球，其纬度与北半球中国之天津相似。澳洲产金、银、煤、锡、铜及铁。塔斯马尼亚与新西兰则风景美丽，气候宜人，土壤亦远较澳洲为沃。

昔日澳洲之探险　英国人之占有澳洲始于十九世纪。在昔初入其地者似以葡萄牙人为最早。然其地不著。试观依利萨伯时代地图上所绘澳大利亚之简陋，即可见当日欧洲人对于澳洲之知识如何。一六四二年荷兰航海家塔斯曼(Tasman)发见一岛，即以其名名之曰塔斯马尼亚。同年彼并发见澳洲东方诸岛，以荷兰之地名名之曰新西兰。然荷兰人并不占据其地。日后英国人库克(Cook)有著名之航行，澳洲诸地遂引起英国人之注意。彼于一七六九年至一七七〇年间环绕新西兰岛一周，乃西向而达澳洲之东岸，见其植物繁茂故名其地为植物湾(Botany Bay)。遂以英王名义占其地。因沿岸一带之风景极似英之威尔斯，故名其地曰新南威尔斯。

澳洲殖民地之建设　一七八七年英国政府流国内罪人于澳洲之植物湾，是为英国殖民于澳洲之始。湾南有良港，发达而成今日之悉德尼(Sydney)城，为新南威尔斯州之都会，此州为澳洲联邦六州中之建设最早者。塔斯马尼亚于一八〇四年建设殖民地，其首都曰哈巴特(Hobart)。西澳一州之初亦为罪人远戍之所。墨尔本附近一带之殖民地于一八五一年联合而成维克多利亚殖民地。不久悉德尼以北地方亦组织而成昆士兰(Queensland)殖民地。至于南澳一州其都会为阿得雷德(Adelaide)，自始即为自由民殖民之地，而非罪人流寓之区。一八五一年澳洲金矿发见后，英国人之赴澳洲者日众。殖民地既富且庶，遂反对英国流入罪人之举。英国政府不久乃中止之，废昔日之军政而代以民政。各州亦渐得自治之权。

澳洲共和之成立　各殖民地之言语制度既属相同，则联合之举势所必至。联邦之事早已有人主张。迨一八九一年各殖民地代表有组织宪法会议之举，编订联邦宪法，由人民准之。一九〇〇年英国国会通过议案，根据澳洲新宪以建设澳洲共和(Commonwealth of Australia)。联邦中计六州——新南威尔斯、塔斯马尼亚、维克多利亚、昆士兰、南澳州及北澳州——其组织与北美洲合众国无异。联邦中有总督一，为英王代表。国会分二院。上议院由各州各选议员六人组织之，下议院则以民选之代表组织之。政权之大以下议院为最。凡商业、铁道、币制、银行、邮电诸政，婚姻及工业、公断等均由下议院规定之。

新西兰之殖民　离澳洲东南千二百英里之海中为新西兰岛所在地。英国人之赴其地者始于十九世纪之初半期。一八四〇年英国人与其地土人曰毛利(Maoris)者约，令若辈承认英国女王维多利亚为其君主，而英国人则予以一定之居地。英国人于北岛上建奥克兰(Auckland)城。二十五年后新西兰自立为殖民地，以威灵敦为都会。其时英国人所建之新西兰公司尽力于殖民事业之发展，不久渐侵入土人所居之地。一八六〇年及一八七一年土人起叛者凡二次，均不久而平。

新西兰之社会改革　新西兰近年来有种种社会之设施激起世界各国人士之注意。十九世纪末年其地之工人颇占势力，竟能实行种种改革以利工人。言其著者如特设法院以审理工人与资本家之争执。并规定贫民养老金。同时并设法限制私人之广拥土地，凡地广者加以重税，地狭者则否。女子与男子同享有选举之权。

维克多利亚之改革　维克多利亚之种种社会设施亦正不亚于新西兰。其政府设法禁止工业上之苦役。设立工人与资本家合组之公会以规定工资多寡及工作之标准。秘密投票制亦始创于澳洲，故世称为“澳洲投票制”(Australian ballot)。此制已风行于英国、美国矣。

第四节　非洲殖民地

南非方面英荷之战　英国人侵略非洲之中心有二：一在极南之

好望角，一在极北之埃及。英国人在埃及方面之发展后当再详。至于海角殖民地(Cape Colony)则当拿破仑战争时代英国人已自荷兰人手中夺来。至一八一四年维也纳会议承认该地永属于英国。是时海角殖民地中有欧洲人二万五千，大部皆荷兰人。十九世纪以来虽有英国人移入其地。然大部至今仍属荷兰人之苗裔。此地之荷兰人强壮而顽固。性质虽和平，然极不愿受他人之干涉。英国人既得其地，遂着手于改良地方政府及司法机关，强迫人民适用英语。至一八三三年并废奴制。

荷兰农民之北徙　荷兰在南非洲之农民世称为部耳(Boer)者因不堪英国人之虐待于一八三六年至一八三八年间移往北部内地者凡万人，渡奥伦治河(Orange)向东北以建设殖民地。自后荷兰农民再向东北两方而进占纳塔耳(Natal)及脱兰斯瓦尔(Transvaal)诸地。是时该地草莱未辟，无人注意，故荷兰农民颇有自由发展之乐。

英人侵占纳塔耳及奥伦治河殖民地　然纳塔耳为滨海之区，英国人极不欲有敌国之在其侧。故英国人遣兵入占德尔班(Durban)。一八四二年英国兵与荷兰人战而败之，荷兰人恨英国人益甚。英国人殊不顾。六年之后英国人夺荷兰农民所建之奥伦治河殖民地。

英人承认脱兰斯瓦尔殖民地之独立　荷兰农民至是又再向北走。渡瓦尔河(Vaal)而建脱兰斯瓦尔(Transvaal)殖民地。英国人以为该地多系荒芜之区，仅足供畜牧之用，故绝无兼并之意。乃于一八五二年与该殖民地订约承认脱兰斯瓦尔地方之独立，维持其“自治之权利，英国政府断不加以干涉”。二年以后英国人并承认奥伦治自由国(即昔日之奥伦治河殖民地)之独立。

英人兼并脱兰斯瓦尔共和国　荷兰人之在脱兰斯瓦尔地方生活朴野，既无政府亦无欲望。与其地之土人常起争执。英国人遂借口荷兰农民之举动未免扰乱英国属地之和平于一八七七年入占脱兰斯瓦尔共和国。英国人此种举动荷兰农民实不能堪，乃于一八八〇年叛。次年在马朱巴山(Majuba)地方歼灭英国军队之一部分。

葛拉德士吞再允荷兰农民之独立　是时英国国内葛拉德士吞秉政。不顾主张帝国主义者之要求报复竟允荷兰农民之独立。彼与脱兰斯瓦尔之临时政府缔结条约许其自治，唯须承认英国女王为元首；外交上亦须受英国人之监督。荷兰农民以为此约并非出于英国人之大量，实为武力所迫而来，故决意非得完全独立不可。一八八四年果得再与英国订约，除外交仍受英国人监督外，英国承认脱兰斯瓦尔为自由独立之国家。

脱兰斯瓦尔金矿之发见 不意次年(一八八五年)脱兰斯瓦尔南部忽有金矿之发见。昔日人所唾弃之地至是一变而为极有价值之区。于是开矿者投机者趋之若鹜，不久而人口竟增至三倍。外人之数日增，荷兰农民之数相形见绌。荷兰农民遂设法以阻止外人之入籍或获得公权。

英人在脱兰斯瓦尔者之反抗 英国人在脱兰斯瓦尔者乃提出抗议。略言地瘠人稀之区能一变而为富庶之地者英国人之力也；几濒破产之政府经济忽然充裕者英国人之力也；该地之盛衰既与英国人有切肤之关系，则英国人当然应享参政之权利。英国人曾欲设法修改脱兰斯瓦尔之宪法，终归失败，乃于一八九五年谋叛。

哲麦孙侵掠 此次脱兰斯瓦尔地方英国人之谋叛，罗德斯(Cecil Rhodes)实提倡之。彼盖海角殖民地之总理而且兼英属南非洲公司之总裁。相传彼并受英国政府中人之指使。一八九五年公司经理哲麦孙(Jameson)博士颇欲实行罗德斯之计划，乃率公司中之军队向脱兰斯瓦尔而进，以冀在约罕涅斯堡(Johannesburg)地方之英国人之响应。不意事机不密，所有叛徒均为荷兰农民所虏。

总统克律革不愿与英人言和 此次“哲麦孙之侵掠”适足以增加英国人与荷兰农民间之恶感。而荷兰农民亦得借口自卫大购军械。脱兰斯瓦尔共和国之总统克律革(Paul Kruger)极不愿与英国人言和。其时彼之势力极大，绝不顾外人之要求，而且与南方奥伦治自由国订攻守同盟之约。

荷兰农民之战 英国人至是宣言荷兰农民之居心在于侵占南非洲之英国人殖民地。而荷兰农民则谓英国人之言无非欲藉此为兼并荷兰农民所建设之两共和国之口实。一八九九年脱兰斯瓦尔与奥伦治自由国竟与英国宣战。荷兰农民战争殊力，而英国人之战略殊不得法。英国人中颇有以与荷兰农民战争为耻者，而其他诸国人——德国人尤甚——亦多表同情于荷兰农民。然他国迄无起而干涉者。英国人始败终胜，卒兼并二共和国为已有。

南非联邦之成立 英国人既得有南部非洲之地，统治有方，与其他诸殖民地同亦予以自治之权利。一九一〇年英国国会议决建设南非洲联邦(South African Union)，一仿加拿大与澳洲之例。联邦中包有海角殖民地、纳塔耳及二共和国——奥伦治自由国及脱兰斯瓦尔。联邦之元首以英王所遣之代表充之，并有国会一。当一九一四年欧洲大战开始时，德国颇望南非洲荷兰农民之起叛。不意联邦总理波塔(Botha)将军十五年前本为荷兰农民之军官，不但平定一部分荷兰人之叛乱，而且征服德国所属之西南部非洲领土。同时英国所属之南非洲军队又侵入德国所领之东非洲，并遣兵入欧洲大陆以助战。此盖英国人给予殖民地以自由及自治之效果云。

其他英属非洲领土 此外英国人在非洲并有黑人所属广大领土三处。在海角殖民地之北者有伯楚阿那兰(Bechuanaland)保护国，其土人性情和平。在伯楚阿那兰及脱兰斯瓦尔之外者又有洛谛西亚(Rhodesia)一区，于一八八八年及一八九八年为英属南非洲公司所兼并，卒成英国之保护国。在非洲东岸者向内地至尼罗河源诸大湖止有英国所属之东非洲领土。此地为自南北上苏丹及埃及之要区，故形势上极为重要。

此外英国人又于一八八四年在巴布厄尔曼得(Bab-el-Mand)湾上得索马利兰(Somaliland)之地。在非洲西岸者英国人之势力中心有五：即冈比亚(Cambia)、塞拉勒窝内(Sierra Leone)、黄金海岸、拉哥斯(Lagos)及奈机立亚(Nigeria)是也。昔日凡此诸地皆系英国人贩卖黑奴之要埠，至今则英国人颇能尽力于开化土人，修明政治以自赎前愆焉。

南非洲之铁道不一而足。其一自海角城北上而至洛谛西亚之边境。英国人曾有建筑自海角至开罗(Cairo)铁道之计划。然西北有比利时之刚果自由国，东北有德国所属之东非洲，英国人之计划因之被阻。然自一九一四年以来南非洲荷兰农民有战胜南非洲德国人之举。故英国人建筑直贯非洲铁道之计划颇有实现之希望。大战告终，德国所领之东部非洲委任英国管理之，德国所领之西南部非洲则交诸南非洲联邦管理之。

第二十五章

十九世纪之俄罗斯帝国

第一节　亚历山大第一与尼哥拉第一在位时代

俄罗斯与西欧之关系　五十年来俄罗斯与西部欧洲之关系渐形密切。其文化程度虽不甚高，然五十年来颇能尽力于改革以成近世之国家。至二十世纪初年颇有革命建设民主政府之倾向。国内名人之著作多流传于国外。托尔斯泰(Leo Tolstoy)之名著尤受世人之传诵。鲁宾斯泰因(Rubinstein)及柴哥甫斯基(Tschaikowsky)之音乐其风行于伦敦、纽约诸城，正与在圣彼得堡与莫斯科同。即就科学方面而言，门对尔依夫(Mendelyeev)之化学与麦奇尼可夫(Metchnikoff)之生理学在德国、法国、英国、美国，亦复负有盛名。俄罗斯人口甚众，将来在世界文化上必能有所供献。故西部欧洲文化如何输入东部欧洲之情形不能不详述之。

亚历山大第一之参预西欧政治　当一八一五年亚历山大第一自维也纳会议返国时声威殊盛，彼本有功于拿破仑之败亡者，又能联合西部欧洲各国之君主以组织神圣同盟(Holy Alliance)，其得意可想。然彼之利害当然以本国为主。彼之领土占欧洲之大半，至于亚洲北部一带之广袤更无论矣。

俄罗斯帝国内部之复杂　亚历山大第一之领土中人种甚杂，各民族之习惯、语言及宗教无不相异。有芬兰人、波兰人、德国人、犹太人、亚美尼亚(Armenia)人、佐治亚(Georgia)人及蒙古人。俄罗斯人虽繁殖于欧洲俄罗斯之南部及西伯利亚，在国内为数甚多；俄罗斯之语言文字亦通行于学校及政府中。然芬兰大公国中之人用其本国语及瑞典语有同独立之国。至于波兰人则无日不回想昔日王国之光荣以冀其恢复。

当亚历山大第一在位时代俄罗斯人多乡居，盖其时城市甚小远不若西部欧洲诸城之宏丽。乡居者大半皆佃奴，其状况与十二世纪时英国、法国之佃奴无异。

皇帝之专制　俄罗斯皇帝自称为“所有俄罗斯之专制皇帝”(Autocrat of All the Russias)，故权力之大与法王路易十六同。宣战媾和唯意所欲；任免官吏极其自由；对于人民则逮捕之，监禁之，放流之，杀死之，不受他人之限制。即俄罗斯之教会亦在其监督之下。为官吏者绝不作对人民负责之想，腐败专制无所不为。

亚历山大何以反对革命及维新　亚历山大第一即位初年本怀维新之思想。然自维也纳会议后态度忽变。渐畏人民之革命，与旧俄罗斯党联合以反对维新为事。不久俄罗斯皇帝并痛骂维新主义为幻想，有妨社会秩序之全部。命官吏尽力于新党之抑制。检查出版极严，新派之杂志莫不被禁；大学中之教授科学者均被免职。然国人之留心西部欧洲革命运动者实繁有徒；诵西部欧洲之新书者亦正不一而足。

十二月之叛　一八二五年十二月一日亚历山大第一忽去世。国内革命党乘机而叛，即世称“十二月之阴谋”是也。组织未当，不久即败，其领袖颇有被杀者。

波兰人之叛　尼哥拉第一(Nicholas Ⅰ)既即位，极恨十二月之叛，故专制特甚。因专制太过，乃激起波兰人之叛。昔日亚历山大第一所颁之宪法至是竟违背之。俄罗斯兵之入驻其地者甚多。并强以俄罗斯人为波兰之官吏。波兰国会有所要求，俄罗斯政府亦每置之不理。波兰人遂多组织秘密团体以谋恢复昔日之共和国。一八三〇年华沙之波兰人叛，占其城，逐俄罗斯之官吏而出之，设临时政府，求援于欧洲各国。一八三一年一月二十五日，宣布独立。

叛乱之平定　然欧洲各国绝无应之者。俄罗斯军队既入波兰，乱事遂平。俄罗斯皇帝尼哥拉第一之对待乱党殊为残酷。撤其宪法，停其国会，废其国旗，移波兰人四万五千户于顿河(Don)流域及高加索山(Caucasus)中，波兰至是遂夷为郡县。

尼哥拉第一之深信专制　尼哥拉第一以为欲救宗教及政府之“凋零”，非维持专制政体不可，盖人民之误视破坏思想为文化者唯专制政体足以阻止之。俄罗斯之希腊教会及其教义非始终保存不可。国民应独树一帜以维持其过去之信仰及制度。其时朝廷官吏多以现代制度为满足，不欲多所更张。

尼哥拉之抑制维新　尼哥拉第一借口于维持民族精神，尽力阻止维新主义之发达。国内官吏亦复抑制自由不遗余力。凡关于宗教及科学之书籍均须经警察及教士之检查；凡外国政治著作之输入者则没收之；其稍涉维新之处则由检查者删去之。官吏并公然拆阅人民之私札。此种专制情形至二十世纪初年革命时方为之一变。

第二节　佃奴之解放及革命精神之发达

亚历山大第二之即位　一八五四年俄罗斯因欲伸张其势力于土耳其乃有与英国、法国战争之事。俄罗斯军队大败，其在克里米亚半岛上之根据地塞巴斯拖堡(Sebastopol)为联军所占。战事未终而尼哥拉第一死，其子亚历山大第二即位。凡与敌言和澄清吏治以及增进人民幸福诸责任皆将由彼一人负责之。

佃奴之状况　俄罗斯之人民半系佃奴。其生活之困苦与其身体之不自由实为进步及隆盛之障碍。为地主者每自占其领土之一部分，分其余以予佃奴。佃奴一年所得几不足以自给。为佃奴者每星期为地主工作者凡三日。凡有争执诉诸地主，地主得自由鞭笞之。其地位之卑下而困苦与牛马殆无以异。

农民之叛 佃奴因不堪其苦故常有叛乱之举。当喀德邻第二在位时代农民起而作乱，全国响应，平定之日死者极众。当尼哥拉第一在位时代农民作乱前后不下五百余次。日后政府虽防止极严，然叛乱之举可断其有增无减也。

佃奴之解放 亚历山大第二深恐农民之再叛，决意解放国内四千万之佃奴。几经讨论乃于一八六一年三月三日下令解放国内之佃奴。然彼又虑地主之损失过大，故对于解放佃奴之举并不彻底。政府虽剥夺地主鞭笞佃奴及主持婚姻之特权，并禁地主不得强佃奴工作或纳税。然为佃奴者仍终身附属于田地，盖佃奴无政府护照者不得擅离其村落也。地主虽交出其领土之一部分，然佃奴个人仍一无所得，盖所有田地仍属诸村落之全体也。各村之地每于定期中重新分配于各户，俾无永久占有一地之机会。

至于政府之对待地主异常宽大。不但规定农民有缴交地价之责，而且政府所定之地价亦远较其真值为高。其价由政府代付，由农民分期偿还。因此农民之自由与罚作苦工之罪人初无少异。故佃奴每有鉴于政府之虐待不愿解放者。是时农民之叛乱者凡数百次，政府每用力以铲平之。迫农民收受“自由”，并纳地税。

凡村中人口增加者则各人所分得之田地当然减少，生活之机会亦因之日减。今日俄罗斯之农民被解放者虽已六十年，而农民所有之地尚不及原来分配所得之半。农民常有饿死之虞，国课之征亦每不能应命，故一九〇五年皇帝下令免其积欠，盖明知农民永无补缴之能力也。不久又下令允农民得自由离其村落求工作于他处。同时并许其私有田地。古代村落制至是遂废。

虚无主义之本意 亚历山大第二在位时代政府专制。国内知识阶级渐发生一种反抗之精神，即世上所称之“虚无主义”(nihilism)是也。其初并非一种恐怖主义，不过一种对于国家教会及种种恶劣旧习之知识上与道德上之革命耳。其主张以理性为人类之明星，正与服尔德、狄德罗及百科全书家之主张无异。

恐怖主义之起源 其时朝廷官吏颇疑改革党常逮捕之。国中监狱每有人满之患，则流之于西伯利亚。皇帝与警察似皆为进步之仇敌。凡主张革新者视同巨犯。夫警察既禁止人民之集会，则代议政治宁复有和平进行之望？故当时之热诚改革者群以为除与专制腐败政府宣战外别无他法，以为政府之专制无非欲吸收人民之脂膏以自肥耳。故官吏之恶行不得不暴露之；政府之专制不得不恫吓之；国情之不堪不得不用激烈举动以激起世界之注目。故改革者之一变而为恐怖者并非性喜流血也，实以非此不足以推倒专制之政府而拯救可爱之国家也。

恐怖主义之实现　自一八七八至一八八一年间恐怖主义乃竟实现。而政府亦以恐怖主义抵抗之。当一八七九年革命党之被绞杀者十六人，被禁于圣彼得堡狱中或被放于西伯利亚者亦以数十计。恐怖党人亦遂行报复之举，尽力加害于皇帝及其官吏。曾有学生某思刺皇帝而不中。又有掷炸弹于皇帝所乘之专车者。又有假装木匠潜入圣彼得堡之冬宫中以谋刺者。

亚历山大第二之让步　政府中人既知强抑革命之无用，乃劝皇帝让步以平革命党之心。请其颁布一种宪法，允召集民选之国会，为咨询立法之机关。然为时至是已晚。当彼允许立宪之日之下午乘马回宫，中途被刺而死，时一八八一年三月中也。

巴尔干战争　亚历山大第二在位时代之外交亦有足录者。一八七七年俄罗斯以援助“南斯拉夫种人”——塞尔维亚人、蒙特尼格罗(Montenegro)人及保加利亚(Bulgaria)人——之独立为名，又与土耳其宣战。俄罗斯虽战胜土耳其，然有一八七八年柏林会议之开会，俄罗斯所得诸地仍复丧失。其详情当于下章述之。

恐怖主义之衰微　亚历山大第二既被刺而死，革命党之执行委员会致书于其子亚历山大第三略谓：彼若不允代议政治言论自由出版自由集会自由诸要求，则彼将有性命不保之忧。不意新帝之意并不为之稍动，而警察之侦视较前尤密，撤回改革之计划一返昔日专制之旧。恐怖党知徒劳之无益乃稍稍敛迹，盖其时人民尚无革命之心也。

保守党之主张　亚历山大第三(一八八一年至一八九四年)在位之日国内相安无事，然毫无进步之可言。人民虽受政府之压制毫无抵抗之意。稍有反对，则鞭笞监禁放逐之刑即随其后。盖亚历山大第三之深信专制正与尼哥拉第一同，以为自由与维新均足以亡国者也。

第三节 俄罗斯之实业革命

实业革命 然欲使俄罗斯“冻”而不化日难一日。盖当十九世纪末年蒸汽机工厂制度及铁道等引入国中，极足以促进民主思想之传播，摇动数百年来俄罗斯之农民生活。俄罗斯天产虽富，对于机器之应用较西部欧洲诸国独后。盖资本稀少，交通不便，而政府中人又无提倡之者。

实业之骤兴 佃奴之释放虽有缺点，而独有利于工厂之发达。盖农民每得离其村落赴城市为工人也。当一八八七年至一八九七年间工业上出产品之价值增至一倍；工人之数自一百三十一万八千零四十八人增至二百零九万八千二百六十二人。莫斯科一城至是已成为纺织业之中心，机声隆隆，宣布实业新世界之建设。今日俄罗斯之城市有人口十万以上者得二十五处，就中圣彼得堡及莫斯科两城之人口各在一百万以上。实业最发达之区尤推人烟稠密之中西部俄罗斯。

铁道 与实业发达同时并进者尚有铁道之建筑，大都由政府贷款于西部欧洲诸国而进行之。建筑铁道之目的大都以政治及军事为主，然亦有以联络实业中心为目的者。自克里米亚战争以后俄罗斯对于建筑铁道方始尽力实行，盖当战争时因军需运输不便兵士大受苦痛故也。至一八七八年自首都至欧洲俄罗斯边境之铁道已达八千英里以上。至一八八五年向印度建筑铁道之事业开始进行，不久达阿富汗及中国之边境。黑海里海之间亦有重要铁道之建筑。

西伯利亚铁道 俄罗斯建筑铁道工程之最大者首推西伯利亚线，盖欲有事于远东则军队与军需之运输非铁道不可也。自圣彼得堡至太平洋岸之干线于一九〇〇年造成。不久并筑自哈尔滨至旅顺口之支线。故欧洲人之旅行者自哈佛尔（Havre）经过巴黎、科伦（Cologne）、柏林、莫斯科、伊尔库次克（Irkutsk）、哈尔滨以达海参崴（Vladivostok），路程虽有七千三百英里，而沿途安适换车甚少。除干路外并有支线，支线中除造成者外并有在计划中者。将来中央亚细亚一带必能渐成为人烟稠密之区。俄罗斯人之移民多东向者。

第四节　尼哥拉第二在位时代之自由运动

尼哥拉第二之专制　一八九四年尼哥拉第二继其父亚历山大第三之帝位，年仅二十六岁。时人颇望其能以进步精神应付当日之困难。彼尝游历西部欧洲诸国，即位之初即因圣彼得堡之警察官有妨害外国新闻访员之举动而监禁之。然尼哥拉第二不久即使人民之主张革新者大失所望。彼宣言曰："大众须知吾将尽吾之力为国民谋幸福，然吾将如吾之父尽吾之力以维持专制君主之原理。"

检查出版物　检查出版较前尤严，仅一命令而禁书之数增加二百种之多。有名历史家密尔由科夫（Milyoukov）教授因其有"邪恶趋向"免其莫斯科大学教授之职，其余教员亦警告其少谈政事云。

同化芬兰　尼哥拉第二之专制表示于应付于芬兰方面者尤著。当亚历山大第一于一八〇九年兼并其地时虽强其承认俄罗斯皇帝为其大公，然仍允芬兰得保存其旧有国会及立法之权利。芬兰人极望有独立之一日，在近日并为欧洲最进步民族之一。然至一八九九年尼哥拉第二始有俄罗斯化（Russification）芬兰之举。遣残忍性成之官吏如普雷味（de Plehve）等前往其地，以压制其地之反对变更者。将芬兰军队直隶于俄罗斯之陆军大臣，除纯粹地方事务外并夺其立法之权，而同时并以俄罗斯语代芬兰语。一九〇四年六月十七日芬兰上议院议员之子某刺死其地之俄罗斯总督随即自杀。遗书略谓彼之出此纯欲使俄罗斯皇帝注意其官吏之残虐。新总督既接任，允其地之报纸恢复营业，并禁止俄罗斯人之干预选举。一年以后俄罗斯皇帝因内忧外患之交乘遂允恢复芬兰旧日之权利。

普雷味之残暴政策 兹再述俄罗斯国内人民与政府之激烈奋斗。当一九〇二年俄罗斯内务大臣因不为人民所喜而被刺，皇帝乃任命众人所恶性情残暴之普雷味继其任。此人本以摧残革命党及虐待芬兰人著名者也。

犹太人之虐杀 普雷味既就任，先从事于虐杀不奉国教之异教徒。犹太人所受之苦痛尤大。当一九〇三年基西尼夫(Kishinef)及其他诸地有虐杀犹太人之举，西部欧洲诸国无不惊震，犹太人之逃亡者以万计，多赴美国。世人多谓此次虐杀普雷味实主持之不为无因也。

立宪民主党 普雷味以为国内乱源出诸少数之异端，实为大误。盖国内之反对政府者有专门家、大学教授、开明之工商界中人及公心为国之贵族。此辈并无政党之组织，然不久即得立宪民主党(Constitutional Democrats)之名。此党党人希望建设民选之国会，与皇帝及廷臣和衷共济以立法而征税。并要求言论及出版之自由；集会讨论国事之权利；废止密探，任意逮捕人民，及虐杀异教徒诸事；及改良农民工人之状况。

社会民主党 城市之中则有社会党人，主张马克思之学说。此党除希望政府实行立宪民主党之党纲外，并希望将来工人之日多而且得势，能据政府中之要津以管理国内之土地矿产及工业，谋全国工人之利益，免少数富人之把持。然若辈并不信恐怖主义或暗杀举动。

社会革命党 与上述两党之主张和平相反者有社会革命党，其组织较为完备。二十世纪革命时所有暴烈举动类皆出诸若辈之手。此党党人主张政府若有抑制人民或吸收人民膏脂以自肥者，则人民有反抗之权利。党中人每择官吏中之最残暴者加以暗杀，暗杀之后乃宣布其劣迹于国民。此外并由党中执行部精密研究，将应杀官吏之名单先事预备。盖若辈之杀人极具抉择之能力，并非不分皂白者也。

日俄战争之影响 普雷味之抑制愈厉，人民之反抗亦愈力，至一九〇四年而公开之革命开始。是年二月五日日本与俄罗斯之战衅既起，国内维新党人多以此种战争原于官吏处置之失当，有反于人道之主义及人民之利害。

俄罗斯之失败　日本战败俄罗斯之陆军，歼其海军，围困旅顺口。俄罗斯之新党中人类引以为快。以为战争之失败足以证明官吏之无能及其腐败，并足说明专制政体之不能应付危机。

普雷味之被刺　国人之反对虽力，然普雷味仍命警察禁止科学及文学之集会，放逐文人学士于西伯利亚。一九〇四年七月二十八日莫斯科大学毕业生某以炸弹掷杀普雷味于马车中。

国内之骚扰　是时国内之秩序大乱。而俄罗斯之军队在奉天以南屡为日本军队所逐而北退。沙河之役俄罗斯兵士之死亡者竟达六千人。其海军之在远东者全部覆没，至一九〇五年一月旅顺口失守。是时国内之收获不丰，农民大饥，乃焚毁贵族之居室，以为贵族或因此而无家可归，警察亦将无屯驻之所。

战争之中工商业俱为之停顿。工人同盟罢工之举时有所闻。国民并知朝廷官吏有中饱军费之事；购军械之价虽付，而不得军械之用；购军需之价虽付，而不见军需之来。尤其不堪者则虽红十字会之费亦复多所中饱，伤兵竟不得其实惠。

"红礼拜日"　一九〇五年一月二十二日乃遇一可怖之事。圣彼得堡之工人上呈皇帝谓定于礼拜日将结队赴皇宫亲陈民瘼。盖若辈已不信任其廷臣也。至礼拜日早晨，城中之男女及幼孩群集于冬宫之前，冀"小父亲"之垂听其疾苦。不意哥萨克(Cossack)骑兵以鞭笞驱散之，而禁卫军竟开枪击死人民数百人，伤者无算。此即世上所传之"红礼拜日"(The red Sunday)也。

文人之抗议　次日城中之主要律师及文人连名发表下述之宣言："大众应知政府已与全国国民宣战矣。关于此点已无疑义，政府除求助于指挥刀及枪以外而不能与人民交通者是自定其罪也。吾人今集俄罗斯社会中之生力军来援为人民而与政府宣战之工人。"

俄罗斯皇帝召集国会　俄罗斯皇帝不得已于八月十九日下令召集国会(Duma)，限一九〇六年一月以前开会。此会名虽代表全国国民，然仅一立法之咨询机关而已。

同盟罢工 此令既下，维新党之较和平者大失所望。盖据其规定凡工人与从事于专门职业者皆无选举之权也。于是十月下旬国内有同盟罢工之举以强迫政府之俯从民意。国内铁道停止行驶；巨城商铺除售卖民食者外一律罢市；煤气、电气来源断绝；司法机关停止职务；甚至药铺亦闭门不售，非俟政府允许改革不可。

皇帝之允许 此种状况当然不能持久。是年十月二十九日俄罗斯皇帝宣言彼已命“政府”予国民以良心言论及集会之自由，并允凡第一次命令中无选举权者均得享选举议员之权。最后并谓：“以后凡法律非经国会之同意者不能成立，永著为令。”

国会之开会 一九〇六年三月四月间实行国会选举之事。警察虽尽力干涉，而结果仍以立宪民主党占大多数。其时议员之希望甚奢。若辈与一七八九年之法国全级会议议员同，以为有全国国民为其后盾。其对于皇帝之态度与当日法国议员对于法王路易十六及其廷臣亦不甚异。

国会之批评政府 然当时廷臣关于重要改革政策每不愿与国会和衷共济。至七月二十一日尼哥拉第二宣言彼实“异常失望”，一因国会议员不以其应尽之职务为限，而批评皇帝应行之事务也。乃下令解散之，定一九〇七年三月五日为新国会开会之日。

骚扰之继续 是年八月革命党又行谋刺国务总理于其别墅之举，不意未中，同时暗杀官吏之事仍复时有所闻。而所谓“黑百”(Black Hundreds)党者则实行虐杀犹太人及维新党人。政府亦特设军法院为专审革命党人之用。一九〇六年九十月间被军法院判决死刑者凡三百人。一年之中人民因政治原因被杀或受伤者竟达九千人。

灾荒 是年冬日全国大饥。廷臣中竟有中饱赈款以自肥者。据当时某旅行家之报告谓彼遍游八百英里之地，无一村落足以自给者。有几处之农民竟以树皮与屋顶之稻草为果腹之物。

村落之解放 一九〇六年十月皇帝下令许农民得离其村落而他往。十一月二十五日令农民得主有其所分得之地，并免其缴价。此举实为村落公产制度废止之先声，至一九一〇年六月二十七日而告成功。俄罗斯之专制政体至是已难以继续维持矣。

国会反对政府　嗣后俄罗斯之国会虽依期召集，然选举法之规定极为严密，故议员中类多守旧之徒，而政府中人亦尽力以阻止新党之得选。然一九一二年所召集之第四次国会仍有独立反对政府之精神，不得谓非一大进步。而俄罗斯皇帝始终以“所有俄罗斯之专制君主”自称，朝廷官吏亦始终以摧残自由原理及虐杀革命党人为事。宜乎有一九一七年三月之大变，国事遂成不可收拾之势也。

第二十六章

土耳其与东方问题

第一节　希腊独立战争

土耳其为欧洲之乱源　吾人在前数章中曾屡提及土耳其之王与土耳其与其邻国之纷争，邻国中尤以俄罗斯及奥地利之为患最烈。所谓“东方问题”者包括土耳其人之渐形被逐于欧洲以外，土耳其政府与财政之纷纠，及塞尔维亚、罗马尼亚、希腊及保加利亚诸国之建设诸大端。吾人欲明了其内容，不能不先明白欧洲土耳其帝国之原始。

土耳其势力之兴衰　自穆罕默德创设回教以来回教徒与基督教徒纷争不息。然至十四世纪时欧洲东南部方有回教徒入侵之险。其时有倭脱蛮者(一三二六年卒)率土耳其人征服小亚细亚一带地，与欧洲之君士坦丁堡遥遥相对。此种土耳其人以其酋长之名名其族，故有倭脱蛮土耳其人之称，以别于昔日十字军时代之塞尔柱土耳其人。嗣后其势力渐伸入小亚细亚、叙利亚、亚拉伯及埃及；同时并征服巴尔干半岛与希腊。至一四五三年东部罗马帝国之首都君士坦丁堡陷入土耳其人之手，此后二百五十年间欧洲各国莫不栗栗危惧。不久土耳其人并伸其势力于多瑙河流域几达德国边疆之上。威尼斯共和国与哈布斯堡族与土耳其人相持不下者凡二百年，至一六八三年土耳其人围攻奥地利之维也纳，然卒为波兰王索俾斯启(Sobieski)之援军所败。次年德国皇帝，波兰与威尼斯组织神圣同盟以与土耳其人战争者凡十五年，不久俄罗斯亦加入，至一六九九年土耳其人乃退出匈牙利。

喀德邻得黑海滨之地　自后土耳其虽不能攻人，然其力尚足以自守。数十年间俄罗斯与奥地利虽欲乘机思逞终无进步。至一七七四年俄罗斯女帝喀德邻第二竟得克里米亚及阿速夫海滨一带地，俄罗斯在黑海上之根据实肇基于此。同时土耳其政府并予俄罗斯以保护土耳其境中基督教徒之权，至于所谓基督教系希腊派之东正教，非罗马之天主教也。

俄罗斯在土耳其之势力　此种让步及其他种种条约关系似予俄罗斯以干涉土耳其内政之口实，与播弄土耳其基督教徒之机会。一八一二年当拿破仑东征俄罗斯以前，俄罗斯皇帝亚历山大第一强迫土耳其割让黑海滨之比萨拉比亚(Bessarabia)于俄罗斯。

塞尔维亚之建国　塞尔维亚人之作乱以叛土耳其已非一日。维也纳会议后不久若辈竟能建设独立之国家(一八一七年)，都于柏尔格雷德(Belgrade)，唯入贡于土耳其而已。此实十九世纪中欧洲土耳其帝国瓦解之始。

希腊民族精神之兴起　第二国之叛土耳其而独立者为希腊。希腊人之反抗土耳其亦已非一日，颇激起全部欧洲人之同情。近世之希腊人虽非尽古代希腊人之苗裔，其所用之语言文字亦与古代不同。然至十九世纪初年希腊人之民族精神忽然勃发，国内学者力能使近世之希腊文字成为文学上之文字，并利用之以激起国人爱国之热忱。

希腊之独立　一八二一年摩利亚(Morea)叛。希腊教之教士起而援助之，声言必扑灭异教徒而后已。乱事既起，半岛响应；双方杀戮之惨正复不相上下。一八二二年一月二十七日希腊之国民议会发表独立之宣言。

西欧表同情于希腊　在梅特涅心目之中以为此次希腊之叛乱更足以证明革命之危险。然西部欧洲人士因希腊之叛乱以民族自由为标帜故极表同情。英国、法国、德国、美国诸国之知识界中人群起集会以表示其赞助之忱。至于欧洲之基督教徒则群以希腊人之叛乱为一种反对异教虐待之正当战争，源源以军队与军饷接济之。假使西部欧洲诸国不起而干涉者，则希腊之独立或竟无成功之日亦未可知。

诸国之干涉　欧洲诸国间关于希腊叛乱之协商兹不多赘。一八二七年英国、法国、俄罗斯三国缔结伦敦条约，其理由以为流血战争使希腊及附近诸岛为“纷纠之牺牲，而且天天产生欧洲商业上之新障碍”，非设法阻止之不可，故三国间有协力以解决困难之规定。土耳其政府不允诸同盟之调停，其海军遂于一八二七年十月在那瓦里诺(Navarino)地方为联军所歼灭。土耳其政府乃宣布神圣战争以扑灭不信回教者，尤切齿于俄罗斯人。然俄罗斯力能抵抗土耳其人，不但竭力援助希腊之独立，而且强迫土耳其政府允窝雷启亚及摩鲁达维亚之独立，为他日罗马尼亚王国建国之首基。土耳其至是已无能再抗西部欧洲之联军。一八三二年希腊王国乃完全独立，迎立巴威亲王鄂图(Otto)为王。

第二节　克里米亚战争(一八五四年至一八五六年)

土耳其国内基督教徒之保护问题　一八五三年俄罗斯皇帝忽又得一干涉土耳其内政之口实。其时土耳其之基督教徒向俄罗斯皇帝诉称凡基督教徒之朝谒圣墓者每被土耳其人所阻，不能自由瞻仰各圣地。俄罗斯本以基督教徒之保护者自居，至是俄罗斯驻土耳其之大使要求土耳其政府予俄罗斯皇帝以保护所有土耳其国中基督教徒之权。

英法对俄之宣战　此种消息达到巴黎之后法国新帝拿破仑第三本急于参预欧洲政局者宣言根据法国与土耳其所订之条约凡保护旧教教徒之权利应由法国享有之。同时英国深恐俄罗斯占有君士坦丁堡足以断其通印度之路，亦劝土耳其政府毋允俄罗斯之要求。当俄罗斯军队入侵土耳其时，英国、法国竟合力以助土耳其，于一八五四年对俄罗斯宣战。

克里米亚战争　此次战争所以称为克里米亚战争者盖因战争中最烈之举为英国、法国两国军队合攻克里米亚南部之塞巴斯拖堡城费时甚久流血甚多之故。联军每胜一次，其损失每甚大。英国军队因国内饷糈不能源源接济故受苦甚烈。巴拉克拉瓦(Balaklava)与英喀曼(Inkerman)之二役英国、法国联军之损失与苦痛均甚巨大。然俄罗斯亦因军队损失甚多，军官之无能而腐败，及塞巴斯拖堡之失陷，无心久战。而且奥地利又将有援助联军之举，俄罗斯益惧。故一八五六年俄罗斯新皇帝亚历山大第二允媾和于巴黎。

巴黎和约　巴黎和约承认土耳其帝国之独立，并担保其领土之完全。自此土耳其得列于欧洲诸国之林，不再以野蛮政府为人轻视。诸国间并协定不再干涉土耳其之内政。宣布黑海为中立之领土，各国商船均得自由航行，唯战舰不许通过博斯普鲁斯(Bosporus)或达达尼尔(Dardanelles)二峡。总之，土耳其因各国干涉之故得以继续立国于东部欧洲，而为抵御俄罗斯势力南伸之砥柱；然土耳其王虽有维新之言，而内治之不修与国内基督教徒状况之困苦与昔无异。

第三节　巴尔干半岛之叛乱

波斯尼亚与黑塞哥维那状况之不堪　吾人欲知土耳其治下人民之状况如何，观于一八七五年英国旅行家伊文思(Arthur Evans)之报告即可见一斑。据彼在波斯尼亚(Bosnia)与黑塞哥维那(Herzegovina)二省中所见，则除驻有西部欧洲各国领事之大城外，其他诸地基督教徒之荣誉财产与生命绝无安全之担保；盖土耳其之官吏对于回教徒之暴行每漠然置之不顾也。至于政府所征收之税，农民须纳其所产者十分之一，故担负独重。而且征税官吏每在秋收之前即着手征收现币，如农民无力输纳者则不许其收获，任其腐烂，或敢反抗则处以极酷之刑。

保加利亚之残忍事件 一八七四年秋收甚歉，人民状况益不能堪，波斯尼亚与黑塞哥维那乃起而作乱，蔓延于巴尔干半岛。一八七六年菲利波波利(Philipopolis)附近之保加利亚(Bulgaria)人鉴于西部之乱颇抱乘机独立之意。乃刺杀土耳其之官吏数人。土耳其政府遂有所借口大肆虐杀，其残酷为土耳其史上所罕见。

葛拉德士吞鼓吹援助基督教徒 当欧洲诸国正在交换意见协商解决方法之际，塞尔维亚与蒙特尼格罗忽有与土耳其政府宣战之举，巴尔干半岛中之基督教徒群起向西部欧洲诸国求援。英国本为维持土耳其之最力者，故各国多视英国之态度为转移。其时自由党领袖为葛拉德士吞竭力主张打破英国与“不可以言语形容之土耳其人”之同盟。然是时自由党并不秉政，而保守党领袖的士累利又虑一旦斯拉夫种叛土耳其政府而独立必将与俄罗斯同盟以不利于英国。英国人始终主张为商业利害起见，凡有侵害土耳其之行动英国必须继续抵抗之；盖深知土耳其必不能为英国东方商业之害也。

俄罗斯大败土耳其 诸国间之协商既无结果，俄罗斯遂于一八七七年决意孤行。自对土耳其宣战之后俄罗斯之军队所向披靡，至一八七八年进占亚得里雅那堡(Adrianople)——此举无异欧洲土耳其灭亡之先声。英国政府乃提出抗议，然土耳其政府卒与俄罗斯订圣斯忒法诺(San Stefano)和约。承认塞尔维亚、蒙特尼格罗与罗马尼亚之完全独立；至于保加利亚亦允其独立而入贡于土耳其。

柏林会议 英国与奥地利二国因圣斯忒法诺条约之结果足以增加俄罗斯在巴尔干半岛之势力大为不满，乃强迫俄罗斯皇帝亚历山大第二将全部事件提出于柏林会议研究之。经过长期激烈之讨论，诸国卒承认塞尔维亚、罗马尼亚及蒙特尼格罗诸国之完全独立，保加利亚亦许其独立，唯须入贡于土耳其。俄罗斯皇帝得黑海东岸之地，包有巴统(Batum)与喀斯(Kars)诸镇。波斯尼亚与黑塞哥维那则由奥地利占据而管理之。

保加利亚不满意柏林条约　柏林会议与五十年前之维也纳会议同，绝不顾及各国民族之希望。保加利亚人对于柏林条约尤为不满，盖若辈本冀与所有同种人合建一国，不意柏林会议之结果仅承认多恼河与巴尔干山间之地为保加利亚之领土。至于在山以南者强由基督教总督管理之，然仍在于土耳其与鲁米利亚(Roumelia)省之治下。其他在马其顿(Macedonia)与亚得里雅那堡附近之保加利亚人则仍受土耳其官吏之管辖。

保加利亚与东鲁米利亚之合并　根据柏林条约之规定保加利亚人遂着手于宪法之编订，并选巴腾堡(Battenberg)之亚历山大为亲王。国人以“保加利亚人自治保加利亚”为言，于一八八五年有革命之举，东鲁米利亚与保加利亚遂合而为一。至一九〇八年不再入贡于土耳其，保加利亚至是乃为世界独立之邦。

欧洲土耳其领土之日促　土耳其之领土至是仅留一带狭长之地，东滨黑海，西达亚得里亚海，其大部分之地名为马其顿。此地山脉错纵，人种复杂，故世人多称其地为“完备之人种博物馆”。沿爱琴海(Aegean)一带地及与希腊接壤之地类皆希腊人居之。在其东北两部为马其顿之保加利亚人。在其北者则有塞尔维亚人，务农为业。此种人之勤俭与东北部之保加利亚人相似，正如爱尔兰人之与苏格兰人相似。两种人之语言虽颇相仿，然均欲得马其顿地方而甘心焉。西部亚得里亚海滨之地则有阿尔巴尼亚(Albania)人，文明程度甚低，不甚守法。信回教者约三分之二，土耳其人每利用之以压制马其顿之基督教徒。至于土耳其人则巴尔干半岛中到处皆有其足迹也。

马其顿地方之纷扰　土耳其国中之人种既甚复杂，各人种之文明程度又复高下不齐，虽有良善之政府，统治已屡不易。而土耳其之政府则又以腐败无能著称。基督教徒中之为盗者每有掳人勒赎之事；各处时有作乱以杀死回教徒之为官吏者；回教与基督教时相冲突，故政府措施甚为棘手。或招怨尤，或激变乱。加以基督教徒每有从中煽惑之事，益足使土耳其之政府手足无所措也。

第四节　巴尔干半岛中之独立国

巴尔干半岛中之独立国　马其顿地方之人民直隶于土耳其，状况固甚困苦。然就巴尔干半岛中独立诸国——希腊、塞尔维亚、罗马尼亚与蒙特尼格罗——之成绩而论难称优美实足令主张半岛中小国独立之人为之丧气也。

希腊独立后之发达　希腊新王鄂图即位后倾向专制，极为国民所不喜，卒于一八六二年为国人所逐，改选丹麦前王之子佐治第一为国王。希腊之进步甚慢。山中盗贼横行，巡警束手，大为行旅之患。平原沃野耕种无方，农民之知识甚低，国家之课税过重。政府提倡教育始终不懈，而国民之不识字者至今尚占三分之一也。

希腊人之统一至今未成　希腊国内之状况虽不甚佳，然希腊人极有意于建设宏大开明之国家。卒因开凿运河，建筑铁道，开辟道路，及维持军队等事所费不赀，国家遂濒于破产。希腊人自以为道德上有解放其同胞之仍在土耳其治下者——如马其顿、小亚细亚、克里特(Crete)及其他地中海中诸岛之希腊人——之义务，于一八九七年与土耳其宣战，以冀实现其计划。战争之结果虽不得手，而希腊人始终播弄克里特之同种人起而作乱。乱事太频，卒引起英国、法国、俄罗斯、意大利四国之干涉，起代土耳其负保护此岛之责。至一九〇六年乃予希腊王以选派此岛总督之权。克里特尤以为未足，遂于一九〇八年宣言与希腊合并，至一九一三年乃得土耳其之正式承认。

塞尔维亚之革命　民族自治试验之失败在巴尔干半岛中当以塞尔维亚王国为最。塞尔维亚脱离土耳其之羁绊者虽已垂六十年，然至一八七八年方宣布独立。至一八八二年其国君改用王号，自称米兰(Milan)第一，专制而昏庸。国民中之激烈者强国王召集国会，于一八八九年编订宪法。米兰第一大怒，宣言不愿为傀儡，乃退位。其子亚历山大继立，停止宪法，并请其父归自国外，尤失民心。一九〇三年亚历山大被某军官刺死，另选十九世纪初年运动独立之领袖迦拉佐治(Kara George)之孙迦拉佐治维奇(Peter Karageorgevitch)为王。

罗马尼亚之困难　罗马尼亚王国虽不如塞尔维亚之宫廷多故，然其政治上之纷扰与农业上之困难亦正不小。据其宪法之规定，国内政权几皆为有财产者所占有；新党中人常有不平之表示。然尤有甚于此者即国内农民之不靖是也。罗马尼亚之人民务农者占其多数，尝宣言自一八六四年佃奴解放之后若辈实为重利贷款者与专制地主之牺牲。唯当巴尔干半岛战争中，罗马尼亚受祸独少云。

保加利亚之隆盛　保加利亚于一九〇八年独立，为巴尔干半岛中最进步之国家。国中人口四百余万，宪法精良，升平无事。沿黑海滨之商埠商业日盛，故国家财力增加颇速。

蒙特尼格罗之立宪　蒙特尼格罗王国壤地褊小，人口仅约二十三万众，然竟为欧洲乱源之一。自一八七八年独立以来至一九〇五年间国君专制。至一九〇五年方被迫而宣布立宪，召集国会。至一九一〇年国君改称王。

第五节　欧洲土耳其之衰落

马其顿地方之虐杀　马其顿为土耳其最后之残余领土，故土耳其人极欲维持永久，然其政府绝不顾及其地人民之互相残杀。欧洲诸国虽明知其地常有虐杀、暗刺及盗劫诸事，然不敢夺其地以分予巴尔干半岛中之独立国——希腊、塞尔维亚与保加利亚——盖恐反足以引起诸国间之纷争也。

土耳其之革命　近年以来土耳其国内有少数改革党曰“少年土耳其人”者渐形得势，其党人在军队中尤多，盖为军官者类皆稍明西部欧洲诸国之方法者也。一九〇八年在萨罗尼加(Salonica)地方有“统一进步委员会”之组织。七月中委员会宣言土耳其非有宪法不可，并谓政府不允若辈必群向京都而进。其时土耳其王阿卜都哈米德(Abdul Hamid)年已老耄无力抵拒，不得已允其要求下令选举议员。一九〇八年十二月国会乃正式开会，国王亲临典礼甚盛。此次“无血之革命”既告成功，欧洲各国无不瞩目，皆以为少年土耳其人为数既寡，又无宪政上之经验，今欲改革多年腐败之政府似不甚易。

奥地利合并波斯尼亚与黑塞哥维那　保加利亚遂乘机宣布完全脱离土耳其而独立。奥地利亦宣布合并土耳其所属之波斯尼亚与黑塞哥维那二省。同时并尽力实行同化之举。排除所有与塞尔维亚联络之趋向。吾人试披览地图，即知此二地与奥地利之关系何如，盖二省之地实介于奥地利与其领土达尔马提亚(Dalmatia)及亚得里亚海滨各埠之间。一九一四年引起欧洲大战之事件即发生于波斯尼亚之都中者也。

少年土耳其人之困难　少年土耳其人所遇之困难日甚一日。若辈以为不许阿尔巴尼亚与马其顿诸地人民携带武器或系良策，因之遂引起种种之困难。盖诸地之人民本久有携带军器之旧习，而且随时有杀人或自卫之必要。阿尔巴尼亚人虽愿为土耳其人战，然志在利己；而且若辈并不愿尽纳税当兵之义务。故阿尔巴尼亚与马其顿诸地时有叛乱之事。立宪时代之纷扰反较昔日专制时代为烈。同时守旧之官吏及政客又有在都城中叛乱之举，不久平定。阿卜都哈米德被废且被禁，其弟即位称穆罕默德第五。少年土耳其人号称得势，然因反对之人甚多故其地位极为不稳。

意大利土耳其之战争　一九一一年九月意大利借口在的黎波里(Tripoli)之意大利人有受土耳其人虐待之迹乃与土耳其宣战。欧洲各国均以意大利之举动为不当提出抗议。意大利覆称彼不过援其他各国之例而行——合并常常纷扰之地以保护其国民之生命与财产而已。土耳其之兵力当然不如意大利之强。两方战事并不甚烈。意大利卒强占的黎波里与罗德斯(Rhodes)岛。少年土耳其党人以为如果让步必失民心；然因战争经年，且巴尔干半岛中又复有干戈再动之势，不得已于一九一二年十月割的黎波里以予意大利。而意大利并占在罗德斯岛。

巴尔干同盟反对土耳其　其时希腊名相凡尼济罗斯(Venizelos)

密与保加利亚、塞尔维亚及蒙特尼格罗同盟以攻土耳其，一九一二年十月战端乃启。不意土耳其军队到处败绩，不数日保加利亚军队进占亚得里雅那堡，追逐土耳其军队以抵君士坦丁堡附近之地，希腊人则向马其顿与色雷斯(Thrace)而进。蒙特尼格罗与塞尔维亚之军队亦战败土耳其军队而进攻阿尔巴尼亚。

奥地利阻止塞尔维亚之发展　奥地利至是颇惧塞尔维亚或有伸其势力于亚得里亚海滨之势。假使俄罗斯于此时援助塞尔维亚，则欧洲大战或不必再待二年而后起也。塞尔维亚因之志不得逞。巴尔干诸国与土耳其乃缔停战之约，遣代表开和议于伦敦。欧洲诸国劝土耳其除其京都与京西附近之地外一概割让于诸国。土耳其不允，次年一月战端重启。土耳其仍复处处失败，五月间复媾和于伦敦乃割马其顿与克里特诸地以予同盟诸国。

第二次巴尔干战争　然塞尔维亚、保加利亚与希腊互相猜忌，分配领土极为困难。保加利亚遂有向希腊与塞尔维亚宣战之举。一九一三年七月间两方战争甚烈，不意保加利亚四面受敌——土耳其人恢复亚得里雅那堡，而罗马尼亚人则侵其东部——力不能支，乃媾和于罗马尼亚都城不加勒斯多(Bucharest)地方。

不加勒斯多和约　巴尔干诸王国间在不加勒斯多所缔结之和约将欧洲土耳其之领土瓜分殆尽。土耳其王仅留其都城及其西方一带地，包有亚得里雅那堡之重镇。欧洲诸国力主建设阿尔巴尼亚为独立之国家，以阻止塞尔维亚之获得海港于亚得里亚海上。此种主张奥地利持之尤力。其他土耳其之领土则由希腊、塞尔维亚、保加利亚与蒙特尼格罗瓜分之。希腊得要港萨罗尼加、克里特岛及马其顿之大部。保加利亚则向南以达爱琴海之滨。塞尔维亚与蒙特尼格罗之领土则均倍于昔。

第二十七章

欧洲与远东之关系

第一节　欧洲与中国之关系

古代欧洲与中国　欧洲与中国之关系由来甚古。罗马皇帝中——包括安敦即马卡斯奥理略(Marcus Aurelius)——颇有与中国君主互相往还者。当中古八世纪时波斯之基督教徒所谓景教一派者曾有竭力传布基督教于中国之举。至十三世纪时芳济及多明我两派之托钵僧起继传道于中国之事业。威尼斯人马哥孛罗(Marco Polo)曾入中国，仕于元代。元亡明兴，欧洲与中国之交通中断。自好望角之航路开通以来欧洲与中国之商业关系方形重要。十六世纪初年葡萄牙商人运货物赴中国以易中国之丝茶。一五三七年葡萄牙人向中国租借广州南之澳门。

中国之闭关主义　然其时中国人极不喜外国人之入境。中国官吏多视外人为蛮夷。当一六五五年荷兰派使臣二人觐见中国皇帝，中国政府强令其行跪拜之礼以示尊卑之别。且其时中国之通商口岸仅限于广州一地。然英国、荷兰之商人仍接踵而赴之。

鸦片战争　欧洲各国人屡欲与北京政府直接往还，就中英国人之运动尤力，然始终不得要领。至一八四〇年鸦片战争后欧洲与中国政府之关系方确定建设。其时中国政府曾有禁止鸦片输入之举，然英国商人因获利甚厚故不愿应命。一八三九年中国政府获英国商人之鸦片多箱，令英国人停止输入，英国人怒，逐与中国开衅。

通商口岸　英国人武器精良，不久即战胜中国，乃于一八四二年与中国订南京条约。中国允予英国以巨大之赔款，割香港以予之，并更开厦门、福州、宁波、上海四处为通商口岸，与广州同。美国亦乘机于一八四四年与中国订通商之约。

其他诸国人之在中国者　自鸦片战争以至今日，中国之外患无时或已。法国皇帝拿破仑第三得英国人之援助，于一八五八年与中国宣战，卒迫中国多开通商口岸，北京附近之天津即开放于此时。近来中国与外国之通商口岸常有增加，自欧洲诸国有要求中国租借地之举，中国几罹瓜分之大祸。

第二节　日本之强盛

日本进步之可惊　在中国之东北者有狭长之群岛，中包大岛四小岛约四千，此即日本帝国之中枢也。五六十年以前之日本闭关自守，与外间不相往来；至于今日则俨然为世界强国之一。其外交政策之变更与德国、法国诸国同为世界诸国所瞩目；其武人与政治家亦每能受英国、美国各国人之重视。日本之人民本亦属蒙古种，貌似中国人，其文化与美术亦渊源于中国，盖自六世纪时中国佛教自高丽传入日本后，日本方脱去其野蛮之习，而成为完全华化之国家也。

封建时代　日本古代之天皇名不甚著，自十二世纪后政府大权操诸幕府中将军之手，天皇则隐居于西京。其时日本之政治状况殆与同时之西部欧洲同。国内藩王曰大名者负固于各方，四乡堡垒林立，其权力之大正与西部欧洲中古时代之封建诸侯同。此种状况至十九世纪方变。

日本与欧洲之交通　欧洲人之知有日本始于十三世纪末年马哥孛罗之游记。西部欧洲人之赴日本者当推一五四二年葡萄牙之航海家品托(Pinto)为最早。不久耶稣会中之著名传道教士名沙未尔(Francis Xavier)者曾于印度果阿(Goa)地方传道于日本人，日本信徒乃伴之以赴日本。西班牙之传道士亦自小吕宋之马尼剌(Manila)渡海赴日本。相传三十年间日本竟有基督教堂二百处，信徒五万人。

基督教徒之虐杀及外人之被逐 然因基督教之主教举止傲慢之故，日本政府遂于一五八六年下令禁止国人不得信奉基督教。十年之后相传教徒被杀者有二万人。其时幕府中人每允少数荷兰与英国之商人设商行于江户(即今之东京)等地。然英国、荷兰两国人互相纷争，而日本银钱又复源源流出于国外，日本政府遂多方限制之。至十七世纪末年外人之在日本者仅有居于出岛之少数荷兰人而已。此后二百年间日本仍一返昔日闭关自守之旧。

海军提督培理与幕府之交涉 一八五三年美国之海军提督培理(Perry)携美国政府国书递诸“日本之君主”，请其协商保护美国人在海上遇险者之财产及生命，并请其予美国人以通商之特权。彼误以幕府中之将军为日本之君主，故提出其要求于幕府。幕府集会以讨论之，卒开通商口岸二处以与英国、美国两国人通商。

外人之被逐 以后欧洲各国颇有与日本订通商之约者，日本乃陆续开函馆、横滨、长畸、神户四港为通商口岸。然其时天皇不以幕府之通商主张为然，故时有攻击外人之举。一八六二年有英国人名理查孙(Richardson)者在江户西京途中为萨摩藩王之扈从所杀，英国军舰遂攻萨摩国之根据地鹿儿岛地方。此举影响于日本人心者极大，因日本人至是恍然于外国人实较已为强，而且深知非研究欧洲人之科学与发明则将与中国之命运相同。次年英国人又因日本人不许其商船驶入内海有炮击下关之举。日本人益觉有开放门户之必要。

天皇下令国民不得虐待外人 一八六七年明治天皇(一九一二年卒)即位，年仅十五岁。次年三月天皇请英国代表帕克斯(Sir Harry Parkes)及法国与荷兰二国之代表前赴西京。彼对于帕克斯随从之被日本人所侮辱极表歉意，并宣布凡国人有再无礼于外国人者即以违皇命论。至是日本人排外之时期可谓告终矣。

日本之政治革命　同时日本又有一种政治上之革命；幕府之权骤然衰落，至一八六七年十月将军竟不能不辞职，政治实权遂归诸天皇之手。天皇乃自西京迁都于江户，改名为东京。国内本多援助天皇以反对幕府者，至是亦愿放弃其称号及特权，一八七一年七月日本之封建制度正式被废。佃奴制亦一律废止，并取法欧洲以改组其海陆军。

实业革命　日本自维新以来进步之速世所罕见。至今日本人虽仍不改其旧式之工业，席地以坐，器械简陋，然同时西部欧洲之实业亦引入国中与旧实业并行不悖。学生之被遣赴欧洲美洲各国留学者数以千计；设大学于东京，改革教育制度。当培理赴日本时日本本无蒸汽机，至今则大纱厂以千百计，纺锤以百万计。其铁道之建筑以东京与横滨间之铁道为最早，至今全国铁道已达数千英里，交通极便。繁盛之城市渐形发达。东京有人口二百余万，大阪有一百余万。全岛人口约有五千四百余万。

日本之立宪　日本之工商业既有进步，人民遂有参政之要求。一八七七年人民有请愿立宪之举。四年后天皇宣布一八九〇年召集国会，并派人赴欧洲各国考察宪政。一八八九年宪法编成，付政权于天皇与二院制之国会。

第三节　中日之战及其结果

日本思推广其物产之市场　日本因有种种之改革，工商诸业均甚发达，遂不能不扩充市场于国外。其商民与商船在亚洲东部每能与欧洲诸国之商人相埒，而其商业之发达则远较西部欧洲各国为速。

中日战争　与日本隔一日本海而遥遥相对者为高丽，其地因中日与日俄二战而著名于世。中国与日本之争高丽已非一日。自日本商业发达后高丽之地骤形重要，卒引起一八九四年之中日战争。中国军队之旧式武器与组织当然不能敌维新之日本，故开战不久高丽半岛中即无中国军队之踪迹，移其战场于满洲。日本不久即占据旅顺口。中国政府曾求援于西部欧洲各国，迄无应者。迨日本强迫中国代表李鸿章承认高丽之独立并割让旅顺口及台湾于日本时，欧洲各国方起而干涉。

俄法德三国之干涉 俄罗斯、法国及德国对于中日战争本甚注意，至是乃有干涉之举，不许日本插足于亚洲之大陆。此次干涉之举，俄罗斯实为主动，盖彼固欲得辽东半岛而甘心者也。日本至是亦因战力已竭，且无强盛之海军，故不得不撤退满洲之军队。

俄罗斯获得在中国之权利 各国干涉之结果使中国倾心依赖俄罗斯，而俄罗斯亦遂利用机会以获得在中国之权利。中国因取回辽东半岛之故出巨款以偿日本。中国乃拟贷款于英国，俄罗斯不许，独假巨款约一万六千万元于中国，不需抵押之品。中国自是遂仰俄罗斯之鼻息，允俄罗斯之西伯利亚铁道得自伊尔库次克(Irkutsk)通过中国之领土以直达海参崴。而且俄罗斯为保护铁道起见其军队得以入驻满洲而无阻。俄罗斯一面假款于中国政府，一面驻兵于满洲地方，其势力之在远东遂为诸国之冠。

德国租借胶州湾 同时德国亦得借口之资以获地于中国。其时山东省中之德国传教士有被中国人所杀者，德国之舰队于一八九七年十一月驶入胶州湾，树德国旗以占领之。要求中国租借其地于德国，并予以敷设铁道开采矿山之权利为赔偿杀死教士之资。德国既占有其地，乃从事于海港炮垒之建筑。青岛一地遂一变而为德国之城，为德国他日扩充势力于远东之根据地。

俄罗斯租借旅顺口 俄罗斯皇帝本欲反对德国之举动，然卒决意援例向中国要求租借地。中国乃允租借旅顺口与其附近之领海于俄罗斯，订期二十五年，唯得续订，时一八九八年三月也。旅顺口一区唯中国与俄罗斯之船只得以出入，而俄罗斯即着手于炮台之建筑。至是俄罗斯遂得其多年希望终年不冻之海港。

英国租借威海卫及日英同盟 英国既悉德国与俄罗斯均有获得租借地之举，亦自香港遣军舰北上驶至直隶湾，要求中国租借威海卫，此地适介于德国、俄罗斯两国租借地之间。英国又以为非与日本交欢不可，故于一九〇二年与日本缔结攻守同盟之约，规定凡两国中有一国与他国战争时若有第三国参加者则其他一国有援助之义。例如日本与中国战争时若法国或德国有干涉之举，则英国必出兵以助日本。

第四节　中国之改革及拳匪之乱

中国之铁道　中国之开辟富源及修筑铁道诸事大都原于外力之压迫。中国最早之铁道为一八七六年英国人所筑之上海与吴淞间之铁道，凡长十五英里。然中国人因其毁坏坟墓大起反对。北京政府乃购其铁道，投其机车于河中。五年之后中国人仍用英国资本建筑铁道；一八九五年后外国投资者纷起，至今中国铁道已有数千英里矣。法国与德国均从事于开辟其势力范围以内之地；英国亦有自缅甸北上伸其势力于中国内地之举。中国铁道中当以北京汉口以达广东之干线为最重要。他日如果造成，其影响于中国之统一及发达定必甚大。

航政及邮电　一八九八年中国允外国商船得以往来行驶于中国之内河。至今中国沿海与沿江一带已有轮船公司多处，国内电线四通八达可与欧洲直接相通。无线电台亦已不止一处。邮政局始创于一八九七年，亦复布满国中矣。

内政之改革　中国自与欧洲各国交通以来政府之政策与理想不免大受影响。一八八九年皇帝下令此后各国驻京公使每年得入觐皇帝一次。不数年后凡外人入觐不必再行跪拜之礼。一八九八年普鲁士亲王亨利(Henry)游北京时中国皇帝竟与之行握手礼。

同年政府并下令仿照西法改良军队；建设学校以谋进步；派留学生赴欧洲游学；定注册及版权诸法；设农业学校；并设邮传部以收回管理之权。新闻记者亦多有以讨论时政为事者。

守旧党之反对　此种改革之举实行太骤，颇为旧党所不喜。旧党领袖为慈禧太后曾摄国政者。至是恢复其权力，推翻一切新政。而欧洲教士及商人之在中国者仍继续其侵略之运动，遂引起中国政府中人之反对而有拳匪之祸。

拳匪之乱 其时中国人反对外人最力者当推秘密结社之“义和团”拳匪。若辈与慈禧太后勾结以反抗外人。宣言外人为豺狼，全国人应急起以谋保国之策。

北京之暴动 拳匪之人数日众遂思以武力驱逐外人。拳匪本已得中国官吏及军队之同情不虞干涉。各省之外国教士及商民时有被杀者。中国政府虽力言尽力禁止人民之妄动，然各国驻京公使渐形恐慌。一九〇〇年六月二十日北京拳匪竟有杀死德国公使克林德(von Ketteler)男爵于途中之举。乃围攻各国使馆及天主教教堂，然终不得志。

诸国之干涉 欧洲诸国闻之决意出兵干涉。是年八月日本、俄罗斯、美国、英国、法国与德国之联军，自天津直入北京，以解使馆之围。中国皇帝及太后西遁至西安府，联军乃大掠宫中之宝藏以去。中国政府乃派李鸿章与各国媾和，中国许偿赔款四百五十兆两于诸国，并允解散国中反对外人之结社。

改革之重提 拳匪之乱既定，慈禧太后虽尚得势，而改革之举仍复进行。练新军，遣学生游学于国外。一九〇五年下令废科举之制。次年并有筹备立宪之诏。

第五节 日俄战争及中国之革命

日俄争高丽及满洲 拳匪之乱方终，战云又复弥漫于东亚。日本之不能不扩充市场于国外前已提及之。自俄罗斯占据满洲及旅顺口以来，日本已极不满意。不久俄罗斯又自高丽获得鸭绿江流域中之林业权，并遣哥萨克(Cossack)种人筑炮台于其地，日本乃提出抗议，盖日本固视高丽为其势力范围也。俄罗斯虽屡次允许撤满洲之军队，然屡次食言。而且俄罗斯本担保高丽之领土完全者，至是反有侵略其地之举。日本因与俄罗斯交涉终不得要领，乃于一九〇四年二月五日与俄罗斯断绝国交，开始战斗。

日本战备之优胜　日本战备本胜于俄罗斯，而且离战场较近呼应较便。至于俄罗斯之政府极其腐败，而国内又有革命之举。旅顺口与鸭绿江距欧洲俄罗斯之东境有三千英里之远，而交通之机关仅恃一线单轨之西伯利亚铁道而已。

俄罗斯在海上之失败　开战后之三天日本之海军即大败俄罗斯之海军于旅顺口外，击沉战船四艘，其余军舰遁入港中，日本海军遂围困之使不得出。五月间日本海军又大败海参崴方面之俄罗斯舰队，日本海军遂霸东亚。同时鸭绿江上之俄罗斯军队亦为日本军队所败而退走。而日本大将奥保巩所率之军队亦在辽东半岛登陆，以绝旅顺口之俄罗斯军与俄罗斯交通之路；不久并攻陷大连，以其地为日本之海军根据地。大将奥保巩并北向奉天以逼俄罗斯之军队。而大将乃木希典则围攻旅顺口。旅顺口壁垒坚固攻击不易。同时两军又相持于旅顺口以北奉天以南一带地。十月间日本军队大败俄罗斯军于奉天之南，俄罗斯大将苦鲁巴金(Kuropatkin)援救旅顺口之计划遂不能实现。入冬之后日本军队攻击旅顺口益力。一九〇五年一月一日旅顺口之俄罗斯军队力不能支而降。此次日本军队围攻其地者凡七阅月，两方军士之死伤者不可胜计，其惨酷为历史上所罕见。

日军攻陷奉天　日本军队组织之完备与精密实可惊人，各处军队均能用电话与东京陆军省直接交通。军队中纪律极严，故病院中不致有传染之虞。俄罗斯军队之注意卫生亦远胜昔日。二月下旬战争复始，两方相持不下者凡三周之久；然至三月九日俄罗斯军队忽弃奉天而北遁，盖至是俄罗斯军队中死者已达四万人，伤者达十万人以上矣。

俄罗斯海军之覆灭　俄罗斯政府既悉其太平洋上之舰队已为日本所败，乃遣波罗的海中之舰队远赴东方，五月中抵高丽海峡。数小时之间其军舰为日本海军上将东乡平八郎击沉者凡二十二艘，被夺者六艘。至是俄罗斯之海军可谓全部覆灭矣。

朴次茅斯条约 美国总统罗斯福(Roosevelt)深恐战争之无限延长，乃根据海牙(Hague)公约之规定设法调和。既得日本与俄罗斯两国驻在美国使臣之同意，一方面并探悉中立诸国之态度，乃至书于俄罗斯皇帝及日本天皇劝其媾和。两国君主均赞成其议，乃于八月九日开和平会议于美国新罕布什尔州(New Hampshire)之朴次茅斯(Portsmouth)。九月五日和约告成。俄罗斯承认日本在高丽之势力为无上，唯仍维持高丽之独立。日本与俄罗斯均退出满洲；唯俄罗斯在辽东半岛及旅顺口之权利则让诸日本。最后俄罗斯并割库页(Sakhalin)岛南部之地于日本。

中国之建设共和 日俄战争虽终，而外人则仍未能忘情于中国。然中国近年来进步之速不让日本。国内新党中人颇恨满清政府之统治无方，必欲推翻之以为快。一九一一年冬间长江以南一带群起革命。一九一二年二月十二日清帝退位，改建共和政体，为亚东最大之共和国。

第二十八章

非洲之探险及其分割

第一节　非洲之探险

古人不知非洲　非洲之东北端虽为最古文明发祥之地，而非洲大陆则实为最后探险之区。尼罗河下流及北部沿地中海一带地上古时代之欧洲人已熟知之，而且为罗马帝国之一部分。然尼罗河上流及撒哈拉沙漠以南之地则为上古人所不知，盖其时以为非洲之地最多不过自迦太基(Carthage)南伸五十英里而已。

回教徒征服北部非洲　回教始祖穆罕默德于六三二年死后未几，其教徒即有征服埃及及北部非洲之举。不百年间，昔日罗马帝国之非洲领土全入于回教徒之手。东自瓜达夫伊(Guardafui)角西至绿角(Cape Verde)约长五千英里之地无不受回教与亚拉伯文明之影响。故至今吾人试游突尼斯及摩洛哥诸地之城市，恍若置身于亚拉伯诸城之中。回教徒颇能发达非洲内地之商业，越大沙漠而开辟驼商大道；其商业范围向东岸而南以达于与马达加斯加岛相对之地；制有非洲东岸一带之地图，气候地势记之极详。此种知识当然传入回教领下之西班牙；而十五世纪时葡萄牙人之探险于非洲西岸，其知识殆亦自西班牙之回教徒方面得来者也。

欧人在非洲之发展甚迟　然欧洲人之利用自回教徒方面得来之

非洲知识为时甚迟。葡萄牙人虽于一四八六年有环航好望角之事，然因与东印度通商获利较厚之故，故无暇探险或殖民于硗瘠之非洲。非洲之最重要商业莫过于贩卖黑奴，而英国人之从事于此者尤多，因此致富者颇不乏人。其时欧洲人方从事于新世界之经营，不甚注意于非洲之殖民事业。荷兰于一六五二年在好望角所建之商埠并不兴盛，至十九世纪初年仅有人口一万人。法国于十七世纪时在塞内加尔河口建一商埠曰圣路易(St. Louis)，亦复规模甚小；唯此地至十九世纪忽变为法国势力伸张于非洲西北部之根据地。

一八一五年之状况　一八一五年以前欧洲诸国对于非洲之殖民事业并无宏大切实之举动。实则贩卖黑奴之事禁止以后欧洲人在非洲之活动反因之停顿，盖贩奴获利之厚远在黄金、象牙、树胶或其他非洲产品之贸易之上也。

当一八一五年时非洲之状况大概如下：在北部非洲者则埃及与巴巴利(Barbary)诸国、的黎波里、突尼斯与阿尔及利亚——均为土耳其之属国，摩洛哥则为独立之国家。法国之根据地仍限于塞内加尔河口一带。至于葡萄牙之领土其最重要者在下基尼(Guinea)及东南岸与马达加斯加岛相对之地。英国人在非洲西岸一带略有几处不甚重要之地，当拿破仑战争中并夺海角殖民地于荷兰人之手。非洲内地无人知其究竟；撒哈拉沙漠一带一片荒凉无人过问。至于尼罗河上流则有半开化之回教酋长统治之。

十九世纪后半期英法之经营非洲　维也纳会议后五十年间欧洲人之经营非洲进行极慢。唯英国、法国两国已渐扩充其非洲之势力范围，探非洲内地山河之险者亦正不一其人。法国之征服阿尔及利亚即在此期之中，至一八四八年乃正式合并之。荷兰农民因不满南部非洲英国人之统治向北迁徙，而建脱兰斯瓦尔与奥伦治河殖民地之基。

李温士敦辈之探险　十九世纪后半期为非洲探险时代。其时欧洲之历尽艰辛从事于非洲之探险者不一而足，虽欲列举其姓氏亦几有不可能之势。因英国王家地理学会之提倡，曾有人探索尼罗河源，一八五八年在赤道南发见一湖名之为维多利亚湖(Victoria

Nyanza)。一八六四年英国人培克尔(Sir Samuel Baker)又于维多利亚湖之西北发见亚尔伯特湖(Albert Nyanza)，并探其与尼罗河之关系。李温士敦(Livingstone)曾于二十年前游历伯楚阿那兰(亦译为贝专纳)，并溯赞鼻齐河(Zambezi)而上几抵其源。至一八六六年彼又探诸湖附近一带地以达刚果河之上流。此次探险颇激起世界上文明各国之注意。彼忽失踪，时人以为必被蛮人所拘禁，美国《纽约先驱报》(*Herald*)乃派探险家史坦利(Henry Stanley)赴非洲以求其踪迹，竟遇之于坦噶尼喀(Tanganyika)湖上。李温士敦本以传教士而兼探险家，故终其身从事于探险事业，至一八七三年去世时为止。

史坦利之发见　二年之后史坦利再有探险之举，此次实为非洲探险史上最重要之事实也。彼既遍历维多利亚湖及坦噶尼喀湖附近之地，乃横行以达于刚果河之源，沿河而下以抵大西洋。同时法国、德国两国之探险家亦与英国人同尽力于探险之事业，增加世人对于非洲之知识不少。

第二节　非洲之瓜分

瓜分非洲之速　史坦利之探险非洲中心颇激起欧洲各国之注意。一八七八年史坦利返马赛。十年之间非洲全部瓜分殆尽，其余亦划分为各国之势力范围。三十年前之非洲地图除沿岸一带外大都皆未定而无稽。至今则非洲之地势大部分皆已确定，而各殖民地间之界线亦复明白规定与欧洲无以异。英国、法国、德国三国人占据非洲之方法前数章中曾略述及之，兹不再赘。

法国属地　非洲西北部自刚果河口起至突尼斯大部分皆属法国。唯吾人须知法国之非洲领土沙漠之地居多绝不生产。在非洲东岸者有法属索马利兰(Somaliland)，其商埠及步第(Jibuti)与英属之亚登(Aden)遥遥相对，均属红海之门户。马达加斯加岛亦属法国。法国人之欲侵入摩洛哥为一九一四年欧洲大战远因之一，上已述及。

德国属地　自一八八四年至一八九〇年间德国在非洲所得领地凡四大区，其面积几达一百万方英里之巨。所谓四大区即多哥兰、喀麦隆、德属西南非洲及德属东非洲是也。德国人之经营诸地不遗余力，设学校，筑铁道，种种事业所费甚巨。然因屡与土人战争及商业不甚发达之故，所得实不能偿其所失。欧洲大战以后诸地均为英国法国两国所得矣。

比利时属刚果　介于德属东非洲与法属刚果之间者为比利时属之刚果。其历史实自一八七六年比利时王召集国际公会于布鲁塞尔(Brussels)始。欧洲各国多遣代表与会，其目的为研究开垦刚果及禁止内地回教徒贩卖黑奴之方法。会议结果有国际非洲协会之组织，设总机关于比利时之京城。然此举实比利时王利欧破尔得一人之事业，所有史坦利之探险，商埠之建设及与土酋之缔结条约等事其经费均由比利时王以私财供给之。

柏林公会　非洲社之经营颇引起欧洲各国之猜忌，英国与葡萄牙尤甚，乃有柏林公会之召集。此会于一八八四年十一月开会，欧洲各国除瑞士外均遣代表赴会，美国亦参预其间。公会决议承认非洲协会在刚果河流域一带地方之权利，并宣布其地为刚果自由国，世界各国均得与之自由通商。次年比利时王利欧破尔得宣言彼已握有刚果自由国之统治权，并提议将其地与比利时合并而成为属身之联合。彼于是遣派比利时人前往充任其地之官吏，并建设税线以增收入。

比利时人虐待刚果自由国之土人　二十世纪初年世人盛传比利时人有虐待刚果自由国中土人之事。其时新闻纸上之传述或不免有言过其实之处；然非洲土人之受欧洲人虐待者亦正时有所闻。自比利时王收管荒地之后土人因来往不能自由极为不满。比利时人引入一种所谓“学徒”制者，遂使黑人状况与奴隶无异。土人之生活本极自由，对于铁道垦荒诸工作极为不惯，故工人之雇佣甚难。政府方面乃令各处土酋供给工人若干，如不遵命则每以火焚其村落。政府并令土人每年供给树胶若干，不应命者则重惩之。此种情形宣传于世之后英国、美国两国人纷起抗议，比利时政府不得已于一九〇八年收其地为完全国有，并改称为比利时属刚果。

葡意西之非洲领土　葡萄牙在非洲方面仍领有昔日基尼(Guinea)安哥拉(Angola)及东部非洲诸地。意大利领有红海沿岸之以勒得里亚(Eritrea)殖民地，瓜达夫伊角南之索马利兰，又于一九一二年自土耳其夺得的黎波里。西班牙领有属地二处：一在直布罗陀海峡，一在基尼湾，仅足以使人生出西班牙昔日殖民帝国盛衰之感慨而已。

第三节　摩洛哥与埃及问题

摩洛哥　摩洛哥名义上虽称独立之邦，而事实上则为欧洲列强欲得而甘心之地，其地之人种包有柏柏人(Berbers)、亚拉伯人及黑人，在过去千年中其文化实无甚进步。土人每反抗其居于费兹(Fez)之土酋。有盗首名累苏利(Raisuli)者于一九〇七年夏间逮英国使臣马克楞(Sir Harry Mclean)拘之数阅月。摩洛哥土酋之不能约束人民与保护外人此不过一例而已。

阿合西勒公会　摩洛哥之东境与法国属地毗连，两方虽有种种困难，而法国人渐与摩洛哥发生关系。法国人多从事于杏仁、树胶及世界著名之摩洛哥羊皮之贸易，并假款于土酋。先是自法绍达事件解决后英国人允法国人得以自由行动于摩洛哥之地。不久法国人竟有干涉摩洛哥内政之举，实行解决摩洛哥问题。德国乃以与摩洛哥亦有利害关系为言提出抗议。其结果乃有一九〇六年开国际公会于西班牙阿合西勒(Algeciras)之举，欧洲诸强国及美国均遣代表与会。议决组织警察队以法国人及西班牙人为军官，并由各国合力建设国家银行。日后法国仍有继续干涉摩洛哥之举，引起德国之第二次抗议，两国间之感情益形恶劣，为欧洲大战原因之一。

在非洲之英国人　英国人在南部非洲建有南非洲之联邦，吾人曾述及之，其重要为欧洲各国在非洲所有殖民地之冠。英国人在非洲东岸亦有属地向内地以达于大湖。然最有兴趣之事实莫过于英国人之伸其势力于埃及。

阿利自立为埃及总督　埃及为非洲最古之文明国，当七世纪时为亚拉伯人所征服。当中古时代后半期埃及一地为一种军人名曼麦琉克(Mameluke)者所统治，至一五一七年为土耳其所灭。土耳其之势力既衰，其地遂再入于曼麦琉克军官(bey)之手；一七九八年拿破仑率军入埃及时即与此辈战争者也。自英国大将纳尔逊战败法国军队及拿破仑返国之后即有阿尔巴尼亚之军官名美赫麦特阿利(Mehemet Ali)者入埃及，以逼土耳其王承认其为埃及之总督，时一八〇五年也。不数年后彼有杀戮曼麦琉克兵之举，并着手于内政之改革，组织海陆军队，其势力不仅普及埃及而已，并远伸于尼罗河上流苏丹之地。彼于一八四九年去世，未卒以前曾要求土耳其王承认其子孙世世为埃及之总督(khedive)。

伊斯迈尔第一负债之巨　自一八五九年苏彝士运河开凿以来埃及之地骤形重要，因地中海方面之塞特(Said)埠及红海方面之苏彝士埠均属埃及故也。其时埃及之总督为伊斯迈尔第一(Ismail Ⅰ)(一八六三年至一八七九年)，昏庸而浪费，国库空虚，国债甚巨，乃以贱价售其苏彝士运河股票于英国之政府。英国人在埃及之势力肇基于此。然埃及人之公债为数仍巨，伊斯迈尔第一卒被英国、法国二国所迫允许二国人得监督其财政。此种外国干涉极为埃及人所不喜，一八八二年乃有叛乱之举。法国人不愿与英国人合力平乱，英国人遂独力以平定之。乱事既平英国人乃“暂时”占据其地，并监督其军队及财政。嗣后埃及一地遂永远为英国人“暂时”所占据。迨一九一四年欧洲大战开始时英国政府方宣言埃及脱离土耳其而独立为英国之永远保护国。废其旧督之不肯服从英国人者，另选人以充之，并改称为王(sultan)。

马第及哥登之死　自英国人占据埃及以后苏丹地方叛，穆罕默德阿默德(Mohammed Ahmed)实为首领，彼以先知者自命，党人甚多，群呼之为厄尔马第(El Mahdi)，盖即领袖之意。英国大将哥登(Gordon)适统率英国之驻防兵于喀土穆(Khartum)地方。一八八五年叛党围而攻之英国军队力不能支，其地遂不守，死者极众。十二年后苏丹地方于一八九七年至一八九八年年间仍为英国人所征服，喀土穆城亦为英国大将启拆涅(Kitchener)所攻陷。

英人占据埃及之结果　埃及自被英国人占据以来颇有进步。工商诸业均渐发达；公共建筑常常进行；国家财政亦渐复常态。又于尼罗河上亚酸(Assuan)地方造一大闸以防河水之泛滥，而且增加沿河两岸土壤之肥沃。政府中弊窦尽除。然埃及人仍不免有种族与宗教之成见，至今尚为英国之患。

第四节　西班牙殖民帝国之衰亡及葡萄牙之革命

西班牙殖民地之日促　欧洲诸国中之从事于殖民事业者以西班牙及葡萄牙二国为最早，而其殖民地之衰落在今日亦为欧洲诸国之冠。西班牙昔日殖民地甚广，然自腓力第二在位时代以来其国势已日就衰替。当十九世纪初年西班牙之美洲殖民地有相继叛而独立之举；至十九世纪末年又有与美国之战争，西班牙之殖民地至是丧失殆尽。

美西战争　美国与西班牙之战争实原于西班牙属之古巴(Cuba)岛常有纷扰之事，因之引起美国人驱逐西班牙人于新世界以外之心。古巴岛人之叛西班牙不止一次，至一八九五年又有乱事，美国人颇表同情于叛党。次年美国两大政党均以援助古巴岛为其党纲之一，马琴力(McKinley)被选为总统后即实行干涉之政策。美国政府要求西班牙召回其驻在古巴岛之总督威勒(Weyler)，并要求改良对待俘虏之方法。一八九八年二月美国战舰缅因(Maine)忽在哈瓦那(Havana)港中被人击沉。此事何人主谋虽不可知，而美国政府乃更有所借口，以为古巴岛之纷扰实难再容，遂于四月间向西班牙宣战。

西班牙之丧失殖民地　战衅既开，美国军队到处胜利，古巴与拍托里科(Porto Rico)均为美国人所占。五月间美国海军攻陷马尼剌

(Manila)城，斐律宾群岛(Philippine)亦入于美国人之手。八月间两国媾和于巴黎。承认古巴之独立；拍托里科与其附近之微爱克斯(Vieques)及库利勃剌(Culebra)群岛，斐律宾群岛，及拉德伦(Ladrone)群岛中之瓜姆(Guam)岛均割让于美国。次年西班牙又割让喀罗林(Caroline)及拍卢(Pellew)两群岛于德国。西班牙之领土除本国外仅留巴利阿利(Balearic)及加那列(Canary)两群岛与非洲领土数小区而已。

葡萄牙之领土 当西班牙失去南美洲殖民地之日葡萄牙亦失去其最大之殖民地巴西。至今葡萄牙在非洲之领土虽尚广大，然其在亚洲之领土则仅有中国之澳门及印度之果阿(Goa)与二小岛而已。外交方面与英国颇为一致。

卡罗斯之被刺 现代葡萄牙历史上之最重要事实大部分均属于内政方面。葡萄牙王卡罗斯第一(Carlos Ⅰ)颇专制浪费，国人遂抱倾覆王室之意。一九〇八年卡罗斯第一及其王太子均于里斯本城中道上被党人所刺而死。王之幼子年十八岁入即王位，称麦纽尔第二(Manuel Ⅱ)，国内多故统治不易。盖国中党争甚烈，财政困难，工人有蠢动之象，新党又有反对教士及修道士之举；新王虽有改革之宣言，而共和党人之势力则日增一日矣。

葡萄牙建设共和 一九一〇年十月葡萄牙京都中忽有叛乱之举。攻击王宫，王遁走英国，唯不承认退位。共和党人乃建设临时政府，驱逐国内之僧尼，并没收其财产。一九一一年五月举行宪法会议之选举。六月开会，乃编订宪法，采两院制之立法机关，一由成年男子选举之，其一则由各市间接选举之。设总统，由国会选举之，任期四年；并规定责任内阁之制。

共和政府之困难 葡萄牙自革命以后党派纷歧。共和政府虽从事调和，然颇为困难。政府予旧教牧师及主教以年金，而若辈则坚不肯受。罗马教皇亦颁发通谕痛论共和政府主张信教自由与反对教士政策之非是；共和政府遂没收教士所有之政府担保品，数达三千万元之巨。国家财政状况仍甚紊乱，而工人亦尝现蠢动之象。唯共和政府日臻巩固，虽有王党之思逞，似不足为葡萄牙之患也。

第七卷 二十世纪与世界战争

第二十九章

二十世纪初年之欧洲

第一节 十九世纪以前欧洲史之回顾

近世欧洲史之回顾(一) 政治状况 在前二十八章中吾人已将法国王路易十四时代与现代之欧洲史略述其梗概矣。吾人曾述及十八世纪之君主如何为领土或为王位而起战争。此种战争每因德国及意大利分裂之故而益甚，二国之地遂为当日诸国君主战争与外交之中心。然当十八世纪时欧洲史之范围实已推广。东部欧洲一带自经彼得大帝与喀德邻经营之后与西部欧洲诸国之关系渐形密切。商界中人亦复以殖民问题激起诸国政府之注意。英国逐法国人于美洲与印度之外，向所未有之大帝国遂肇基焉。葡萄牙与荷兰固曾雄霸海上者，至是已日就衰替；西班牙对于美洲之殖民地亦复渐形弛懈。

(二) 改革精神 其次，吾人又略述十八世纪时之人民状况——佃奴也，市民及各业公所也，贵族也，教士也，及宗教派别也。吾人曾述当日君主权力之宏大与旧教教士特权之异常。英国国教与其他各派新教之由来亦已略加说明。吾人并略述自然科学之兴味发达以后崇古之习如何打破；演化观念如何发生。法国之哲学家服尔德、狄德罗、卢梭及其他诸人如何攻击当日之制度；当日之所谓开明专制君主如何为扩张一己权力而有改革之举。至一七八九年当法国王召集国民代表商议救济国家财政困难时，法国人民如何利用机会以限制君主之权力，废止腐败之旧制，与宣布改革之计划。此种改革他日欧洲诸国无不仿而行之。

（三）拿破仑 自一七九二年后欧洲有战争之事，乃引起法国之建设共和。然不久有一盖世之英雄不但统治法国，而且为西部欧洲大部分地方之霸主。彼并引入法国革命之改革事业于其治下之国中，而且因合并德国之小邦及覆灭神圣罗马帝国之故建他日欧洲一大强国之根基。

（四）十九世纪之变化 自维也纳会议以后欧洲形势颇有重要之变化。德国与意大利均有统一之举，成为世界上之强国。土耳其之领土渐渐减削，巴尔干半岛中遂发生多数十八世纪中所无之新国。诸国君主之专制权力莫不渐渐丧失，而忍受宪法之限制。甚至俄罗斯之皇帝虽自称为“所有俄罗斯之专制君主”亦复予立法权与国家预算案于国会，不过皇帝与其警察仍监视国会甚严耳。

（五）实业革命 与上述各种重要变化同时并进者有实业上之革命，其影响之及于人民生活上者远较军队或国会为巨。实业革命不但产出多种新问题，而且产出一种帝国主义，将欧洲文化传之于世界。当十九世纪后半期欧洲强国中如英国、法国、德国、俄罗斯等群起而开放中国及其他亚洲诸国之门户，亚洲之地遂因之加入欧洲史漩涡之内。非洲一地在一八五〇年以前世人所知者仅沿边一带，而五十年来欧洲各国竞探险而瓜分之。唯欲永久统治之则尚须加以多年之经营也。上所述者殆最近二百年来欧洲史上之最著特点矣。

吾人尚须研究及之者则二十世纪初年之欧洲如何收受过去之遗产与对于文化尚有何种供献是也。

第二节　英国之社会革命(一九〇六至一九一四年)

英国之守旧　十九世纪末年英国之守旧与西部欧洲诸国初无少异。百年来国内扩充选举权与改革旧制之热忱似已消灭。维持现状与实现帝国主义于南部非洲及其他世界之各部实为当时英国政治之特点。自一八八六年至一九〇六年凡二十年间，除一八九二年至一八九五年短期外，下议院及政府均为保守党人所把持。维新主义抑若已亡，社会党人之运动亦不能激起工人之附和。

然至一九〇六年国会选举之后英国政局为之一变。旧党失势，新党继秉国钧。而工党中人之被选为国会议员者不下五十人。五十人中颇有深信社会主义者。此后十年之间自由党人与工党结合实行根本之改革，其内容几与英国社会上及政治上之真革命无异。

社会改革为政争之要点　英国人态度上之变化以自由党人察赤尔(Winston Churchill)于一九〇九年一月三十日在诺定昂(Nottingham)地方所讲演者为最真确。其言曰："现时英国人之重要希望殆皆偏于社会方面而非政治方面。若辈处处而且几乎每日皆目睹紊乱与困苦之情状，与人道及公平之观念相反。若辈深知在近世国家之中人民每罹种种无妄之灾。同时若辈并深知科学之力量，加以财力与权力之援助，足以引入秩序，预备安宁，预防危险，或者至少可以减除危险之结果。若辈本知此国为世界上之最富者；据吾所见，则英国国民实不愿援助无力或无意建设较大较完全较复杂较彻底之社会组织之政党，盖无此种组织则吾人之国家与国民定将由忧思而沉入患难，而吾人之名字与声誉亦将减削于史书中。"

劳工法律　自由党之秉政实抱有此种精神者，故自一九〇六年得势后即着手于规定法律以减少贫苦、劳役、失业及工业危险为目的。一八九七年《工人报酬议案》(*Workmen's Compensation Act*)之条文推广而施诸农工及家庭仆从。规定凡工人因工作而受伤者除此种损伤因工人有意恶行自取其咎外，雇主须给以赔偿。同时(一九〇六年)国会议决工党中之基金免其负有因同盟罢工或他种冲突而发生损害赔偿之责任。二年以后国会又议决凡工人在地下矿中工作或因工作而往来之时间在任何二十四小时中不得过八小时。

蒲士调查伦敦之贫苦状况 裨益工党中人、矿工、受伤工人等之议案虽然重要，然不足以解决工人之贫苦问题。盖工人之贫苦类皆原于工资之低廉，工作之无定，疾病及其他非原于个人之困苦。人民贫苦为实业革命结果之一本无疑义，而英国工人之贫苦亦实极为不堪。数年前英国富商蒲士(Charles Booth)因感于伦敦工人之状况无正确之记载，乃出其私资纠合同志实行挨户调查之举，以便明定"贫穷困苦邪恶等与一定进款及比较安适之数目上关系"。其调查之结果印而行之，即十六卷之《伦敦人民之生活及劳动》(*The Life and Labor of the People of London*)一书是也。据彼调查在伦敦城东部居民约一百万，其家庭每周收入在银币十元以下者凡三分之一以上；每周收入在银圆十一元至十五元之家庭约占百分之四十二；其每周收入在十五元以上者仅百分之十三而已。彼之研究结果并发见居民住室之非常拥挤，光线不足，饮水不良，卫生不讲，疫疠时起。后竟断言伦敦一城之中贫苦之人约占三分之一；所谓贫苦即工资甚少，衣食尚有不足之虞，安适与奢侈更无论矣。

伦敦之贫苦并非例外 吾人骤然闻之，抑若伦敦之贫苦实为世界上所罕见者。然据龙的里(Rowntree)之调查则谓约克(York)一城人口尚不及八万，贫苦者亦约占三分之一。彼并谓儿童身体之发育，疾病之流行，与死亡之多寡，均与工资之多寡有关；总之身体，快乐与安宁三者均与工资同时而增加。至今世界各国虽无此种状况之科学调查，然此种状况之普及恐不仅英国如此，即世界之上亦莫不如此也。

废止贫苦之可能 昔日因各地之财富有限，不能使人人皆有安适之机，故遂以为贫苦状况断难幸免，不甚注意救济之方法。然自科学昌明与发明进步以来世人颇有希望贫苦之绝灭者，以为如能改组实业以免除虚费而增进效率，如能使社会之闲人皆从事于工作，并使财富不入于少数人之手，则将来人人皆无失业之虞而有安居之乐，邪恶疾病必将大为减除。罗马教皇利奥十三曾言曰：“救济现在压迫大多数人民之困苦与患难，必须求救济之方法，而且须速求之，此则无庸疑贰者也。”

英国政府向贫苦宣战　英国政府竟放胆乘机以“与贫苦宣战”为其计划之一部。一九〇八年国会中通过养老金法律，其重要条文如下：凡领政府养老金者必须年在七十岁以上之英国人不受他人赒济者，其私人进款不超过约中国国币三百元以上者。刑事犯及不愿工作以自存者不予以养老金。凡每年收入不过二百圆以上者其最高养老金每周约二元五角。

国立佣工介绍所　国会为救济工人失业起见于一九〇九年议决设立“佣工介绍所”于全国，以征集雇主需要工人及工人需要工作之消息。并规定凡工人远赴他处工作者政府得酌量贷以旅费。

苦工工资之规定　国会对于工业中之工资过低者设法增高之。一九〇九年议决设立数种“苦工”(sweated trade)如成衣、织花边、造箱等职业之董事部。部中包有工人之代表，雇主及政府所派之代表，对于定期工作及临时工作有规定最低工资之权。雇主与工人间不得有授受较董事部所规定为低之工资之举动，若雇主以较低工资给予工人者则罚以重金。

上议院反对改革　同时守旧党人之反对改变亦益形激烈。唯守旧党人在下议院中者为数甚少，故唯有以国家将亡中流社会失势等语为言，提出抗议而已。然守旧党人之在贵族院中者根深蒂固人数较多，故视自由党之改革为革命，必欲破坏之以为快。一九〇六年十二月贵族院对于下院之《义务世俗教育案》因其有害英国国教之利益割裂而修改之。不久又反对下院之《多数选举权案》，盖因英国昔日一人每因广拥财产之故而得数处之选举权，而此议案则欲废止此种习惯故也。贵族院此种行动极为下议院中人所不满，以为有反于代议政府之原理。

一九〇九年之革命预算案　贵族院与下议院冲突之最激烈者实为一九〇九年之预算案。是年四月爱斯葵斯(Asquith)内阁中之财政大臣鲁意佐治(Lloyd-George)提出新税制于国会，激起政局上绝大之纷争。彼于“革命预算案”(revolutionary budget)内提议征收甚重之汽车税，所得税亦如之；而所得过五千镑者并增重之——因工作而得之收入，其税较不劳而获者为轻。——此外遗产税亦另定新标准，视遗产多寡而定；凡遗产值一百万镑以上者抽百分之十五。彼并提议一种新地税，将自己工作之地主与坐享矿利或城中屋基之地主分别为二。预算案并包括一种不劳而获之地价税计百分之二十，于售卖或转移时征收之。无论何人凡售产获利者均须纳其一部分之余利于政府。同时彼并提议一种尚未发达与富于矿产之地税。

与贫苦宣战之预算案 此种预算案因有种种特别税故税率甚重；然鲁意佐治以为彼之预算案实一种“对于贫苦之战争”。彼并谓彼甚望：“此三十年中必有大进步之一日，使贫苦之为物如昔日布满森林中之豺狼然远离英国之人民。”

守旧党之反对 守旧党以为此种预算案实具有社会主义与革命之性质大为反对。若辈以为“劳力而得”之收入与“不劳而获”之收入之区别为一种对于财产权利之无理攻击。“假使对于一人不劳而获之所得者政府所征之税较劳力而得者为重，以为彼对于二种收入无同一之绝对权利，则何不谓彼对于不劳而获者绝无权利，政府正不妨渐渐收其所有不劳而获之收入耶？”自由党中人之较为保守者对于此问不敢回答，仅谓此系程度上问题，而非根本原理上问题。然亦有明言人类之财产权利全以其获得财产之方法为根据者。

税制上之新问题 关于此端察赤尔曾言曰：“昔日征税人所问者为：‘尔所得者多寡耶？’……至于今日则有新问题发生焉，吾人并问：‘尔如何得之耶？尔用己力得之耶，抑他人遗予尔者耶？其用有益于社会之方法得之耶，抑用无益而有害他人之方法得之耶？其用经营与建设商业之能力得之耶，抑仅吸尽主有与创设商业者之膏血得之耶？其因供给工业上必需之资本而得者耶，抑因除高价外不愿出售工业上必需之土地而得者耶？其用生产方法而得之耶，抑或盘踞必要之土地以待经营与劳工，国家利害与城市利害，不能不出五十倍于农业上之价值以向尔购之而得者耶？其因开矿利人而得者耶，抑或他人劳苦而一己则坐收其利而得者耶？……尔用何法得者耶？’此即假定之新问题常常波动于全国者也。”

预算案之理由颇得下议院之信服，故得多数之同意而通过。然提出贵族院后则反对者得三百五十人，赞成者仅七十五人而已。

第三节　英国贵族院之失势参政权及爱尔兰问题

下议院之抗议　贵族院既反对预算案，自由党人遂与之宣战。一九〇九年十二月二日爱斯葵斯在下议院中提出正式决议如下：“贵族院否决平民院本年财政之规划之举动实破坏宪法而且侵夺平民院之权利。”此次决议赞成者三百四十九人，反对者仅一百三十四人，可见上下两院政见调和之无望。一九一〇年一月并行国会改选之举以觇民意之向背。

选举运动　此次改选之运动激烈异常颇有动武者。社会党人激烈党人及爱尔兰人要求立即废止贵族院，而温和之自由党人则以为减削其权力已足。选举结果自由党议员之人数虽减少一百人，然在下议院中仍占多数。唯其多数甚小，故为进行便利起见，不能不与工党中人及爱尔兰人携手。

贵族院通过预算案　国会既开会，贵族院深恐权力之减少，不得已而通过预算案。然自由党人至是已决意使贵族院将来不再为平民院之患。

贵族院存在问题之选举　当英国宪法上争执最烈之日英国王爱华德第七忽于一九一〇年五月六日去世，政党间之纷争因之暂息。自由党与守旧党间有屡次开会商议互让之方法，然始终不得要领。十一月国会开会时双方之相持不下也如故。自由党人遂解散国会而改选之，十二月十九日而事竣。选举之结果与一月无异，自由党人虽尽力奔走而所得则仍甚微也。

贵族院之征服　一九一一年二月新国会开会，即以多数通过议决案一，以限制贵族院使用“否决”权（veto power）为目的。当此案提出上院时爱斯葵斯宣言彼已得英国新王佐治第五之允许，如守旧党人力能反对此案者英国王将加派贵族院之议员以担保其通过。贵族院闻之惧，乃于是年八月十八日通过之，即所谓《国会议案》或称曰《贵族否决议案》（*The Lords Veto Bill*）是也。其重要条文如下：

贵族否决议案 无论何种财政议案——关于分配岁入及岁出之议案——若既经下议院之通过，并于闭会至少一月前提交贵族院，而贵族院于一月中不加以修正而不通过者，则此案即可呈请国王批准公布成为法律，不再顾贵族院之赞成与否。无论何种公共议案（非财政议案，或变更国会会期为五年之议案）既经下议院继续三次会期之通过，而贵族院继续三次反对者，亦可呈请国王批准成为法律，不必再问贵族院之赞成与否——唯该案第一次议决时之二读与第三次通过之时间，中间须相隔二年之久。此外并改国会会期七年为五年。其意即谓国会虽仍可由内阁随时解散，至少每五年须改选一次。至一九一一年并规定下议院议员每年应得岁费四百镑。昔日宪章党之要求至是又实现其一。

各种工人保险案 贵族院之权力既大形减削，自由党之政府乃进行其他之改革。其改革事业之最宏大者莫过于一九一一年之《国家保险议案》（*The National Insurance Act*），此案于一九一二年七月实行。其中一部分规定凡工人（除从事手工者及每年收入在一百六十镑以上者）均强迫其实行各种疾病之保险。凡工人雇主及政府均须供给其基金。凡经保险之工人可享下列之利益：疾病之医治，肺痨之疗养，病中之薪给，残疾之津贴，凡为母者生子女一人则得领仙令三十枚等。此案之第二部分规定凡某种职业中之雇主与工人每周均须缴纳微款以成基金，以为保险失业者之用，同时并由政府协济之。

英国竟成民主国 有上述种种改革案，英国政治上遂达到民主之域。英国人虽仍维持旧日之王政，对于贵族亦复尊重如昔，然政治上之权力已入于大多数国民之手，国民每不顾贵族之感情以行使其权力。即上流社会中人亦不能不承认此种政治上之变化，故仅尽其力于阻止更进一步之改革。然爱斯葵斯与鲁意佐治之改革计划日进无已，至欧洲大战开始时方为之停顿。

地方改革　除国会有改革全国之计划外，同时又有城市改良之运动。英国城乡之自治实始于一八三五年，至是以代议机关代替中古传来之官吏。近年以来城市之事业与公有之公益均有增加。曼彻斯特、北明翰及伦敦诸城均有巨大之事业。电车煤气厂及电灯厂类皆公有；而模范附郭区域及工人居室之发达颇有进步，成效甚著。英国人民之贫苦者虽尚不一其人，而浪费之习惯亦复未能尽免，然国民已大为觉悟矣。

英国之隆盛　英国之守旧党虽有新税实行财政必乱之言；然国家富庶之象则仍日进无已。其商业在欧洲大战以前极其隆盛，一九一三年之输入价值吾国银币七千兆元以上，其输出值六千兆元。工业亦极为发达。即就纺织一业而论，百年之间其出产每年自二百兆元以达二千兆元，当一九一三年时足以维持五百万人之众。

鲁意佐治为内阁总理　当一九一四年欧洲战争开始时英国总理爱斯葵斯应付失宜颇受国人之指责。鲁意佐治日形得势。一九一六年十二月内阁改组时彼遂继任总理之职。组织一混合内阁以应付国内外之政潮。

女子参政权之扩充　一九一七年春内阁方面主张扩充国民之选举权，乃提出所谓《人民代表议案》(*Representation of People Bill*)于国会。不但予年逾二十一岁之男子以选举权，即女子之因之而得选举权者人数亦以百万计也。过去二十五年来最大变化之一莫过于扩充女子选举权倾向之发达。一八九三年新西兰之女子有完全参政之权。次年南澳洲亦有同样之举动。一九〇一年澳洲自治政府成立以后亦予女子以选举国会议员之权。芬兰于一九〇六年，挪威于一九〇七年，瑞典于一九一二年，丹麦于一九一五年，均前后予女子以参政之权利。欧洲大战以后德国俄罗斯及昔日奥地利匈牙利境中诸新国之女子莫不享选举之权利。一九二〇年美国亦有修改宪法扩充女子参政权之举。

英国女子之激烈运动　其在英国则自一九〇五年女子中如邦克赫斯脱(Emmeline Pankhurst)夫人辈实行激烈方法以要求女子参政

权后，女子参政问题遂激起英国人及世人之注目。一九〇七年冬英国女子在国务大臣居室前举行示威之运动，并骚扰下院议场。有被逮者不愿罚金，纷纷入狱。此种暴动颇能引起国人之兴趣。然英国国会始终不愿予女子以选举权也。此后女子之纷扰继续不已。一九一四年欧洲战端既开，邦克赫斯脱夫人宣言运动女子参政者将暂行停止其暴动，专心服务于国家。战争中英国女子之从事工作者甚力。反对女子参政之人鉴于女子具有爱国之热忱乃渐改其态度。故当一九一七年《人民代表议案》通过后不但各地人民居住六个月以上者享有选举权，即年逾三十岁之女子之占有土地房屋者或系占有者之妻均予以选举权。英国女子之因之获得选举权者计有六百万人。唯女子须年较长而且景况较佳者方有选举权，此则与男子不同者也。英国至是遂成为纯粹之民主国矣。

一九一二年之爱尔兰自治议案　爱尔兰自治问题自一八九三年葛拉德士吞之计划失败后，迁延不决者凡二十年。而反对爱尔兰自治者亦以为英国国会种种援助爱尔兰之计划或足以平爱尔兰人之怒。然英国国会中之爱尔兰议员对于自治运动始终不懈。其领袖勒德曼德(John Redmond)深知上院权力远不如前，故运动自治益力。一九一二年英国内阁总理爱斯葵斯与自由党中人提出《爱尔兰自治案》于国会，规定设一爱尔兰国会于都伯林。爱尔兰总督仍由英王任命之，唯须对于爱尔兰国会负责任。至于爱尔兰议员之在英国下院中者其人数自一百零三人减至四十二人。

爱尔兰新教徒之反对　然此种规定一面不能满爱尔兰国民党之意，盖若辈之主张在于爱尔兰之完全独立者也。同时又不能满爱尔兰新教徒之意，若辈以为爱尔兰之自治无异“罗马之统治”也。盖爱尔兰人信奉旧教者凡三分之二，旧教徒占大多数者四省中得其三。厄耳斯德省中之信新教者约占人口之半，或奉英国国教，或信长老会派。故反对爱尔兰自治者以厄耳斯德一省为中坚，而此省中人竟有公然召募军队预备反抗实行自治之举。

爱尔兰共和国之建设(一九一六年)　至一九一四年九月自治议案竟不待上院之同意而成为法律。嗣因大战开端暂行搁置。勒德曼德宣言爱尔兰南部之旧教徒将与厄耳斯德之新教徒合力以御外侮。然自治案之搁置，爱尔兰人极为不满。一九一六年四月都伯林城中忽有暴动之举，新芬(Sinn Fein)党人实主持之。新芬二字本“我们自己”之意。党人目的在于建设共和，而以绿白金三色旗为其国徽。英国政府遣军队前往以武力平之。城中乱党被杀者达三百人，英国兵士死者达五百余人。爱尔兰共和国之总统被杀。

英国政府不得已有与爱尔兰协商之举。鲁意佐治任总理时将编订爱尔兰宪法问题提交爱尔兰国民会议讨论之。经过数月之会议卒无结果而散。欧洲大战终了以后，爱尔兰人复起纷扰至今未已。

第四节　德国之现代史

德国之隆盛　当德国皇帝威廉第二时代财富与人口增加均甚迅速。德国隆盛之根据一部分原于政治上之统一。然德国实业之发达亦殊可惊，而有赖于西普鲁士，莱因河及萨克森诸地之钢铁制造业。钢铁制造之方法在一八七八年为英国人托马斯(Sidney G. Thomas)所发明。德国之铁矿含有磷质甚多，沿摩塞耳河(Moselle)之铁矿尤其如此，而当时炼铁之方法为柏塞麦(Bessemer)方法，每不能炼铁矿而成纯粹之钢。英国之铁矿磷质较少，故炼钢之业远胜德国。自托马斯发明新法之后莱因河诸城多仿而行之，德国之钢铁业遂远驾英国之上。盖英国之铁矿不如德国之丰富也。当欧洲大战开始时德国钢铁出产之多仅亚于美国云。

人口之增加　与财富俱增者尚有人口。当一八七〇时德国之人口约四千万；至一九一四年约六千八百万。其增加之多为西部欧洲诸国之冠。因之新城林立，旧城亦复大加扩充，街道加广，其美丽宏大与英美诸国中之巨城无异。

城市社会主义　德国之城市如柏林、慕尼克、莱比锡及汉诺威等每购有大片之土地，以谋得地价增加之利益，并足以预防居室之拥挤。各城每有分区之计划，各区中之建筑均受法律之限制，以免拥挤之弊。城市中每主有电车、煤气厂、电灯厂、屠宰场、戏馆、押当铺、工人居室等，并用种种方法以免工业城中之污秽。

德国政府提倡商业　德国商业发轮极速。德国轮船受政府之补助费甚巨，故不久德国商船航行于世界之各部。农人工人亦因海外市场开辟之故无不获利甚巨。国内既有家给人足之象，故工人之移入南北两美洲者为数日减。唯德国商人类皆受德国政府之援助，故其经营商业不仅为谋利起见，且亦为扩充国家势力起见也。

德国之陆军　德国既骤然富强，国民间遂不免抱有高志。军人中每有一种睥睨一切之气概；以为一八六六年与一八七〇年既屡著奇功，则“下次战争”不难征服四邻而增加德国之权力。一九一三年帝国议会有增加军费之议决。备战着着进行无时或已。对于战炮之改良，炮弹之发明，飞艇之制造，海底潜艇之计划，莫不大加注意。国中常备军之训练有素而且设备完全者得四百万人，一旦有事则并有后备兵六百万人，故德国实有天下莫强之势。

德国之海军　德国陆军之精良既甲天下尤不自满，乃有整顿海军之举。自一八九八年以来战舰之数日有增加，其规模之宏大与设置之完全，仅亚英国。德国之海岸线有二，中隔丹麦半岛。乃有开凿基尔(Kiel)与易北河(Elbe)口间运河之举，其海岸线遂自荷兰境直达俄罗斯境。船只往来于北海与波罗的海之间极其便利。然当欧洲大战开始时英国即封锁北海沿岸之德国海港。大战最初四年间德国之海军一部分困守于本国海港中，绝无用武之地。

第五节　二十世纪之法国

法国人之保守　世人每以法国人为轻浮之辈，以巴黎为“革命之家”。然就法国全体而论则实具有保守之精神。法国农民极其节俭，性情保守不喜更张。城中商人亦同具此种心理。法国革命之频仍与其成功之甚易，盖皆由于大部分人民漠视政治变迁之故。法国政体虽屡经变更，而其政治上之组织自拿破仑以来实无甚出入，尤足征法国人民之富于保守精神也。

责任内阁制　第三次共和初年法国之内阁每数月间必有改组之迹。政局上每现不稳之象。然政府之政策每能贯彻而不变。盖英国内阁有统制国会之趋向，而法国国会则有监督内阁之权力也。

政党之合群　法国内阁之为期甚短，变化频仍，乃国内政党合群制之结果。盖国会中之政党甚多，随时可以合群而成大多数以与政府为难。至于英国美国诸国国会仅有大政党二，而内阁中人又必得有多数党之援助者，故内阁改组之事较法国为罕见也。

保险案　社会改革之举德国英国颇能尽力进行，而法国独后，其原因一部分在于法国之贫苦问题不如其他二国之重大。至一九一〇年法国方规定老年及残疾年金之制度。规定凡受工资及薪水之工人均须保险。工人与雇主均负纳费之责任，政府并补助之。凡六十五岁以上之人男子每年可得年金约银币一百五十元，女人一百二十元。至于残疾者亦有保险之规定。寡妇孤儿亦得有补助金。当一九一三年国民之注册保险者有八百余万人。

第三次共和国之和平政策　当十九世纪时法国人因回忆拿破仑武功之盛每存好大喜功之心，而取辱国丧师之祸。即一八七〇年后法国人亦仍有抱武力主义者，就中尤以波那帕脱党人为最。若辈每以光复亚尔萨斯洛林二地为言以动国人之心。在巴黎尝在代表斯特拉斯堡城之铜像前行示威之运动。然国会中及国人之注意者渐形减少。自社会党发达之后反对战争甚力，故法国政府对于战备极不经心。

摩洛哥事件之影响　然自一九一一年与德国因摩洛哥势力问题有冲突之举后法国政府之态度大变。国人除社会党外均以为大战将至非扩充军备不可。当欧洲大战将起之际社会党领袖若累斯(Jaurès)仍坚持不战政策。迨一九一四年战争开始之后国人颇责彼理想太高，非爱国者所应有，当德国军队将侵入法国境内时若累斯被人暗杀而死。

第六节　二十世纪之社会党

社会主义之发达　英国德国法国诸国之社会改革不但不能阻止社会主义之发展，反足以促进社会主义之发生。社会党中人大致可分为三派：

校正派　第一为校正派(revisionist wing)，此派对于马克思派曾起反对者也。此辈以为世上绝无所谓社会之“革命”，仅有继续之改革事业，渐渐建设社会主义制度之特点。德国之校正派虽不能操纵社会党之全部，然在社会党中极有势力者也。

直接行动派　一面又有所谓直接行动派(direct actionists)，主张应用直接行动以代替和平政治运动。以为仅用和平方法结果太微。故此派中人力主同盟罢工或激烈方法以战胜雇主而以获得实业管理权为目的。一九一一年八月英国铁道工人之同盟罢工即其一例。其结果则政府出而干涉，而工人之工资为之增加。其在法国，直接行动颇有结果。每遇劳工纷争时必随以激烈之举动。直接行动派之意在于联络各级及各业之工人成一规模宏大团结巩固之团体以操纵实业之全部。其在俄罗斯则社会党人之最激烈者曰布尔札维克(Bolsheviki)，竟于一九一七年之冬获得国内政权。

中途派　此外又有所谓中途派(Middle of the Road Socialists)，此派既反对和平改革派，亦反对直接行动派。以为和平改革派无异资本家之傀儡；而直接行动派亦有无政府之嫌疑。大抵欧洲各国之社会党人多主张用和平方法从事运动，注意于选举以获得政权焉。

欧洲大战后之国家社会主义　自一九一四年欧洲战争发生以来欧洲各国几均有重要实业及运输机关归诸公有之倾向。为军事上必要起见，铁道矿产多由政府管理而运用之。制造业亦然。军火及军舰之制造尤其如此。某种重要物品之价格应由政府规定之，此理亦为各国政府所承认。总之，大战以后欧洲各国政府莫不向国家社会主义方面而进行也。

第三十章

自然科学之进步及其影响

第一节　地球甚古说之发见

科学研究之重要　近世史中较政治上变迁尤要之一方面，厥惟近世科学之兴起。十八世纪时代科学之进步前已略述之。近世因有精密之观察与实验及科学仪器——如显微镜及望远镜——之发明再加以精细之深思与计算科学家如牛顿、林尼阿(Linnæus)、蒲丰(Buffon)、拉瓦节(Lavoisier)等遂建近世科学——天文、植物学、动物学、化学、物理——之基础。自有科学研究以来吾人对于人类、动物、植物、矿物、气体、地球及宇宙之知识无不大增。科学上之发见不但足以满足吾人之高尚好奇心，而且大有影响于不谙科学者之生活。至今几乎所有人类之兴味皆不能避免科学之直接影响。盖自然科学之为物不但产出一种改革之精神，而且供给改良人类状况之方法也。

十九世纪之科学进步之一例　十八世纪之科学成功固然甚大；十九世纪之科学进步尤为惊人。吾人欲了然于此种进步之宏大，只须知当维也纳会议开会各国代表不但不知有所谓电报、电话、电灯、电车；即轮船、铁道、摄影术、麻醉药、防腐药等亦并未有所闻。即如火柴、煤油、煤气及橡皮制造品等在当时亦复一无所有。至于缝纫机、打字机、削草机等均未发明。其他如原子、细胞、内力、进化、病菌诸学说，在今日则为学生者类皆熟闻而习知之，而在当日则皆茫然一无所晓。

科学进步之无穷　二十世纪以来研究方法益形精密，解决多种科学上之奥妙，人类之能力因之益复增加。然即在今日，科学上发明一次，每生出一种出于意外之新问题。宇宙内容益形复杂，故科学研究几无止境之可言。吾人研究近世欧洲史，应了然于科学之如何发达及吾人对于人类习惯及见解，原始及将来之如何变迁。下文所述者仅百年来欧洲美洲各国科学研究之大端而已。

旧日之创造观念及地球之年龄　兹先就地球而论，五十年前欧洲人莫不以为地球之生存至今不过五六千年，而且上帝于一周之内造成地球上之生物，并于空中造日月以照耀地球。自地质学家动物学家古生物学家人类学家物理学家及天文学家加以研究之后方知现在万物均经过几千万或几万万年之演化，旧日上帝创造万物之观念至是打破。

地球上生物之生存甚古　现在科学家均信地球最初实为一圆形之气体，球面渐冷凝结为固体而成吾人所居之地壳。地质学家对于地球之年龄若干初无一致之主张，而且恐永无解决此种问题之希望。然据若辈之推测则地球上之水成岩其造成之时期约需一百兆年至一千兆年之久。岩石中颇有各种化石之存在，可知地球上之有动植物为时甚久。故地球之有水与陆离今似至少已有一百兆年。

吾人即将此期减短一半，地球上之有植物及下等动物为期之久亦正不易领会。吾人假定藏有过去五十兆年之纪载，假使每页中所载者为五千年中之大事，则此书将有十卷之巨，每卷计有一千页；而吾人之所谓欧洲史，自古代东方诸国以至今兹，将不过占此书之第十卷中最后之一页。

至于吾人所见之天体，太阳与其行星不过占宇宙之一极小部分，在吾人见之抑若永远存在而且其大无限。然自有分光器及陨石研究以来则知天体之化学分子与吾人所知者无异，——即水素、酸素、窒素、炭、钠、铁等是也。

来伊尔之地质学原理　当一七九五年时苏格兰之地质学者胡同(James Hutton)曾著书断定地球之成为现在之形状，其天然进程极为迟缓；此说一出，抗议者纷起，以为彼不能发见“起源之痕迹与终止之先见”。至一八三〇年英国人来伊尔(Charles Lyell)著名满世界之《地质学原理》(*Principles of Geology*)一书公之于世。书中详言地球之如何渐形缩小，如何经过长期之雨霜作用成为高山与大川，而积成石灰石黏石及沙石。总之，彼断言地面之形势实为吾人尝见作用之结果，其进行至今尚可见也。现代地质学家之研究颇足以证实来伊尔见解之无误云。

第二节　演化原理

蒲丰发明动植物之演化　地球因天然势力之作用而逐渐变化，动植物之成为现形亦似经过逐渐之变迁。法国博物学家蒲丰(一七〇七年至一七八八年)当狄德罗编订《百科全书》之时曾著《博物学》(*Natural History*)一书，谓所有哺乳动物骤视之虽似互异，而细察其身体之构造则颇为相同。彼谓假使以马与人相较，“其足以激起吾人之惊异者不在其相异而在其相同”。彼曾细察各类生物之同点，乃断定假使有充分之时间则造物似可将所有有机体皆由同一原形演化也。

十九世纪初年之演化观念　蒲丰著作之中并道及演化之学说。迨十九世纪初年法国人拉马克(Lamarck)著书行世，竟谓世界上之动物均由逐渐发达而来。彼所主张之发达理由在今日动物学家眼中观之虽不充分，然在当日彼之主张实较时人之见解过早五十年。唯其他科学家颇受同一之印象。一八五二年英国人斯宾塞(Herbert Spencer)胪陈理由多种以证明宇宙间之万物——地球、植物、动物、人类及其观念与制度——均经一种自然程序而渐渐发达。

达尔文之天择原理　七年之后(一八五九年)英国人达尔文(Charles Darwin)所著之《物种原始》(*The Origin of Species by*

Means of Natural Selection)出世，演化之原理乃激起世界之注意。达尔文主张各种动植物并非各种不同动植物之苗裔，今日之动植物乃数百或数千万年来屡经变化之结果。

“生存竞争” 达尔文以为无论何种动植物任其生殖则不久即将布满世界。例如一对知更鸟或麻雀若不加限制任其繁殖，则十年之间必可增至二千万翼以上。故现在世界上动植物之不增加，必因鱼鸟之卵，植物之种子及哺乳动物之幼兽于发达之前即被破坏之故。热，冷，雨，旱实负其大部分之责任。然生物间亦有无数互杀之方法，有时仅互相排挤而耗尽所有之食物已足。故生物之间无论其为同种或异种有一种永久之“生存竞争”(the struggle for existence)，而存者每居少数，——五之一，或十之一，或千之一，有时或百万之一。

“适者生存” “然试问生物中何以有存者有不存者？假使各种中之生物绝然相同，则吾人只得谓此乃偶然之事。然生物并不相同，有较强者，有行动较速者，有身体之构造较坚者，有较狡者。色彩较晦者易藏；目光较锐者易于获食而逐敌。至于植物稍有不同，则其有用与否遂为之大异。其萌芽较早而较强者可免蛞蝓之害；其力较强者可以在秋初开花而结实；树木之有芒刺者可免动物之吞食；花之最触目者则先受昆虫之注意。故吾人可以断言凡生物之具有优良特点者则其忍苦之能力较大，而其生命亦必较长。偶然之事虽不能尽免，然就全体而论则适者必生存也(the survival of the fittest)。”

总之，达尔文之学说以为一切生物断无不变之理；唯因生物变化之故在生存竞争之中其最适者可免消灭而生存，而传其优良特点于其苗裔。此种生物“发达”之观念及人类亦属于动物之观念激起世人之惊异，而科学家神学家及一般学者遂渐有激烈之讨论。

科学家大都承认演化之说 赞成达尔文学说之最热心者当推斯宾塞、窝雷斯(Alfred Wallace)、赫胥黎(Huxley)及美国植物学家亚撒格雷(Asa Gray)等，若辈均能尽其力以辩护及解释演化之学说。演化原理之足以破坏旧观念虽较哥白尼(Copernicus)之“太阳系学说”尤为有力，然其受科学家——动物学家、植物学家、地质学家、生物学家等——之承认极其迅速。至今演化原理之确定几与相对论及物理相同。

演化之说实足以增高人类之地位　反对演化原理者其人数之减少甚慢。最初无论新教或旧教之教士莫不痛骂达尔文，以为彼之学说与上帝之言相反，而且使人类之地位为之降落。然日久之后宗教中人渐与演化新说调和。盖再加思索之后即知演化之说实足表明上帝用意及方法之佳妙，而且人类虽同属于动物界，而人类仍不失为自古以来所有造物工作之最后目的也。

第三节　物质之新观念

原子说　当动物学家植物学家及地质学家发挥演化学说之日，正化学家物理学家及天文学家研究物与力问题——热也，光也，电也，太阳及恒星之历史也，——之时。当十九世纪初年英国人道尔顿(Dalton)曾谓所有物质似皆由各质之“原子”(atom)化合而成为“分子”。例如一原子之炭素与二原子之酸素合而成气，谓之炭酸。而且炭素与酸素之化合重量每系十二与三十二之比例，故吾人可以推定每一原子之炭素其重量为十二单位，而二原子之酸素其重量各为十六单位。此即原子说之根据，屡经研究家之发挥遂成今日化学之基础。

现代化学家之重要　今日化学家能解剖最复杂之物质，而发见动植物体中之成分为何。甚至能将原子化合而成人造之动植物原质。酒精、靛青、茜草及香料等皆其著例。化学家能造靛青及有用之药物；并改良而且增进钢铁之出产。自有柏塞麦方法以来世界之财富每年增加银币四千兆元之巨。化学家既知植物成分之需要，故能解剖土壤供给必要之化学药品以培养植物。同时水之纯洁与否亦能辨别明白。至今制造家矿业主人农业家莫不依赖化学家矣。

光之性质　当十九世纪时热与光之性质方完全解释明白。光与热系由能媒中之极细波动而外传。所谓能媒者必到处存在。盖无此种中介则太阳与恒星之光线断无达到吾人之理也。

电力之重要 电之为物在十八世纪时知者极少，至今竟占物质上最重要之地位。电似系一种原子间之爱力，足以联合分子中之原子。所谓光似不过一种游行于能媒中之电波动。将来所谓物质者或竟仅系电力亦未可知。三十年来电力之应用极广，为科学上成功之最著者。

镭之发见 当十七世纪时代化学家断定彼炼丹者欲变更金属之性质实不可能，因物之原质各有特性，如不与他质混合则永远不变。二十年来化学上忽有能发速度极高之光体之发见，就中尤以镭素为最著。物质不变之原理为之大受影响。此种元素为巴黎居礼(Curie)教授夫妻二人所发见，由沥青铀矿中提取之，唯极为困难。虽以沥青铀矿一吨仅可得不纯粹之镭一厘之七分五。而全世界之镭现已共有一百厘之多。然因其性质之特异，足以证明原子竟能变性而成为不同之质。故所有物质或皆与生物同均逐渐演化而成者也。

原子中之巨力 镭素之热力于一小时中能将同等重之水，自冰点以达于沸点；然镭素本身之消耗极微而且极慢。故据吾人之计算，则镭素之失其半重几需一千五百年之久。此种力之发表必不原于分子之破裂，而原于原子中之一种作用。世之乐观者以为将来吾人必有利用原子之力以代今日化学作用之一日。唯至今化学家对于促进，阻止或驾驭镭素一类原子中作用之方法尚未有所发见也。

第四节 生物学及医学之进步

细胞之原理 近年来关于动植物上之发见其奇异不亚于物与电。约一八三八年德国之博物学家二人士来登(Schleiden)与司旺(Schwann)互较其观察所得者，乃断定所有生物皆由微体组织而成，此种微体谓之细胞。细胞为一种胶质之物。一八四六年植物学家摩尔(Mohl)称之“原生质”(protoplasm)。所有生物皆原始于原生质，昔日简单之有机体可由死物自然发生之说至是遂破。德国之名生理学家微耳周（Virchow）曾言曰：只有一细胞能产出一他细胞（Omnis cellula a cel lula）。故生物界之细胞颇似非生物界之分子。

近世生物学之重要　细胞原理为生物学研究之根据，极足以使吾人明了原卵发生及所有组织与机关发生之方法。细胞原理亦足以说明多种疾病及医治之方法。奥士勒（Osler）曾谓知识树上之叶竟能医治国民之疾病，对于吾人之快乐及功能实最重要。人类身体及其组织之细密构造——无论有病与否——如各种机关之作用及其关系，消化同化循环及分泌之作用，血球之非常活动，神经脑筋——凡此种种无不经多人之研究。十九世纪以来实验室与医院之建设者日兴月盛。故以吾人今日之知识观之，则十八与十九两世纪时医生之端赖药物治病者实较不医尤恶也。

种痘　一七九六年英国人勤纳（Edward Jenner）有试行种痘之举，当日可怖之危病遂得一防止之方法。此种发明如能处处实行，则世界之上将不至再有天花之踪迹。然世人之疏忽者及反对者至今尚不乏人，故天花一症至今未能扫除使尽。

麻醉药之发明　勤纳发明种痘方法之后五十年美国人窝棱（Warren）于一八四六年至一八四七年间在波士顿医院中始用麻醉药使病人失去知觉以便割治，所用之药曰以脱（ether）。次年苏格兰爱丁堡（Edinburgh）地方始用闷药水（chloroform）。当麻醉药未发见以前病人之不惧刀割者为数极少，即为医生者鉴于病人之痛苦，亦每无充足之时间及机会以便从容施其手术。至于今日则割治之时间可以延长至一小时以上，而病人之痛楚则并不因之增加。

防腐药　自麻醉药发明以后病人之痛楚虽除，医生之施术虽易，然病人之因割治而死者仍复不一其人，盖割治之后每有血毒丹毒或死肉诸症随之也。凡割头或胸或腹者其结果每有性命之忧。最后英国人力斯忒（Joseph Lister）发明救济之方法。彼将所有施手术用之器械拂拭极洁，并用防腐药，病人之因割治而死者数遂大减。唯当一八六〇年间彼之发明成功虽巨，然当时无人知其成功之理由。其时方有微菌学之发生，此种科学不但可以表明伤口传染之原因，而且可以说明人类所受之恶病。假使无微菌学之发生，则治病与防病之方法必不完备，而所谓医学亦将谬误不全矣。

微菌之名 当一六七五年时曾有人用显微镜察出腐蚀牛乳兽肉及干酪之微生物。百年之后维也纳之普雷内士(Pleinez)乃宣言彼信凡疾病与动物质之腐烂均原于此种微生物。然再过百年至一八六三年法国人巴士特(Pasteur)方谓吾人之毒疮曰痈者实原于棒形之微体，名之曰微菌(bacteria)，微菌之名实始于此。

巴士特之研究 法国化学名家巴士特以发明医治恐水病之方法著名，然彼之发见亦正不一而足。彼证明空气中之微菌极其普通，并谓昔人之误以为自然发生者实原于微菌。法国政府遣彼赴法国南部研究蚕之疾病，盖其时蚕疫极盛，人民损失甚大也。彼乃于蚕身及蚕子上发见微菌，并提出救治之方法。彼对于发酵作用亦颇加研究，酒家之损失因之大减。

病之芽胞原理 柏林之科和(Koch)始发见产生肺病之结核菌，其他学者亦先后发见肺炎、白喉、颚锁、胰核炎等病之芽胞。

驱除微菌之运动 微菌既如此之微，如此之多，欲免除之似不可能；然就经验上所得者观之，则当医生施割治之手术时，将一切器具加以消毒，即可防止微菌之侵入。肠热症之原于不洁之水与牛乳，肺痨病之传自患病者之干燥涎唾，黄瘧与瘧疾之芽胞之传自蚊虫，——凡此种种发见均足以示吾人以预防之方法而减少疾病之流传。而且除预防方法以外，救治方法亦复常有发明。巴士特发明凡动物曾受恐水病毒水之注射者即可免恐水病之发生。至今白喉及颚锁二种恶病均有毒苗(antitoxin)之发见，唯肺痨及肺炎诸症则至今尚未有医治之方法也。

白血球 俄罗斯人麦奇尼可夫(Metchnikoff)曾在巴黎研究科学发明白血球有战杀微菌之功。今日科学家颇多专心研究增加白血球以防御微菌之方法。故至今人类之敌皆一一发见而扑杀之，而防御或卫生之方法亦时时有所发明焉。

注意自然科学之必要 吾人如欲驱除人类之疾病免除人类之苦痛有二必要之前提。第一，国家与富人急宜慷慨捐资以维持无数科学家之研究。第二，凡各级学校均宜多加注意于自然科学及其应用。英国名科学家某曾主张不但吾人应多设研究自然科学之机关，而且应组织政党以科学上之训练为选举上之先决问题焉。

史学之将来　一九〇六年法国某报纸曾征求近代法国名人表，其名字以功绩大小为先后。其结果则巴士特居第一得数百万票，而拿破仑反居第四。将来所谓英雄者或将为科学家而非君主与武士或政客。或者当二十世纪时方承认十八十九二世纪史中科学进步及其应用之重要。故吾人之历史将来恐非重编不可。狄德罗之《百科全书》在历史上之地位将在腓特烈大王战争之上，而来伊尔、达尔文、力斯忒、科和与居礼等之名将与梅特涅、喀富尔与俾斯麦并传。

盖文明之进步有赖于科学家及发见家者为多，而有赖于政治家者为少；盖政治家所能管理者国家之命运而已，而科学家及发见家则予吾人以天然及生命之监督权也。近世国家之富强多来自科学家之实验室。故将来之政治家不能不注意此种科学家之新供献，正如昔日之政治家不能不注意新航路之发见及实业之革命也。

第五节　新史学

史材之应用　十九世纪以来各种学问之曾经变化者历史一科即居其一。第一，史材之搜集远较昔日为有条理。所谓史材即吾人对于过去所得之真确消息。如石刻、信札、法律、命令、公文书、重要人物之札记、日记、编年史、传记、国会中之辩论、各种议决案等皆是。凡此种种皆系历史之原料。吾人于利用此种材料以前，必先搜集而说明之方可。今日欧洲各国均有整理就绪之史材，异常丰富，极便研究。

历史范围之扩充　当十九世纪以前所谓历史仅研究人类史之一小部分，约共二千五百年之过去而已。五十年来吾人方知纪元前古代东方诸国及埃及之人类及其事业。至今吾人方知纪元前四千年埃及人已有文字。故历史之范围因之较昔倍增。

未有纪载以前之人类　而且五十年来吾人对于未有纪载以前之人类颇有发见。吾人可根据古人所用之石器，再根据其图画，再根据其在瑞士湖滨之居室，以追溯人类之发明及其进步。

世界上何时始有人类，人类何时始有语言与发明，吾人已无法可以断定。或有以为欧洲之有人类已达五十万年。唯人类之脱离游牧时代而从事于建筑居室、纺织、陶业、耕种及豢养家畜等事，离今似不过一万或一万二千年而已。凡此种种均发见于人类能用金属以前。故此期曰“新石器时代”。

现代史之重要　吾人对于古代史既大有扩充；同时吾人对于现代史之重要亦大有觉悟。盖唯有现代史能使吾人判断今日之问题也。二十年前之编辑历史课本者每详于上古而略于近世。今则不然。欧洲大战发生以来吾人方知欲明了战争及其结果及现代人类诸问题，非先明了欧洲之状况不可。故吾人居今日而编辑历史课本，则上古史与中古史应仅占全书之半，而上古史应仅占上半卷之小半。近世史应占全书之半，而五十年来之历史应占后半卷之半。

唯有历史能使吾人明了现在之世界　吾人欲明白现在，必先明白过去。故研究历史应特重近世。就个人而论，吾人之能明了吾人现在之生活者盖皆自明了吾人一己之过去记忆经验及所历之境遇始。人类全体亦然。吾人欲明了现代人类之习惯及希望，不能不先明了人类之由来，人类之制度及人类之知智与欲望为何。所谓近世欧洲史无异二百年来之欧洲改革史。说明欧洲人如何固守中古之遗制及旧日之观念以迄于十八世纪。此种遗制及观念之如何废止及变更以成现代之欧洲。即就现代而论，亦复来日方长，需要改革之处不一而足。盖吾人之知识常有增加。知识增加，则吾人之状况不能不随与俱变。变更过去人类之生活者知识与发明也。变更将来人类之生活者亦知识与发明也。故改革家之事业日新月异，希望正复无穷。

旧史之缺点　旧日之历史著作中每包有多数与现代生活无关之事实，故读者之兴味索然。吾人编辑课本篇幅有限，其不能遍述一切者势也。著者之目的应仅述其最重要者，以明示人类之如何进步以迄于今。切不可因为过去有此一件事实，吾人遂不得不有此一段文字。

关于各时代及各伟人之纪载本甚丰富。吾人编辑课本时断不能包罗万有者也。故抉择史材一事极为重要。所谓历史实仅一种人类过去事实及状况之记忆，为吾人明了现代问题所必需之常识而已。未读历史之人每多肤浅谬误之见；曾读历史之人则每能根据过去之知识评判现代之问题而无误。

第三十一章

一九一四年战争之起源

第一节　欧洲诸国之陆军及海军

一九一四年之战争　一九一四年八月欧洲最激烈之战争开始。军队人数之众为亘古所未有；所用武器之坚利亦为亘古所未有；其影响于世界之巨亦为亘古所未有。世之有思想者类以此次战争为出诸意料之外。不信欧洲诸国之政府竟敢负此破坏世界和平之责任。然不意竟有战争。此次大战实为欧洲史上最重要之事实，吾人不能不求其原因之所在，与各国争持之问题为何。

欧洲武力主义之发达　自一八七〇年至一八七一年普鲁士战败法国以来，五十年间西部欧洲诸强国间并无战争之迹。此为欧洲升平无事之期。然各强国间始终专心致志于军备之扩充与军器之设备。普鲁士实为提倡武力主义之领袖。二百年前普鲁士曾欲以武力而成为强国。然近世普鲁士之军队实始于拿破仑战败普鲁士于耶拿之后。盖自后普鲁士之政治家知旧式常备军之不可恃，不能不赖"全国皆兵"(the nation in arms)之征兵制也。然欲实行全国皆兵之制须避拿破仑之怀疑。普鲁士政府乃令其国民皆受短期之军事训练，训练之后乃令其退伍而为后备兵。因之常备军之数并不增加，而一旦有事则可用之兵为数甚众。而且普鲁士之训练军官尤为精密。

此种已经改良之军队曾有功于推翻拿破仑。全国皆兵之制相沿不废。五十年后威廉第一与俾斯麦欲独霸国中与奥地利宣战时遂增加每年征兵之数，国民从军之期由二年延长至三年，后备之期延长至四年。因之普鲁士军队之数竟达四十万人之众，于一八六六年战败奥地利。他日法国之失败与德意志帝国之统一盖皆普鲁士军队之力也。

其他诸国之军备　自普鲁士于一八七〇年至一八七一年间战败法国以来，欧洲诸国除英国外莫不仿普鲁士之征兵制而踵行之。凡国民之身壮无疾者均须入伍二三年，再退而为后备兵以备随时奉命从军之用。政府每任用多数教师负教育兵士之责，加以军器发明日形精锐，改良设备所费尤为不资。

国民负担之重　欧洲各强国既争先恐后以扩张其军备，各国陆军之人数为之大增，而国民之负担亦为之加重。当大战开始时德国法国二国之陆军各有四百万人以上；俄罗斯有六七百万人；奥地利匈牙利得二百五十万人以上。英国之陆军不及二十万，驻在欧洲者又居其少数，盖英国之募兵方法与美国同类以志愿军补充之，并无征兵之制也。

英国之海军　然英国之国防端赖海军，而英国海军力之雄厚实为世界之冠；盖英国固以“二强海军”(two powers'navy)为其海军政策之标准者也。英国所以必有强盛海军之理由一在英国人浮于地，国内所产之食粮不敷供给，故不能不自外国输入以资维持。而且英国工业甚盛，与商业有密切之关系。故一旦英国失去其海上之霸权，则其衰亡可以立待。

德国之海军　然其他诸国对于英国之独霸海上多不甘心。若辈对于英国殖民地之广大本怀猜忌之心，而其急于市场之获得与商业之保护亦与英国等。二十世纪以来商业上足为英国之敌者厥唯德国。德国皇帝威廉第二自始即有意于海军之整顿，二十年前曾谓德国之将来必在于海上。故一八九七年德国国会通过振兴海军之议案。自后海军之扩充极其迅速，几有凌驾英国之势，英国人乃大惧。

英国政府遂亦增加其战舰之数目及吨数。其他诸国亦纷起仿行。故欧洲各国除陆军军费外又加以海军军费负担倍重于昔焉。

第二节　和平运动

海牙和平会议之召集　军费既甚浩大，再加以恐惧战争之心，遂引起一部分人之弭兵运动。第一次减少军备之运动始于俄罗斯皇帝尼古拉第二其人。彼于一八九八年提议召集世界各强国代表开会于荷兰之海牙(Hague)以讨论之。此次会议与昔日之维也纳会议及柏林会议不同，非战后之和平会议及平时之弭兵会议也。

第一第二两次之和平会议　第一次海牙和平会议于一八九九年开会，对于限制军备绝无成绩之可言；唯决定建设一永久之“公断法院”(Court of Arbitration)，凡各国间之争执“无关于国家荣誉及存亡”者均可提诸法院以求裁判。然因无法可以强迫各国之提起国际诉讼，而且足以激起战争之祸源又复除外，故所谓公断法院有同虚设。第二次开会于一九〇七年，规定埋藏地雷，炮攻孤城，及战时中立国之权利等。然自大战开始后此种规则亦复有同具文。

各国间之和平条约　自第一次海牙和平会议开会之后各国间之互订公断条约者有一百三十余种之多。规定凡无关国家存亡独立荣誉及第三者利害之争执，均以国际公断方法解决之。近来诸国间甚有将“所有可用法律解决之问题”一律提出公断者。

其他和平运动　除海牙和平会议及公断条约外，尚有其他种种和平运动，故世之乐观者多以为此后或不致再有大战之发生。国际上各种公会及结社在大战前常有增加，而且各国人民间亦多有共同之利害，故有互助之必要。

社会主义　国际和平运动之最有力者社会主义亦居其一；盖社会主义本系一种各国工人之国际运动，其公共目的在于废止“生产机关”之私有制。社会党人常常开国际公会而且互以“同志”(comrades)相称。对于政府之实行帝国主义者每肆攻击，以为投资远地之利益独为富人所享有，因投资而起之战事与工人实无关系。而且社会党人力言战争之祸以穷人所受者为最烈。故极端社会党人多系反对武力主义者。所谓反对武力主义即不愿当兵之谓，社会党人之因此被拘者不一其人。然自一九一四年战端既起之后，各国之社会党人大都热心于战事，故若辈之反对帝国主义或反对扩充领土之战争，此属空言而已。

第三节　各国间之争执

帝国主义与近东问题　欧洲大战发生之最要条件吾人在前二章中已述及之，一为帝国主义，一为近东问题。吾人曾述十九世纪后半期欧洲诸国之如何争获殖民地或商埠于非洲与亚洲，对于土耳其衰替之利益之如何虎视眈眈。兹吾人不能不再略述五十年来各强国间之如何竞争及一九一四年夏间战争之如何爆发。

法意二国在非洲之冲突　第一，吾人须知非洲之如何探险及其分割。非洲北岸沿地中海一带之地大部分属于法国，故法国对于意大利英国及德国先后均有冲突之事。法国领地阿尔及利亚于一八三〇年征服，于一八七〇至一八七四年完全占领，有邻国二——即突尼斯与摩洛哥是也。法国借口于突尼斯土人之骚扰阿尔及利亚边疆，乃于一八八一年遣兵征服之。意大利本欲得其地为已有者，今法国竟捷足先得大为失望。意大利因之遂与俾斯麦携手，加入德国与奥地利之同盟，即现代有名之“三国同盟”也。

法国与英国在埃及之冲突　英国与法国在埃及之冲突，吾人上已述及之。英国人既握有埃及之财政权，法国被屏，法国人乃大恨。一八九八年英国大将启拆涅征服苏丹损失殊大，彼未抵法绍达以前忽有法国探险家麻向自非洲西部越内地以达其地，高树法国之三色旗。此种消息既达伦敦与巴黎，英国、法国二国人莫不惊震。假使法国不让步者，则二国间之战祸几不可免。自有“法绍达事件”英国与法国之感情益恶。二年之后英国与南非洲荷兰农民战争时法国公然表同情于英国人之敌，二国之意见益左。英国人之居于法国者每受法国人之凌辱，两国人至是竟互以“世仇”相称。

爱华德第七与协约 然此种情形于四年之内忽然大变。英国王爱华德第七于一九〇一年继其母女王维多利亚之后而即位，颇喜法国，而法国人亦独爱王。二国之政治家遂竭力利用机会以恢复二国之和好。至一九〇四年英国与法国乃有缔结“协约”（entente cordiale)之举，以解决所有两国间未决之困难。此次协约他日竟成为世界史上最重要事实之一。法国承认英国在埃及之利益，而英国则承认法国在摩洛哥之利益。协约既订二国人莫不大喜；法国海军兵士游行于伦敦通衢之上时英京人士欢声雷动；法国人亦开始赞美盎格罗萨克森人之性情优美矣。

英日同盟及英俄协约 英国与法国缔结协约外，并与日本缔结同盟，英国孤立之局至是乃破。当日本与俄罗斯战争之后言归于好，合力以和平方法侵略中国之满洲，英国亦乘机与俄罗斯携手。此种结合实出吾人意料之外，盖英国人久以印度边疆之乱系俄罗斯人所嗾使者。且英国人本恨俄罗斯政府之专制，伦敦一城实为俄罗斯革命党逋逃之薮。然至是二国竟有协商之举。一九〇七年英国与俄罗斯合订协约，限二国之侵略亚洲于波斯一地，其他各地之划界问题至是解决。

其他诸小国 英国除与法国及俄罗斯订有协约与日本订有同盟之外，并与丹麦及葡萄牙携手，而英国之公主亦嫁于挪威与西班牙之王为后。

德国之怀疑 英国之友中有一强国焉独不在内，即德国是也。德国皇帝威廉第二虽为英国王爱华德第七之甥，然二人自始即意见相左，而两国之富强相等，亦复互相猜疑。德国人以为英国王所缔结之同盟及协约其目的无非在于抵制德国、奥地利与意大利所订之三国同盟，思破坏之以为快。

德法两国在摩洛哥之冲突 故德国于一九〇五年得奥地利之后援，反对英国与法国协定摩洛哥事件。德国谓德国人在摩洛哥地方亦有利害关系，加以德国皇帝措词激烈，欧洲方面产出一种“战争之恐慌”。法国乃允开公会于阿尔及西拉斯地方，决定予法国以摩洛哥之警察权，唯担保摩洛哥之独立。然法国因握有警察权之故五年之间着着进步；摩洛哥之独立名存而实亡。故德国于一九一一年遣巡洋舰驶往摩洛哥海边之亚加得（Agadir）地方为示威之举。德国与法国几启战端。法国乃割刚果河上之地于德国，德国方允法国得自由处置摩洛哥之地。

欧洲战祸之日迫　亚加得事件既发生，英国人大惊。其时欧洲人均以为战祸已近在眉睫断难幸免。德国之主战者以此次事件实为德国之一大失败，盖法国仍得占有摩洛哥也，乃要求政府以后办理外交应取强项之态度。法国与英国之激烈者亦以德国显欲凌辱二国于世人之前，而德国反得刚果河上之地实难容忍。其结果则各国再竭力从事于军备之扩充。

第四节　近东问题

一九一一年德国与英国间之战争虽幸而免去，而奥地利与俄罗斯之关系又复日益紧张，战机四伏。盖自巴尔干半岛之战祸重起后奥地利与俄罗斯之旧恨复兴，不久竟产出欧洲之大战。吾人欲明了两国之关系，不能不略述一八六六年后奥地利之历史。

奥地利国内之民族　奥地利自一八六六年为普鲁士所败后即脱离北部德意志同盟而独立。其领土自十三世纪以来尝有增加，极为复杂。国内之最困难问题莫过于调和奥地利本部之德国人与匈牙利人及多种斯拉夫人——如波希米亚人、波兰人、哥罗西亚人——之感情。一八四八年奥地利之内乱即原于人种之复杂，吾人曾述及之。至一八六七年奥地利与匈牙利分疆而治，有如独立之二邦。西部诸省合加里西亚与达尔马提亚诸地而成奥地利帝国，都于维也纳。东南则有匈牙利王国及其他行省，都于布达佩斯。奥地利皇帝虽兼任匈牙利之王，然国内有国会二，一在维也纳，一在布达佩斯。故二国之合并无异二国之联邦。凡二国公共之政务如财政，外交及陆军三者由两国国会之联席会议曰“代表会议”者处置之。然此种计划仍属暂时救济之方法。盖匈牙利之贵族桀傲不驯，深知奥地利之有赖于匈牙利，故匈牙利不但有所要挟以获得独立，亦且设法以左右两国政府之政策也。

斯拉夫人之不满　奥地利、匈牙利国内之斯拉夫种人对于二国之组织颇不满意，以为如此则德国种人与匈牙利人之地位在若辈之上也。加以斯拉夫种中又有捷克人哥罗西亚人与剌提尼亚人等之支派，语言文字各不相同，而奥地利、匈牙利之政府每播弄其间以便收渔人之利，此即所谓“分而治之”(divide and rule)之政策也。其结果则各民族间之感情益形恶劣。

俄罗斯援助南斯拉夫人　奥地利国内之人种既甚复杂，加以所谓南斯拉夫(Jugo Slavs)者其人种分布于奥地利、匈牙利之境外巴尔干半岛一带地方，益足为奥地利、匈牙利之患。自土耳其帝国衰替以来俄罗斯即以巴尔干半岛人民之保护者自居，奥地利之政策当然难免与俄罗斯冲突。此种情形至一八七八年奥地利因有英国与德国之援助，竟开柏林会议以阻止俄罗斯之计划时益著于世。

奥地利合并波斯尼亚与黑塞哥维那　柏林会议允许奥地利得占据土耳其之二省波斯尼亚与黑塞哥维那。此后三十年间奥地利之经营二省不遗余力，殊得其地人之欢心。然当一九〇八年土耳其国内有革命之事，似有中兴之望。奥地利深恐二省之复入于土耳其也故遂正式合并之。其邻国塞尔维亚乃大恨，盖二省中之居民本属南斯拉夫种而塞尔维亚又本抱有联合二省及蒙特尼格罗以建一南斯拉夫大国之志者也。俄罗斯亦颇抱不满之意，然因德国有以武力援助奥地利之宣言，而俄罗斯又自与日本战争及国内革命以来元气未复，故不得不隐忍也。

塞尔维亚之计划为奥地利所破　受此次合并之影响者当以塞尔维亚为最切。尽至是塞尔维亚入海之希望显然断绝，而国内出产又不能不经过敌国以达于多瑙河也。塞尔维亚之地位遂一变而为仰他人鼻息之国家，而国势亦因之大衰矣。

塞尔维亚在巴尔干战争中之所得　当一九一二年至一九一三年

巴尔干诸国战争时塞尔维亚之领土向南发展，几可经阿尔巴尼亚以达亚得里亚海。奥地利又加以干涉，必欲建设阿尔巴尼亚王国以阻梗之。塞尔维亚人以为战后应得之物又为奥地利人所剥夺，对于奥地利益形切齿。

一九一三年之危机　第二次巴尔干战争终了之日已兆次年欧洲大战之机。奥地利虽能破坏塞尔维亚入海之计划，并能建设阿尔巴尼亚王国以牵制之；然塞尔维亚之领土倍于战前，而世人亦多虑塞尔维亚或乘其战胜之余威实现其建设南斯拉夫国家之计划。德国本表同情于奥地利者，而俄罗斯则群知其倾心于塞尔维亚及南斯拉夫种人者。

德国之地位　德国假示其畏东邻俄罗斯之意。而且德国对于俄罗斯"联斯拉夫主义"以独霸巴尔干之计划尤所不容。盖一旦俄罗斯占有君士坦丁堡，则德国之大计划将无实现之希望也。所谓大计划即自柏林起筑铁道一经巴尔干半岛以达于巴格达(Bagdad)而抵波斯湾是也。其时德国之铁道计划已得土耳其政府之同意，不过英国与法国之反对尚未消除耳。然德国人仍着手于铁道之建筑。不意塞尔维亚有起而为梗之事，而土耳其之国运亦忽有朝不保夕之势。因之"联德意志主义"与"联斯拉夫主义"两种精神遂成对峙之局。

一九一三年之战备　当一九一三年时各国莫不汲汲于战备。德国国会于七月中议决增加非常军费一千兆马克。法国亦将国民从军之期自二年延长至三年。俄罗斯亦大增军费，并请法国总司令霞飞(Joffre)入国商酌改良军队之方法。奥地利、匈牙利亦复尽力于炮兵之改良；英国之海军亦大加整顿：即比利时亦实行全国皆兵之制，其理由以为德国造铁道于比利时边疆一带其意显在侵犯其中立，故不得不未雨绸缪云。

第五节　战争之开始

奥地利皇储之被刺　同时主张和平之人并不失望。英国之政治家尽力于解除各强国间之误会。英国甚至允许德国得修筑巴格达之铁道以消除德国对于英国之恶感。德国之政治家亦颇尽力于和平运动。然一九一四年六月二十八日忽有一事发生，欧洲和平之局乃破。奥地利皇储斐迪南(Francis Ferdinand)大公与其妻出游于波斯尼亚，在舍剌泽奉(Sarajevo)城中被刺死。先是塞尔维亚政府曾劝奥地利之大公毋游其地，谓恐难免有阴谋暗杀之事发生。奥地利以为塞尔维亚之政府实有暗助此种阴谋之嫌疑，故须负此次暗杀之责任。然一月之后奥地利方有所举动。七月二十三日奥地利致最后通牒于塞尔维亚，要求塞尔维亚禁止所有新闻纸上学校中及各种结社之反对奥地利运动；凡文武官吏之反对奥地利者一概免职；奥地利得派法官参预审判罪人之事；凡此诸端均限塞尔维亚于四十八小时内答复。塞尔维亚不得已允许其要求，唯对于最后之条件不能同意。然亦愿提诸海牙之法院中公断之。奥地利不允，维也纳人闻之莫不欣喜。

德国之态度 一九一四年七月下旬殆为世界史中最有关系之时代。其时俄罗斯对于奥地利与塞尔维亚之冲突，显然不能袖手而旁观。至于德国则宣言若奥地利被俄罗斯所攻，则德国必尽力援助奥地利。俄罗斯、法国与英国之外交家多主张将奥地利与塞尔维亚之困难提诸海牙法院解决之，并谓此系二国间之冲突与其他诸国无干，德国人独不谓然。盖德国之意在于严惩塞尔维亚也。

德国之宣战 七月二十八日奥地利对塞尔维亚宣战，俄罗斯遂下动员之令。德国以为俄罗斯之目的在于攻击德国，故于八月一日与俄罗斯宣战。德国同时并向法国询其态度如何，限十八小时内答复。法国政府之答复甚为模棱，一面亦下动员之令。德国遂于八月三日对法国宣战。然德国军队已先一日向法国而进。八月二日德国军队进占中立之卢森堡，德国并致最后通牒于比利时，限十二小时内答复，询其究竟允许德国军队之通过其国境否。如其允许则德国必尊重比利时之领土与人民；否则以敌人对待。比利时政府答称其中立为各强国所议决与担保，如有侵犯者誓竭力抵抗之。

英国之加入战争 英国虽无出兵援助法国与俄罗斯之义务，然于八月二日致书德国政府声明英国对于德国海军之攻击法国海岸断难应允，盖离英国太近，且英国之心存猜忌为时亦已甚久也。二日之后英国政府闻德国军队有入侵比利时之事，外交大臣葛累(Edward Grey)乃致最后通牒于德国要求德国尊重比利时之中立，并限于十二小时内答复。德国总理复称为军事上必要起见德国军队不能不经过比利时云云。英国遂正式向德国宣战。

一九一四年之交战国　不久日本亦对德国而宣战。土耳其亦于十一月决定与德国及奥地利联合。自战争开始以后三月之间一面有德国奥地利与土耳其诸国，一面有塞尔维亚、俄罗斯、法国、比利时、英国、蒙特尼格罗与日本诸国，两相对垒。意大利宣布严守中立，以为无援助奥地利与德国之义务。盖意大利一八八二年加入三国同盟时原议德国与奥地利一旦被攻则意大利方有援助之责，今德国与奥地利既显然为挑衅之人，故意大利自以为当然可以中立云。国际政情之变幻盖如是之不可测焉。

德国加开战之责于英国　英国内阁总理爱斯葵斯既宣布英国与德国已在战争状态之中，德国人遂宣言此次战祸之发生英国应负其责任。德国总理柏特曼和尔味(Bethmann-Hollweg)向下议院声称假使英国政府果能力劝俄罗斯毋预奥地利与塞尔维亚之事，则欧洲战争必可幸免。盖德国人以为奥地利之惩戒塞尔维亚颇有理由，其他诸国断无横加干涉之理。英国政府亦明知之，今竟故犯之，则大战中生命财产之损失当然由英国负责。

英人之见解　关于德国人之意见《伦敦时报》于一九一四年十二月五日有下述之论调："假使英国政府果如德国人之言而向俄罗斯声明，则英国政府无异宣言英国将援助德国与奥地利以反对俄罗斯。诚如德国人之言则所有交战之强国均须负责，盖若辈均不曾为与若辈现在所为者相异之事也。例如假使法国而不援助俄罗斯，则法国可以阻止战争之发生；假使俄罗斯不关心塞尔维亚之存亡，则俄罗斯可以阻止战争之发生；假使德国不愿援助奥地利，则德国可以阻止战争之发生；假使奥地利不致最后通牒于塞尔维亚，则奥地利可以阻止战争之发生。"

第三十二章

世界战争之初期（一九一四至一九一六年）

第一节　一九一四年与一九一五年之战迹

德军入占巴黎之被阻　德国人之入侵法国分三路而进，一经比利时，一经卢森堡以达香槟（Champagne），一自麦次（Metz）以达南雪（Nancy）。比利时人竭力抵抗，德国军队之被阻者前后凡十日，此次延期实大有利于法国。然德国之枪炮极利，故于八月七日攻陷列日（Liège）重镇，至八月二十日即占领比利时都城布鲁塞尔（Brussels）。法国军队因有英国之援助，第一次在那慕尔（Namur）附近与德国军队对垒。那慕尔虽为法国有名之要塞，然亦为德国之巨炮所攻陷，时八月二十二日也。法国与英国之联军向南而退。德国西路之军队至九月一日已进逼巴黎，相距仅二十五英里。法国政府不得已移至波尔多城，一面巴黎亦着手于抵抗围困之预备。

然自九月五日至十日间法国大将霞飞所统之军队大败德国军队于玛伦河（Marne）上，形势为之一变，巴黎被陷之险至是幸免。德国军队向北退驻于要松（Soissons）至来姆斯（Rheims）间之邱上。英国与法国之联军尚未追蹑而至，德国军队已掘壕为久居计矣。

比利时之征服　德国人袭击巴黎之希望既绝，乃着手于征服比利时。十月十日攻陷安特卫普(Antwerp)。比利时全国除俄斯坦德(Ostend)西南一隅外，均为德国军队所占有。德国人本欲进攻卡力斯(Calais)，以其地为进攻英国之根据。然在伊塞河(Yser)上被阻。

德国占据法国东北部　自战争发生之后三月之中德国人已占有比利时，卢森堡及法国之东北部。诸地本实业甚盛之区，城市林立，场圃相连，又富于煤、铁诸矿产，德国人得之大足以增加其战斗之实力。唯德国颇尽力于破坏工厂中之机器，砍断所有果子树，毁坏矿场，大伤法国元气，其方法殊太忍也。

在法国之永久战线　自玛伦河及伊塞河两次战役以后虽常有战争而且死者无算，然四年之间两方战线无甚变更。德国军队不能南下，而英国与法国之联军亦无力北上。两方均掘壕作久战计，继续从事壕战，助以机关枪、开花弹及过山炮等。飞机往来于空中以探敌军之地位及其动作，常常抛掷炸弹以中伤之。自双方应用毒气与流火以来战祸尤惨。

东面之战事　至于东部欧洲方面，则俄罗斯行军之敏捷颇出吾人意料之外。俄罗斯军队侵入东部普鲁士颇为得手，德国不得已分其西部军队以御之。玛伦河上战役之失败此为主因。然德国大将兴登堡(von Hindenburg)于一九一四年八月二十六日至九月一日间大败俄罗斯军队于坦能堡(Tannenberg)地方，俄罗斯军队遂退出普鲁士境。俄罗斯军队之入侵奥地利者较为得手。在加里西亚境内所向披靡。然因德国与奥地利联军在波兰一带活动之故，俄罗斯军队不得不退出奥地利境。一九一五年之冬俄罗斯人思越喀尔巴阡山(Carpathian)以入侵匈牙利，卒因饷需缺乏，故死者甚众，毫无结果。一九一五年八月俄罗斯不能再守华沙及其他波兰诸城，而德国人则进占库尔兰(Courland)、里窝尼亚(Livonia)与爱沙尼亚(Esthonia)诸地，故德国不但得有波兰，而且亦占有重要之俄罗斯国土也。

日本之加入战争　一九一四年八月二十三日远东之日本亦对德国而宣战。其理由有二：一在履行英日同盟之条约。英日同盟始订于一九〇二年，重订于一九〇五年及一九一一年。英国至是求援于日本以保护其远东之商业，日本急允之。然日本人以为远东之德国势力不去，则其目的难达。故日本遂于八月十七日提出最后通牒于德国令其缴出中国之胶州以“维持远东之和平”，限德国八月二十三日答复。德国不允，日本遂于八月二十三日对德国宣战，遣兵经过中国之中立国境以攻青岛，于十一月中旬陷落之，乃背其缴还中国之言占为己有。胶州问题他日为巴黎和会中争点之一。

土耳其之加入战争 一九一四年十一月土耳其加入战争以援助德国与奥地利。土耳其王下令回教徒群兴“神圣之军”以与回教之敌战。英国人遂乘机于十二月宣布埃及完全脱离土耳其而独立，另选新王以统治之，而受英国之保护。英国军队侵入美索不达米(Mesopotamia)，于一九一七年三月攻陷名城巴格达。并逼巴力斯坦(Palestine)之土耳其军，一九一七年十二月陷耶路撒冷(Jerusalem)城。

当一九一五年英国与法国之联军入攻君士坦丁堡大为失败。是年四月联军因有澳洲及新西兰之援军思进逼达达尼尔(Dardanelles)海峡。土耳其军队因有德国之军官及军器故战功甚盛，联军之死伤者数达万人，终不能得一根据地于加利波利(Gallipoli)半岛之上。数月以后英国政府自承此举之失策，乃放弃其计划。

意大利加入战争 一九一五年五月意大利决定不再取旁观之态度。意大利人本无所爱于奥地利。加以恢复“未经收回之意大利”(Italia Irredenta)之机会似乎已至。所谓“未经收回之意大利”系指特棱特一带伊斯的里亚一部分及的里雅斯德(Trieste)海港与达尔马提亚沿岸一带地而言，盖诸地皆奥地利之领土而其人民则皆属意大利种者也。因之德国与奥地利之战线又增加一处。

战争第二年之交战国 战争第二年之交战国一面为中部欧洲诸强，与俄罗斯、法国、意大利、英国、比利时、塞尔维亚、日本、蒙特尼格罗及圣马力诺(San Marino)诸国对垒，——交战之国共得十二，而遍布于世界之全部。不久中立之国亦先后加入战争焉。

第二节　海上之战争

德国商业之破坏　欧洲大战中最大之问题其影响及于世界全部者厥为海战。当战争初起之日世人均以为英国与德国间必将有极其激烈之海战，不意始终无此事之实现。德国之战舰多蛰居于本国之海港中，绝无用武之地。其商船亦多藏于本国或中立国之境内。故不久德国之海上商业即完全消灭，而英国遂独霸于海洋之上。假使德国无海底潜艇之发明，则德国欲抵抗英国之海上霸权几乎无望。而海上战争实最有关于各国之成败者也。

封港与海底潜艇　英国虽封锁德国之海港汉堡、布勒门诸地、基尔运河及波罗的海之出口，以断绝德国对外之交通，然德国之海底潜艇仍时时潜出以击沉英国之商船或战舰。英国政府规定凡中立国船只之赴荷兰、挪威及瑞典诸国者均须在奥克尼(Orkney)群岛上之刻克窝尔(Kirkwall)埠受英国政府之检查，以便知其载有军用品否，并确定其货物是否运至德国。不久英国政府又宣言凡食粮之运往德国者均以军用品论，其理由以为德国食粮充足则有继续战斗之力，故食粮之为用实与军火无异。

德国潜艇战区之扩充　德国人以为英国此种举动显然“欲使德国人民饥饿而死”。德国政府乃亦宣布英国附近之海为战区，凡敌人商船之经过其地者均击沉之。同时并通告中立国船只毋再冒险驶入区内。昔日凡战舰捕获敌船时如所运之货物果系军用品则将船中旅客移至战舰上，然后将商船掳归或击沉之，至于海底潜艇规模狭小不能容人，而德国人又每不能事先预告即施袭击，故旅客每无逃生之机会。

英国商船琉息坦尼亚之沉没　自一九一五年二月后德国之海底潜艇开始袭击中立国之船只，有时虽事先预告然不告之时居多。是年五月七日英国往来于大西洋上之巨船名琉息坦尼亚(Lusitania)者于爱尔兰附近为德国之海底潜艇所击沉，男女旅客之沉没于海中者达一千二百人之多。德国政府以为该船系武装而且载有开花弹者故与战舰无异，然嗣经美国法院之调查断定该船并无军器，此事颇激起英国与美国人民之愤怒。

英兵之突击　西部欧洲战线上之英国军队日有增加，至一九一五年九月下旬英国上将法兰契(John French)所统率者已有军队一百万人。是时英国颇尽力于军火之制造，一面并购自美国。故决意于阿拉斯(Arras)东北之地与德国军队为激烈之战争。其时战线延长至十五英里至二十英里之间；而德国军队前线之被逼而退者仅二三英里而已。此事足证联军驱逐德国军队于法国及比利时境外之不易。

塞尔维亚之失败及保加利亚之加入战争　德国人在西方虽为英国军队所逼退，然在东方之德国军队竟能败退加里西亚之俄罗斯军队，并进逼塞尔维亚。塞尔维亚之敌国保加利亚闻之，以为有机可乘，遂于一九一五年十月四日加入战争以与德国及奥地利联合，入侵塞尔维亚。相持两月之久，塞尔维亚力不支而败，其残军遁走国外。一九一六年一月蒙特尼格罗亦为德国与奥地利之联军所败。

当一九一五年十月间英国与法国之军队在希腊之萨罗尼加(Salonika)地方登陆，然已无能为力。其时希腊政府之态度甚不明了，希腊王君士坦丁(Constantine)为德国皇帝之妹夫，故颇有援助德国之倾向，而其内阁总理凡尼济罗斯则表同情于协约诸邦。希腊王乃宣布中立，卒于一九一七年被逐出国。

第三节　一九一六年之战争

维丹之役　德国军队之在西部欧洲者既被英国军队所逼退，德国人遂集合大军由皇太子统之以攻著名之维丹(Verdun)要塞。协约诸国以为德国人或又有长驱直入巴黎之意，无不惊震。然一九一六年二月至七月间两方经极激烈之争斗，法国大将霞飞竟能抵御而败退之。

当大战初起之时英国之军队尚不及十万人。盖大战以前德国，俄罗斯与法国均采用征兵之制，故各有百万以上之精兵也。大战既始英国政府仍照旧制以募兵。至一九一六年五月始采行征兵之制，规定凡国民年在十八岁以上四十一岁以下者均有当兵之义务。不久又将从军年限规定自十八岁起至五十岁止。五十岁至五十五岁之男子亦有相当之义务。

索谟河上之大战　不久英国法国之联军与德国之军队又大战于索谟河(Somme)上。此次战争区域在亚眠(Amiens)之东北，自一九一六年七月起至十一月止前后剧战凡经四阅月。此次战争之中英国人始用其新发明之铁甲汽车曰坦克(tank)者力能破铁线之网，且能匍匐以过地穴或壕沟。德国人被逼而退者仅数英里，然两方军士之死伤者各达六七十万人之众。

意大利方面之战事　当维丹附近有激烈战争之日意大利军队忽于一九一六年五月间为奥地利军队所败退。至六月下旬意大利不但失去其所得者，并且失其本国领土之一部分。是时俄罗斯适有复侵匈牙利之举，奥地利遂不得不移其军力以保护加里西亚之边境。意大利因之转败为胜，再侵入奥地利境。

罗马尼亚之失败　其时俄罗斯之军事颇为得手。罗马尼亚以为协约诸国必获胜利，故于一九一六年八月二十七日加入战争以援助协约诸国。一面并侵入奥地利之德兰斯斐尼亚(Transylvania)。其时德国虽有索谟河上之剧战，仍能遣其名将二人向东以御之。又加以保加利亚之援助，故罗马尼亚之西南两面受敌，一九一六年十二月其都城不加勒斯多为敌人所攻陷。其领土之为敌所占者约达三分之二，而其产谷之区及煤油之矿亦均入诸德国人之手。

空中战争　世界战争史上人类之能飞在空中以观察敌军或与敌军激战者实始于此次欧洲之大战。空中飞机至今遂为战争利器之一，战争之惨亦为之益增。德国飞机屡扰乱英国之空际以恫吓英国之人民。德国人始用往来自如之飞艇曰徐柏林(Zeppelin)者，继用各式之飞机以代之。英国人民之被飞机炸死者约二三千人，城乡财产亦有被破坏者。英国与法国之飞机亦飞行于德国之夫赖堡(Freiburg)、卡尔斯鲁厄(Karlsruhe)及曼亥谟(Mannheim)诸城之上，抛掷炸弹以报之。然于战事上均无甚影响也。

第四节　美国与欧洲大战

美国人之意见　一九一七年春间德国之海底潜艇政策及中立国船只之被沉颇引起美国人之责难。先是美国政府对于欧洲战争本取旁观态度。总统威尔逊当欧洲大战开始时宣言美国政府应严守中立，并令全国人民对于欧洲战争不得为左右袒。然欧洲战争中之惊人消息日传于美国，美国人民渐难袖手。德国人在美国所设之报纸力言此次战争之责任应由英国负之。同时美国人对于比利时之征服，卢芳(Louvain)之焚毁，及来姆斯大礼堂之破坏极其惊震。其与英国人同种者当然表同情于协约诸国。

德国人在美国之运动　故欧洲战争开始之时美国人之感情遂为之激起。德国政府阴遣人入美国以宣传德国之主张，力言英国与协约诸国之非是。甚至给巨款于德国驻在美国大使本斯托夫(Count von Bernstorff)令其行贿美国之国会议员。至于奥地利匈牙利之驻在美国大使则于战争开始之日即向其政府报告谓彼已有破坏美国钢铁厂之计划，以便断绝英国与法国军火供给之来源。其事闻于美国之政府，美国政府乃致书奥地利政府请其召归。

美国政府对于海底潜艇政策之抗议　美国政府对于德国海底潜艇之击沉中立国船只极不满意，故总统威尔逊屡有提出抗议之事。盖德国潜艇之攻击船只每不预告，故乘客无暇逃生。美国人民之态度渐形激昂，多议总统威尔逊为优柔寡断，以为不应再与德国政府有所往来。德国政府乃于一九一六年九月允改变其潜艇政策。

德国之提议媾和　美国民气虽甚激昂，然总统威尔逊极不愿改变其最初之主张。彼虽向德国声明美国将尽力抵抗德国之潜艇政策，然仍一意于研究和平解决之方法，而其时亦颇有休战言和之希望。一九一六年十二月德国及其同盟既占有波兰，塞尔维亚及罗马尼亚诸国，而德国军队亦复有无往不利之势，德国政府乃有媾和之提议。德国主张凡交战诸国应遣代表会仓于中立国境内以研究媾和之条件。然是时德国之势甚盛，其战功又甚著，协约诸国当然不愿在此时媾和；德国政府因此遂以继续战争之罪加诸协约诸国。以为此次大战之罪魁不问为谁，而提议停战之功臣厥惟德国。德国皇帝乃宣言协约诸国之假仁假义至是大著，而穷兵黩武之罪亦有攸归云。

威尔逊之和平运动　当协约诸国对于德国之提议尚未答复时，美国总统威尔逊于是年十二月十八日致书于交战诸国，略谓交战诸国似均赞成建设维持和平之联盟；又谓世界小邦均应设法保护；然诸国始终未曾说明其战争之"具体目的"为何。故彼提议各国间应开一公会以讨论和平之要件。其时德国政府甚愿照行，而协约诸国则殊不愿，仅于一九一七年一月十日答复美国政府所言者不外"恢复"、"赔偿"、"担保"等语，同时并定下媾和条件，实为德国人所难堪者。

美国总统威尔逊并不因之而失望，彼于一九一七年一月二十二日会将和平之必要条件宣布于世界。彼谓和平之为物必能担保大小民族之权利平等，属国人民之安全，大国民有入海之通道，海洋之自由及军备之限制。又谓："若不承认民主政治之原理，而承认君主有任意转移人民和财产之权利者，则所谓和平断难持久，亦不应持久。若此后巨大之军备仍得建设而维持，则各国之间必无安宁与平等之望。世界上之政治家应有和平之计划，世界各国之政策均须适合于此种计划方可。"然此种和平运动卒无结果，战争之进行如昔，不久美国亦不能不加入战争之中矣。

第三十三章

世界战争之末期及俄罗斯之革命

第一节　美国之参战

海底潜艇战争之重启　一九一七年一月英国政府因欲完全断绝德国之交通有扩充海上封锁区域之举。德国乃宣言欲反抗“英国之专横”及其饿死德国之计划，不得不扩充英国西面海上之战区，以阻止他国与英国之通商。以为英国生活之资端赖他国之供给，今若断其来源，则英国食粮缺少战事必可早日告终也。唯封锁区域之中另开狭路一条许美国之商船得以每周自由往来一次。

美国与德国之绝交　一九一七年二月一日德国在英国西方海上从事于海底潜艇之战争，船只之被击沉者甚多。二月三日美国总统威尔逊宣布与德国绝交；德国大使本斯托夫亦离职回国。德国击沉他国船只之举仍复继续通行，美国人益愤。不久德国外交大臣致书于墨西哥政府，谓一旦德国与美国宣战，则请墨西哥遣兵入攻美国之南部，并即以其地为报酬。此书为美国人所知，载诸报章，美国人更愤不可遏。

美国对德国宣战　至是美国与德国之宣战势已难免。一九一七年四月二日总统威尔逊特召集国会开临时紧急会议，并向国会宣言德国实抱有与美国宣战之意。彼谓：“吾人之目的在于拥护世界生活上之和平与公平原理，以反抗自利与专制之势力。”凡世界上自由与自治之民族均应合力“使民主精神得以安然存在于世界之上”。盖不然者则世界上必无永久和平之望也。彼谓美国应与德国之敌人携手，并应假予巨款以助之。美国上下二院遂以大多数通过对德国宣战之议案。同时并规定发行公债之计划，增加旧税，另征新税。是年五月采用征兵之制，凡国民年在二十一岁以上三十一岁以下者均有从军之义务。同时并预备运兵赴欧洲以助战，一面加工赶造船只以补足昔日被德国人所击沉者。美国人亦颇现一致对外之态度。

第二节　战争范围之扩大

交战国之增加　自一九一七年美国加入欧洲战争后德国敌人之数大有增加。古巴与巴拿马踵起而对德国宣战。希腊国内纷扰多时，至是亦因凡尼济罗斯运动之力加入协约诸国之中。是年秋冬之间暹罗、来比利亚(Liberia)、中国、巴西，亦先后与德国宣战。至是欧洲战争遂一变而为世界战争。世界人民之参与战争者约有一千五百兆人之众。协约国方面之人民得一千三百四十兆，同盟诸国方面得一百六十兆。故名义上世界全部人口中之参战者约占八之七，此中协约诸国占其十之九。不过印度与中国人口虽多，于此次战争之中参预者当然甚少。至俄罗斯则至一九一七年终因国内有革命之举亦已非战争中之主力。吾人明乎此则再观下表形势即了然矣。

附　一九一八年春间之交战国表

同盟诸国(包括殖民地属地)

国　名	宣战日期	人　　口	军　　队
奥地利 匈牙利	一九一四年七月二十八日	五〇、〇〇〇、〇〇〇	三、〇〇〇、〇〇〇
德　国	同年八月一日	八〇、六〇〇、〇〇〇	七、〇〇〇、〇〇〇
土耳其	同年十一月三日	二一、〇〇〇、〇〇〇	三〇〇、〇〇〇

续　表

国　名	宣战日期	人　　口	军　　队
保加利亚	一九一五年十月四日	五、〇〇〇、〇〇〇	三〇〇、〇〇〇
		一五六、六〇〇、〇〇〇	一〇、六〇〇、〇〇〇

协约诸国及其殖民地与属地

国　名	宣战日期	人　　口	军　　队
塞尔维亚	一九一四年七月二十八日	四、五五〇、〇〇〇	三〇〇、〇〇〇
俄罗斯	同年八月一日	一七五、〇〇〇、〇〇〇	九、〇〇〇、〇〇〇
法　国	同年八月三日	八七、五〇〇、〇〇〇	六、〇〇〇、〇〇〇
比利时	同年八月四日	二二、五〇〇、〇〇〇	三〇〇、〇〇〇
英　国	同年八月四日	四四〇、〇〇〇、〇〇〇	五、〇〇〇、〇〇〇
蒙特尼格罗	同年八月七日	五一六、〇〇〇	四〇、〇〇〇
日　本	同年八月二十三日	七四、〇〇〇、〇〇〇	一四、〇〇〇、〇〇〇
意大利	一九一五年五月二十三日	三七、〇〇〇、〇〇〇	三、〇〇〇、〇〇〇
圣马力诺	同年六月二十日	一二、〇〇〇	一、〇〇〇
葡萄牙	一九一六年三月十日	一五、〇〇〇、〇〇〇	二〇〇、〇〇〇
罗马尼亚	同年八月二十七日	七、五〇〇、〇〇〇	三二〇、〇〇〇
美　国	一九一七年四月六日	一一三、〇〇〇、〇〇〇	一、〇〇〇、〇〇〇
古　巴	同年四月八日	二、五〇〇、〇〇〇	一一、〇〇〇
巴拿马	同年四月九日	四七二、〇〇〇	三〇〇、〇〇〇
希　腊	同年七月十六日	五、〇〇〇、〇〇〇	三〇〇、〇〇〇
暹　罗	同年七月二十二日	八、一五〇、〇〇〇	三六、〇〇〇
来比利亚	同年八月七日	一、八〇〇、〇〇〇	四〇〇
中　国	同年八月十四日	三二〇、〇〇〇、〇〇〇	五四〇、〇〇〇
巴　西	同年十月二十六日	二五、〇〇〇、〇〇〇	二五、〇〇〇
		一、三三九、四五五、〇〇〇	二七、四七三、四〇〇

中立诸国　至于中立诸国之人口约共得一百九十兆，荷兰、瑞士、丹麦、挪威与瑞典均因与德国相距太近，且与德国同种，故不欲

与德国宣战。西班牙及中美洲与南美洲诸国亦有严守中立者。然世界各国无一能逃避此次大战之影响及负担者。故真正中立实不可能。各国赋税莫不增加，物价亦莫不腾贵，原料之来源中绝，商业之状态骤失其常。

一九一七年之西欧战线　当一九一七年时除德国之敌人增加颇堪注意以外，其重要事实如下：三月中德国决定缩短其西面之战线，南自讷永(Noyon)，北至阿拉斯。德国军队退走时英国与法国之联军仅能恢复德国军队所占法国领土之八分一而已。其时英国、法国两国之军队力攻德国人，然卒因德国战线之防御极固故牺牲虽巨毫无所得，而德国人仍能维持其战线至一年之久。英国人在比利时海滨亦能稍稍逼退德国之军队，希望夺回德国人之潜艇根据地最布鲁革(Zeebrugge)地方。至于攻夺圣昆墩(St. Quentin)、隆斯(Lens)及喀姆布来(Cambrai)诸城之计划凡相持一年之久终不成功，而两方兵士之死伤者则每周必以千万计也。

第三节　俄罗斯之革命

俄罗斯之革命　俄罗斯本交战国重要分子之一，至一九一七年三月中其内部忽起绝大之变化，战事进行与和平问题因之受绝大之影响。兹故略述俄罗斯革命之情形与其退出战争之经过。当一九一四年战事初起之时俄罗斯政府之腐败无能即暴露于世，有时其官吏甚至有卖国之行为。其军队之侵入德国与奥地利者亦因军需不足之故死者不可胜计。俄罗斯之国会渐现不稳之象。一九一六年十二月通过议决案宣言政府为“黑暗势力”所把持，而国家利害亦为“黑暗势力”所破坏。所谓“黑暗势力”乃隐指皇后及其嬖臣某修道士名累斯勃丁(Rasputin)而言。盖二人朋比为奸均竭力以反对改革为事丑声四溢故也。不久累斯勃丁被刺死，俄罗斯皇帝乃免所有官吏之主张革新者，而以最横暴之人代之。至是尼古拉第二似已显然与新党宣战，一返昔日尼古拉第一方法之旧。同时国内亦渐形瓦解。城市中食粮缺少，国民对于战争之继续渐生厌恶之心。

俄罗斯皇帝之推翻 一九一七年三月俄罗斯都城彼得格勒(Petrograd)地方人民因食粮缺少大起暴动，政府中之军队竟不愿加以阻止，政府中人乃大窘。皇帝下令国会闭会，国会竟不应，并着手于组织临时政府。皇帝急自前敌返京，中途为临时政府代表所阻，强其退位传其大统于其弟迈克尔(Michael)大公，时三月十五日也。然大公之意以为临时政府之举动并无宪法上之根据不允即位；此种态度实与退位无异，三百余年来之罗曼诺夫(Romanov)皇祚至是遂绝。此后世界之上遂再无所谓“所有俄罗斯之专制君主”矣。皇帝之亲戚多先后宣言放弃其权利，政府中之官吏多被拘禁，而国内与西伯利亚之政治犯亦一律被释。此种急遽之政变世人闻之莫不大震。

社会党人之得势 其时革命党人所组织之内阁大体均意见温和者，唯司法总长克楞斯基(Alexander Kerensky)系社会党人且为工人兵士农民会议(音译为苏维埃 Soviet)之代表。新内阁宣言赞成多种之改革：如言论自由；出版自由；同盟罢工之权利；以民军代昔日之警察；普遍选举，包括女子在内等。然社会党人犹以为未足，若辈因有苏维埃之故渐占势力。至一九一七年七月中临时政府中之温和者皆被排挤，而以社会党人代之。俄罗斯军队是时尚欲竭力以与奥地利一战，不意大败。此后国民遂大声要求“无合并无赔款”之和约。

“多数人”之革命 至一九一七年十一月国内酝酿多时之政潮乃爆发。先时当革命初起之时，工人兵士农民会议始建设于彼得格勒，渐与国会争权。不久国内各地均设有工人兵士农民会议。至十一月领袖列宁(Lenin)与特洛兹基(Trotzky)二人得军队之援助，推翻克楞斯基政府，另建“无产阶级专制政府”以代之。此党党人世称为布尔札维克即“多数人”之意，盖此辈占国内社会党中之多数故云。

布勒斯特里多佛斯克和约 俄罗斯国内之“多数人”既得势，遂废止土地及资本之私有制，而建“共产制”。若辈痛骂战争为“为商业与领土之帝国主义战争”，乃请交战诸国开一和平会议。交战诸国无应者，“多数人”遂开俄罗斯政府中之档案，将协约国与俄罗斯政府所订反对德国之密约公布于世。是年十二月俄罗斯与德国及奥地利媾和于布勒斯特里多佛斯克(Brest Litovsk)地方。

俄罗斯代表提出其“无合并无赔款”之条件，颇不满于德国与奥地利两国之苛求。然“多数人”对于德国之要求无法抵抗。芬兰与乌克兰(Ukraine)两地受德国之运动宣布独立，自建政府。“多数人”不得已于一九一八年三月三日与德国及奥地利缔结和约。俄罗斯允撤兵退出乌克兰与芬兰，并允放弃波兰、立陶宛(Lithuania)、库尔兰、里窝尼亚(Livonia)及高加索山中数处地方，许其自由建设政府。因此俄罗斯丧失人口三分之一，铁道亦然，铁矿四分之三，煤矿百分之九十，及其实业中心与最沃农地。不久俄罗斯政府自彼得格勒迁都于莫斯科。其结果则俄罗斯之国家完全瓦解。而西南一带地则皆在德国势力之下。

第四节　大战之争点

战前之种种问题　欧洲当升平之日，本已百孔千疮难以救治，至大战发生而益烈。法国始终不放弃其恢复亚尔萨斯洛林之心。波兰始终希望其国家能再发现于地图之上。波希米亚地方之北斯拉夫种人，哥罗西亚、波斯尼亚及斯拉窝尼亚诸地之南斯拉夫种人虽在奥地利匈牙利之治下，而始终不能心悦诚服。意大利之“未经收回党”(Irredentists)始终希望恢复奥地利治下之海滨一带地。塞尔维亚与保加利亚因第二次巴尔干战争后之处置不当，故恶感极深。罗马尼亚久欲得德兰斯斐尼亚及布科维那(Bukowina)二地而甘心。此外对于欧洲土耳其之残余领土如何处置？叙利亚与美索不达米亚应属何人？其在远东则因日本在中国有种种利害关系不易解决。而德国对于印度及爱尔兰亦复存幸灾乐祸之心，思有以播弄之以增加英国之忧患。

战后发生之问题　战争发生之后领土问题益复纷纠。至一九一七年之末同盟诸国已占有比利时、卢森堡、法国之东北部、波兰、立陶宛、库尔兰、塞尔维亚、蒙特尼格罗及罗马尼亚诸地。英国则据有巴格达与耶路撒冷。其在非洲，则所有德国之属地均入于敌人之手；太平洋上之德国属地则为日本与澳洲所占有。此种地方其将交还德国耶？比利时备受德国人之虐待又将如何？法国之东北部曾为德国人所蹂躏又将如何？岂可毋庸赔偿耶？

对于战争之战争　上述种种问题固甚重要，然尤有重要者在。人类之战祸其如何永远消弭乎？今日之世界与百年前不同，万国庭户互相依赖，故各国合力之从事于战争之扑灭似乎时机已至。当一八一五年时横渡大西洋需时一月以上；今则不六日而至；将来飞机行空其速度必在轮船之上尤在意中。昔日之大洋与中古时代欧洲之城墙同实为交通之阻梗，今则皆一变而为各国交通之孔道。大战以前欧洲铁道上之快车每小时行四十至五十英里，而汽车之速率亦与火车上之机车争胜。当一八一五年时欧洲人之交通机关最速者不出马匹之上。其他如电报电话之灵通，无线电报之便利，虽在海上消息可通，皆非百年前人所能梦见者也。

各国之互相依赖　世界各国之衣食及生活上之必需品至今无不有互相依赖之象。英国断绝德国之交通以速战争之终了，德国亦击沉往来英国之船只以断其食物之来源。战争谣言一起，而全世界之证券交易为之推翻。各国民族互读各国人所著之书，互受各国人科学及发明之益，互聆各国人所编之戏曲。德国人、意大利人、法国人及俄罗斯人对于音乐均有供献，而纽约、法尔巴来索(Valparaiso)或悉德尼(Sydney)诸城之人士莫不倾耳而听之。吾人虽仍以“独立”之民族自居，而当今之世唯极其野蛮之民族方能有真正之独立。故至今各大洲间之关系日形密切，而各洲历史亦将混合而成全世界之历史矣。

大战前之国际协商　大战既启，各国互相依赖之情益著。海牙和平条约也，海牙国际法院也，各国间之公断条约也，其目的均在于弭兵。此外尚有关于币制、邮政、商业及运输之国际协商均足以增加各国之谅解与互助。其他如种种国际协会、公会及展览会等，皆能聚各种民族于一堂以表示其共同之利害。

军费之浩大　至于旧日之军备问题及减除国民负担问题自大战发生以后益有不能不解决之势。盖欧洲各国而欲永久维持其巨大之常备军与海军，其结果必出于国家破产或民不聊生之二途。加以杀人之术日有进步，辅之以科学之发明与战争之苦痛，故战前之充分军备，在战后视之几同废物，大炮也，飞机也，铁甲汽车也，毒气也，皆此次战争中新发明之杀人利器也。而海底潜艇发明以来海上战术亦为之一变矣。

武力主义　在理想家眼中观之，此次战争之最大争点实为武力主义。此主义并包有密切问题二：第一，吾人仍允外交家得继续其秘密交涉与缔结密约以引起战争乎？第二，政府仍可不问国民之意向而任意宣战乎？美国总统威尔逊屡次声明美国所主张之原理，对于此种原理决以武力维持之。当一九一七年八月一日罗马教皇本笃十五(Benedict)曾有要求各国弭兵之宣言，望各国易干戈为玉帛以恢复“昔日之原状”。美国总统于八月二十七日答称：德国政府极其不负责任，如听其存在则世界和平实无希望。“此种力量并非德国之人民。此乃管理德国人民之凶暴主人。……德国政府之言除非有德国人民意思为援助之证据，吾人断不可恃为担保。若无此种担保，则所有与德国政府订定之裁减军备，规定公断，领土协定，恢复小国等诸条约，无论何人，无论何国，均不能听信。”

威尔逊之十四要点　一九一八年一月八日美国总统提出世界和平之计划，其要点凡十四。言其著者则各国间不得有秘密条约或协商；海洋之上除国际协约不得通行之部分外无论战时平时均当绝对自由通行无阻；经济障碍之排除与军备之裁减；殖民地权利之公平协商；比利时之恢复及德国军队之撤退；德国占据亚尔萨斯洛林时对于法国之无礼举动应有相当之赔偿；土耳其之亚洲领土应解放之；组织国际协会以担保大小诸国之平等独立。英国工人代表对于上述诸点极表同意，而美国加入战争之目的至此亦大著于世。

第五节 美国参战后之战迹

德国人之突击 一九一八年三月二十一日德国军队在西面战线上又有突击之举，思决一最后之胜负，以迫协约诸国之媾和。德国人至是深知海底潜艇之力已不足以征服英国；美国之军队又复接踵而来；而德国军需取资于俄罗斯之计划又复无甚效果；故德国人急于一战。加以德国人民备受战争之苦痛，若不早日结束诚恐有迫不及待起而暴动之虞。

其时西面战线之东南两部为法国军队所防守，北部则为英国军队所防守。德国大将兴登堡及其他诸人决定用全力以攻索谟河上英国军队之在最南端者，以为如果胜利则英国与法国之军队中分为二，不能呼应。大战数日，英国军队不能支，退至亚眠附近。法国急遣军援之，德国军队不能再进，亚眠为铁道交错之一点，至是幸免陷落之险。自欧洲大战发生以来当以此次战事为最烈，兵士之死伤及被虏者计达四十万人以上。然德国所得者不过恢复一年前旧有之地而已，进占新地之计划乃大失败。

福煦为联军总司令 协约诸国既知战局之危险，乃思另举总司令一人以指挥所有战地上各国——法国、英国、意大利、美国——之军队藉收指臂之效。一九一八年三月二十八日各国均赞成派法国大将福煦(Fedinand Foch)为总司令。战事形势果然为之一变。

德国人最后之突击 世人均知德国军队不久必有第二次突击之举，唯因战线延长至一百五十英里之远，德国人究自何处进攻，协约诸国无从臆测。四月九日德国军队竟有突击阿拉斯与伊泊尔(Ypres)间英国防线之事，其意在于直抵卡力斯与英国海峡。联军方面人人危惧，英国军队力不能支，退出数英里之地，其司令乃下令兵士宁死毋退，德国军队至是又不得逞。五月下旬德国军队又有第三次之突击，此次方向系指巴黎。攻陷要松及沙托退里(Chateau-Thierry)诸城，离巴黎仅四十英里。六月中又再欲南下，以谋进步。至此为美国军队所阻，是为德国军队与美国军队接触之第一次。而德国之战功至是亦可谓告终矣。

美国军队之赴欧　第一批美国军队于一九一七年六月抵法国，统率者为拍兴(Pershing)上将。至一九一八年七月一日美国军队之在法国者已达一百万人，参与战争甚力。当一九一八年五月下旬美国军队建第一次夺城之功，并力助法国军队以抵抗德国军队在沙托退里城之突击。并于该城之西北败退德国之精兵。诸战役中美国海军兵士之出力尤巨。

德国之败退　此后数周之中两方常有小战，德国兵士颇有死伤者。至一九一八年七月十五日德国军队又尽力攻击来姆斯城以冀直抵巴黎，然卒被阻而退。以后数月法国与美国之军队合逐德国军队于玛伦河以外，德国人入捣巴黎之希望乃绝。同时英国军队亦在索谟河上及亚眠东南诸地进攻德国之军队。至九月下旬德国军队已退至昔日之兴登堡战线；而联军亦有攻入此线者。至是联军距洛林边境已仅数英里而已。

大战将终时之美国军队　当一九一八年十一月十一日停战条约签字以前美国军队之在法国者约有二百万人以上，多散布于西面战线之上，就中参与战事者约一百四十万人，战功殊盛。至九月中旬夺回圣密喜尔(St. Mihiel)城于德国人之手，与麦次要塞相去益近。同时并与英国人合力夺回北部圣昆墩之运河坠道，美园兵士死伤者亦以千计。阿尔艮(Argonno)森林中之战役及十一月七日之夺回色当，美国军队之力居多。自一九一八年六月至十一月间美国兵士之死伤或被俘者约三十万人。

俄罗斯之状况　其他各方面战线之上，协约诸国均渐占优胜之势。德国军需虽能取资于俄罗斯，然军事上已不能有所发展。乌克兰之人民颇有倾向于协约诸国之势。芬兰境内则有“白卫军”即国民党与“红卫军”即“多数人党”之激战。同时英国与美国之军队亦在麦曼斯克(Murmansk)沿海一带地以与“多数人”战。

至于西伯利亚之东部，则英国、日本、美国之军队均在海参崴登陆，拟西向深入内地以恢复俄罗斯之秩序。此外“多数人”之敌中尚有旧日奥地利治下捷克斯拉夫种人所组织之军队，至是为援助协约诸国起见入俄罗斯从事战事。

保加利亚之屈服　当西部欧洲联军有合力进攻之举，东部欧洲方面巴尔干半岛中之塞尔维亚、希腊与法国之军队亦开始活动于塞尔维亚境中，保加利亚军力不支而退。德国与奥地利是时均无力来援，保加利亚不得已于一九一八年九月二十九日停战求和。协约诸国允之，唯令保加利亚须绝对纳降。保加利亚至是战力盖已尽矣。土耳其与同盟诸国之交通既断，势亦难支，而协约诸国之入侵奥地利其机亦复甚迫。

土耳其之纳降　第二国之停战求和者即为土耳其。英国大将阿伦培(Allenby)自一九一七年十二月陷落耶路撒冷城后，即穷追耶路撒冷之土耳其军队。英国与法国之联军不久即征服叙利亚一带地，并攻陷达马士革(Damascus)及贝鲁特(Beirut)诸城。土耳其军队之在美索不达米亚地方者亦为英国人所虏。土耳其不得已于十月三十一日向协约国纳降。

第六节　霍亨索伦哈布斯堡与罗曼诺夫三系之绝祚及大战之告终

德国之地位　西部欧洲战线上之德国军队既不能支，而东部欧洲方面之德国同盟又复后先失败。同时美国军队源源而来，协约诸国之军威益壮。德国人民对于政府渐生不满之心。海底潜艇之应用不但不能屈服英国，而且反足激起美国之恶感。德国虽与俄罗斯订有接济军需之约，然终不足以救济德国之困难。德国之商业完全破坏；国债之数日有增加，而取偿无地。德国本无友邦，而东部同盟又复中道离叛。所恃者仅一奥地利、匈牙利而已。

奥地利之瓦解　然即就奥地利、匈牙利而论，亦复现力竭精疲之象。国内各党之意见渐趋纷歧，国内各种人民蠢蠢欲动，加以国内之食粮缺少，西部欧洲败绩之消息纷传，奥地利政府不得已于十月七日致书于美国总统提议休战。是月下旬奥地利军队为意大利人所败，不但北部意大利再无奥地利人之踪迹，即特稜特与的里雅斯德城亦为意大利人所占领。十一月三日奥地利、匈牙利纳降。

然其时欧洲地图上已无所谓奥地利、匈牙利矣。国内捷克斯拉夫种人已宣布共和，而南斯拉夫种人亦宣言与奥地利脱离关系。匈牙利有叛乱之举，亦宣布建设共和。奥地利皇帝本兼匈牙利王者不得已于十一月十一日宣布退位。

德国之求和　同时德国亦现瓦解之象。一九一八年十月初旬德国政府中人深知协约诸国之军势甚盛难以抵抗，故其总理具书托瑞士公使转达美国总统提议休战与媾和。总统威尔逊答称：如德国不降而且尚有再战之力者则协约诸国断不停战。“因为世界上之民族不信而且不能信德国政府中要人之言也。”

德国皇族之倾覆　是时德国之军事会议尚欲力维旧制，然其势已不可能。政府下令免卢登道夫(Ludendorff)大将之职，并于十月二十七日通知协约诸国谓政府中已经过一种巨大之变化，使国民得有监督军政之大权。

德国皇帝之退位　不久，德国政府因急于停战之故竟与福煦大将直接交涉，盖是时德国内部革命之机甚迫故也。而且自北海以至瑞士协约诸国着着进步，而德国军队则败退时死亡相继。十一月九日德国皇帝威廉第二竟宣布退位。不久遁入荷兰，霍亨索伦系之帝祚乃绝。巴威王已于前一日退位，其他德国诸邦大抵皆由王政改为共和。十一月十日柏林有暴动之事，社会党领袖亚柏得(Friedrich Ebert)得旧总理及各部大臣之允许就任总理。普鲁士亦宣布共和。德意志帝国至是遂亡。

停战条件　同时双方之停战交涉仍继续进行。十一月八日德国政府代表越战线以与法国大将福煦会晤，并探得条件而归。就中规定德国于二周之内撤退占据比利时，法国东北部，卢森堡及阿尔萨斯洛林诸地之军队。德国军队须退出莱因河右岸以外，其河西之德国领土应归协约诸国之军队占领之。所有德国军队之在旧日奥地利、匈牙利、罗马尼亚、土耳其及俄罗斯境内者均应立即撤退。德国应将所有战舰，海底潜艇及军用材料交诸协约诸国；其铁道亦应交由协约国处置之。此种条件之目的在于使德国无再战之能力。虽甚严刻德国亦已不能不承认矣。十一月十一日两方乃签停战之约。欧洲大战至是告终。

第三十四章

大战后之欧洲

第一节　巴黎和会

与会之国家　一九一八年之冬协约国既败德国及其同盟乃择定巴黎及其附近之维尔塞为各国代表议和之地。一九一九年正月开会。和会中主持讨论及最后决议者，实仅五大国：即英国、法国、美国、意大利及日本是也。参预和会之国家有英国诸殖民地：加拿大、澳洲、新西兰、南非洲及印度。有南美洲之巴西及其他十一共和国。有欧洲之比利时、塞尔维亚、希腊、罗马尼亚及新兴之波兰、捷克斯拉夫。有亚洲之汉志、中国、暹罗。有非洲之来比利亚。总共三十二国。德国、俄国及其他中立国均不与会。

和会三大头　和会中重要条件始终由三大头——法国之克里门梭(Clemenceau)、英国之鲁意佐治、美国之威尔逊——秘密讨论而决定之。诸小国代表多向之抗议，无益也。法英美三国代表之意以为此次战事三国之功最多；且与会诸国之利害多所冲突，如公开大会讨论断难成事，故非出以秘密专断不可云。

德国领土之损失　一九一九年五月五日和约草案成，由大会讨论通过之。依和约规定：德国领土大缩。割阿尔萨斯洛林于法国，割卜山(Posen)及西普鲁士两省之大部于波兰。其他较小之领土或并入波兰，或并入丹麦，由各该地居民自决之。但泽一城原极重要，自是亦独立而为自由城。一切殖民地概行放弃。其在非洲者由国际联盟委任英国法国管理之。其在太平洋中者改隶澳洲或日本版图。为永远削弱德国起见，德国须交出大部分之海军，全部分之飞机及潜艇。陆军不得过十万人，废止征兵制。限制军器之制造及购买。协约国占领莱因河西岸至和约执行完了为止。

赔款问题之困难 和约中最困难问题为战争中协约国要求德国赔偿损害之数目问题。此事当时决定由协约国组织赔偿委员会以决定德国应赔及能赔之数目，二年后报告。唯德国先须赔出约一千兆银圆之巨款。并须为协约国制造船只以补偿战争中所击沉者。又因破坏法国煤矿之故应赔偿巨量煤矿于法国。当时英、意、美诸国之经济专家已知和约条件过苛执行不易，且足阻止欧洲元气之恢复矣。

德国人闻之大愤，群以和约为含有复仇精神，殆与灭国无异。乃向和会提出长篇之抗议，意谓此约违反威尔逊之十四要点；赔款不加决定，无异沦德国于奴隶之境；至于当日立须交付之赔款亦超出德国全部之财富。又谓德国即被迫签字亦无力可以履行。并不认此次战争之责任全在德国。唯德国虽迭次呼吁终无结果。卒于六月二十八日勉强签字于维尔塞宫中。

第二节　国际联盟

国际联盟公约 对德和约中之第一部即系国际联盟之公约，此诚人类史上最重要史料之一种。美国总统威尔逊深信国际联盟之组织实为现代偃武修文之唯一方法，故坚持《联盟公约》须为和约之主要部分。

联盟之组织 凡完全自主之国家及殖民地如能证实其有意遵守公约者得为联盟会员。唯当时德国及其同盟暂时除外。俄国及墨西哥须俟确定政府成立后方得加入。联盟之永久机关设于瑞士之日内瓦。设有议事会参事会各一。议事会中会员各有一表决权。参事会会员除五大强国代表(英、美、法、意、日)外，并由议事会随时选举其他四国代表充任之。两会会期均有一定。参事会每年至少开会一次。一切重要提案须全体一致方得通过。

弭兵政策　无论何种战争或影响世界和平之举动均视为有关联盟之事件。凡联盟会员中有足以引起战争之争论均须提出国际公断，或请议事会或参事会加以调查。如既提出公断则公断后须绝对遵守，不得宣战。如提请调查则参事会或议事会须加以精密之调查，并须于提请后六个月内报告实情并陈述其主张。如报告及主张除当事者外全体同意，则当事者不得再行宣战。如主张未能全体同意时当事者在报告后三个月内不得宣战。如会员不遵规约任意宣战即作为对于联盟全体会员国之宣战。诸国须与之断绝商业及经济关系，并禁止人民间之往来。联盟会员并须互相尊重及维持各国领土之安全及政治之独立。

世界法院　《联盟公约》并规定设立一永久国际法院，即通常所谓世界法院是，以受理并判决国际争端为职务。联盟参事会并计划裁减军备及限制军器制造。所有各国条约均须向联盟注册而公开之。

委托管理制度　昔日弱小民族所居之地之属于中欧诸国者如土耳其帝国之一部分，中非及西南非，及南太平洋诸岛等均由国际联盟保管之。依据所谓委托管理制(mandato)，凡弱小民族均委托所谓“先进国”(advanced nation)者管理之以求诸地之安宁及发展。受有委托之政府须每年报告其成绩于联盟。

国际劳工局　条约中并规定设立“国际劳工局”(International Labor Bureau)，以谋世界工人状况之改良，并谋男女及童工工作状况之改进。此局由联盟监督之。

第三节　欧洲地图之变色

奥地利之瓦解　奥地利旧帝国之瓦解实为此次战争最惊人之结

果之一。当战争将终之时北部斯拉夫人所谓捷克者组织捷克斯拉夫(Czechoslovakia)共和国；南部斯拉夫人组织南斯拉夫(Jugoslavia)王国；领土大缩之匈牙利亦宣布独立。奥地利领土大减，亦一变而为共和国。其王查理第一于一九二二年死于国外，六百年来哈布斯堡皇族之祚于是乎遂绝。

奥地利本为昔日帝国之中心，至是国家财源大半断绝，因之经济极形困难。甚至行政费用亦无着落，竟濒破产。更无论改革善后矣。国内饥馑及叛乱相继而起者前后凡三年。纸币仅值昔日原值千分之一·一五。国际联盟乃设法使借外债二百七十兆银元，由西欧诸国政府担保之，联盟并协助奥地利政府以谋善后。奥地利财政乃渐能恢复常态，出入相敷。

匈牙利之政变　匈牙利曾建一时之共和国，以伯爵喀罗里伊(Karolyi)为总统。彼本一大地主，然颇抱与民共享地权之志，不久为共产党人所倾覆。而共产党又于一九二〇年三月为反对党所打倒，海军上将何尔提(Horthy)得势为“摄政”，各种改革事业多被阻止。匈牙利至今犹为无王之王国。

一九二三年匈牙利求援国际联盟以恢复其财政状况。参事会派委员会调查之后为谋借善后外债。国内财政由美国波士顿人斯密(Jeremiah Smith)任委员长与国际联盟合力整理之。一九二六年斯密卒使匈牙利之出入相抵。

捷克斯拉夫　由奥地利匈牙利故国分离而成之国家，当以捷克斯拉夫共和国为最繁荣。系合波希米亚、摩拉维亚、西里西亚及斯罗瓦基亚诸旧壤而成。捷克人及斯罗瓦克人约占人口百分之六十，其他有德国人三百五十万，匈牙利人及其他共一百万。德国人在国会中自成一党，且坚持仍用德语。昔日德国人与斯拉夫人之宿仇在新政府下尚未能消除也。

南斯拉夫王国　南斯拉夫王国之国运不若捷克斯拉夫之佳。南部斯拉夫人之联合运动虽已由来甚古。然欲冶各种不同民族——塞尔维亚人、哥罗西亚人、斯罗文人、达尔马提亚人、波斯尼亚人、黑塞哥维那人——于一炉实属难事。此等民族虽属同种，然因分地而居者已经数百年，故社会上政治上宗教上之观念以及教育之制度莫不大不相同。而今竟由新王亚力山大一人统治之其困难可想。不特此也，对外并常与意大利纷争。意大利坚欲得非麦(Fiume)及其附近之地，盖其地为意大利人所居，且为入海之门户也。非麦之地卒并于意大利，而附近之巴罗斯(Barros)埠则与南斯拉夫王国。

波兰之中兴　斯拉夫人之国家除俄国外要以战后中兴之波兰为最大。不幸波兰专以恢复其旧壤为事，故不久即与捷克斯拉夫、俄国、乌克兰及立陶宛诸邻国战。与俄国之战尤为激烈(一九一九——一九二〇)，卒败俄国。俄国割白俄大部之地以予之，乌克兰亦放弃其东部加里西亚之要求。波兰因得法国之援助遂蔚成大国。然国中波兰人仅过半数，其余有德国人、立陶宛人、白俄人、乌克兰人及犹太人，民族亦复甚杂也。

俄国之反共产运动　俄国之共产党领袖特洛兹基组织强盛之红军以扑灭反“多数人”之运动，反革命军虽有军官如科尔查克(Kolchak)、但尼金(Deniken)、胡兰格尔(Wrangel)等得协约国之援助在西伯利亚与俄国屡兴反共产之师。然“多数人”终得胜利至今尚握国内政权也。

芬兰诸地之独立　俄国旧日之四省至是亦成为自由独立之国家。芬兰在昔本为独立之公国，而以俄皇为其公。历来反对俄国政府之剥削其政权。俄国革命事起，芬兰遂乘机完全独立。其他毗邻之三省——爱沙尼亚、拉特维亚、立陶宛——数百年来常受邻国之阴谋及侵略者至是亦独立而成共和国，与芬兰同加入国际联盟。

保加利亚　至于巴尔干半岛，吾人已知其西部并入南斯拉夫王国。协约诸国为惩保加利亚起见，将保塞两国交壤之地割与南斯拉夫，并剥夺西部色雷斯之地以予希腊以断保加利亚与爱琴海之交通。且又以多瑙河与黑海间多白鲁耶(Dobrudja)之农地畀诸罗马尼亚。唯保加利亚失地虽多，赔款虽巨，而恢复元气殊为迅速。一因其农民之勤劳，一因其军费之轻少，且能利用其军队为战后善后之工作也。

罗马尼亚　罗马尼亚虽为德国人所败，然战后领土增大，加至一倍。经协约国之同意得有一八一二年来俄国所领之贝萨拉皮亚(Bessarabia)；奥地利之布科维那(Bukovina)，匈牙利之德兰斯斐尼亚(Transylvania)。罗马尼亚王国至是包有罗马尼亚人、塞尔维亚人、匈牙利人、俄国人、保加利亚人及土耳其人。国会为谋联合国内诸异族起见迭有改革之举。就中如普遍选举及土地之重新分配等其尤著者也。分裂大地以予小农民，其地价由小农民及政府分担之。并以公民资格给予生长本地之犹太人。

土耳其　土耳其帝国领土之在欧洲者自巴尔干战争以后(一九一二——一九一三年)大形缩小，仅留有君士坦丁堡及迤西东部色雷斯一小部分之地而已。当战争中，非洲之埃及及亚洲之汉志、美索不达米亚、叙利亚及巴力斯坦均先后失去。当停战之际协约国要求土耳其割让要港斯麦那(Smyrna)及东部色雷斯于希腊人。此举激起土耳其人之民族运动。其首领名凯末尔(Mustapha Kemal Pasha)精明强干，起建新都于小亚细亚之安哥拉(Angora)。否认土耳其皇帝与协约国所订之条约，逐希腊军队之在小亚细亚者。土耳其之国民党实阴得意大利与法兰西之援助；盖两国商人颇望获得土耳其之油矿与商业权也。

洛桑条约　土耳其国民党既战败希腊人，乃坚持恢复其应有之权利。一九二三年七月与协约国订洛桑(Lausanne)条约。协约国承认土耳其仍得有斯麦那，君士坦丁堡及东部色雷斯。唯达达尼尔海峡公诸万国。国民党乃于一九二三年十月逐皇帝离君士坦丁堡，另建共和国，设新政府于安哥拉。数月后七百年来统治土耳其之皇帝被逐出国，与德奥俄诸皇室同归于尽。废旧日之哈里发制(caliphate)，昔日政教合一之制遂废。

希腊之政变　希腊人之加入大战虽较迟，然大战后犹继续与土耳其人战以冀获得斯麦那及东部色雷斯。协约国原暗助希腊人之侵略者，卒因土耳其人民族运动之强烈，竭力以结安哥拉新政府之欢心。希腊人民将战败之罪归诸国王及大臣，乃逐国王，杀大臣。于一九二四年三月废王制而改建共和。

百年来之世变　当一八一五年欧洲开维也纳会议改造欧洲地图

时当时外交家之唯一愿望为旧制之恢复与正统君主之复辟。凡有运动立宪者限制君权者建设民族国家者无不力加压迫使之不成。然终十九世纪之世卒因改革家之努力建设立宪独立之民族国家七国，加入于欧洲列国之林——塞尔维亚、希腊、比利时、德国、意大利、罗马尼亚及保加利亚。

民权与民族两主义之发达　百年后而有维尔塞会议。至是法国反为盟主以支配奥地利，主客之势适与百年前相反，沧桑之变何其亟也。梅特涅、塔力蓝、亚历山大已去矣，而克里门梭、鲁意佐治辈乃继起。且并有欧洲以外之各国代表。诸外交家已不复信赖帝与王，而独信赖民主之政府，且欢迎共和国之建设。且亦深信所谓民族自决权。故一九一九年欧洲政治之改造实为两种政治思潮之结果：即民权与民族是也。

中部欧洲之变化　欧洲政治变化之最足惊人者为中部东部之变化：霍亨索伦、哈布斯堡、罗曼诺夫三大旧皇室之倾覆，均变为社会主义或共产主义之共和。其次为土耳其帝国之消灭及新共和之兴起。旧日俄国西南边疆上新建七共和国：芬兰、爱沙尼亚、立陶宛、拉特维亚、白俄、乌克兰及特兰斯高加索。至于哈布斯堡族之领土大部分割与波兰、意大利、罗马尼亚、南斯拉夫及捷克斯拉夫。

第四节　废战运动

德国赔款问题之困难　欧洲战后之困难问题甚多，而德国赔款问题尤为其最。其数目于一九二一年二月间规定为一一二,〇〇〇,〇〇〇,〇〇〇银元。德国政府宣言如此巨款虽分为四十二年摊还，亦属绝对不可能。英国颇有意于调解。然法国比利时之军队竟于一九二三年正月侵入莱因河流域中德国实业最繁盛之地，驻兵于鲁尔河(Ruhr)流域中诸城，冀以武力征收其赔款。德国人抵死以抗之，法比两国之计不得售。是年秋德国政府愿提赔款问题于国际法庭公断之，请其规定数目及方法。

赔偿委员会之计划 一九二三年十一月赔偿委员会决派专家组织二委员会以决定：（一）整理德国国内财政之方法；（二）调查德国在国外之财富若干，并计划收回之方法。前者由美国前任预算主任道威斯(Charles G. Dawes)将军等主持之；后者由英国前财政大臣麦肯那(Reginald McKenna)主持之。一九二四年四月二委员会之报告成。法、英、德诸国政府均表示赞成之意，德国政府并宣言愿意遵守。唯赔偿总数仍未尝规定也。

华盛顿会议 当和约告成之日美国政府因有种种原因——不愿转入欧洲政潮中，“孟禄主义”之不稳，英国在联盟中有五表决权(加拿大、澳洲、新西兰、南非各有一权)等——卒不批准，且未尝加入国际联盟。唯美国政府颇思尽力于国际弭兵之举。故美国总统哈丁(Harding)于一九二一年十一月公请各国代表开一裁减军备会议于华盛顿。中、英、法、意、日、比、荷、葡诸国均有代表出席。海军强国英、美、法、意、日五国相约停造新战船十年。至于英、美、日之海军力维持五五三之比例。诸国并相约不干涉中国之内政或谋特殊之利益。中国之山东问题，亦于此会中解决。

国际联盟之开会 依维尔塞和约，国际联盟于一九二〇年十一月组织成立，开第一次会议于日内瓦。与会者凡四十二国。自后陆续加入至今共得五十五国。自一九二六年来联盟中包有德、俄两国外之全部欧洲，美、墨、厄瓜多外之全部美洲，土耳其及阿富汗外之全亚洲，埃及外之全非洲(罗卡诺条约允德国加入)。参事会及议事会照常开会。并常设各种委员会研究特种问题或计划专门报告。

和平运动 联盟颇能致力于国际和平之运动：（一）排解会员间之领土争执。如意大利希腊间及希腊保加利亚间之得免战争皆联盟干涉之效也。（二）主持赈济战区灾民事业，特派委员会主持之。援助诸国整理国内之财政，如援助奥匈两国之善后，即其著例。（三）组织研究国际重要问题之附属机关。凡分二种：（甲）专门委员会，掌理财政及经济，交通及卫生。（乙）顾问委员会，专掌军事问题，裁减军备，委任管理，贩卖女子儿童、鸦片及知识合作等。此外并有二相关而独立之机关之建设：即国际劳工组织(International

Labor Organization)及国际永久法院(Permanent Court of International Justice)是也。

永久法院之建设　国际联盟最大之成绩莫若国际永久法院之建设。一九二〇年二月参事会派世界著名法学家组织委员会规划国际法院之组织。同年十二月《国际法院组织条例》成，通过于议事会。乃将条例订入条约，分交各会员国签字，以后加入者并得补行签字。次年(一九二一年)十二月议事会开会时批准该约者已得二十八国，乃施诸实行。一九二二年一月三十日国际法院第一次开庭于海牙。至一九二四年终加入国际法院者已有四十八国。

永久法院之组织　条例中声明国际法院应与一八九九年及一九〇七年海牙公约所规定之公断法院(Court of Arbitration)并行不悖。法院中法官应以道德极高之法学家充任之，在国内须具有最高法官之资格或在国际以专门研究国际法著名。法院中设法官十五人：正十一人，副四人。其名单先由公断法院中各国代表推定之，再由联盟参事会及议事会于此中选举之。联盟会员而无代表在公断法院者，其候补者名单由该国政府遣派委员会决定之。法官任期九年，均得连举连任。法院设于海牙。每年开庭一次，自六月十五日起至审案完了为止。

永久法院之管辖　法院之管辖权包有一切当事者所提出之案件及所有现行条约特别规定之事件。法院管辖权之承受与否一听各国之便。唯会员如果签字于附件上者则有于下列诸端之争论得相约绝对服从法院之管辖：(一) 条约之解释，(二) 国际法上问题，(三) 足以破坏国际责任之事件，(四) 破坏国际责任后赔偿之性质及范围。加入国际法院之四十八国中，有二十三国绝对承受法院之管辖。

永久法院与公断法院之比较　建设国际法院之讨论实始于海牙和平会议时。然当时各国均欲保留其完全之独立，提案与否一听自由，强迫公断亦所不愿。其结果为海牙公断法院之建设。内中所有者为一纸法官之名单，由会议中各国选任之。遇审案时则由名单中随时选人组织法院以处理之。法院亦在海牙，并由美富人卡内奇(Andrew Carnegie)捐建和平宫一所以居之。公断法院与国际法院虽同在海牙，而性质不同。言其著者约有二端：（一）公断法院重在公断，故以调停两者之间为主。至于国际法院则重在法律，其判决及意见纯以法律为根据。（二）公断法院之法官常常更换，故其工作缺继续性。至于国际法院法官则专心于法院事务继续服务，颇有造成一种新国际法之希望。

裁减军备问题 国际联盟最困难之问题尚有裁减军备问题。向来凡有提倡减少国防军备者莫不引起各国之恐惧与怀疑，而遭强烈之反对。此不定因各国之倔强，实因有不安全之感想。国际联盟第三次议事会承认裁减军备与国际保安二问题为不能分开。如果国家处于受人攻击之环境中而尚欲其减少军备，除非订有协力御敌之公约必不可能。海牙和平会议对于裁减军备既无功于前。华盛顿会议虽规定各海军强国海军力之一定比例，而对陆军除痛斥化学战争为惨无人道外，亦终无妥善之办法也。

互助草约 因有上述种种困难，故留意世界和平之人多欲致力于他种解决之方法，如强迫公断及视战争为非法等。各种计划之出于国际联盟者甚多。一九二四年联盟所派文人及武士所组织之临时混合委员会（Temporary Mixed Gommission），根据英国塞西尔（Lord Cecil）及法国专家之计划草成《互助草约》（*Draft Treaty of Mutual Assistance*）一种。联盟会员中有赞成者亦有反对者。其重要之点为凡属侵略之战争当视为犯罪。凡签约诸国应援助受人侵略之国家，且应依该约所予之安全之程度减少各国之军备。然何谓“侵略”？其意义仍未加以界说也。

美国计划 其时又有所谓“美国计划”者由一美国人所组织之非正式委员会商订之，卒成为国际联盟正式之公牍。此计划中最大之供献为明定“侵略者”一词之意义。其定义谓凡不服从国际正当法院之传询，或不承受联盟议事会一致议决案而自行宣战者谓之侵略者。计划中并规定各国军备须受国际之检查，并应常开裁军会议，非联盟会员亦得出席。

议事会草约 以上两种计划为一九二四年日内瓦国际联盟《议事会草约》（*Geneva Protocol of the Assembly*）之根据。且视侵略之战为国际之罪犯，明白宣言凡不愿承受免战方法之国为侵略者。侵略之战之正式视为非法在人类史上实以此为嚆矢。至于自卫行为虽视为合法，然不得任当事者自行断定之。草约中并规定凡联盟会员皆有援助被侵略者之义务。至援助方法如何各国得各审其地理上位置及特殊情形而决定之。一九二五年三月议事会开会时，英国政府宣言对于草约之目的虽表同情，然对于草约殊不愿承受。意谓如美国不加入者则英国因领土广大之故对于援助被侵略者之“一般责任”实繁重难负。主张另筹特殊方法以应付特殊之需要，此足以补充草约之未备。凡素有争执伏有战机之国家应使之互订条约以维持其间之和平为唯一之目的。

罗卡诺会议　一九二五年十月五日德国、法国、比利时、英国、意大利、波兰及捷克斯拉夫诸国代表大体依英国之主张开一国际会议于罗卡诺(Locarno)，以讨论大战后扰乱西欧诸国之保安问题。是月十六日德国、比利时、法国、美国及意大利签订《互保条约》(*A Treaty of Mutual Guaranty*)——通称为《保安公约》(*Security Pact*)——及其他六种条约。此为战后德国平等参加国际和平事业之第一次。

保安公约之内容　据《保安公约》之规定，签字诸国担保维持维尔塞和约所定德比间及德法间之边界，并遵守和约所定德法间解除武装之地带之条文(和约第四十二条及第四十三条规定德法间自莱因河右岸起五十基罗米突之地为解除武装之地，德国不得在其地筑炮台或驻军队)。德比间与德法间均允不得互攻互侵或宣战。唯违背《保安公约》时或违背和约第四十二条及第四十三条时各保留合法自卫之权利，并有遵行联盟议决案之权利。德法间与德比间相约用和平方法解决所有之纠纷。两国权利冲突时相约提交法律之判决并服从之。其他问题则提交和解委员会解决之。如委员会之提议不能承受时则提出联盟参事会解决之。如有违反本公约及和约第四十二及第四十三条者当立即通知联盟参事会。如参事会认为果然违反时，签约诸国应立即援助被侮之国家。

如有显然侵略者(flagrant aggression)，如事实上之侵略，则签约诸国允立即援助被侵略之国家。如果其他诸国一致以为如此，则虽双方相约承受联盟参事会之议决案亦属无济。此条实为此约之精髓。其对于侵略之定义应用“美国计划”中之界说，即拒绝法院或调解机关之判决之谓。日内瓦草约之原理至是乃为西欧诸国所承受矣。

公断条约 至于德法间，德比间，德波间，德捷间之公断条约亦为罗卡诺会议之成绩，规定诸国间争执之不能以寻常外交方法解决者得提交于公断机关或国际法院判定之。此种争执在提出公断以前并可相约提出于一永久国际委员会，所谓“永久调解委员会”(Permanent Conciliation Commission)者调解之。此委员会应于条约生效后三个月内组织成立。委员五人，中二人由当事国人充任之，其他三人由其他诸国协派之。委员会之重要职务为搜集消息疏解争端及调和两造。委员会之工作须于六个月内编成报告。此外尚有法波间及法捷间之两约，相约如违反《保安公约》受德国之攻击时诸国有互助之义务。

罗卡诺诸约之重要 罗卡诺诸约实为国际关系上开一新纪元。世人多以为旧日之国界或可以从此打破，为欧洲诸国联邦之先声。无论如何，罗卡诺诸约在世界史上实能别开生面者也：(一)《保安公约》简单明了，不再对于所谓“国家荣誉”者加以让步。签约诸国之目的不若昔日之在于建设防守同盟，而在于维持和平之同力合作。故此约非若昔日维持“均势”之密约，而为“寻求和平”之公开条约。(二)签约诸国多与他国联络以担保此约之遵守。(三)其尤要者，签约诸国均愿提交将来之争执于第三者——委员会、法院或议事会——而服从其判决。

条约之注册 据国际联盟公约之规定，凡入会诸国之条约均须在联盟中注册，否则无效。至今联盟中所藏之各国条约已达千种以上，无论何人均得入内参观。外交公开此为嚆矢。加以各国外交家常常集会于日内瓦，其讨论已不复如昔日之秘藏于各国外交部之档案中，而登载于全世界每日新闻纸之上。公开之局益形显著。前此世人所不能了解之问题至是无不消息相通，举世明了。凡此皆足以培养世界之舆论，提倡世界之和平，增进反对战争之情感。一九二七年六月英、美、日诸国又于日内瓦举行裁减海军会议，卒无结果而散云。

第五节　政治上之新试验

共和主义之发展　此次大战之结果为新国之建设与旧国之改制。而政体几全向共和。德国成为一极民主之共和，温和之社会党人秉政，国内诸邦之君主制无不尽废。诸国上议院之势力大为衰减。工人势力到处有增加之趋势。而内阁亦皆以对人民负责为主。

国际农民运动之发端　吾人曾知自罗马帝国以来至普鲁士、俄罗斯废止佃奴制为止之农民状况至为困苦。历受地主之剥削而无法自卫。大战之后保加利亚之农民发表一种权利宣言所谓《绿色宣言》(*Green Manifesto*)者谓力田之人“到处而且常常被迫屈服于不平而且恶毒待遇之下”。主张组织一种国际农民联合会以期其“久不作声之呻吟得为人所闻”云。

社会党人之得势　今日社会党人在欧洲政治界中甚为得势。吾人可大体别为温和与激烈两派。前者不主张武力而主张和平之适应。后者主张劳工应联合以打倒中流阶级之资本家，主张阶级斗争。此派亦称为共产党。英国之工党内阁属于温和派，德国改建共和后之政府亦然。战后之俄罗斯则为共产党所统治。

国际工党之组织　社会党人普通主张政治及实业之革命不当以国境为限，而为全世界工人一种“国际的”运动。故其口号为“世界工人联合起来！”(Workers of the World，Unite！)。一八六四年马克思发起组织第一国际以宣传社会主义。嗣因一八七一年巴黎共产党人行动之过激遂乃失信，不久消灭。一八八五年后又有第二国际之组织，至今尚存。唯第二国际在极端社会党人观之尚嫌过于和平，于是一九一八年俄国之“多数人”在莫斯科有第三国际之组织。其同志之在世界各国者甚多。俄国现在当局皆此中人也。

俄国之共产制度　俄国自一九一七年废止帝政以来极端之社会党人得势，共产制度至是乃有一非常之试验。俄国“多数人”在列宁指导之下竟欲实现其社会与经济之全部革命。不但国内政权畀诸所谓无产阶级，即此后之土地工厂及商业亦为工人农民利益而管理之。凡农民得攫取大地主及景况较优之农民之土地。工厂银行及矿产均收归国有以利劳工。以苏维埃——即委员会——代替昔日之政府。由各工厂各职业中之工人及农民选举代表组织之。各地各省皆设有苏维埃，由此等机关选举代表组织全俄会议(All Russian Congress)于莫斯科。此种极端之变化当然引起激烈之反对。“多数人”为压制此种反对起见，故竭力限制各种自由，且拘禁或杀戮其敌人。“多数人”之领袖宣言此种恐怖手段系临时性质，然为完成革命扑灭国内外敌人起见亦系不得已之办法云。

苏俄联邦之成立　一九一七年之末俄国曾有宪法会议之召集，嗣因“多数人”深知其主张之未能贯彻，乃解散之。一九一八年七月全俄苏维埃会议宣布一俄罗斯社会主义苏维埃共和国宪法。宣布俄国为自由民族之联邦，各民族得随时退出联邦之外。至一九二四年俄国联邦包有俄罗斯、白俄、特兰斯高加索苏维埃共和国及远东共和国。

苏俄宪法　宪法规定国家权力应全属诸“劳苦民众”(toiling mass)之手，由各苏维埃中之代表执行之。“俄罗斯社会主义联邦苏维埃共和国视劳动为共和国各公民之义务。并宣布其口号为‘不作工者不应吃饭’。”唯工人有选举权。故凡雇工以增加其所得者，不作工而持资本为生者，或为商人、经纪人、教士及修道士均无选举权及任官权。

私有财产制之废止　废止土地私有制，概归国有，再依据农民耕作能力而分配之，昔日地主不得有所取偿。所有森林及地下富藏均宣布为国有公产。并计划将所有工厂矿业铁道等之主有权移转于苏维埃共和政府，银行及其他财政机关亦然。

工人武装　最后“为使工人握有全权起见，且为排除榨取者恢复权力之可能起见，下令所有无产阶级中人均应武装，并组织一社会主义之红军，至于有产阶级应解除武装”。

苏俄之世界主义　俄罗斯苏维埃共和国虽一面反对旧式扩充领土及殖民地之战争，而一面则又宣布一种对于一切资本主义的工商业之世界战争，主张为“世界社会主义之胜利”而奋斗。共产党代表曾欲引入共产制度于世界其他各国——尤其在匈牙利、意大利、德国及中国等。在匈牙利之布达佩斯及德国之莫尼克，共产党人均曾得势一时。然皆不久即败。其他中欧诸国工党领袖常有仿俄国苏维埃制度强占工厂并组织工人代表会之举，然皆中途失败也。

意大利之法西斯主义　意大利之工人因受共产党之影响，在米兰、吐林及其他实业中心曾有强占工厂之举，因之引起意大利政府中之绝大变化。有一新党曰棒喝(Fascisti)者发现于国内，以反对共产暴动为主旨。然此党虽自命为维持秩序，其自身亦不免常有用武力之举。棒喝党人渐发展一种理想曰“法西斯主义”(Fascism)者其模糊不明有如昔日之所谓“日耳曼主义”或“斯拉夫主义”。此党领袖为莫苏利尼(Mussolini)，为人精明强悍，于一九二三年竟为意大利之独裁者。彼既以全力控制意大利之国会，并得国王之信任。一九二四年之选举，彼党仍占多数。所选内阁人才颇称干练，且国家财政亦能整理就绪。唯莫苏利尼渐形骄纵，且有倾向于拿破仑式独裁之趋势。非议者多以虐待敌人，剥夺出版自由，检查新闻等苛政责之。唯意大利战后恢复元气之迅速其功亦正未可没。且国人对于共产危险之恐怖得以大为减少，则其残忍行为或不无相谅之余地也。

德国之共和政府　至于德国则自皇帝出走后柏林社会党人之激烈派曰斯巴第西(Sparticides)者与温和派有极激烈之冲突。温和派卒因多数而占优势。吾人须知昔日俾斯麦曾用釜底抽薪之法以“国家社会主义”政策抵抗当日社会党之要求。做欧战后国内之保皇党虽仍占重要地位，而政体之由君主制改为社会主义共和制实有驾轻就熟之妙。一九一九年初在威马(Weimar)地方所定共和宪法颇富民主精神。然其中所有社会改革之计划则与俾斯麦之政策初无少异。德国骤欲脱离君主之传统习惯虽不可能，然因各种国有政策实行甚久，而政府救贫扶病之善举又实行甚惯，故新政府之政治措施颇能绰然有余裕也。

德国之新宪法 新宪法规定凡国中男女年过二十岁者皆有选举权。国会仍设两院：以上院（Reichsrat）代表各邦，以下院(Reichstag)代表国民。凡国内诸邦欲加入联邦者均须先改为共和政体方可。各邦代表在上院者不得独有五分之二以上之表决权，昔日普鲁士一邦独霸之局乃破。一九二〇年十一月普鲁士公布新宪法，规定“国家主权属于全民”。共产党人及王党中人虽尝有暗杀政界要人之行为，新政府迄能维持其地位不为稍动焉。

英国之政党 英国自一八九五年至一九〇五年为保守党(亦即统一党)得势时代。自一九〇五年至一九一五年则为自由党得势时代。鲁意佐治所主张之政策颇能见诸实行。上院势力大减，女子参政之权亦于是时实现。大战期中至停战时止自由保守两党合组内阁以利战事之进行。一九一八年之选举联合议员得四百六十七人，就中属保守党者得三分之二以上。不久两党分裂，鲁意佐治内阁辞职，而以保守党代之。一九二二年十一月改选，保守党仍复得势。当时因爱尔兰自由邦之成立，故下院人数自七〇七人减至六一五人。此中保守党得三四四席，过半数。自由党仅得一一四人，而工党竟得一四二人，其人数之多为第二。英国国会中之有工党为政府之反对党，此实为其第一次。

英国工党之得势 英国之劳工运动史颇为复杂。其工人多注意组织职工会，合群力以谋工人状况之改良。且不尽属社会党中人。故工会势力甚大，成绩亦著。欧战以后工党之势大盛。一九二三年十二月内阁总理包尔得文(Stanley Baldwin)主张改选国会，拟用保护政策以谋国内工界不安之现象。自由党因其破坏自由贸易政策也，乃与工党联合抑制之。结果保守党议员减至二五八人，工党增至一九一人。包尔得文自知不能驾驭国会，乃请英王命工党中人组织内阁。一九二四年一月工党领袖麦克多那尔特（Ramsay MacDonald)遂被任为总理。此为英国工党中人组织内阁之第一次。

工党内阁之成绩 麦克多那尔特颇能引用人才，且能以和平方法进行其救贫之政策。唯工党虽组内阁实不免有其位而无其权，盖其多数有赖于自由党之合作也。因之欲独立主张立法甚为困难。故不但对于本党煞费经营，即对自由党亦复多方敷衍。然工党卒能维持其政权至八个月之久。此次工党内阁之成绩以关于财政与外交两者为最著。财政大臣斯诺登(Snowden)之预算案以稳健美满见称于世。至于外交方面麦克多那尔特亦能以勤恳态度恢复欧洲诸国之信仰。对于俄国问题颇能加以考虑予以承认。英法关系亦较前进步，而对于道威斯计划亦颇应付得宜也。

最近英国内阁之变化　然因内阁有缔结英俄条约之议，并拟由英国政府担保假款于俄国。自由党及保守党均大不悦。不久而有坎普佩尔事件(Campbell Case)。坎普佩尔为某共党周刊主笔，因登载叛逆文字被逮。不意检察长将此案撤回。保守党人群以此种行为干涉司法独立，且系受工党中激烈分子之压迫所致。乃要求政府加以调查。麦克多那尔特以为此与不信任投票无异。乃请英王解散国会。改选时因国人深恐社会党人得势有碍国家安全，多附保守党，保守党遂得大多数。一九二四年九月包尔得文重新组阁。自由党人多改入保守党。故自由党几为之消灭，国会中仅得四十席。此次保守党内阁颇能发展欧洲各国之亲睦。对于罗卡诺条约之成功亦颇与有力。一九二九年工党首领麦克多那尔特再起而组阁。颇能致力于裁减军备及救济失业诸问题之解决也。

图书在版编目(CIP)数据

近世欧洲史/何炳松著. —上海：上海古籍出版社，2015.8(2023.4 重印)
(世纪人文系列丛书·世纪文库)
ISBN 978-7-5325-7767-5

Ⅰ.①近… Ⅱ.①何… Ⅲ.①欧洲—近代史 Ⅳ.①K504

中国版本图书馆 CIP 数据核字(2015)第 177255 号

责任编辑 毛承慈
装帧设计 何 旸

近世欧洲史
何炳松 著
出　　版 上海古籍出版社
(201101 上海市闵行区号景路 159 弄 1-5 号 A 座 5F www.ewen.co)
发　　行 上海古籍出版社
印　　刷 上海新艺印刷有限公司印刷
开　　本 635×965 1/16
印　　张 24.25
插　　页 4
字　　数 337,000
版　　次 2015 年 8 月第 1 版
印　　次 2023 年 4 月第 2 次印刷
ISBN 978-7-5325-7767-5/K·2086
定　　价 128.00 元

世纪人文系列丛书(2015年出版)

一、世纪文库

《中国文学批评史》 罗根泽 著
《中国通史》 吕思勉 著
《中国近百年政治史》 李剑农 著
《国学必读》 钱基博 著
《中国文学史》 钱基博 著
《通史新义》 何炳松 著
《中古欧洲史》 何炳松 著
《近世欧洲史》 何炳松 著
《工具论》 [古希腊]亚里士多德 著 张留华 冯艳 等译 刘叶涛 校
《犹太人与现代资本主义》 [德]维尔纳·桑巴特 著 安佳 译
《马基雅维利的德行》 [美]哈维·曼斯菲尔德 著 王涛 译 江远山 校
《货币和信贷理论》 [奥]路德维希·冯·米塞斯 著 孔丹凤 译
《捕获法》 [荷]雨果·格劳秀斯著 张乃根 等译 张乃根 校

二、世纪前沿

《社会权力的来源(第一卷):从开端到1760年的权力史》 [英]迈克尔·曼 著 刘北成 李少军 译
《社会权力的来源(第二卷):阶级和民族国家的兴起(1760—1914)》 [英]迈克尔·曼 著 陈海宏 等译
《社会权力的来源(第三卷):全球诸帝国与革命(1890—1945)》 [英]迈克尔·曼 著 郭台辉 等译
《社会权力的来源(第四卷):全球化(1945—2011)》 [英]迈克尔·曼 著 郭忠华 等译
《科学与宗教引论(第二版)》 [英]阿利斯特·E.麦克格拉思 著 王毅 魏颖 译
《国家与市场——政治经济学入门》 [美]亚当·普沃斯基 著 郦菁 张燕 等译 王小卫 郦菁 校
《退出、呼吁与忠诚——对企业、组织和国家衰退的回应》 [美]艾伯特·O.赫希曼 著 卢昌崇 译
《欧洲的抗争与民主(1650—2000)》 [美]查尔斯·蒂利 著 陈周旺 李辉 熊易寒 译

三、开放人文

(一)科学人文

《大众科学指南——宇宙、生命与万物》 [英]约翰·格里宾 玛丽·格里宾 著 戴吾三 戴晓宁 译
《阿尔法与奥米伽——寻找宇宙的始与终》 [美]查尔斯·塞费 著 隋竹梅 译
《解码宇宙——新信息科学看天地万物》 [美]查尔斯·塞费 著 隋竹梅 译
《古代世界的现代思考——透视希腊、中国的科学与文化》 [英]G·E·R·劳埃德 著 钮卫星 译
《早期希腊科学——从泰勒斯到亚里士多德》 [英]G·E·R·劳埃德 著 孙小淳 译